资助项目

2017年乐山师范学院学术专著出版基金资助

乐山师范学院引进人才科研启动项目"社会法学在近代中国的成长"（S1405）资助

引介、诠释与运用

"社会法学"在中国的成长
（1898-1937）

Introducing, Interpreting and Applying:
The Growth of "Social Jurisprudence" in China(1898-1937)

赖伟 ◎ 著

中国社会科学出版社

图书在版编目(CIP)数据

引介、诠释与运用:"社会法学"在中国的成长:1898—1937/赖伟著. —北京:中国社会科学出版社,2019.1
ISBN 978-7-5203-3953-7

Ⅰ.①引… Ⅱ.①赖… Ⅲ.①社会法学—法学史—研究—中国—1898-1937 Ⅳ.①D902-092

中国版本图书馆 CIP 数据核字(2019)第 007327 号

出 版 人	赵剑英
责任编辑	张 浛
责任校对	石春梅
责任印制	李寡寡

出　　版	中国社会科学出版社
社　　址	北京鼓楼西大街甲 158 号
邮　　编	100720
网　　址	http://www.csspw.cn
发 行 部	010-84083685
门 市 部	010-84029450
经　　销	新华书店及其他书店
印刷装订	环球东方(北京)印务有限公司
版　　次	2019 年 1 月第 1 版
印　　次	2019 年 1 月第 1 次印刷
开　　本	710×1000　1/16
印　　张	25.5
插　　页	2
字　　数	391 千字
定　　价	98.00 元

凡购买中国社会科学出版社图书,如有质量问题请与本社营销中心联系调换
电话:010-84083683
版权所有　侵权必究

目　录

序一 …………………………………………………… 陈廷湘（1）
序二 …………………………………………………… 孙宏云（1）

绪论 ………………………………………………………………（1）
 一　选题旨趣 …………………………………………………（1）
 二　先行研究 …………………………………………………（8）
 三　研究资料与方法 …………………………………………（16）
 四　研究思路与各章要旨 ……………………………………（21）

第一章　欧洲法学说的引介与对法律社会关系的早期认识 …（28）
 第一节　留日法科生与近代法学在中国的初兴 ……………（29）
  一　西方法学在中国的萌芽 ………………………………（29）
  二　清末民初的法科留学 …………………………………（31）
  三　留日法科生与法学译著和法学期刊 …………………（38）
 第二节　社会法学胚芽的发生：论"法"与"群"的关系 ……（44）
  一　梁启超始论"法"与"群"的关系 ……………………（44）
  二　学界再论"法"与"群"的关系 ………………………（48）
 第三节　对法律与社会关系的早期认识 ……………………（51）
  一　欧洲法学说的零星引介与初识法律和社会的关系 …（51）
  二　清末民初对法律与其他社会因素关系的一般认识 …（58）
 第四节　探索法学新思潮及其在法律上的影响 ……………（63）

一　探索法学发展的新趋势 …………………………………（63）
　　　二　新思潮下劳动法的兴起与民法、刑法的变化 ………………（67）
　第五节　认识自由法学以及柯勒、施塔姆勒、狄骥的学说 ………（70）
　　　一　认识自由法学说 …………………………………………（70）
　　　二　初识柯勒、施塔姆勒、狄骥学说 ………………………（75）

第二章　社会法学基本框架的建立与初步发展 …………………（85）
　第一节　中国现代法学学术中心的形成与法学研究风气的变化 ……（86）
　　　一　北大改革以前的中国法学界 ……………………………（86）
　　　二　北大法科改革 ……………………………………………（90）
　　　三　现代法学学术中心的形成及全国法学研究风气的变化 ……（98）
　第二节　社会主义思潮对法律学说的影响 …………………………（107）
　　　一　对社会主义与法律之关系的初步认识 …………………（107）
　　　二　"法的社会主义"学说在中国 …………………………（113）
　第三节　社会法学概念的提出与基本框架的建立 …………………（118）
　　　一　社会法学概念的出现："社会目的法说"与
　　　　　"社会法学" ……………………………………………（118）
　　　二　社会法学框架的初步建立 ………………………………（124）
　第四节　社会连带法学的引介及其影响 ……………………………（133）
　　　一　周鲠生对狄骥社会连带法学说的引介和运用 …………（134）
　　　二　社会连带法学说与王世杰的国家主权和个人权利观念 ……（137）
　　　三　方孝岳的译介：狄骥的社会职务和社会团结观念
　　　　　及其在民法上的影响 …………………………………（143）
　　　四　许藻镕、陈霆锐：社会连带学说与自由、契约、财产和
　　　　　责任观念的变化 …………………………………………（151）
　　　五　陈俊三、陈应机：社会连带主义在法律上的影响
　　　　　及其优越性 ………………………………………………（158）
　第五节　美国社会法学说和施塔姆勒学说的引介及其他 …………（166）

一　吴经熊的"法律动力学研究"：根据社会法学说
　　　探讨法律的基本概念……………………………………（167）
　二　吴经熊引介霍姆斯、庞德、施塔姆勒和卡多佐的学说……（172）
　三　燕树棠、张志让、陆鼎揆对庞德社会法学说的译介………（183）
　四　施塔姆勒正法观与徐恭典、丘汉平等人对法律
　　　公道的探索……………………………………………（190）
　五　域外其他社会法学说的译介…………………………………（194）
　六　学术创见：关于社会法学的独立思考………………………（199）
第六节　社会法学思潮下关于法学基本问题的思考………………（203）
　一　对法学派别的认识……………………………………………（203）
　二　法律的本位问题………………………………………………（222）
　三　法学的研究方法问题…………………………………………（228）
　四　解释和运用法律的方法………………………………………（232）
　五　各部门法观念的变化…………………………………………（236）
　六　对中国法律问题的思考………………………………………（242）

第三章　社会法学的扩散与发展……………………………………（254）
第一节　北方学人南下与法学研究的新格局……………………（254）
　一　北京政局的变化与北方学人南迁……………………………（254）
　二　法学院布局的变化与南下法律学人的选择…………………（257）
　三　法学刊物格局的变化…………………………………………（260）
第二节　社会法学的新发展…………………………………………（264）
　一　域外社会法学说的译介………………………………………（265）
　二　社会法学研究的扩散及其特点………………………………（277）
　三　自成一派的努力………………………………………………（291）
第三节　总结性思考：张知本及其《社会法律学》……………（299）
　一　对社会法律学的定义、派别、发生原因及其
　　　重要性的认识…………………………………………………（300）
　二　对社会法律学法律观的认识…………………………………（304）

三　社会法律学与社会进化及现代法律的关系……………………（309）
第四节　社会学界对社会法学的研究…………………………………（311）
　　一　以社会学方法研究法律问题的实践：严景耀对犯罪
　　　　问题的研究…………………………………………………（311）
　　二　孙本文关于"法理社会学"的思考……………………………（315）

第四章　社会法学对法律教育及立法的影响……………………（318）
第一节　社会法学与法律教育…………………………………………（318）
　　一　体制的安排：政治学、经济学、社会学等非法学科目
　　　　之于法学课程………………………………………………（318）
　　二　社会法学在具体教学中的体现…………………………………（323）
　　三　关于培养何种法律人才的思考…………………………………（327）
第二节　社会法学与国民政府的立法…………………………………（331）
　　一　社会本位的基调：国民党党义与社会法学思想的
　　　　共通点………………………………………………………（332）
　　二　国民党党义和社会法学思想共同影响下的立法
　　　　指导原则……………………………………………………（338）
　　三　社会法学思想与各部门法的制定………………………………（347）
第三节　社会法学与创建三民主义法学的努力………………………（359）
　　一　中国本位法系论的兴起…………………………………………（360）
　　二　社会法学与三民主义的法理学…………………………………（363）

结语………………………………………………………………………（370）
征引文献…………………………………………………………………（379）
后记………………………………………………………………………（392）

序 一

陈廷湘

待人真诚，做事认真，是我对弟子赖伟君始终如一的印象。在随我攻读硕士学位期间，记忆中每一堂课他都坐在前排，正襟危坐，聚精会神。对于知识充满好奇与渴求，对于不明了之处，他总是能够及时提问、求解，并苦苦思索。我在课堂上推荐的扩展书目，他总能够老老实实、一字一句地阅读，这为他的研究打下了扎实的基础。赖伟君在硕士论文上所花的时间较多，他立足于学校图书馆和四川省档案馆，查阅了很多第一手资料，最终写出了一篇优秀的硕士论文。在川大学习期间，他的生活很艰难。由于他是自费读研，每年要交一笔对他而言并不算低的学费和住宿费，生活费也是一笔不小的开支。因为从小自立，不依赖于家庭资助，在一偏僻农村小学任教几年的工作经历，也没有带来什么积蓄。他通过助学贷款得以暂时解决学费，生活费则只有自力更生。在繁忙的学习之余，他利用课余时间辗转于成都的大街小巷，通过在校外代课、打工等方式来维持最低生活标准。赖伟君平常生活极为节俭，据他的同门私下对我所言，三年期间他几乎没有买过一件新衣服，也几乎不在校外用餐，即便购买学习必需书籍，也以购买二手旧书为主。在如此艰苦的条件下，赖伟君卧薪尝胆，凭借超常的意志力和生命力，顺利完成学业，并找到一份相对满意的工作。在我所教过的诸多学生中，赖伟君是非常特殊的一位。

赖伟君另一个闪光的性格特征是重情重义、诚信善良。在硕士研究生毕业参加工作后，由于需要筹措资金以归还贷款，也需要稳定的收入以改善家庭处境，所以直到经济状况稍有好转以后，他才报考博士，尽管学术追求一直是他魂牵梦绕的高贵梦想。2011年,经过数年的精心准备,他终于考入中山大学攻读博士学位,并在三年后如期拿到学位,如今成为大学专职教师,我由衷地为他的学术进步和个人境况之改善而感到高兴。

本书是在其博士论文的基础上进一步纵深研究的成果。按照我们今天专业的学科体系来看,本研究成果颇具跨学科的特点,至少同时兼备历史学、法学和社会学的某些元素和样态。在当今世界的学术潮流倾向于多元复合的大趋势下,跨学科研究不失为一种与时俱进的研究方法。时至今日,大多数学科都具有不低的专业壁垒,高墙深沟的学术边界易使学者陷入盲人摸象、孤叶障目的狭隘视界之中。学科之间的碰撞却更能实现创新,造成边缘突破、灯灯相映的良好效应。然而,这种跨学科研究的实践却需要较深的学术积累与宽阔的学术眼界,赖伟君在这方面所付出的心血与由此彰显的学术毅力,有目共睹,令人钦佩。

本书以社会法学为切入点,综合考虑文本、人物、社会背景、学术刊物、政党政治等因素,旨在探索中国法学在近代中国的演进历程及其与法律制度的交错互动,选题新颖,富有较高的学术价值。从实际学术效果看,本书基本达成了预期的研究目标,并有若干创新。首先,此书较全面地发掘了与中国社会法学相关的法学家及其学术研究,扩展了学界对该问题的关注平面,就中国近代社会法学做出了不同于先行研究的另类解释。其次,此书厘清了社会法学理论的传播途径和发展脉络,以及人事之间的事实联系,较完整地描绘出了一幅具有深厚时空维度的社会法学发展图景。再次,此书探寻了知识、社会、政治诸因素之间的交错互动,夯实了社会法学成长面相的历史厚重感和立体感。最后,此书较准确地把握了社会法学等相关概念在不同时期的内涵与外延,为后来者的研究界定了一个可供参照的中心和边界。

总体而言,本书从历史的角度,较为清晰地论述了社会法学从清末引入到民国时期逐步走上科学化、专业化和学院化的具体过程,提示了近代中国的法学与政治学、社会学以及政治历史语境的密切关联。本书能够深入形而上之学理层面,较全面地分析了社会法学的相关核心概念、主要法学家的学术代表著作以及法学观点和立法实践,逻辑严谨,辞章考究,行文顺畅，史论合一。在翔实的资料基础和犀利的学术目光之奠基下，敢言人之未言，虽不言截断众流，自成一派，但肯定多有创新，值得诸君一览。

希望赖伟君能够不忘初心，继续奋进，保持既有的品行与毅力，终身学习，年年进步，在未来取得更为出色的学术成就，同时也享受个人幸福之天伦之乐。

是为序。

2017 年 11 月 21 日，写于成都四川大学

序 二

孙宏云

还很清晰地记得2011年3月的那天下午博士生面试的情景，来自四川的赖伟同学个头虽不高，却显得精干健谈，是我印象中比较典型的那种四川男人。被问及博士论文的选题及研究思路，赖伟的回答尽管中气十足，头头是道，却让面试的老师们觉得比较空泛。对于这样的学生，我们其实是有点担心的。但是从他的学籍资料中得知，他是中师毕业后在下面当了几年教师后再去川大念了中国近现代史专业的硕士，说明悟性好、基础不差，当面也可以看出这是一个干劲勃发的年轻人，因此我们最终决定录取他。

入学后，他在学习方面很主动，经常向我报告读书情况及思考的问题。确定论文选题并准备好开题报告是读博第一年最主要的任务。对于很多博士生来说，选题确是很头疼的事。导师在这个问题上其实也是蛮纠结的，是让学生自主选择还是给他（她）指定题目，观察同行的做法，两种情况都有，恐怕也各有利弊。我的态度是让学生先尽量自己找，论证选题的研究价值和可行性，不得已的话我也会提供一些选题供其参考选择。赖伟想做法学史，尽管这不是我研究的主要领域，也还是有所了解，以前曾经关注过庞德和狄骥的学说，于是我建议他是不是可以研究一下社会法学在近代中国的情况。他接受了，之后就埋头做下去了，中途没再换题折腾了，三年之后，拿出了几十万字的学位论文，并较为顺利地通过了答辩。

一晃好几年又过去了，这些年来我们彼此都很忙。作为"青椒"，他的压力肯定不小，但他的进取心仍然不减当年。上个月他来信说博士论文要出版，问我可否给写个序。本来不想写，但是考虑到他是我指导的第一位已毕业的博士生，似乎有点标志性的意义，于是就答应了。为了写这个序，我通读了他发来的书稿，也是想把把关，顺便挑点毛病。发现这个书稿吸收了论文答辩时审稿人及答辩委员们的意见，比原先的博士论文有所改进。总体来讲，我感到比较欣慰。作为他的论文导师，我不便在这里表扬这本书有多么好，缺点倒是可以指出来，另外也想借此机会，谈点个人的想法。

作者说，"从研究对象上说，本研究属于学科史的范畴"，"本研究可在学科史研究的方法上做出有益探索"，并引用了傅斯年、杜正胜、桑兵等名家有关学科史研究的意见。固然"后见之明"或所谓"倒放电影"值得警惕，但是如何才能回到"无"的境界，探寻"有"的发生呢？"无"和"有"的界限在哪里？从命名（naming）入手吗？如有人研究中国文学史是从"文学"的名称入手。但是"文学"这个译名或概念是后出的，如果拿这个译名往前追溯，恐怕就会歧路了，因为"文学"在以前主要是教育和教养的意思，如广学会译印的《文学兴国策》实际上是讲日本的教育。因此，如果从后来人们对于某一学科关涉对象的普遍共识来说，研究教育学的反而要追溯到"文学"的指谓，而后来"文学"的普遍含义在以前则可能以另外的字词或概念表述之。同样，研究哲学如果只追溯"哲学"的译名，那么明末傅汎际和李之藻翻译的《名理探》势必会在研究者的视野之外。可见研究学科史不能以后来定型的学科名称往前追溯，就像不能通过对"民主"一词在五四时期出现情况的统计分析来归纳总结这个时期的民主思想一样。

但是如果以定名学科的核心概念考索前史，似乎又有主观裁剪之嫌。本书将梁启超始论"法"与"群"的关系作为我国社会法学胚芽发生的起点，这种处理方法类似从金岳霖所说的"注重思想的实质"（而不是"注重思想的架格"）这一面来考虑的。正是因为有这样的思考方向，因此避免了某些先行研究仅按照"社会法学"或"法社会学"这类名词检索史料的毛病。但是若以社会与法这一对矛盾作为衡量各种法律学说在此问题上的思考与表达，勾稽编织起社会法学在近代中国的成长图谱，似乎也难免主观之嫌。这种担忧在论文答辩时曾被指出，但若细读本书，可见这样的问题并非没有，但比较少了。因为作者的研究视野较为开阔，注意多方面因素的关联，对史料的爬梳分析富有系统性和实证性。这应该也是这本书区别于之前关于本课题的一些论著的主要之处吧。总之，学科史的研究到底要从什么出发，是从译名还是从本质？是从"能指"还是"所指"？这不仅是本书的一大关键，也是其他学科史研究难以回避的重要问题。

　　有人说过"知识就是力量""知识改变命运"，似乎是针对个人而言，对于一个国家来说，又何尝不是这样呢。晚清民国是传统中国向现代中国转型的时期，来自西方和日本的各种知识和思想带动了近代中国的革新运动，涉及政治、经济、文化等各方面。就法律层面而言，先是因为对外交涉的需要，国际法的知识受到关注，被源源不断地译介过来，中国的对外交涉体制也因此逐步调整，以便因应国际纷争，而国内法的秩序基本上未受触动。及至甲午遭受重创，士大夫们对本国的经国体制普遍有所怀疑，以辛丑变法上谕为契机，西方的政法学说遂滔滔涌入国内，荡涤着国人的脑筋。国家、民族、社会、民主、自由、人权等新名词炫人耳目，启人深思，体制内的改革也鸣锣开道了。凡有人群就要有法律，而以往的法也好律也好，在外来学说的观照之下，则显得这也不对，那也毛病，于是就有了"修律"活动。律怎么修？国家利益、民族关系、社会协作、家族伦理、个人权利等诸多方面都有人考虑到，因为人以群分，利益不同，立场各异，就难免意见歧出，纷争不已。即以"国家"与"社会"而言，哪个是上位概念？这个问题自清末以来就一直有争论，争论的背后既有政理、法理的依据，更有现实的利益考虑。上位的概念难以确定，法的修订也就难以安顿，要么模棱两可，要么偷换概念。通过阅读本书，可以比较清晰地看到近代中国对域外"社会法学"的输入和利用，也是这么一种状况。

　　本来，社会法学是西方资本主义国家发展到一定阶段的产物，它要解决的是如何调整基于自然法原理的社会政治经济体制所带来的弊端或者说在新形势下的种种不适应，因此本质上来说，学说就是解决问题的"策论"，恰如傅斯年所说"'我学某科学'，实在应该说'我去研究某套或某几套问题'"。从这个意义上来说，不难理解为什么社会法学发生于德、法、美这些老牌的资本主义国家。但是这几个国家当时所面临的社会政治问题既有共性也有各自的特点，加上各自学术思想传统的差异以及思想家本人的志向兴趣的不同，于是作为解决问题对策的社会法学虽然思考的对象大体相同，但是指出的方向和路径则未必一致，因此也就呈现出多元的流派。至于各流派是否都以个人权利作为出发点，这个还不能轻下结论。因此，何谓"社会法学"？可谓言人人殊。那么拿什么判定哪种法学思想属于社会法学，哪些不是。这个当然不能由研究者自行设定，主观操作，而是需要梳理当时人的认识和说法。本书作者在这个方面已经显得比较谨慎了，但是仍然不免笼统概括的毛病。导致此弊的根本原因在于对于西学的一面缺乏了解，所以只能将重点放在梳理己方引进的这一面。虽然是不得已而为之，却也无可厚非。

域外的这些流派在清末民国时期几乎都被引进国内，纯粹作为一种新知识加以介绍，以换取智识者的饭碗，当然也是一个方面。但是中国的读书人总还是有一种胸怀天下的传统，难免不安分守己，要越界为他人操心，而政治家和政客也自有他们的考虑。在两者意见不一的情况下，自然要达成某种调和妥协，最终发表出来的乃是另一种变种的形态。所谓"三民主义"的法学也好，"中华法系"的也好，大体上都是一回事。道理无非如此，但是过程必须论证清楚，否则怎么能令人信服。作者论证了国民党的立法机构立法官员与社会法学接触的种种事实与可能，以及"社会法学"在立法实践中的影响，这是贯彻桑兵先生所提倡的要注意"事实联系"的比较方法的研究，与一般的思想史研究还是有所区别的。也许限于资料之不足，或者是作者的研究功夫还欠火候，相关论证还不够充分。除了要加强这方面的研究，还希望看到"社会法学"对民国时期的司法实践是否也有渗入和影响，其具体情况又是怎样的。

研究近代源自西方的学科在中国的传播发展史，有意义的地方在于能够让我们稍微看清楚前人面对问题时是怎么思考并提出解决方法的，以及他们的思想遗产在当下的处境如何。任何一个国家，其社会是否和谐，人民是否安居乐业，终究是要依靠科学理性和法治的。建设这样的国家既然是我们的目标，作为研究者也应该按照自己的职分做出应有的贡献。以此与作者共勉。

2017 年 11 月 22 日，写于东京旅次

绪　论

一　选题旨趣

晚清以降，欧美之学自西徂东，中国固有的"通学"受欧美"分科之学"的影响，渐渐衍生出具有近代意义的学科，如数学、物理学、化学、政治学、社会学、法学等。经过百余年的发展，各学科已经分别形成了一个个枝繁叶茂的庞大知识体系。这些学科知识与中国的社会、政治、经济、文化有着不同程度的联系。法学作为一门现代学科，与中国的社会、政治诸方面有紧密的联系。

近年来，不少法学家对中国法学进行了认真反思。苏力认为，当下中国的法治存在变法与法治、法律与立法、国家与社会、理想与国情、普适性与地方性等几组悖论。协调这几种悖论，是法治建设所要解决的关键问题。在他看来，法治是一种恰当有效的社会秩序，应该设法使变法与法治相平衡；立法无法将所有的社会生活都规定下来，必须与内生于社会生活的道德观念、风俗习惯等因素相配套；立法应该是对社会而不是对国家的回应，应该注重国家强制力的社会亲和性；不能一味强调先进社会秩序的设计，而要注意与中国国情相适应；要处理好法律的普适性与地方性的关系，以适应中国社会。[①] 邓正来试图对中国法学进行总体性的批评与反思。他认为，当代中国法学往往不加质疑地把域外的制度性安排视为一种所谓"法律理想图景"，没有真正注意中国社会的现实问题，所以中国法学无力

[①] 苏力：《现代化视野中的中国法治》，载《20世纪的中国：学术与社会》（法学卷），山东人民出版社2001年版。

引领法制的发展。他希望中国法学能够对中国的现代问题进行理论处理，由此建立一种"中国法律理想图景"。① 梁治平指出，当下推进法治的事业，不单涉及法律，还与社会组织和社会结构密切相关，中国法学应该引入"社会之维"，注重社会之于法治的作用和意义。② 许章润认为，当代法学应该将"说法""活法"和"立法"结合起来，主张立法须以社会生活为蓝本。③ 不难发现，当代法学家们正在考虑的，其实是如何使法律与当代社会相适应的问题。

法律与社会的关系问题，是当代法社会学研究的一个主要问题。当下有许多学者关注法社会学，有些大学还专门设有法社会学研究所。④ 法社会学在当代学科体系中，属于法学的一个分支学科。当代法学家一般认为，法社会学是一门将法律置于社会背景之中，研究法律与社会相互关系的学科，它注重法律与其他社会因素的相互作用，强调法律的社会化，重在研究法律的运行与实效。⑤ 对于法社会学的特点，沈宗灵认为，法社会

---

① 邓正来：《中国法学向何处去》，《政法论坛》2005年第1—3期；邓正来：《中国法学的批判与建构》，收录于刘小平、蔡宏伟编《分析与批判：学术传承的方式——评邓正来〈中国法学向何处去〉》，北京大学出版社2006年版，第371、373页。

② 梁治平：《法治：社会转型时期的制度建构》，收录于梁治平编《法治在中国：制度、话语与实践》，中国政法大学出版社2002年版，第131、133页。

③ 许章润：《说法、活法、立法》，收录于许章润《说法、活法、立法：关于法律之为一种人世生活方式及其意义》，清华大学出版社2004年版。

④ 目前设有法社会学研究所的大学主要有北京大学、吉林大学、中国人民大学、中国政法大学、武汉大学、华东政法大学、西南政法大学等。

⑤ 沈宗灵认为，法社会学是以研究法律的实行和效果等作为主要研究对象的一门学科，不仅法学，而且社会学，都有法社会学这一分支学科。法社会学和社会法学实质上是同一含义，仅由于研究者本人是社会学家或法学家，在同一研究问题上，其研究角度和着重点有所不同。法社会学对法和社会互动关系的研究有三个指向：第一，以社会学的观点和方法来研究法律，强调法律是社会现象，法律与其他社会因素相互作用。第二，法社会学强调法律的社会化，强调从个人本位转向社会本位。第三，法社会学强调法律的实行，功能和效果，故又称为功能法学。法社会学与部门法学和理论法学互相交错，它所研究的范围中既有理论问题又涉及很多部门法的问题。参见沈宗灵《法律社会学的几个基本理论问题》，收录于北京大学法律系法学理论教研室编《法律社会学》，山西人民出版社1988年版，第1—4页；沈宗灵《现代西方法理学》，北京大学出版社1992年版，第248页。陈信勇认为，法律社会学是研究法律社会化过程及其规律的科学，法律社会化是指法律制度如何有机地融入社会结构的机制和过程。参见陈信勇《法律社会学》，中国社会科学出版社1991年版，第6—7页。朱景文认为，法学是一门专门以法律现象为研究对象的学科，但是在传统法学中研究范围主要局限在法律现象自身的特点上。法社会学对法律现（转下页）

学既不同于法理学、法史学等理论法学，也不同于宪法学、刑法学、民法学等部门法学，而是一种"同这些学科既有交错但又不同的横断学科或综合学科"，"它仿佛是在一个市区中穿越许多直行道的横行道"。①关于法社会学在中国兴起的时间，当代学界并没有取得一致意见，有的学者认为法社会学在中国的发展始于清末，有的认为起源于20世纪30年代，还有的认为兴起于20世纪80年代。②

其实，近代学者对前述问题同样做过认真探讨。近代和当代法学界所关注的问题如此相似，令人产生考察法社会学如何在近代中国成长的兴

（接上页）象的研究不是集中在其法律特征上，而是集中在其社会特征上，为我们研究法律现象开辟了一个新领域；它不是运用法学研究的分析和解释规范的方法，而是运用社会学方法，为我们研究法律现象打开了一个新的视角。参见朱景文《现代西方法社会学》，法律出版社1994年版，序言，第1页。张文显认为，法社会学是法学与社会学科际整合而形成的新兴学科和边缘学科或交叉学科，以注重法律与社会的互动、法律角色、法律文化、法律运作、法律实效为其理论视角，以理论模型设计与经验考察和实证分析的融会为其方法论指向，以参与法制过程，推动法制和法律文化现代化为其价值目标。法社会学的诞生和发展是20世纪法学领域最重大的成就之一。参见张文显《二十世纪西方法哲学思潮研究》，法律出版社1996年版，第107—108页。马新福认为，法社会学是19世纪末20世纪初在西方国家兴起的法学分支学科，是法发展、演化的结果，它是法学和社会学科际整合的产物，带有边缘学科性质，其研究对象为法与社会的关系。参见马新福《法社会学原理》，吉林大学出版社1998年版，第1页。田成有认为，法社会学是将法律置于其社会背景之中，研究法律现象与其他社会现象的相互关系的一门社会学和法学之间的边缘学科。法社会学的研究在于从社会整体观念出发，认识法律的社会基础和社会作用，从而更好地利用法律的控制作用解决社会问题。参见田成有《法律社会学的学理与运用》，中国检察出版社2002年版，第16页。王威认为，法社会学就是应用社会学的理论和方法来研究法律现象的社会特征的一门社会科学。参见王威《法律社会学：学科辨析与理论源流》，群众出版社2004年版，第5页。刘焯认为，法社会学是一门兼具法学与社会学知识与性质，以法与社会之相互关系为研究对象的边缘学科或交叉学科，是法学与社会学交互渗透与整合的产物。参见刘焯《法社会学》，北京大学出版社2008年版，第3页。

① 沈宗灵：《法律社会学的几个基本理论问题》，收录于北京大学法律系法学理论教研室编《法律社会学》，北京大学出版社1988年版，第4页。

② 第一种观点以俞荣根、田成有、汤唯、韩亚峰、胡平仁为代表；第二种观点以蒋洪义、侯猛为代表；第三种观点以陈信勇、刘焯为代表。参见俞荣根《法社会学在中国社会变革中的兴起与发展》（《中外法学》1996年第1期），田成有《法律社会学的学理与运用》（中国检察出版社2002年版），汤唯《法社会学在中国——西方文化与本土资源》（科学出版社2007年版），韩亚峰《法社会学在中国早期发展史略》［载郑永流主编《法哲学与法社会学论丛（七）》中国政法大学出版社2004年版］，胡平仁《法社会学的百年历程》［《山东大学学报》（哲学社会科学版）2007年第2期］，蒋洪义《法律社会学》（《中外法学》1991年第5期），侯猛《中国法律社会学的知识建构和学术转型》［《云南大学学报》（法学版）2004年第3期］，陈信勇《法律社会学在中国的发展》［《浙江大学学报》（人文社会科学版）2000年第6期］，刘焯《法社会学》（北京大学出版社2008年版）。

趣。苏力、邓正来等人提出要在百年以来的语境中通盘考量中国法学，希望从中发掘出真正有价值的经验教训，为今日诸如中国法学向何处去之类的疑问提供有说服力的解答。①探索法社会学这门"综合学科"或"横断学科"在中国的成长历程，是考察现代法学在中国百年发展的一个良好切入点。

然而，近代中国未必存在一门叫作"法社会学"的学科。若去探讨清末或民国的"法社会学"研究，势必陷入以后出观念重新组装历史的误区。早在1923年，傅斯年就认识到"一种科学的名称，只是一些多多少少相关连［联］的，或当说多多少少不相关连［联］的问题，暂时合起来之方便名词，一种科学的名称，多不是一个逻辑的名词，'我学某科学'，实在应该说'我去研究某套或某某几套问题'"②。美国学者华勒斯坦（I. Wallerstein）也认为，今天已经习以为常的学科称谓所指代的知识体系，尤其是有关社会进程和社会结构的知识，实际上并没有严格的壁垒，它们只是被人为地学科制度化了。③基于这种的道理，可知法社会学也只是关于法律与社会相关问题之研究的指称而已。如果抛开当代的学科标准来看，近代中国关于法律与社会相关问题的研究，与当代"法社会学"这一学科名称所指代的问题是大体相似的。近代中国的法学期刊论文和学术著作中对于法律与社会相关问题的探讨，常常使用"社会法学"或"社会法学派"等相关称谓。无论将其视为某种法学思想，或者某种法学流派，抑或其他某物，这些称谓所指代的"某套或某某几套问题"大致相同。

台湾学者杜正胜曾经纠结于在历史研究中是使用现代术语好还是使用文献上现成的语词好，"现代术语容易引起读者的兴趣，但也容易失真；文献上现成的语词虽然实录，却会流于不痛不痒"④。幸运的是，本研究使

---

① 参见苏力《也许正在发生——转型中国的法学》，法律出版社2004年版；邓正来《中国法学向何处去——建构"中国法律理想图景"时代的论纲》，商务印书馆2006年版。
② 傅斯年：《刘复〈四声实验录〉序》，欧阳哲生编《傅斯年全集》（第1卷），湖南教育出版社2003年版，第419页。
③ 详见［美］华勒斯坦（I. Wallerstein）等《学科·知识·权力》，刘健芝等译，生活·读书·新知三联书店1999年版，第12—42页。
④ 杜正胜：《编户齐民：传统政治社会结构之形成》，台北：联经出版事业股份有限公司1990年版，序，第2页。

用的近代中国相关文献上的"社会法学"一词，在当代学界仍然依稀可见，不易失真，也不至于"流于不痛不痒"。所以，本研究与其说梳理"法社会学"在近代中国的发展进程，不如说研究"社会法学"在近代中国的成长更为恰当。

需要说明的是，"社会法学"一词在今天的含义与近代不完全相同。"社会法学"在今天有两种常用的含义。其一，"社会法学"即"法社会学"，与 sociological jurisprudence 相对应。沈宗灵认为法社会学和社会法学"实质上是同一含义"。[1] 朱景文认为，随着学科之间的相互渗透，法学与社会学之间的联系日益紧密，法社会学和社会法学的区别已经不那么重要了。[2] 胡平仁也认为，法社会学和社会法学"在宽泛的意义上两者基本上是一回事"。[3] 台湾学者马汉宝也指出，可以用"社会法学"来代替"社会学法学"之类的称谓。[4] 其二，社会法学是指关于"社会法"之学，与 the theory of social law 相对应。社会法，主要关注劳动保护、社会保险和社会救助等问题，旨在扶助弱势群体和增进社会公益等。[5] 在当今中国的法律体系中，社会法是与刑法、行政法等平行的法律部门之一。所以，"社会法学"很容易让人首先想到"社会法之学"这层含义。

本书所使用的"社会法学"一词，采"法社会学"层面上的含义。不过，所谓"社会法"层面上的含义，与法社会学思想并非全无联系。有学者指出，社会法的出现，与西方的社会现实发生急剧变化，政府对社会生活的广泛干预，以及狄骥、霍姆斯、庞德等法学家所倡导的以社会为本位的法律思想融入各国立法、执法、司法的各个环节，都有密切的联系。[6] 在近代，前述两种含义，并非像今天这般条分缕析，壁垒森严，分属于不同的法学部门，而是处于一种你中有我我中有你的状态中。所以，本书使

---

[1] 北京大学法律系法学理论教研室编：《法律社会学》，山西人民出版社1988年版，第2页。
[2] 朱景文：《法社会学》，中国人民大学出版社2005年版，第4页。
[3] 胡平仁：《法律社会学》，湖南人民出版社2006年版，第1页。
[4] 马汉宝：《庞德社会利益说之理论的基础》，载翟志勇主编《罗斯科·庞德：法律与社会：生平、著述及思想》，广西师范大学出版社2004年版，第269页。
[5] 汤黎虹：《社会法学》，中国人民公安大学出版社2008年版，第1—4页。
[6] 杨士林、张兴堂主编：《社会法理论探索》，中国人民公安大学出版社2010年版，第4页。

用"社会法学"的概念，也会兼顾第二层含义。

目前已有少数学者试图梳理社会法学在中国的发展历程，对中国近代部分法学家在社会法学上的观点进行了有益梳理，并就社会法学兴起的原因做了初步探索。但是，既有研究尚有一些值得商榷之处。首先，对近代社会法学的研究习惯于陈述近代有限几位法学家的观点，并且相关陈述也是"点到即止"。如此勾勒社会法学在近代中国的面貌，往往过于稀疏，不但难称丰富生动，甚至连基本轮廓也未必准确。其次，既有研究常常就法学而言法学，很少考虑到社会、政治、教育等因素与法学之间的相互关系。再次，对近代社会法学的外延把握不够准确，有泛化的倾向。最后，既有研究倾向于以当今的法社会学理论倒回去考察近代法律活动和法学研究的所谓法社会学特点。如此或有后见之明，却未必能得历史真相。以上诸点，本书将在先行研究中具体论述。综而言之，对社会法学在近代中国的成长展开新的研究，实属必要之事。

中国社会法学史的研究，对于中国当代法学发展和法治建设都具有相当的价值。首先，在法学理论方面，对近代中国社会法学的研究有益于探索中国当代法学的发展方向。田成有曾对中国当代法学存在的问题做了剖析。他认为，当代法学亟待改进，因为其内在理路仍然以国家法为核心，对所谓"活法理"关注太少，不免"概念化""模式化"和"一元化"的弊病，当代法学没有充分重视法律在社会运行中的实际效果。在他看来，法学界"并没有真正读懂现实而复杂的社会"。欲图改进，法学界必须注重中国现实社会问题的研究，从社会的角度去反思和推进法律，站在法律的角度审视社会。[①] 也就是说，中国法学已经有了概念法学的某些弊病，加强对社会现实的关注和理解，才能使中国法学进一步向前发展。在他看来，法社会学的研究就是中国当代法学的一把破局之刀。考察社会法学在中国的成长历程，观察近代法学家如何处理法律与社会的关系，可为中国当代法学的发展发掘出一些真正有价值的东西，推进当代中国法学研究的"社会"意识，进而有助于解答诸如"中国法学向何处去"之

---

① 田成有：《法律社会学的学理与运用》，中国检察出版社2002年版，前言，第1页。

类的问题。

其次，中国社会法学史的研究在法学史上还具有重要意义。对中国法学历史的反思，已有不少研究。① 在既有的分科学史的研究中，社会法学史的研究相较宪法学、行政法学、民法学、刑法学、诉讼法学、法理学等学科，还非常薄弱。目前对社会法学史的已有研究，尚难揭示社会法学在中国演进的真相。梳理社会法学在近代中国生长和发展的历程，可就法社会学（社会法学）的成长史做出不同于先行研究的解释。

再次，本书可在学科史研究的方法上做出有益探索。关于法学各学科史的既有研究，多以当下的理论为框架，倒梳近代的所谓某学科研究。如此研究，很容易以后出外来的观念去附会过往的知识；所得之学科史，究竟是否与历史真相相符，尚待商榷。另外，既有研究往往注意近代学者留下的部分文本，对于产生某学科知识的学术机构、社会思潮、政治格局等因素，却不够重视。知识社会学的创始人之一马克斯·舍勒曾说，所有的知识都是由这个社会及其特有的结构所共同决定的。② 所以，研究某一学科知识产生和成长的历史，可以从两个方面探索新的研究方法：一方面，不必囿于当代的理论框架，可以尝试回到学科知识尚未发生的境界，探寻它的产生和成长的过程；另一方面，试图超越该学科知识的范围，注意学术机构、社会思潮、政治格局、人事变动等因素对学科知识的影响，从而期待所探寻的学科史更接近历史的真相。本书希望在中国社会法学史的探究中，对学科史的研究方法进行一些有益的尝试和探索。

最后，本书有助于探索中国法治之路。如何协调法律与社会的关系，在发展与秩序、成文法与道德风俗、国家强制力与社会亲和性、理想与国

---

① 目前试图梳理中国法学发展史的研究主要有李步云：《中国法学：过去、现在与未来》，南京大学出版社1988年版；李贵连：《二十世纪的中国法学》，北京大学出版社1998年版；苏力、贺卫方主编：《20世纪的中国：学术与社会（法学卷）》，山东人民出版社2001年版；谷春德：《二十世纪中国的法学：中国法学发展的历史、现状与前瞻》，党建读物出版社2001年版；何勤华：《中国近代民商法学的诞生与成长》，《法商研究》2004年第1期；沈国明、王立民：《二十世纪中国社会科学（法学卷）》，上海人民出版社2005年版；裴艳：《留学生与中国法学》，南开大学出版社2009年版；李平龙：《中国近代法理学学科史》，中山大学2010年未刊博士论文，等等。

② [德]马克斯·舍勒：《知识社会学问题》，艾彦译，华夏出版社1999年版，第58页。

情、普遍性与个别性等各种因素中求得一种平衡，从而实现恰当而有效的法治，是中国当代法学家所欲解决的大问题。反思近代学界关于法律如何适应社会，法官如何灵活运用法律以求得公平裁判等方面的研究，考察近代以来各时期立法对社会情形的调查与运用情况，当时"最新"的法学思潮与立法的关系以及政党观念与法律制度的关系，其经验或教训都可为当下法治问题的解决提供一些有益的镜鉴与参考。

二 先行研究

关于社会法学在中国的由来和发展，学界已有所研究，梳理和把握先行研究是展开本书的重要前提。

对社会法学在近代中国发展的反思始于民国时期。1947年，北京大学蔡枢衡教授曾系统地反思民国法学的得失。当时学界对社会法学甚为推崇，他却认为需要冷静地思考中西法学之间的关系。在他看来，留学域外的中国法学者因留学国度的不同往往各囿于一说，难脱"次殖民地性质"法学的习气；中国的法学应当以国家和民族自觉为起点，以中国法律和中国社会为研究对象。① 这既是对当时盛行的社会法学少有的认真思考，也是对民国翻译和移植"法学文化"的批评和反思。

1949年以后，大陆的法学家历经思想改造运动，身心饱受煎熬，其学术大都淡出历史舞台，所以谈不上对社会法学的反思。而台湾地区的部分法学家对社会法学在近代中国的影响做了认真的反思。1956年，台湾大学法律系教授王伯琦对近代中国的社会法学思潮进行了反思。他认为，以吴经熊为代表的一批民国法学家认为社会法学思想与中国传统"天衣无缝"的看法过于乐观了，西方社会法学只是对个人之自由和权利趋向极端化的限制，仍以个人主义为基础，与中国固有的法律观念和民族心理"貌合神离"。② 1971年，台湾大学法律系教授马汉宝在《法律、道德与中

---

① 蔡枢衡：《中国法理自觉的发展》，自刊2005年，载许章润编《汉语法学文丛》，清华大学出版社1947年版。
② 王伯琦：《近代法律思潮与中国固有文化》，台北：法务通讯社1956年版，1985年再版，2005年收入许章润编《汉语法学文丛》，清华大学出版社。

8

国社会的变迁》一文中再次讨论了社会法学思想与中国固有道德法律观念的关系，认为西方社会法学中的社会义务观念与个人的权利和自由牢不可分，而中国固有道德法律观念对个人的权利自由却难以深解和珍视。① 20世纪80年代以后，学界开始了对法学家吴经熊的关注。吴经熊在法律哲学方面颇有造诣，在国际上较有影响，他在社会法学的传播和发展过程中起着重要作用。1986年，奥地利汉学家田默迪（Matthias Christian）在其博士论文《东西方之间的法律哲学——吴经熊早期法律哲学思想之比较研究》中就注意到了中国法学家吴经熊对欧美社会法学思想的传播和发展。在社会法学演进过程中，发挥了重要作用的法学家为数不少，而学界认识得相对较深的就是吴经熊。②

  大陆学界关于中国社会法学史的研究，到了20世纪90年代才开始。1991年，蒋洪义的《法律社会学》在梳理中国当代法社会学的学术活动和研究内容时，注意到"在我国，由于受西方法学的影响，三四十年代，也曾有人开展过法律社会学的研究工作，并获得过一定程度的发展"。③ 这是1949年以后大陆学界首次注意到民国社会法学的发展。随后，华友根又于1993年撰文《庞德的社会法学派思想在中国的影响》就庞德社会法学思想对民国法学教育、法学研究的影响做了简要介绍，并开始注意到吴经熊、

---

  ① 马汉宝：《法律、道德与中国社会的变迁》，《台湾大学法学论丛》1971年第1期第1卷。
  ② ［奥］田默迪（Matthias Christian）：《东西方之间的法律哲学——吴经熊早期法律哲学思想之比较研究》，王健译，中国政法大学出版社2004年版。该论文最早于1988年由奥地利Springer出版社出版。关于吴经熊法学思想的研究还可参见台湾学者王志坚《吴经熊的法律哲学与其自然法思想》（台湾辅仁大学1996年未刊硕士论文）；美国哈佛大学汉学家安守廉（William P. Alford）与沈远远同撰的《"法律是我的神明"：吴经熊及法律与信仰在中国现代化的作用》和《吴经熊与霍姆斯通信选——沟通两种文化和四代人的通信》［载《湘江法律评论》（第2卷），湖南人民出版社1998年版］；王健：《超越东西方：法学家吴经熊》（《比较法研究》1998年第2期）；曾建元：《跨越东与西：吴经熊的人与法律思想素描》［《清华法学》（第四辑），清华大学出版社2004年版，第81—122页］；许章润：《当法律不足以慰藉心灵时——从吴经熊的信仰皈依论及法律、法学的品格》（《月旦民商法》2004年第1期）；陈夏红：《百年中国法律人剪影》，中国法制出版社2006年版；李冬松：《吴经熊对霍姆斯法律哲学之继承与超越》（湘潭大学2007年未刊硕士论文）；陈夏红：《法意阑珊处：二十世纪中国法律人自述》，清华大学出版社2009年版；孙伟：《吴经熊与近代中国法制》（中国法制出版社2010年版）；陈夏红：《政法往事》，北京大学出版社2011年版；郑志华：《超越东西方的法哲学家——吴经熊研究》（浙江大学出版社2012年版）。
  ③ 蒋洪义：《法律社会学》，《中外法学》1991年第5期。

陆鼎揆、张知本、何世桢的学术活动。① 俞荣根进一步认为，社会法学不仅在民国时期得到相当程度的发展，还可以追溯到19世纪末20世纪初，中国社会法学的西方来源除了庞德还有狄骥。② 1998年，武树臣在《法原：中国法观念的萌动、萎缩与觉醒》和《移植与枯萎：个人本位法律观在中国的命运》两文中探讨了民国时期的国家社会本位法律观，初步探索了社会法学思想与中国固有观念的联系和区别。③ 2004年，侯猛在《中国法律社会学的知识建构和学术转型》一文中质疑当时学界关于中国法社会学发生于20世纪80年代的观点，他认为中国法社会学知识可追溯到20世纪30年代。他在文中重点强调张知本和瞿同祖在中国社会法学史上的地位，认为张知本的《社会法律学》一书是对民国时期社会法学的理论概括，而瞿同祖的《中国法律与中国社会》则在法律史和社会史的研究中运用了社会法学的方法。④

上述几位学者对社会法学在近代中国的发展做了有益的探讨。较系统地梳理社会法学在近代中国的发展历程，则始自2004年韩亚峰所撰《法社会学在中国早期发展史略》。⑤ 作者认为社会法学在中国的发展始于清末，并进一步将社会法学在中国的早期发展划分为三个时期：19世纪末至1911年为中国法社会学的早期萌芽，1912—1927年为中国法社会学的初兴，1928—1949年为法社会学在中国的短暂繁荣。文章旨在以时间为线索，以主要法律学人为核心，以其主要成就为内容叙述西方社会法学在中国的传播轨迹和中国近代法律学人对它的改造。该文对域外学者和中国近代法学家的关注面较前略宽，并对社会法学在近代中国兴起的原因进行了初步探讨。不过，虽然作者列举了为数不少的西方法学家和民国法学家，

---

① 华友根：《庞德的社会法学派思想在中国的影响》，《政治与法律》1993年第5期。
② 俞荣根：《法社会学在中国社会变革中的兴起与发展》，《中外法学》1996年第1期。
③ 武树臣：《法原：中国法观念的萌动、萎缩与觉醒》和《移植与枯萎：个人本位法律观在中国的命运》，两文均载李楯主编《法律社会学》，中国政法大学出版社1998年版，第231—241页。
④ 侯猛：《中国法律社会学的知识建构和学术转型》，《云南大学学报》（法学版）2004年第3期。
⑤ 韩亚峰：《法社会学在中国早期发展史略》，载郑永流主编《法哲学与法社会学论丛（七）》，中国政法大学出版社2004年版。

但他们如何影响近代中国的社会法学，尚缺乏令人信服的证据。又将康有为、沈家本、劳乃宣等人都视为中国社会法学的先驱，似乎将社会法学的外延扩展得过大了，略有牵强附会之意。另外，文中对某些史实的考证也有失误之处。①

除了对民国社会法学的梳理之外，学界还注意探讨庞德社会法学思想在中国的影响。2005年，张丽清的《20世纪西方社会法学在中国本土的变革》以庞德的社会法学为中心，考察了西方社会法学在中国的影响及变革。作者不但注意到了民国法学者对社会法学的译介，还敏锐地察觉到社会法学对立法和法学教育可能有影响。他认为，庞德社会法学对民国法学的影响重点不在于以社会学的方法来研究法律，而在于社会本位的立足点和对社会利益的关怀。在分析社会法学本土化变革的原因时，他认为轻个人而重整体的传统文化、国难当前的时代背景是其原因，法学独立品格的缺失也是不可忽视的因素。②

学界对社会法学思想与立法的关系探讨很少。仅有雷明贵的《法社会学思想对旧中国民法的影响》从民商事习惯调查和私法公法化两方面论证了法社会学思想对南京国民政府民法典的影响。③ 该文是目前学界少有的关注社会法学对民国立法影响的研究成果。

2007年，学界出现了第一部研究中国社会法学史的专著。汤唯出版了《法社会学在中国——西方文化与本土资源》一书，意在剖析中国法社会学的学术品格、独有特色与发展趋向。该书第二部分对民国时期社会法学的研究概况、研究成果、研究内容、研究特色、社会法学"热势"之原因都做了较翔实的阐述。④ 不过，该书对民国社会法学的研究也存有一些可

---

① 如，对中国社会法学产生较大影响的《法理学大纲》一书，作者认为是穗积陈重所著。实际上，是穗积重远所著。

② 张丽清：《20世纪西方社会法学在中国本土的变革》，《华东师范大学学报》（哲学社会科学版）2005年7月。

③ 雷明贵：《法社会学思想对旧中国民法的影响》，湖南大学2006年未刊硕士论文。关于民国立法史的研究还有杨幼炯：《近代中国立法史》，商务印书馆1936年版；谢振民：《中华民国立法史》，正中书局1937年版；刘曙光：《国民政府立法院述论》，首都师范大学2000年未刊硕士论文。

④ 汤唯：《法社会学在中国：西方文化与本土资源》，科学出版社2007年版。

商榷之处。从研究思路上看，文章主要立足于当代中国的法社会学，第二部分中关于法社会学在近代中国发展的探索只是为分析当代中国的特色做铺垫，并非研究的重点。作者声称要"从对社会法学的洞察中架起一座西方法学通向中国法学、传统法学通向现代法学的桥梁"，① 但是对于这座桥梁最关键的部分，即法社会学在民国的发展，似乎着墨不多。从研究思路上看，本书虽然列举了民国不少学者关于社会法学的研究，但仍主要着眼于陆鼎揆、张知本、吴经熊、丘汉平等若干学者，要想更准确地求取社会法学在近代中国演进的全貌，其关注面似应进一步扩展。从研究资料上看，作者倾向于使用今人著述和资料汇编而对原始资料不够重视。另外，文章使用当今社会法学的理论去条理民国社会法学的内容和特点，不免"倒放电影"之嫌。

胡平仁也在2007年发表《法社会学的百年历史》一文，简要回顾了法社会学在西方的发展及在中国的发展历程。作者将中国法社会学的发展分为五个时期，即20世纪前二十年为萌芽期，20世纪20年代为中国法社会学的初兴期，20世纪三四十年代为中国法社会学的短暂繁荣期，20世纪50至80年代为沉寂期，20世纪90年代以来为中国法社会学的勃兴期。② 虽然作者对中国社会法学发展的分期与前述韩亚峰的观点并无本质区别，对相关法学家的研究也是点到即止，但其关注面较前更宽，则是一大进步。

此后，又有一些关于社会法学在近代中国发展的研究。如陆燕的《庞德的法学思想在近代中国》对庞德与民国社会法学研究做了探讨，③ 李平龙的《中国近代法理学学科史》就社会法学派对中国法理学的影响做了考察，④ 娄曲亢的《法社会学名词在中国语境下的变迁研究》则用统计学的方法考察了民国时期"社会法学"相关概念的使用情况⑤。

除此之外，尚有社会学界在梳理中国社会学的发展时，论及民国时期

---

① 汤唯:《法社会学在中国:西方文化与本土资源》，科学出版社2007年版，第2页。
② 胡平仁:《法社会学的百年历史》，《山东大学学报》（哲学社会科学版）2007年第2期。
③ 陆燕:《庞德的法学思想在近代中国》，重庆大学2007年未刊硕士论文。
④ 李平龙:《中国近代法理学学科史》，中山大学2010年未刊博士论文。
⑤ 娄曲亢:《法社会学名词在中国语境下的变迁研究》，中国政法大学2010年未刊硕士论文。

社会学对法学的影响。① 目前已有的研究成果为本书奠定了基础，本书在具体讨论中将会引证相关学者的研究成果，此不赘述。

总体说来，先行研究按照当代法社会学的理论框架对民国社会法学的内容进行了初步梳理，对吴经熊、张知本、陆鼎揆、丘汉平、张志让、王凤瀛等人在社会法学的引介和传播方面所做的贡献有所介绍，并对社会法学在民国兴起的原因做了初步探讨。另有学者对社会法学思想与南京国民政府民法的关系做了初步探索。不过，先行研究也存在不少缺陷。

首先，对于近代中国社会法学相关研究主体的关注，范围略显狭窄。自学界开始关注近代的社会法学以来，先行研究陆续知晓的研究社会法学的近代法学家，为数并不多。以韩亚峰和汤唯的研究为例，韩亚峰在《法社会学在中国早期发展史略》一文中，主要关注的近代法学家有吴经熊、张知本、李炘、王凤瀛、张志让、丘汉平等数人，汤唯在《法社会学在中国：西方文化与本土资源》一书中，主要关注的近代法学家有吴经熊、陆鼎揆、张知本、丘汉平、萧邦承等人，其所关注，十分有限。先行各研究对近代社会法学研究主体的关注，呈现出某种陈陈相因的迹象，所论者皆不出上述学者中的四五人。总体来说，先行研究所知的近代社会法学研究主体不外吴经熊、张知本、李炘、王凤瀛、张志让、丘汉平、萧邦承、何世桢、瞿同祖等人。从近代所留下的法学期刊和论著来看，当时研究社会法学的学者当远不止于此。北京大学法科、朝阳大学、北京法政大学、东吴法学院，后来兴起的中山大学、中央大学、武汉大学等校的法学院，以及修订法律馆等机构，都有不少学者对社会法学有所研究。其中，不乏对社会法学在近代中国发展产生重要影响之人，如北京大学的王世杰、方孝岳、周鲠生、燕树棠，朝阳大学的胡长清、徐恭典，北京法政大学的许藻

---

① 例如，杨雅彬在《近代中国社会学》（中国社会科学出版社2001年版）一书中注意孙本文、吴泽霖等关于社会约制的研究，陈达、李剑华、祝世康等人对劳工问题和劳动法的研究；阎明在其《一门学科与一个时代：社会学在中国》（清华大学出版社2004年版）一书也关注了陶孟和、李达、严景耀、杨开道等人对劳工问题和犯罪问题的研究；姚纯安的《社会学在近代中国的进程（1895—1919）》（生活·读书·新知三联书店2006年版）一书论及曾被视为"科学之汇归"的社会学对其他学科（包括法学）有指导作用。

镕、潘大道,东吴法学院的陈霆锐、王传璧、孙晓楼、陈振旸,中山大学的薛祀光、余群宗、朱显祯,中央大学的章渊若、汪新民,武汉大学的梅汝璈,等等。另外,尚有部分社会学者对社会法学也有研究。意欲勾勒社会法学在近代中国生成与发展的面貌,仅凭已有研究所描绘的有限几个未必关键的点,似乎远远不够。先行研究所关注的广度,大有扩充的必要。

其次,对近代法律学人的社会法学观缺乏足够的梳理和分析,由此所得的社会法学在近代中国的面貌,恐难称清晰完整。先行研究固然对部分法律学人在社会法学的引介和传播过程中所发挥的作用做了一定的梳理,但对于各法律学人在社会法学方面的具体观点却没有很好的呈现。在先行研究所关注的法律学人当中,除对吴经熊的研究相对深入以外,对其他法学者的认识多停留在仅仅知道该人物研究过社会法学,甚至仅限于知道该人物存在的程度。例如,在《法社会学在中国早期发展史略》一文中,李炘是作者着意介绍的"中国法社会学领潮人物"之一,但是对其生平及其代表作《社会法学派》《思达木蘖法律学说大纲》《法形论》等论著所表露的主要观点却基本没有提及。对其他学人的介绍也有此倾向,不乏事实叙述和溢美之词,却较少对学人的观点进行概括与分析。由此得出的所谓社会法学在近代中国的面貌,不免骨架不全,缺乏血肉,恐与近代社会法学所包含的内容有不小的差距。

再次,先行研究往往单从社会法学入手,就法学而言法学,很少关注社会、政治、教育等因素对社会法学这种知识的影响以及社会法学对社会诸方面可能发生的反作用。社会学家马克斯·舍勒认为,某种知识总是由相应社会及其特有的结构所决定的,知识的扩散与传播往往受到诸如学校、出版机构等社会因素的影响。[①] 社会法学作为一种知识在近代中国产生和发展,必然与各种社会因素密切相关。近代中国社会变化频仍,有可能对社会法学产生重要影响。清末民初以来,社会改造的呼声,社会主义思潮的兴起,各界对于收回领事裁判权的

---

① [德] 马克斯·舍勒:《知识社会学问题》,艾彦译,华夏出版社1999年版,第58、61页。

强烈诉求,大学改革,政局变化,学者流动,政府的立法活动,政党观念和民族危机等因素,与社会法学有无联系,先行研究鲜有论及。由此可知,先行研究的视角相对单一,研究所得难免缺乏足够的立体感和厚重感。

又次,对中国近代社会法学的外延把握不准确,有泛化的倾向。《法社会学在中国早期发展史略》一文将严复、沈家本、劳乃宣、孙中山等人均视为"中国法社会学运动的先驱";《法社会学在中国:西方文化与本土资源》一书也将沈家本、梁启超、严复等人的研究与社会法学泛泛相连。上述诸人对中国近代法学确实有过不同程度的贡献,然而皆将之泛视为中国社会法学的先驱,却不免误解了社会法学的内涵与外延,实在难以令人信服。如果将对中国现代法学的贡献都笼统地视为对中国社会法学的贡献,势必走向消解该知识的境地。

最后,目前对中国近代社会法学的研究多少具有某种"倒放电影"的特点,常常以当下的法社会学理论倒回去大谈清末民国某些法律活动、法学研究的"法社会学"特点,很少从当时的法学思想出发来考察社会法学在近代中国的渊源流变。以当今的学科理论为框架去探究学科之史,条分缕析,作者易作,读者易读,然而由此所得却有看朱成碧的危险。以今日之"明智"去揣度前辈的思想,其所得恐非近代学者的理解而是当代解读者自己的看法。有先行研究曾试图以今日法社会学的理论框架去梳理民国时期的"法社会学",得到民国时期社会法学研究的十项内容,包括倡导"活法"和"行动中的法",弘扬"社群意识",论辩中国特色的"社会本位"思想,倡导"我中有你,你中有我,他山之石,可以攻玉",主张法律进化观,立足中国的社会风情,等等。① 近代关于社会法学一些论著,被放置于该框架之中,形成一套当代作者对近代社会法学的理解,颇有"六经注我"的意思。如此做法,与事实是否相符,尚属疑问;至少该做法未能在时人对社会法学概念的理解、社会法学派别的认识、中国近代社会法学主要探讨的问题等方面做出令人

---

① 汤唯:《法社会学在中国:西方文化与本土资源》,科学出版社2007年版,第62—71页。

信服的解释。

先行研究的种种缺陷，有可能使研究所得与历史事实有不小的差别。本书试图在已有研究的基础上，对社会法学在近代中国的成长做进一步的考察。

三　研究资料与方法

研究资料是本书的基石。学界对中国近代社会法学的研究之所以寥寥，且存在种种缺陷，其原因，第一，是对近代法学刊物和论著等资料不够重视，或运用不当。

研究社会法学在近代中国的成长过程，最重要的材料是相关法学家的译著、专著和论文集等。有些关键人物的论述原著，对于还原社会法学在近代中国的真实面貌会起到极为重要的作用。本书涉及的法学家较多，相关著作既多且杂。其大要者有：方孝岳的《大陆近代法律思想小史》（商务印书馆，上册出版于1921年，下册出版于1923年），李炘的《思达木蘖法律学说大纲》（朝阳大学出版部1923年版）、《社会法学派》（朝阳大学出版部1925年版），陆鼎揆的《社会法理学论略》（商务印书馆1926年版），雷沛鸿的《法学肄言》（商务印书馆1928年版）和《法学史》（商务印书馆1930年版），李鹤鸣（李达）的《法理学大纲》（商务印书馆1928年版），欧阳谿的《法理学大纲》（上海会文堂新记书局1930年版），吴经熊的论文集《法学论丛》（Juridical Essays and Studies，商务印书馆1928年版）、《法律哲学研究》（上海法学编译社1932年版）、《法学文选》（会文堂新记书局1935年版）和《法律的艺术》（The Art of Law and Other Essays Juridical and Literary，商务印书馆1936年版），王传璧《法理学史概论》（上海法学书社1929年版），朱广文的《法律上之进化与进步》（中华书局1929年版），许藻镕的《法学论文集》（出版信息不详，1931年完成），孙本文编《社会学丛书》（15本，中华书局1929、1930年版），张知本的《社会法律学》（商务印书馆1931年版），张蔚然的《法律之矛盾与调和》（春秋书店1932年版），梅汝璈的《现代法学》（上海新月书店1932年版），阮毅成的《政法论丛》（南京时代公论社1932年版），王云

五、李圣五的《法学新思潮》（商务印书馆1933年版），章渊若的《现代法制概论》（商务印书馆1934年版），徐砥平的《拿破仑法典以来私法的普通变迁》（会文堂新记书局1934年版），孙晓楼的《法律教育》（商务印书馆1935年版），费青的《法律哲学现状》（上海法学编译社1935年版），等等。另外，自清末至20世纪30年代十多个版本的《法学通论》及其他相关法学著述，亦需关注。

第二，清末和民国时期流行于学界的法学刊物和其他重要刊物。一类是登载法学论著的刊物，另一类是记载与本书相关的人事和制度的期刊。清末和民国时期出现的法学期刊不可谓少，其中关系社会法学较大者，先有《译书汇编》《新民丛报》《法政杂志》（东京）《法政杂志》（上海）《北洋法政学报》等，随后继之以北京法学会所办的《法学会杂志》，后又有北京大学所办《北京大学月刊》《国立北京大学社会科学季刊》，北京法政大学所办《法政学报》，东吴法学院所办《法学季刊》（The China Law Review），朝阳大学所办《法律评论》，修订法律馆所办《法律周刊》，再后来又兴起《中华法学杂志》，中山大学所办《社会科学论丛》，中央大学所办《国立中央大学社会科学丛刊》，武汉大学所办《国立武汉大学社会科学季刊》，复旦大学所办《法轨》，上海法科大学所办《上海法科大学月刊》，另有《现代法学》《法学季刊》（南京三五法学社），等等。除此之外，《东方杂志》《学林》《太平洋》《改造》等刊物也登载了不少关于社会法学的文章。记载与本书相关人事和制度的期刊主要有北京大学出版物《北京大学日刊》，东吴大学出版物《东吴年刊》，《立法院公报》、《行政院公报》等。

第三，相关档案和资料汇编。本书所涉及的相关档案不多，其大要者有《中华民国史档案资料汇编》、上海档案馆藏东吴大学法学院档案、北京大学档案馆藏北大法科相关档案等。相关资料汇编有《中国国民党中央执行委员会常务委员会会议录》，《中国国民党历次代表大会及中央全会资料》，《民国法规集成》，《民国史料丛刊》，《文史资料选辑》，国民政府教育部所编《第一次中国教育年鉴》（1934年）、《第二次中国教育年鉴》（1948年），《中国近代教育史料汇编》（全国图书馆文献缩微复制中心出版，2006年），《中国近代教育史教学参考资料》（陈学恂主编），《中国近代教育史资料汇编——留学教育》（陈学恂、田正平编），《留学教育——中国留学教育史料》（刘真主编）等。另外，北京图书馆编《民国时期总书目·法律》（书目文献出版社1990年版），沈国锋编《中国法律图书总目》（中国政法大学出版社1991年版），周谷城主编《民国丛书》第一编第一百册、第三编第一百册（上海书店1996年版），国家图书馆典藏阅览部编《民国文献资料丛编》之《民国时期发行书目汇编》所列法学、社会学相关著作（国家图书馆出版社2010年版），俞江在其《近代中国的法律与学术》（北京大学出版社2008年版）书后所附的《清末法学书目》，丁守和主编《辛亥革命时期期刊介绍》（人民出版社1987年版），朝阳大学法律讲义等资料，有助于把握近代相关研究的概况。

第四，校史资料。北京大学、朝阳大学、东吴大学、中央大学、中山大学、武汉大学、北平大学等校的校史资料，也有助于厘清当时人物关系与相关制度，还原史实。主要有北京大学编《国立北京大学廿周年纪念册》（1917年），《国立北京大学一览》（1935年），《北京大学史料》（王学珍、郭建荣编，北京大学出版社2000年版），《北京大学校史（1898—1949）》（萧超然编，上海教育出版社1981年版）；《朝阳大学概览》（1929年），《朝阳学院概览》（朝阳大学出版部1933年版）；《国立北平大学一览》（1935年），《国立北平大学法学院一览》（1929年）；《国立中央大学一览》（1931年），《国立中央大学法学院概况》，（1931年）；《国立武汉大学一览》（1930年），《国立武汉大学一览》（1931年）；《国立中山大学现状》（1935年）；《国立复旦大学一览》（1936年）；《国立四川大学一览》（1937年）；《私立东吴大学法学院一览》（1936年）；《私立北平民国大学一览》（1933年）；《私立中国学院概览》（1934年）；《厦门大学一览（1933—1934）》（1934年），等等。

第五，相关人物的自传、日记、通信、回忆录等。本书相关人物的笔记、日记、自传、通信、回忆录等，是考察其人事活动和思想变化最重要的资料之一。不过，这类资料非常少见。其大要者有吴经熊的回忆录《超越东西方》《胡汉民自传》《胡汉民未刊往来函电稿》《张志让自传》《邵元冲日记》，沈尹默所述《我和北大》，顾颉刚述《蔡元培先生与五四运动》，东吴法学院毕业生李中道所述《回忆东吴大学及东吴法学院》，谢颂三述《回忆东吴法学院》，朝阳大学同学回忆录《法学摇篮：朝阳大学》，台湾《传记文学》亦载有北大法律系学生陶希圣及其他相关人物的回忆录，等等。本书所关注的一些人物虽留有日记、访问录等资料，但其内容与本书相关者却很少，如《王世杰日记》多述其在教育部长任上之事，较少谈到他的求学和治学经历，《张知本先生访问纪录》《傅秉常先生访问纪录》《马俊超口述自传·傅秉常口述自传》和《傅秉常日记》，皆注重政治方面，于法学研究和立法活动言之甚少。另有孙伟所编《吴经熊裁判集、与霍姆斯通信集》，广西师范大学所编《蔡子民先生言行录》。除此之外，尚有陈夏红所编《法意阑珊处：二十世纪中国法律人自述》《百年中国法律人剪影》《政法往事》，陈平原、夏晓虹所编《北大旧事》，等等。

此外，当时具有影响力的报纸，如《申报》《晨报》《民国日报》等，也记载了与本书有关的信息。

从研究对象上说，本研究属于学科史的范畴。关于学科史的研究，此前学界大致流行两种做法。一是事先界定各种概念，以某种当代社会科学的理论为框架，将清末和民国时期的各种材料纳入其中，由此追述出一部看似清晰系统实则远离历史事实的学科史。二是专就近代的各种文本进行分析，基本不考虑该时代复杂的人事关系和其他社会因素，专从思想层面的联系来写出一部学科发展的历史。前一种做法，以后出的观念重新组装和解读历史，很大程度上割裂了历史本身应有的联系，由此形成的所谓学科史，更多的是今人的理解，而非时人的本意。后一种做法对当时文本的强调，有其正面价值，但也有可能忽略掉某些关键的要素，陷入只知其然而不知其所以然的境地，因为一种知识本来就是由社会诸种因素所共同决定的。

对于学科史的研究，采何种方法为宜，学者们已经做了不少有益的探讨。桑兵教授曾说，治分科的学史应当回到"无"的境界，探寻"有"的发生及其变化，只有复归不分科的状态，才可能回到历史现场探寻本来的意境，重现史实而非创作历史。① 孙宏云教授认为，仅注重文本的做法可能也受到了当下学术制度的潜在影响，学科史的研究还应考虑诸如经费、设备、人员、机制规章、时风、舆论等环境因素。② 另有学者认为，探寻中国现代学科的历史，一要考虑与"西学"传入的相关文本和概念术语，二要考虑与"知识分科"相关的社会背景。③ 本书将借鉴先行研究的理论与方法，针对具体问题做具体分析。本文既要充分考察晚近以来相关学者对社会法学的理解，把握知识的脉络，也要注意教育、时风、立法、政治等因素的影响。同时，也将尽力排除后出外来观念的影响，不囿于今日法社会学的学科标准，尽量回到近代历史现场，力图理清该学科知识从无到有、从模糊到清晰的变化过程。具体说来，本书至少应该注意以下几个问题：该外来知识通过何种途径进入中国，中国学界如何认识法律与社会及法学与社会学的关系，如何认识"社会法学"和"社会法学派"，社会思潮、大学改革和民族危机等因素对社会法学的传播发展有何影响，社会法学如何与政党主张发生联系，社会法学对法学研究、法学教育和法制实践有何影响，等等。

另外，对于近代学人相关论著的解读，本书力图避免以今日法社会学的理论框架去代替当时学者对相关学说和相关问题的认识，同时还要尽量避免用后出外来的法社会学概念来代替当时使用的相关概念。如此，才有可能真正读懂近代学人的本意。历史研究，首在求真。对中国社会法学史的研究，自应尊重历史本相，不必以今日看似合理的理论和概念对晚近的社会法学条分缕析。本书应返回当时的语境，对当时学者的认识怀有一种同情之了解，尽量减少主观臆断，由此来探寻社会法学在近代中国从无到有的成长过程。

---

① 桑兵：《分科的学史与分科的历史》，《中山大学学报》（社会科学版）2010 年第 4 期。
② 孙宏云：《中国现代政治学的展开：清华政治学系的早期发展（1926—1937）》，生活·读书·新知三联书店 2005 年版，第 21 页。
③ 复旦大学历史学系编：《中国现代学科的形成》，上海古籍出版社 2007 年版，第 10 页。

四　研究思路与各章要旨

本书试图厘清以下几个方面的问题：

（一）清末民初，面对全新的外来法学知识，学界如何认识法律与社会及法学与其他学科的关系？

清末民初，留日法科学生将大量日译的西方法学著述翻译成中文，并参照其留日期间的笔记、教师讲义等资料编译出许多法学著作。按照日本的法律体系构造的近代法学，借此快速进入中国。当然，此时从日本传来的法学既受德国法学的强烈影响，① 也带有浓厚的日本色彩。此一时期，中国学界关于法律与社会及法学与其他学科关系的认识，大都来自于这些"日系"论著。这些认识，即是中国学界关于此问题的最初认识。

（二）1920年前后数年间，学界如何认识法律与社会的关系，如何认识"社会法学"和"社会法学派"？

北大法科改革之后，成为中国法学研究的中心之一，学术风气为之一变。关于法律与社会关系的探讨也进入新的阶段，参与的主要学者有北大法科陈启修、周鲠生、方孝岳、燕树棠、王世杰、张志让，朝阳大学李炘、谢镜蓉、谢光第，东吴法科吴经熊、王凤瀛、陈霆锐、丘汉平、陆鼎揆、王传璧、何世桢，北京法政大学徐恭典、许藻镕、罗瑶、刘震、潘大道等。1920年，陈启修最先以"社会目的法学"的概念来称谓主张法律以社会利益为目的的法学学说，而"社会法学"之概念最早则是李炘在1922年提出。这些探讨中，涉及的主要问题有法律的社会目的说，法律与社会公益的关系，法律的社会化，法学与社会学的关系，对"社会法学派"（或"社会学派""社会哲学派""社会学法学派"等类似称谓）的认识，民法和刑法的社会指向，法学研究的新方法等。值得注意的是，因为学术背景的差异，各学者在上述问题的认识上不完全相同，而且其"社会法学"的世界谱系也不一致。了解各学者在认识上的不同点和共同点，考查其学术渊源，有助于从多角度观察社会法学。

---

① ［日］高柳健藏撰：《日本之法律教育》，赵颐年译，《法学杂志》1935年第7卷第2期。

（三）学界在何时取得关于法律应该"社会化"的共识？为什么社会法学派的主张能够得到学界的认同？

关于法律应该"社会化"的认识，学界在20世纪20年代前中期取得共识。学界津津乐道的是，过去的法律采取"个人主义"取向有种种弊端，而19世纪末以来法律注重保护社会利益，是法律进化的倾向。仅有个别学者质疑中国社会是否真的需要强调法律对社会利益的保护，如吴昆吾。至于社会法学派的其他主张，如采用社会学的方法研究法律，注重法官的自由裁量，考察法律的实际运行效果等，则没有受到同等的重视。社会法学派的主张能够得到学界的认同，与当时的社会改造声浪以及收回领事裁判权的活动密切相关。1920年前后，中国存在一种改造社会的声浪，各种"主义"风行一时，经过比较，相当一部分学者认为社会连带主义较其他学说具有优越性，而社会连带主义正是社会法学学说的重要思想基础。与此同时，还有一部分法学者则从收回领事裁判权的实际角度考虑问题，认为法律之社会化是世界的新趋势，东西各强国的法律皆趋向社会化，若中国不顺应此趋势，则难以收回法权。

（四）各界取得"法律社会化"的共识后，在法律教育方面有何相应的举措，在社会法制方面有何相应的研究？

在法律教育方面，社会法学产生了不小的影响。1923年，北京大学法律学系率先开设"社会立法论"课程。再考查后来政府关于法律课程的规定及各法律院校关于法律课程的设置，都可见到"社会学"等非法学课程在法律教育中的重要地位，其法理学或法律哲学课程也大多包含关于法律思想发达史和社会法学派等内容，更有"劳动法"之类的课程出现。

法律趋向于社会化，学界试图以法律改造社会，大都认为当务之急是探讨如何以法律保护劳工，保护弱势群体的利益。劳工的法律保护早在1920年前后就曾经是各方关注的话题，之后探讨更多，范围扩展至工场法、劳动保险、劳动契约等领域。朝阳大学胡长清等学者，对劳动法和社会法制有不少研究。20世纪20年代学界关于社会法制的研究，对于南京政府制定劳动法律起到了一定的学术引导作用。

（五）20世纪20年代后期至1937年间，学界对社会法学有无进一步的认识？社会法学的影响范围有何变化？政党主张和民族危机对学界的社会法学观有无影响？

南京国民政府成立以后直到1937年，论述社会法学思想的学者较前大为增加，较知名的法律学者有孙晓楼、章渊若、阮毅成、梅汝璈、张映南、余群宗、薛祀光、朱显祯等人，另有社会学者吴泽霖、严景耀、孙本文等对法律与社会的关系问题做了一些研究。学界对社会法学思想的论述呈现出某些陈陈相因的迹象，不少学者的观点早在数年前甚至十年前既已存在。若对其进行梳理，当可知道学界对社会法学的认识，程度是否更深，范围是否更广。社会法学思想在学者和法律院校中的大幅度扩散，也能体现其演进过程。

国民党的理论家对社会和法律相关问题的论述，使社会法学呈现出一种新的面相。戴季陶论述社会连带责任主义，胡汉民阐述三民主义立法思想，多少将社会法学思想与国民党的意识形态、中华法系的固有精神相附会。在胡汉民等人看来，社会法学思想、三民主义和中华法系固有精神三者在"整体"的意义上取得了一致意见，所以，建设所谓三民主义法学，具备了符合并超越西方社会法学以及延续中华法系固有精神的合理性。另外，严重的民族危机也使对社会利益的强化更加具有合理性。孙中山的法律思想被系统解读，研究三民主义法学的学术团体中华民国法学会建立，部分较有威望的法学家如吴经熊、丘汉平等，也附和三民主义与世界最新法律思想（社会法学思想）相通的观点，三民主义法学的建设一时颇有声势。不过，社会法学思想强调的是社会，按近代学人所知狄骥的思想，此社会在国家之上，国家不过为社会中的一个团体；社会法学虽然强调社会，但是并未抹杀个人的重要性，其意只在防止个人主义走向极端而损害社会利益。而三民主义法学虽与社会法学相通，但它过于强调社会利益，而且此社会的含义已与国家、民族在"整体"方面非常接近。武树臣曾将这种社会本位直接称为"国家—社会本位"；根据胡汉民等人的意思，实可称为"国家—民族—社会本位"。在这种情形下，社会法学思想对社会利益的强调，便悄然转向个人对国家与民族的片面义务与服从，个人的重要性未受到充分重视。

（六）学界对域外社会法学思想的引介呈现出什么特点？是否实现了从因袭到创新的转变？

从传播渠道上看，20世纪20年代以前社会法学思想主要经由留日法科学生进入中国，此后则在原有基础上增加了从欧洲和美国传入的途径。从思想渊源上看，前期以欧洲学者狄骥、施塔姆勒等人的思想为主，后期则以庞德等人的思想为主，整个过程又夹杂着日本学者穗积重远、牧野英一等人的影响，呈现出复杂的状态。

一般学者论述社会法学思想大都引介域外学者的论点论据，即使号称"专著"，也难脱因袭外人的痕迹，创新确实不多。但不多不等于没有，就目前所知至少有吴经熊在心理学与法学，法律多元论和法律三度论等方面有独到的见解。吴经熊、端木恺等东吴学人还意欲自立"中国新分析法学派"，试图在世界社会法学的潮流中自成一派。

（七）社会法学思想对南京国民政府的立法实践产生了何种影响？

社会法学思想的广泛传播势必影响政府的立法活动，从而带来社会本位的法律。因为特殊的政治特点，南京国民政府的立法实际上是国民党的立法。国民党的党义与社会法学思想在社会观、权利观、知识渊源等方面都有若干相通之处，立法院长胡汉民又受庞德社会利益说、社会本位论和法律三度论等学说的影响，所以立法的总体指导原则对立法的社会性和民族性、法律的社会适应性、社会立法等方面十分强调。新制定的民法注重社会公共利益，社会法学关于限制所有权、限制契约自由、规定无过失侵权责任、限制亲权等主张在新民法中得到了充分体现。新制定的刑法抛弃了报复主义，以社会防卫主义为基本原则，增加了保安处分的条文，以上各点皆与社会法学思想相符。宪法草案与过去的宪草相比，注重社会利益的保障，专设"国民经济"和"教育"章节，将限制所有权、保护劳工、救济弱者、劳资协调等主张写进了根本大法。各种劳动法规以及《土地法》亦相继问世。

本书拟分四章。第一章"欧洲法学说的引介与对法律社会关系的早期认识"。本章主要探索清末民初中国学界对法律与社会关系的认识。清末民初，留日法科学生通过自办法学刊物和翻译日人论著，将近代法学体系引入中国。经由日本渠道，中国学界渐知"法"之于"群"、法律之于社会的重要作用，对法律与道德、政治、经济、风俗习惯等社会因素以及法学与其他学科之间的联系有了初步认识。不仅如此，中国学界还对欧洲法学家孟德斯鸠、耶林、柯勒、施塔姆勒、惹尼、埃利希、狄骥等人的学说有了初步了解。社会法学的胚芽由是在中国产生。中国学界获知欧美法学知识，与户水宽人、石坂音四郎、牧野英一、穗积陈重等日本法学家以及《法学志林》《法学协会杂志》《京都法学会杂志》《法律新闻》等日本法学期刊密切相关，也使中国学界对西方法学的理解带上了一定的东洋色彩。

第二章"社会法学基本框架的建立与初步发展"。本章主要探讨20世纪20年代以来中国法律学人对域外社会法学的引介以及对社会法学相关问题的认识。随着北大法科的变革，朝阳大学、东吴法学院和北京法政大学的学术化转向以及《法律评论》《法学季刊》等一批优秀法学刊物的出现，中国法学呈现出新面貌，该批法学院或法校在法学学术水准上亦取得了领先优势。社会主义思潮与社会法学在中国的出现与传播，也有密切联系。20世纪20年代以来，学界已经有了明确的社会法学意识，社会法学、社会法学派、社会学派、社会哲学派等称谓渐为学人所熟悉。从西方渊源来看，学界所熟知的域外社会法学说，广度和深度都要远超于清末民初。法国狄骥、惹尼、萨莱耶，德国的耶林、施塔姆勒、埃利希、柯勒，美国的庞德、霍姆斯、卡多佐，日本的穗积重远、牧野英一等人，都成为学界所熟知的社会法学的倡导者。其中，以狄骥和庞德最受中国学界欢迎。从引介主体和传播渠道来看，随着留学欧美的法科学生陆续回国，具有留日背景的学人独占法学界的局面被打破，社会法学知识分别由欧、美、日几条渠道输入中国。留日法科生陈启修、李炘、许藻镕、胡长清等，留美法科生燕树棠、吴经熊、陈霆锐、丘汉平、王传璧等人，留欧法科生王世杰、周鲠生等人，成为该时期在中国传播社会法学的代表人物。此时期，学界对社会法学派、法律与社会诸因素的关系、社会学研究方法等问题开始有了较全面的认识，社会法学在中国日渐变得清晰。

引介、诠释与运用

第三章"社会法学的扩散与发展"。本章主要论述社会法学在中国进一步传播扩散和发展的情况。随着法律学人南迁和法学院格局的变化以及法学刊物的增加，社会法学的影响由北京上海逐渐扩展至全国各地。学界对域外社会法学论著的译述快速增长，穗积重远、牧野英一等日系学者是输入社会法学的一条重要渠道，但庞德、卡多佐、霍姆斯、狄骥等欧美学者的思想成为中国社会法学的主要来源。学界对于社会法学已经有了清晰的认识。各学者对于社会法学说呈现出了某种陈陈相因的迹象，表明学界对社会法学的认识趋于稳定。有少数学者试图在社会法学理论上有所创新，试图在世界社会法学的潮流中自成一派。在法学界之外，尚有社会学界亦对社会法学相关问题进行探讨，以社会学方法探讨法律问题的研究实践已经出现，社会法学已被个别学者纳入社会学的学科框架之中。

第四章"社会法学对法律教育及立法的影响"。本章主要讨论社会法学在法律教育和立法实践中产生的影响。在法律教育方面，社会学、经济学、政治学等学科在法律学系的课程设置中占据重要地位，法理学、法律哲学等课程中不免社会法学说的教学，甚至在民法、刑法等课程的教学中亦穿插社会法学思想。标榜社会法学派成为法学教员的风尚，法学与其他社会科学相结合以培养法律人才成为许多知名法学家和法律教育工作者的共识。在立法方面，南京国民政府的立法注重社会本位，其立法指导思想及民法、刑法、宪法及土地法、劳动法诸种法律的制定，不同程度地受社会法学思想的影响。国民党理论家戴季陶论述社会连带责任主义，胡汉民阐述三民主义法律思想，多少将社会法学思想与国民党的意识形态和中华法系的固有精神相附会。三民主义法学被认为既符合西方社会法学的精神，又能超越它，同时又能延续中华法系固有精神，于是被认为是中华法系正统的继承者。考其内涵，则与社会法学颇多相似之处。不过，三民主义法学所说的社会本位，片面强调"整体"的意义。社会法学思想对社会利益的强调，悄然转向个人对国家和民族的义务与服从，个人的重要性未受到充分重视。社会法学关于法律要采取"社会本位"的核心主张，逐渐偏离了它原来的轨迹。

社会法学在近代中国的发展，涉及的面向很多，因受研究时间、学力和精力的限制，有些问题尚不能得到很好的解决。比如，在中国近代法律学人的人事关系方面，还有继续探索的空间。社会法学在近代中国的发展，涉及的人物很多，很难对中国近代的法学家都有一个全面而深刻的了解。一方面，各法学家的师承源流、留学背景、人际关系等信息往往极为复杂，不易理清；另一方面，能够揭示各种复杂关系的资料又不够充分，有的资料尚未发现，有的因为年代久远已经遗失，有的则根本不存在。此后应继续留意相关史料的发掘，注重探究近代法学者与国内外法学家的具体交流状况，尽力揭示各法学家在思想学说方面的相互影响。

本书试图做到以下几点突破。第一，力争全面发掘与近代中国社会法学相关的法学家及其学术研究，扩展先行研究的关注面。第二，厘清社会法学理论的传播途径和发展脉络以及人事联系。第三，探寻知识、社会、政治诸因素之间的联系，不局限于就理论而言理论，尽量还原与近代社会法学相关的历史事实。第四，尽量准确地把握社会法学等相关概念在不同时期的内涵与外延，避免走向泛化。第五，注意回到"历史现场"，考虑当时的社会环境和理论水平，尽量使用原始资料，不以今非古，以求得社会法学在近代中国成长的历史真相。

本书将时间下限定于1937年，是考虑到抗战爆发以后包括北京大学、朝阳大学、中央大学、武汉大学、中山大学在内的多数大学不得不迁往安全地带，在辗转迁移中许多法学刊物中断运作，法学研究受到严重影响，社会法学的发展出现了明显的顿挫。更重要的是，伴随着巨大的民族危机，国家和民族的地位在政学各界的心目中不断提高，法学的中心关怀由社会转向国家和民族。

社会法学的发展有其内在理路，将下限定于1937年，只是一种权宜之计。在论述过程中，因具体情况的需要，本书有时也会越过此时间限制。

第一章 欧洲法学说的引介与对法律社会关系的早期认识

研究社会法学在中国的成长,首先要考察社会法学在中国的起始问题。探寻社会法学在中国的起始,需要确定近世学界对法律与社会关系的最早探索。中国古代先圣先贤虽有对"礼"与"法"和"德"与"刑"关系的认识,[①] 但这些问题与本书所要探讨的法律与社会的关系相比较,具有不同的内涵。所以,不必将中国社会法学史延伸到中国古代法学[②]的范围中去,而应在中国近代法学中做一番考察。

1922年初,留日法科生李炘在《法政学报》上发表了《社会法学派》一文,正式提出了"社会法学"的概念,并对社会法学的派别、基本主张、世界谱系和历史沿革进行了比较系统的梳理。自此,社会法学在近代中国的基本框架得以建立。但社会法学在近代中国的形成,并非一蹴而就,而是经历了一个从"无"到"有"的过程。清末留日法政运动兴起以来,留日学生借助日本书刊,对"法"与"群"、法律与社会、法学与其

[①] 其主要观点是"德主刑辅","引礼入法,礼法结合","德礼为政教之本,刑罚为政教之用,犹昏晓阳秋相须而成者也","天理国法人情"之统一,等等。参见张晋藩《中国法律的传统与近代转型》,法律出版社2005年版,第16、22、32、93页。

[②] 关于中国古代有无"法学",张晋藩、何勤华等学者认为中国古代有"法学",而张中秋、梁治平认为中国古代并无"法学",中国固有的法律学术是"律学"而非法学。李贵连则把20世纪以前的中国法律学术称为中国古代法学,20世纪以后的称为中国近现代法学。参见何勤华《法学形态考——"中国古代无法学论"质疑》(《法学研究》1997年第2期);张中秋《中西法律文化比较研究》(南京大学出版社1991年版);梁治平《法学盛衰说》(《比较法研究》第7卷第1期);李贵连《中国近现代法学的百年历程(1840—1949)》(载苏力主编《20世纪的中国:学术与社会·法学卷》,山东人民出版社2001年版)。如非特别说明,本文所称的中国法学,是指近现代意义上的中国法学。

他科学的关系进行了认真思考，先后认识了"根据社会学因考法律之原理"的新兴学派、"自由法学派""文化派法学""社会目的法说""极端社会法学派"等概念，直到1922年认识"社会法学"和"社会法学派"。不但如此，一些被公认为社会法学的创始人或有力倡导者，如孟德斯鸠、耶林、狄骥、柯勒、施塔姆勒等，清末民初的中国学者对其人其学已经有所了解。探索这一过程如何发生，是认识"社会法学"概念在中国的提出及其理论谱系形成的必要阶段。

第一节　留日法科生与近代法学在中国的初兴

欲在中国近代法学中探寻社会法学从无到有的发生，必先对中国近代法学的早期发展做一番探讨。中国近代法学的早期发展，又离不开留日法科生的参与。目前已有一些学者对留日法科生与中国近代法学的关系做了一些研究，如实藤惠秀的《中国人留学日本史》和程燎原的《清末法政人的世界》等。本书将在已有研究的基础上做进一步考察。

一　西方法学在中国的萌芽

一般认为，晚清以降在外国传教士、商人、洋幕宾、游历者、留学生、驻外使节以及部分士大夫和封疆大吏的共同作用下，西方法学渐次在中国生根发芽。[①] 其实，西方法学知识在中国的出现，最早可以追溯到明朝末年。早在明朝天启三年（1623年），传教士艾儒略（Giulio Aleni）在中国人杨廷筠的协助下用中文写成《职方外纪》，其中出现了描写欧洲政治法律制度的文字。[②] 艾儒略还又著有《西学凡》一书，以中文"勒义斯"指代拉丁文里的leges（法律）。[③] 此为西方法学知识进入中国的先声。

清代康熙禁教以后，中国兴起禁绝和排斥外来事物之风，由此，西方

---

① 参见张晋藩《中国法律的传统与近代转型》，法律出版社2005年版，第294—322页。
② ［意］艾儒略：《职方外纪校释》，谢方校释，收录于《中外交通史籍丛刊》，中华书局1996年版，第69—73页。
③ ［意］艾儒略：《西学凡》，转引自王健《沟通两个世界的法律意义——晚清西方法的输入与法律新词初探》，中国政法大学出版社2001年版，第27页。

法学不能进入中国。直到 19 世纪 20 年代至 19 世纪 50 年代，西方法学知识才借地理、历史、政治、经济等中文书刊，重新在中国传播。这些书刊当中，较著名的有《察世俗每月统记传》和《东西洋考每月统记传》，前者是传教士创办的第一份近代中文期刊，1815 年由米怜（William Milne）创办于马六甲，后者是在中国境内问世的第一份近代中文期刊，由郭实腊（Gtzlaff）创办于广州。① 与此同时，中国少数士大夫也依据传教士们所办的中文书刊写成一批著作，其中不乏对西方法律知识的介绍，如林则徐组织编译《四洲志》，魏源著《海国图志》，梁廷枏著《海国四说》，徐继畬著《瀛寰志略》等。这些零星知识并不系统全面，但却为中国输入了不少西方法律知识，成为中国近现代法学兴起的远因。

　　传教士的书刊和中国士大夫关于西方法律知识的介绍，并没有引起朝廷的重视。直到 1864 年，情况才有所变化。美国传教士丁韪良（William Martin）在总理衙门的资助下，将美国法学家惠顿（Wheaton）的《国际法》翻译成中文《万国公法》。而后，附设于总理衙门的京师同文馆和附属于上海江南制造局的翻译馆在 19 世纪后半叶先后译介了十余本"万国公法"的法学著作，② 京师同文馆还从 1870 年开始进行"万国公法"的教学。③ 从此，政府对于西方法学知识的输入趋于认可，留学生被派出洋学习"交涉之学"，出洋使臣也参考万国公法解决交涉问题。这一切使 19 世纪后半叶西方法学的输入呈现出以"公法"为主的局面。

　　在"公法"之外，京师同文馆还在 1880 年刊印了法国教习毕利干（Brllequin）翻译的《法国律例》。《法国律例》包括"刑名定范""刑律""贸易定律""园林则律""民律"和"民律指掌"六篇。④ 根据李贵连和王健的研究，毕利干所译《法国律例》，除"园林则律"以外，其内容包

---

　　① 王健：《沟通两个世界的法律意义——晚清西方法的输入与法律新词初探》，中国政法大学出版社 2001 年版，第 56—58 页。

　　② 同上书，第 150 页。

　　③ William P. A. Martin, *Une Universite en China's Bevue de Droit International etde Legislation Comparee*, V. (1873), 9. 转引自王健《沟通两个世界的法律意义——晚清西方法的输入与法律新词初探》，中国政法大学出版社 2001 年版，第 147 页。

　　④ ［法］毕利干口译，时雨化笔述：《法国律例》，同文馆聚珍版，光绪六年（1880 年）。

30

含法国的民法典、商法典、民事诉讼法典、刑事诉讼法典和刑法典。① 这是有据可查的中国首次输入西方法典的记录，也是目前所见第一次用中文展现大陆法系的法典体系。

在19世纪60年代至19世纪90年代之间，驻外使节、游历者以及部分士大夫和商人也对欧美政治制度和法律知识有所涉猎，如王韬、郑观应、马建忠、郭嵩焘、薛福成、陈炽、陈虬、何启、胡礼垣等人，其中以驻日使馆参赞黄遵宪在1887年写成《日本国志》最为重要。该书按照中国史书的编纂体例，专门列有《刑法志》（卷二十七至卷三十一），将日本的《治罪法》（1880年）和《刑法》（1880年"旧刑法"）全部翻译，并加上作者的注释而成。黄氏在述及作《刑法志》的缘由时说，中国士大夫"好谈古治"而"卑刑法"，他赞叹美国"用法施政"之完备和日本"学习西法如此之详"。他说："余观欧美大小诸国，无论君主、君民共主，一言以蔽之，曰以法治国而已矣。自非举世崇尚，数百年来观摩研究、讨论修改，精密至于此，能以之治国乎？嗟夫！此固古先哲王之所不及料，抑亦后世法家之所不能知者矣。"② 他对欧美和日本法律制度的赞誉之辞溢于言表。本书的一大贡献是，开始为中国带来一套承载着西方法学知识的日本式的法律词汇。

甲午战前，近代法学虽然已经在中国萌芽，但多为零星片断，不成体系，其势力非常微弱。直到甲午战后，尤其是赴日习法运动大兴以后，留日学生在日本和中国创办大量刊物，翻译许多法学论著，西方近代法学知识才大量传入中国。

二 清末民初的法科留学

近代法学在中国由零星变系统，是在甲午战争以后，而这个变化与留日法科生的关系非常大。甲午战后，出洋留学成为有识之士的共识。1898

---

① 参见李贵连《社会的变化，观念的转换——〈法国民法典〉汉译本比较研究》，《比较法研究》1993年第1期；王健《沟通两个世界的法律意义——晚清西方法的输入与法律新词初探》，中国政法大学出版社2001年版，第197页。

② 陈铮编：《黄遵宪全集》，中华书局2005年版，第1322—1323页。

年，康有为上《请广译日本书派游学折》，认为朝廷应该鼓励出洋留学。①随后，张之洞作《劝学篇》，奉谕广为刊布，主张"译西书"、"奖游学"，更发惊人之言，谓"出洋一年，胜于读西书五年"，"入外国学堂一年，胜于中国学堂三年"。②除了在舆论上为出洋留学造势以外，朝廷还试图建立激励机制以鼓励游学。1901年，张之洞和刘坤一联合上奏，"拟请明定章程，自今日起，三年以后，凡官阶、资序、才品可以开坊缺、送御史、升京官、放道员等，必须曾经出洋留学一次，或三年或一年均可。凡未经出洋者，不得开坊缺、送御史、升京官、放道员。"③1904年，张之洞与张百熙、荣庆奏请奖励职官出洋游历、游学，"内而京堂、翰林、科道、部属，外而候补道府以下等官，无论满汉，择其素行端谨、志趣远大者，使之出洋游历，分门考察，遇事咨询"，"出洋游学……得有彼国学堂毕业凭证者，回国后尤宜破格奖励，立予擢用"。④与此同时，朝廷又奖励留学生。1901年，朝廷下旨，留学毕业生"学成领有凭照回华，即由该督抚学政，按其所学分门考验"，"如果学习有成效，即行出具切实考语，咨送外务部覆加考验，据实奏请奖励"，自费游学者"如果学成得有优等凭照回华，准照派出学生一体考验奖励，候旨分别赏给进士、举人各项出身，以备任用而资鼓舞"。⑤而后，张之洞遵旨拟定《鼓励毕业生章程》，将奖励留学毕业生的办法具体化。⑥从1905年开始，朝廷又举办留学毕业生考试，对成绩优异者给予出身并授以官职。如此一来，一方面，仕途攸关，大批官吏不得不出洋留学，以保官位、求晋升；另一方面，大批渴望入仕的读书人纷纷赴外留学，以谋求前途，正如柳诒徵所言："利禄之途大开，人人

---

① 康有为：《请广译日本书派游学折》，载汤志钧编《康有为政论集》（上），中华书局1981年版，第303页。
② 张之洞：《劝学篇》（外篇游学第二），载苑书义、孙华峰、李秉新主编《张之洞全集》（第十二册），河北人民出版社1998年版，第9737页。
③ 张之洞：《遵旨筹议变法谨拟采用西法十一条折》，载苑书义、孙华峰、李秉新主编《张之洞全集》（第二册），河北人民出版社1998年版，第1431页。
④ 张之洞、张百熙、荣庆：《请奖励职官游历游学片》，载苑书义、孙华峰、李秉新主编《张之洞全集》（第三册），河北人民出版社1998年版，第1594页。
⑤ 朱寿朋编：《光绪朝东华录》（第四册），中华书局1958年版，第4719—4720页。
⑥ 张之洞：《筹议约束鼓励游学生章程折》，载苑书义、孙华峰、李秉新主编《张之洞全集》（第三册），河北人民出版社1998年版，第1580—1586页。

第一章 欧洲法学说的引介与对法律社会关系的早期认识

以出洋为猎官之捷径"①。

　　清末留学,以赴欧洲、美国和日本为主。相较之下,留学日本具有得天独厚的优势。日本在甲午战争中战胜中国,是一个惨痛的事实,"以强敌为师资"成为朝野的共识。留学日本,顺应了这种社会心理,因此容易造成声势。另外,与留学欧洲和美国相比,留学日本更为便利。康有为虽然赞同留学欧美,但他认为"日本道近而费省,广历东游,速成尤易,听人士负笈,但优其奖导,东游自众,不必多烦官费"。②杨深秀认为:"泰西各学,自政治、律例、理财、交涉、武备、农、工、商、矿及一技一艺务,莫不有学。日本变新之始,皆遣贵游聪敏学生出洋学习……今日人于泰西诸学,灿然美备……中华欲游学易成,必自日本始。政俗文字同则学之易,舟车饮食贱则费无多。"③张之洞也说:"至游学之国,西洋不如东洋。一、路近省费,可多遣;一、去华近,易考察;一、东文近于中文,易通晓;一、西书甚繁,凡西学不切要者,东人已删节而酌改之,中东情势风俗相近,易仿行,事半功倍,无过于此。"④再者,先去日本的留学生往往为后去者提供种种方便,使一般人留学日本变得更加容易。1901年,正在东京帝国大学就读的章宗祥写成《日本游学指南》,自行刊出,对日本各学校概况、留学注意事项多有论述,旨在方便国人留学日本。他还以留学生的身份,号召国人留学日本,谓:"今日之日本,其于吾国之关系,则犹桥耳。数十年以后,吾国之程度渐渐增高,则欧美各国,固吾之外府也。为今之计,则莫如首就日本。文字同,其便一;地近,其便二;费省,其便三。有此三便,而又有当时维新之历史,足为东洋未来国之前鉴。故贵本一而利十者,莫游学日本若也……吾国有志之士,大之为国,小之为己,其有奋然而起者欤?"⑤还有一个

---

①　柳诒徵:《中国文化史》(下),上海古籍出版社2001年版,第893页。
②　康有为:《请广译日本书派游学折》,汤志钧编《康有为政论集》(上),中华书局1981年版,第303页。
③　杨深秀:《山东道监察御史杨深秀请议游学日本章程片》,载《清光绪朝中日交涉史料选辑》(第51卷),台湾大通书局1984年版,第34页。
④　张之洞:《劝学篇》(外篇游学第二),载苑书义、孙华峰、李秉新主编《张之洞全集》(第十二册),河北人民出版社1998年版,第9738页。
⑤　章宗祥:《日本游学指南》,自刊于东京1901年版,第1—2页。

不可忽视的原因,是日本方面对中国派遣留日学生的积极态度。前述杨深秀关于游学日本的奏折,便是受日本驻华公使矢野文雄之函约而发。① 留学日本在适应社会心理、费用相关低廉、路途较近等方面的优势,导致清末留日学生大大多于留学欧美的学生,甚至对民国时期的留学格局产生了不小的影响。

留学应学的知识包罗万象,而清末学人偏爱法政之学,其缘由首先当是甲午战争的影响。甲午战败,国人意识到洋务运动三十余年所学,不过为西学的皮毛,日本强盛的原因在于制度方面。按照实藤惠秀的说法,中国人认为,日本实行法治是其能够战胜的一个重要原因。② 张之洞也认为"西艺非要,西政为要"。③ 中国讲求西学,首先要从法政方面入手。另外,那批为了保官位、求晋升、谋前途而打算求取留学文凭的人,也会选择去日本学习相对容易而且前景可观的法政科。由此,留学日本的法政生大大多于留学欧美的法政生,则不难理解。

再将留日法科生与留学欧美法科生的数量做一简单比较。先看留学欧美的情况。留学欧洲学习法律者,首推伍廷芳。1874年,伍廷芳自费留学英国,入伦敦林肯法律学院,1877年1月毕业并获法律博士学位。④ 1877年,福建船政学堂派员赴欧留学。其中,马建忠、陈季同入法国巴黎私立政法学校,1879年获法律学士学位。⑤ 另据李喜所考察,此行中还有一名叫魏瀚的学生,原来学习制造,后来也获得了法律博士学位。⑥ 早于伍廷芳出洋的何启,也在1879年进入林肯法律学院学习法律,后来取得大律师资格,回到香港执律师业务。⑦ 除此之外,在1886年派往欧洲留学的33

---

① 杨深秀:《山东道监察御史杨深秀请议游学日本章程片》,载《清光绪朝中日交涉史料选辑》(第51卷),台湾大通书局1984年版,第34页。
② [日]实藤惠秀:《中国人留学日本史》,谭汝谦、林启彦译,生活·读书·新知三联书店1983年版,第16页。
③ 张之洞:《劝学篇》序,载苑书义、孙华峰、李秉新主编《张之洞全集》(第十二册),河北人民出版社1998年版,第9705页。
④ 贾逸君:《中华民国名人传》,北平文化学社1937年版,第305页。
⑤ [法]巴斯蒂:《清末留欧学生——福州船政局对近代技术的输入》,载陈学恂主编《中国近代教育史教学参考资料》(上册),人民教育出版社1986年版,第174页。
⑥ 李喜所:《近代中国的留学生》,人民出版社1987年版,第84页。
⑦ 陈旭麓主编:《中国近代史词典》,上海辞书出版社1982年版,第352页。

第一章 欧洲法学说的引介与对法律社会关系的早期认识

名学生中,也有9人分别在英法两国学习法律。① 1903年,湖广总督端方奉谕选派36人分赴德、俄、比三国留学,其中入法科者至少有陈箓、马德润、萧焕烈、严式超、杨荫藁、王治辉6人。② 同年,管学大臣张百熙也奏派15人赴欧洲留学,其中林行规、魏渤、柏山3人学习法政。③ 1910年,留俄学生监督章祖申在学务报告中提到,中国留俄的法政学生还有车仁恭等8人。④ 另据李喜所和程燎原考证,清末还有周毅卿、周泽春、苏希洵、耿泽、吴凯声、伍朝枢、罗文干等人留学欧洲学习法政。⑤ 留美学习法政方面,早在留美幼童中至少有一人学习过法律。⑥ 据梁启超《新大陆游记》记载,1903年,他在耶鲁大学见到北洋大学的官费生陈锦涛、王宠惠和张煜全3人,并记录一并在美国学习法政者还有严锦荣、王建祖、章宗元和嵇岑孙4人。⑦ 1906年,学部公布的《考取游学毕业生名单》显示,有施肇基、田书年、颜志庆3人曾在美国学习法政。⑧ 据程燎原的考察,还有杨荫杭、梅华铨、严鹤龄、林彪、王正廷、朱兆莘、顾维钧等人于1910年以前在美学习法政。⑨ 自1909年庚子赔款兴学以后,赴美留学有所增加,其中学习法政者随之有所增多,如第三批(1911年)中就有5人前往芝加哥、哈佛、哥伦比亚大学学习法政。⑩ 民国以降,留学欧美的

---

① 参见李喜所《近代中国的留学生》,人民出版社1987年版,第92—93页;王健《中国近代的法律教育》,中国政法大学出版社2001年版,第72—73页。
② 端方:《奏派学生前赴美、德、俄三国游学折》、《奏派学生前赴比国游学折》,载陈学恂主编《中国近代教育史教学参考资料》,人民教育出版社1986年版,第717—719页。
③ 张百熙:《张百熙奏派学生赴东西洋各国留学折》,载朱寿朋编《光绪朝东华录》(第5册),中华书局1958年版,第5113—5114页。
④ 章祖申:《留俄学生学务报告》,载陈学恂、田正平编《中国近代教育史资料汇编——留学教育》,上海教育出版社1991年版,第280—287页。
⑤ 参见李喜所《近代中国的留学生》,人民出版社1987年版,第114页;程燎原《清末法政人的世界》,法律出版社2003年版,第33页。
⑥ 梅嘉:《广东籍留美幼童简述》,载中国人民政治协商会议广东省委员会文史资料研究委员会编《广东文史资料》(第48辑),广东人民出版社1986年版,第189页。
⑦ 梁启超:《新大陆游记》,商务印书馆1916年版,第204页。
⑧ 《学部考取游学毕业生名单》,《学部官报》1906年第4期。
⑨ 程燎原:《清末法政人的世界》,法律出版社2003年版,第35页。
⑩ 参见《第一次庚子赔款留美学生名单》《第二次庚子赔款留美学生名单》《第三次庚子赔款留美学生名单》,载陈学恂、田正平编《中国近代教育史资料汇编——留学教育》,上海教育出版社1991年版,第188—202页。

法科生较前有所增加。以1914—1915年为例，留美官费法科生为88人，留欧官费法科生为40人。① 因受资料所限，无法一一统计清末民初每年留学欧美学习法律的学生人数。通过上述资料的分析，该时期留学欧美的法政生人数的大致规模依稀浮现出来。

再看留日法科生的情况。留日学习法政的情形，则是另一番景象。留学日本的起步晚于留学欧美，直到甲午战后才有留日之议，但很快发展起来，形成较大规模。1896年，驻日公使裕庚因使馆业务需要，招募13名学生赴日。后来这批学生以半官方的身份进入东京高等师范学校就读，故而被认为是中国首批留日学生。这批学生中，有6人因故退学回国，其余7人于1899年毕业。② 其中，唐宝锷、戢翼翚两人毕业后继续在日本学习法律。1897年和1898年，分别有9人和18人赴日留学，人数上似乎并未取得突破。③ 1898年，日本驻华公使矢野文雄建议中国政府向日本派送留学生二百人，并承诺由日本应支经费。中国方面表示欢迎，令各省立即选派学生赴日，并由此将留学日本确定为一种国策。1899年春最终真正赴日的只有48人，其中湖北20人，南洋公学6人，北洋大学14人，浙江求是书院6人。这批学生中，后来陆续学习法政者，至少有雷奋、章宗祥、杨廷栋等10余人。④ 此后，留学日本的人数以较快速度发展，学习法政者随之快速增加。实藤惠秀和李喜所曾对留日学生数量做过统计，⑤ 参考两位学者的研究成果，得出清末民初留日学生人数的统计表如下：

---

① 《1914—1915年留学美国官费学生统计表》和《1914—1915年留学欧洲官费学生统计表》，载周棉主编《中国留学生大辞典》，南京大学出版社1999年版，第592—593页。

② 刘真主编：《留学教育——中国留学教育史料》，台北："国立"编译馆1980年版，第238—239页。

③ 见实藤惠秀《中国人留学日本史》书后附录三"有关中国留学生的五个统计表"之表一"留日学生数"。[日]实藤惠秀：《中国人留学日本史》，谭汝谦、林启彦译，生活·读书·新知三联书店1983年版。

④ 《光绪二十四年总理衙门复议遴选生徒游学日本事宜折》，载舒新城《近代中国留学史》，上海文化出版社1989年版，第23—24、28页。

⑤ 台湾学者黄福庆对清末留日学生也做过考证，他采用了实藤惠秀的研究成果。参见黄福庆《清末留日学生》，台北"中央研究院"近代史研究所1975年版。

第一章 欧洲法学说的引介与对法律社会关系的早期认识

表1-1　　　　　　　清末民初留日学生人数统计表[①]

年份	人数	年份	人数
1900	约200	1909	约4000
1901	约280	1910	约2000
1902	约570	1911	约2000
1903	约1000	1912	约1400
1904	约2400	1913	约2000
1905	约8000	1914	约5000
1906	约12000	1915	约4000
1907	约10000	1916	约4000
1908	约4000		

留日学生学习科目以法政和军事为主，并以法政科所占比例最高。以1901年的情形来看，正在东京帝国大学法科学习的章宗祥就其了解的情况有过记述：法科95人（东京帝国大学法科4人，东京专门学校日语政治科81人、英语政治科6人，专修学校法律科2人、理财科2人）；军事46人（陆军士官学校）；工科10人（东京帝国大学工科4人，东京工业学校6人）；农科11人（东京帝国大学农科6人，东京农学校1人，蚕业讲习所4人）；其他20人（第一高等学校6人，庆应义塾1人，高等商业学校7人，高等师范学校3人，东京外国语学校1人，成城学校2人）。[②] 法政科占有绝对优势。1902年，梁启超在与留日学生交流时谈道："今诸君所学

[①] 本表根据实藤惠秀《中国人留学日本史》和李喜所《清末留日学生人数小考》制定。1904年的数据，李喜所统计为2400余人，实藤惠秀统计为1300余人。李喜所提供了《清国留学生会馆第五次报告》（1904年）的精确统计和《中华教育界》《时事新报》以及《清朝续文献通考》等材料，而实藤惠秀没有对该数据做任何说明。故此处采李喜所之说。1906年的数据，李喜所统计为12000余人，实藤惠秀统计为8000余人。李喜所提供了《学部官报》《第一次教育年鉴》、清廷的公文以及留学生的回忆录作为佐证，而实藤惠秀则是根据1906年《太阳》杂志所载"清国留学生在东京者，即达八千六百余名"之语，认为八千六百"这一实数的产生，当有某些根据"，故而认为该年留日学生数约为8000余人。李喜所之统计，更具说服力。见李喜所《清末留日学生人数小考》，《文史哲》1982年第3期；[日] 实藤惠秀《中国人留学日本史》，谭汝谦、林启彦译本，生活·读书·新知三联书店1983年版，第37—39页。

[②] 实藤惠秀和程燎原认为章宗祥在《日本游学指南》中提供的是1900年的数据，而章宗祥在"序言"中明确指出该书记述的是"光绪二十七年"的情况，光绪二十七年即1901年。章宗祥：《日本游学指南》，自刊于东京1901年版，序言。

者，政治也，法律也，经济也，武备也，此其最著者也。"①1902年，《清国留学生会馆第一次报告》中记载的留日学生情况表明，修习法政者，几乎占了一半。②由此推知，当年留学日本的法政生当有近300人。此后三年间，留日学习法政者快速增长，到1906年达到巅峰。学习法政者，以日本法政大学及其速成科、早稻田大学法政科及其清国留学生部为主，明治大学、东京帝国大学及其他各校亦有不少。③《学部官报》记载，1906年6月19日到9月17日赴日的学生中，仅在法政大学就学的就有1374人。④留日学习法政之盛，由此可见一斑。结合表1-1所提供的留日学生人数和法政学生在留学生中所占的大致比例，当可知留日法政学生的规模。

若将清末民初留学日本和欧美的法政生人数相比较，不难得出留学日本法政生远盛于留学欧美法政生的结论。不但如此，清末民初的留日法政生与中国学界联系更为紧密，所以能很快影响国内学界，建立起一套富于东洋色彩的近代法学体系。而此时，留学欧美的法政生尚未形成气候，对国内学界的影响非常有限。

三　留日法科生与法学译著和法学期刊

与大规模赴日学习法政相伴的是，国内也兴起了一批法律院校。较知名的有京师大学堂（北京大学）、北洋大学、山西大学、京师法律学堂、京师法政学堂等。另外还有各省高等学堂，各省法政学堂以及公私立法政专门学校。法政学生最多时达到三万余人。民国初年，政府曾限制法律院校的过快发展，但法律院校最少的时候也有三十个以上，学生近万人。⑤这一大批法律院校传授的法学知识，与法科留学生有什么关系呢？

---

① 梁启超：《敬告留学生诸君》，收录林志钧编《饮冰室合集》（第二册），《饮冰室文集之十一》，中华书局1936年版，第21—26页。
② 李喜所：《近代中国的留学生》，人民出版社1987年版，第147页。
③ 根据《学部官部》第8期记载，1906年吸引留日学生人数最多的三个学校依次是法政大学、早稻田大学、警监学校。日本法政大学前身为日本和佛法律学校，1903年改为法政大学，次年5月在校长梅谦次郎的支持下设速成科；早稻田大学前身为东京专门学校，1901年改为现名。
④ 《留日学生入学人数》，《学部官报》1906年第8期。
⑤ 《学校教育概况》，国民政府教育部编：《第一次中国教育年鉴》（丙编），开明书店1934年版，第145—146页。

第一章 欧洲法学说的引介与对法律社会关系的早期认识

首先要考虑国内法律院校的教师岗位问题。除了北洋大学等少数学校吸纳一批留学欧美的法政生以外，留日法政生占据了大多数法律院校的大多数岗位。① 更重要的是，国内法律院校的教科书，大都来自留日法政生编译的各种著作、讲义。② 这就意味着，清末民初看似欣欣向荣的法学界，很可能传播的都是来自日本的或者说富有东洋色彩的近代法学知识。

留日法政生所编译的各种著作、讲义，有的是根据日本学者的著作直接翻译而成，有的是根据日本教师的讲义和课堂笔记编译而成，有的则是根据多本著作，并加入译者自己的理解，编译而成。留日学生在编译完成后，往往在日本先行印刷，再运回国内销售。也有在日本编译完成后回国印刷发行的情况，更有人根据已编译的著作，再度糅合编排，成为新的著作，在国内印刷发售。例如，王国维版《法学通论》，完成于日本，出版于上海；③ 胡挹琪版《法学通论》，是根据梅谦次郎的讲课，并兼采织田万、奥田义人、中村进午等诸家学说，编译而成，印刷于东京，发售于上海、南京、长沙、沈阳等地。④

最先编译法政书籍的，是戢翼翚等人创办的译书汇编社。该社首批14名会员，大部分是法政生，分别是：戢翼翚（东京专门学校毕业生），王植善（上海育材学堂总理），陆世芬（东京高等商业学校学生），雷奋（东京专门学校学生），杨荫杭（东京专门学校学生），杨廷栋（东京专门学校学生），周祖培（前东京专门学校学生），金邦平（东京专门学校学生），富士英（东京专门学校学生），章宗祥（帝国法科大学⑤校学生），汪荣宝（庆应义塾学生），曹汝霖（明治法学院学生），钱承志（帝国法科大学校学生），吴振麟（帝国法科大学校学生）。⑥ 该社"好象编教学讲义一样，每一编刊完之后，便出一单行本"，⑦ 由此翻译并出版大量法政书籍。其他

---

① 还有一部分法政教学岗位被来华的日本人所占据。见汪向荣《日本教习》，生活·读书·新知三联书店1988年版，第104—105页。
② ［日］实藤惠秀：《中国人留学日本史》，谭汝谦、林启彦译，生活·读书·新知三联书店1983年版，第233页。
③ ［日］矶谷幸次郎：《法学通论》，王国维译，金粟斋1902年版，封面。
④ 胡挹琪：《法学通论》，政法学社1906年版，例言。
⑤ 即东京帝国大学法科。
⑥ 《本编之特色、译书汇编社社员姓氏、壬寅年译书汇编担任译员及干事之姓氏》，《译书汇编》1902年第2卷第1期。
⑦ ［日］实藤惠秀：《中国人留学日本史》，谭汝谦、林启彦译，生活·读书·新知三联书店1983年版，第218页。

还有教科书译辑社、湖南编译社、会文书社、闽学会、丙午社、政法学社、湖北法政编辑社等团体,也译出不少法政书。法政书籍的编译,最显著者当数 1906 年出版的《法政粹编》(22 册,编译团体不详),1907 年丙午社编译的《法政讲义》(第一集 29 册,第二集新书预告有 14 册,但未见公开发售),政法学社编译的《政法述义》(22 册),湖北法政编辑社编译的《法政丛编》(24 册),《早稻田大学政法理财讲义》(12 册),戢翼翚、章宗祥、马岛渡、宫地贯道共同编辑的《政治类典》(4 册),《新译日本法规大全》(线装 80 册)。① 其他还有不少单独刊行的法学译著和法律讲义。

不但如此,留日法政学生还在日本和国内创办了一批法学期刊,刊载了大批法学论文,传播带有东洋色彩的西方法学知识,直接影响了国内法学界的教学活动和学术研究,间接影响了中国法学的发展方向。清末民初的法学期刊当中,除了《法政介闻》《太平洋》等少数刊物以外,绝大多数为留日学生所创。

通过以上分析可见,不论从法学教员、法学教科书方面看,还是从法学译著、法学期刊方面看,中国近代法学在其发展初期都受到了日本法学的巨大影响。欲探讨清末民初对法律与社会关系的认识,必先对留日学生所译的法学译作著作和清末民初的法学期刊做一番仔细考察。

就法学译作著作而言,清末民初各种法学书籍不下几百种,包含近代法学体系各个方面,② 其中尤以法学基础理论类书籍值得关注。法学基础理论类书籍不少以"法学通论"命名。学界一般认为,中国近代出版的许多冠以"法学通论"的书籍,其实主要讲今日所称"法理学"的内容,并对法学的体系做一简述,意在使读者从中粗略接触到整个西方法学体系。③ 探讨当时学界对法律与社会之关系的认识,首先要注意这类法学通论类书

---

① [日]实藤惠秀:《中国人留学日本史》,谭汝谦、林启彦译,生活·读书·新知三联书店 1983 年版,第 241 页。

② 仅俞江所统计清末各类法学书目就有 400 多种。俞江:《近代中国的法律与学术》,北京大学出版社 2008 年版,第 315—343 页。

③ 李平龙:《中国近代法理学学科史》,中山大学 2010 年未刊博士论文,第 60 页。何勤华主编的《中国近代法学译丛》之《〈法学通论〉与〈法之本质〉》一书,亦持相同观点。见何勤华、何佳馨、孟红编《〈法学通论〉与〈法之本质〉》,中国政法大学出版社 2006 年版,序言,第 7—8 页。

籍。今搜集清末民初的法学通论类书籍，如表1-2所示。

表1-2　　　清末民初单独刊行的法学基础理论类书籍一览

序号	书名	作者或译者	出版社（出处）	出版年份
1	法学通论	［日］矶谷幸次郎著，王国维译	上海金粟斋书社	1902
2	法学通论	［日］铃木喜三郎著，震生译	上海广智书局	1902
3	权利竞争论	［德］伊न陵著，［英］埃希尔斯、［日］宇都宫五郎译，张肇桐再译	上海文明书局	1902
4	法律泛论	［日］熊谷直太著，范迪吉等译	会文学社	1903
5	万法精理	［法］孟德斯鸠著，［日］何礼之译，张相文再译	上海文明书局	1903
6	道德法律进化之理	［日］加藤弘之著，金寿康、杨殿玉译	上海广智书局	1903
7	法制新编	［日］葛冈信虎著，朱孔文笔述	东京并木活版所	1903
8	新编法学通论	［日］马岛渡、［日］宫地贯道、章宗祥、戢翼翚共同编译	不详	1903年左右
9	法律学教科书	译著者不详	上海作新社	1904
10	法律学教科书	［日］伊谷龟太郎著，廉隅译	上海文明书局	1904
11	法制新编	［日］葛冈信虎著，朱孔文笔述	译书汇编社	1904
12	法学通论	［日］奥田义人著，张知本译	湖北法政编辑社	1905
13	最近法制讲义	［日］和田垣谦三著，黄汝鉴译	东京奎文馆	1905
14	法律学纲领	［日］户水宽人著，巅涯生译	译书汇编社	1905
15	法制经济学	湖北师范生编	湖北官书处	1905
16	法学通论	［日］奥田义人著，黄炳言、卢弼译	东京清国留学生会馆	1906
17	法学通论	［日］枧田三郎著，熊开先译	商务印书馆	1906
18	法学通论	胡挹琪编	政法学社	1906
19	法学通论	杨度编	湖南群治书社	1906
20	法律学小史	［日］户水宽人著，张翅译	东京清国留学生会馆	1906
21	法律学小史	［日］户水宽人著，履瀛社译	上海普及书局	1907
22	法学通论	陈敬第	天津丙午社	1907
23	法学通论	赵征宇编译	不详	1907
24	法学通论	［日］岸本长雄著，陈崇基译	东京清国留学生会馆	1907
25	法学通论	吴柏年讲述	安徽法政学堂	1907
26	法学通论	［日］中村进午著，陈震霖、瞿运钧等译	不详	1907

续表

序号	书名	作者或译者	出版社（出处）	出版年份
27	法学通论	［日］织田万著，刘崇佑译	政法学社	1908
28	法学门径书	［日］玉川次著，李广平译	开明书店	1908
29	法制经济通论	［日］户水宽人等著，何橘时等编	商务印书馆	1908
30	法律学	杨廷栋编	中国图书公司	1908
31	法学泛论	求是室主人著	求是室刊印	1908
32	法学通论讲义	［日］梅谦次郎编著，王焘译	长沙，铅印本	1908
33	法学通论	［日］冈田朝太郎著，张孝栘译	东京，有斐阁	1908
34	新编法学通论	孟森	商务印书馆	1910
35	法学通论	［日］奥田义人著，黄炳言、卢弼译	奉天图书发行所	1910
36	法学通论	熊元翰	安徽法学社	1911
37	法学通论表解总论	胡愿深编	上海科学书局	1912
38	法学通论表解各论前后编	胡愿深编	上海科学书局	1912
39	法意	［法］孟德斯鸠著，严复译	商务印书馆	1913
40	法制大要	陈承泽	商务印书馆	1913
41	法制概要	陶保霖	商务印书馆	1914

以上诸书，只有极少数书籍不是留日法政生刊行的，如《法意》。除了法学译著之外，留日法科学生在日本和中国还创办了大量的法学刊物。清末民初的二十余年间，登载法学论作的期刊至少有三十余种，其主要者如下。

表1-3　　　　　清末民初刊载法学论文的主要期刊一览

序号	期刊名称	主要负责人（机构）	创办年份	创办地
1	译书汇编	胡英敏、戢翼翚等	1900	东京
2	开智录	郑贯一等	1900	横滨
3	国民报	秦力山等	1901	东京
4	新民丛报	梁启超等	1902	横滨
5	翻译世界	马君武等	1902	上海
6	政艺通报	邓实	1902	上海
7	大陆报	杨廷栋、戢翼翚等	1902	上海

第一章 欧洲法学说的引介与对法律社会关系的早期认识

续表

序号	期刊名称	主要负责人（机构）	创办年份	创办地
8	政法学报	胡英敏、戢翼翚等	1903	东京
9	广益丛报	朱蕴章等	1903	重庆
10	东方杂志	商务印书馆	1904	上海
11	法政杂志	张一鹏	1906	东京
12	北洋法政学报	吴兴让	1906	天津
13	新译界	范熙壬	1906	东京
14	预备立宪官话报	庄景仲等	1906	上海
15	法政学交通社杂志	孟森等	1907	东京
16	牖报	李庆芳等	1907	东京
17	法政介闻	马德润、周泽春	1908	上海
18	福建法政杂志	福建法政学堂	1908	福州
19	预备立宪公会报	孟昭常等	1908	上海
20	宪法新闻	李庆芳	1909	北京
21	宪政新志	吴冠英等	1909	东京
22	北洋政学旬报	吴兴让	1910	天津
23	法政杂志	林长民、陶保霖等	1911	上海
24	北京法政学杂志	北京潮州会馆	1911	北京
25	法政浅说报	不详	1911	北京
26	法学会杂志	北京法学会	1913	北京
27	法政学报	蒯晋德	1913	北京
28	法律周报	阮性存	1914	杭州
29	宪法公言	秦广礼	1916	北京
30	政法学会杂志	政法学会	1917	北京

因为年代久远，有的书刊已经遗失，难以寻觅。上述法学译著和法学期刊，未必能称全面。但就其主要而言，当无大的出入。通过了解留日法科学生的规模及其影响，以及清末民初法学通论类书籍和法学期刊的概况，不难发现近代法学在中国初兴时的概貌。在留日法科学生引介近代法学的过程中，也可以窥见当时学者对法律与社会关系的认识，从而考察社会法学的胚芽在中国产生及初步成长的情形。

第二节　社会法学胚芽的发生:论"法"与"群"的关系

甲午战后数年间,变法图存成为士人耳熟能详之词,保国保种更是成为维新人士关心的中心问题之一。国人渐知仅学"西艺"不足恃,转而将重点移至学习"西政",以实现救亡图存。当时,源自西方的社会学渐次进入中国,法律学也是"政学"之一。在当时的时代背景下,学界很容易将法律学与"群"联系起来。最先思考"法"与"群"之关系的人是梁启超。

一　梁启超始论"法"与"群"的关系

1896年,康有为开始编写《日本书目志》,次年5月编成。其实康有为很早就关注"政学"。早在1886年,康有为就提出要广译西方的"政书"。① 甲午战败后,康有为觉得"吾国岌岌",而以往翻译西书速度太慢,效果不佳,于是主张以译日本书来代替译西书。《日本书目志》的编写,一定程度上便是出于这种考虑。《日本书目志》分十五卷,其中第六卷为"法律门"。"法律门"介绍各种日本法律书450种。该卷的书名中出现了许多日本的法学词汇,其中对法理学、宪法、民法、刑法、诉讼法、国际法等各类法学书籍都有介绍。虽然该书目只是出自某种流入中国的日本图书目录,但是它却较完整地展现了日本的近代法学体系。② 梁启超也在1896年编写《西学书目表》,还比康有为的《日本书目志》更先完成。但是,康有为着重介绍未译的日本书而其弟子梁启超着重介绍已译之书。就广度来说,《西学书目表》则不如《日本书目志》。《日本书目志》之"法律门"所提供的法律书目,使梁启超可以较全面地把握日本近代法学的框架。可以说,《日本书目志》为梁启超认识西方法学奠定了一定的基础。

梁启超关于"法"与"群"之关系的论说,最初体现在1898年在

---

① 康有为:《康南海自编年谱》,中华书局1992年版,第14页。
② 沈国威:《康有为及其〈日本书目志〉》,日本《或问》2003年第5号。

第一章 欧洲法学说的引介与对法律社会关系的早期认识

《湘报》发表的《论中国宜讲求法律之学》一文中。在此文中，梁启超意在倡导国人研究法律学，其中有对"法"与"群"之关系的认识。此为近代中国第一次探讨"法"与"群"的关系。

首先，梁氏将"法"与"群"联系起来，注意"法"对于"群"的意义。他明确指出："法者何？所以治其群也。"[①] 有的学者认为，梁启超此论会让人联想起与荀子的"明分使群"之说。[②] 诚然，从遣词造句和行文风格的方面看，此文的确带有不少"圣贤"色彩，从内在理路上看，也烙上了大同之说的痕迹。[③] 但仔细推敲之，会发现梁启超此论与荀子"明分使群"之说有本质区别。

此处之"法"，梁氏解释为"条教部勒"。查欧美和日本的近代法学家关于"法"的解释，也有"规则"或"条规"之说，所以，梁氏所理解之"法"，与英语law的含义有相对应之处，不能仅以中国古代的"礼"、"刑"或"法""术""势"视之。再从梁氏的思路上看，他所倡导的不是中国古代的那一套"刑名之学"，而是"西人法律之学"。

"群"，本为中国固有的名词，通常是指某种能够彼此相处的能力，或某种君王治术。[④] 康有为至少1891年已在使用"群"的概念，他主张"以群为体，以变为用"，讲求"合群"之说。[⑤] 他所理解的"群"具有合个体为整体之意。严复在《天演论》中认为"群肇于家……宗法者群之所由昉也"，"群"是为了"合以与其外争"而求"自存"，着重探讨保"群"之道。[⑥] 可见，严复理解的"群"，同样具有"合"之意。梁启超本人承

---

① 梁启超：《论中国宜讲求法律之学》，《湘报》1898年第5号。
② 李贵连：《20世纪初期的中国法学》，《中外法学》1997年第2期。
③ 梁启超倡言"发明西人法律之学，以文明我中国"，还设想在中国法学发达之后将来"发明吾圣人法律之学，以文明我地球"，希望地球进入无比美好的大同之世。此时，康有为的《大同书》尚未出版，但一般认为梁启超在万木草堂时期即已读其初稿。
④ 前者如："人有气、有声、有知，亦且有义，故最为天下贵也。力不若牛，走不若马，而牛马为用，何也？曰：人能群，彼不能群也"[参见廖名春、邹新明点校《荀子》（王制第九），辽宁教育出版社1997年版，第35页]。后者如："君道者何也？曰：能群也。"[前书（君道十二），第65页]。
⑤ 参见姚纯安《社会学在近代中国的进程（1895—1919）》，生活·读书·新知三联书店2006年版，第30—31页。
⑥ 严复：《严复集》（第五册），中华书局1986年版，第1344页。

认关于"群"的观念来自其师康有为。① 严复所译《天演论》在1896年脱稿后，出版之前曾交梁启超过目。② 梁氏在《说群·序》中也表达了对严复学识的敬佩，"今而知天下之爱我者，舍父师之外，无如严先生；天下之知我而能教我者，舍父师之外，无如严先生……启超近为《说群》一篇未成，将印之《知新报》中，实引申诸君子之言，俾涉招众生有所入耳。本拟呈先生改定乃付印，顷彼中督索甚急，遂以寄之，其有谬误，请先生他日具以教之也"。③ 由此可见，梁启超关于"群"的观点，主要来自康有为和严复，其言之"群"，亦有合个体为整体之意。此处之"群"，与"社会"的含义是否相同呢？

社会，原指旧时乡村学塾逢春、秋祀社之日或者其他节日所举行的集会，在中国固有观念里是"集会庆典"之意，至少在唐宋时期就有"社会"一词。北宋孟元老在其《东京梦华录》中记载："八月秋社……市学先生预敛诸生钱作社会……春社、重午、重九亦是如此"。④ 在欧洲，社会一语源于拉丁语Socius，有伙伴之意。英语Society、法语Société、德语Gesellschaft均取源于此，其中德语中的社会一词又演化为"表示人与人之间结合的关系"。⑤ Society一词与东方相联系，据仇志群考证，最早是在1875年。该年，日本政论家福地樱痴以汉语"社会"来翻译society。⑥ 从此，"社会"一词有了欧式的含义。含有欧式意味的"社会"一词传至中国，是在1887年。该年，黄遵宪在其《日本国志》中引介了与英语society相对应的"社会"一词，认为"社会者，合众人之才力，众人之名望，众人之技艺，众人之声气，以期遂其志者也"。⑦ 其中对"社会"的解释，

---

① 梁启超：《说群·序》，收录林志钧编《饮冰室合集》（第一册），《饮冰室文集之二》，中华书局1936年版，第3页。
② 丁文江、赵丰田编：《梁启超年谱长编》，上海人民出版社1983年版，第57页。
③ 梁启超：《与严幼陵先生书》，收录林志钧编《饮冰室合集》（第一册），《饮冰室文集之一》，中华书局1936年版，第106页。
④ 夏征农、陈至立主编：《辞海》（第三册），上海辞书出版社2009年版，第1989页。
⑤ 马新福：《法社会学导论》，吉林人民出版社1992年版，第37页。
⑥ 仇志群：《从"群"到"社会"》，香港华语桥网：http://www.huayuqiao.org/articles/yuwenjianshetongxun/7203.htm。
⑦ 陈铮编：《黄遵宪全集》，中华书局2005年版，第1491页。

第一章 欧洲法学说的引介与对法律社会关系的早期认识

仍着眼于"合"。不难发现，康有为、严复、梁启超关于"群"的理解与此处对"社会"的解释，是基本相同的。至于他们不以"社会"而以"群"来指代与英语 society 的原因，台湾学者金观涛、刘青峰认为，在1900年以前士人之所以更喜欢用"群"而非"社会"来指涉 society，与维新派人士用今文经学建构指导变法的意识形态有关。① 此非本研究的重点，暂置不论。

其次，梁氏还探讨了"法"如何与"群"相适应的问题。按照他的理解，不同的世道就会有不同的法，"据乱世"、"升平世"和"太平世"都有各自的法律。不过，他认为随着世道日益文明，法律就会"愈繁备而愈公"；如果法律"愈简陋而愈私"，群就成为"野番"之群。② 按近代法学的观点，法律并不是"愈繁备愈公"就越好。由此看来，梁对近代法律的性质还没有太深的认识。

在当时的时代背景下，"群"是维新派的中心话语之一。将"法"和"群"放到一起讨论，梁氏的注重点在于"群"，"法"的最大意义在于维护"群"的生存，促进"群"的发展。正是在这种意义上，他才说，"今日非发明法律之学，不足以自存矣"③。作为一名精通中学的士人，梁启超在早期接触西方法学的时候，只是看到了法律对于社会的工具性作用。对于法律的性质等方面的知识，他并没有一个恰当的总体认识。梁启超强调"法"之于"群"的作用，并不是由于在法理上认识到西方近代之"法"过于强调了个人，而是一开始就以一种工具主义态度，打算用"法"去达到"群"的目的，个人暂时不是"法"要考虑的问题。

综合观之，尽管梁启超的认识夹杂了不少中国固有的观念，但是其所论"法"之于"群"的作用以及"法"如何适应"群"，实为对法律与社会关系的论说。在甲午战前，尚无人注意此方面的问题。康有为、严复等人虽然对"群"的含义不乏论述，却没有关注"群"与"法"之间的关

---

① 金观涛、刘青峰：《从"群"到"社会"、"社会主义"——中国近代公共领域变迁的思想史研究》，台北《"中央研究院"近代史研究所集刊》2001年第6期。
② 同上。
③ 梁启超：《论中国宜讲求法律之学》，《湘报》1898年第5号。

系。传教士方面，自丁韪良以后，尚有林乐知（Young John Allen）、傅兰雅（John Fryer）、花之安（Ernst Faber）、李提摩太（R. Timothy）等人在创办的刊物或翻译的西书中，对西方法律制度和观念有不少介绍，[①] 但皆未见论及法律与社会之关系的问题。梁启超则率先注意了此问题。

《论中国宜讲求法律之学》一文1898年公开发表于《湘报》第5号。1936年，林志钧在编写《饮冰室合集》时，说该文成于"光绪二十六年"，即1896年，其书"例言"记载："全书据初印旧本复校，其有手稿者则悉依原稿"。[②] 由此可知，此文很有可能写于1896年。因为这种说法暂未成定论，故而本书认为，至少在1898年，近代中国学界已有关于"法"与"群"之关系的论述。这也应视为社会法学的胚芽在中国初生。

二 学界再论"法"与"群"的关系

梁启超在《论中国宜讲求法律之学》中论及"法"与"群"的关系之后，《新民丛报》就此问题做了进一步探讨。1903年，另一位康门弟子麦孟华发表《法言》一文，讨论法律与群治的关系。麦氏认为法律是为了"善群内公私之交涉而维持一群之秩序"，是人群存在的必要条件，没有法律则人群必定"飘荡横决错杂无纪，不能一日立于天壤之间"。而人群是一个"有机生体"，并非一成不变，所以法律"必相群俗而伸缩"。如果群与法相抵牾，那么旧法律就必须改变以适应群的状态；如果改后的新法随着时间的推移又与群不相适应，"则更迁之"，这样才能"法屡进而群屡进"。麦氏相信："真爱自由之人民知法律可以利吾群，而非以束缚我也"，欧美的革命，是为了创造利于群的新法律。[③] 可发以现，麦孟华基本上是沿着梁启超的思路在思考"法"与"群"的关系，强调的重点仍在于

---

①　林乐知始创的《教会新报》（后改名《万国公报》），丁韪良、艾约瑟创办的《中西见闻录》，傅兰雅主编的《格致汇编》，傅兰雅翻译的《法律医学》《佐治刍言》《公法总论》《各国交涉公法论》《各国交涉便法论》《邦交公法新论》，花之安的《自西徂东》等，都不同程度地介绍了西方的政治法律制度和观念。参见何勤华《传教士与中国近代法学》，《法制与社会发展》2004年第5期。

②　梁启超著，林志钧编：《饮冰室合集》（第一册），中华书局1936年版，例言。

③　蜕庵：《法言》，《新民丛报》1903年第31期。

"群"的存在和进步,不过其阐释显然比几年前梁启超的论说要详细得多。麦孟华将"法"视为一种会随着"群"的进化而不断进化之物,应是受到已传入中国数年的斯宾塞有机体学说的影响。

同年,《新民丛报》又刊载了一篇名为《论法》的文章,继续讨论法与群的问题。该文视"群"为"社会"。此处所理解的"社会",是一种"人类集团",或为家族,或为民族,或为国家团体,"因其团体员之多少而区别其名称者也"。这种"社会"具有两种生命:一为社会自体的生命,一为组成社会各个分子的生命,所以维持社会的安宁,增进社会的福利,必须尊重这两种生命。组成分子与社会有密切的关系,组成分子是形成社会所必需的要素,其生命就是社会的生命。"尊重组成分子之生命,即所以尊重社会自体之生命,尊重社会自体之生命,即所以尊重组成分子之生命。"保障社会自体及组成分子的生存,又需要一种"准则"和"力"。而法律则是一种"社会力",其形体就是"准则",它是为了维持社会的秩序而发生,所以,法与社会有"唇齿辅车之关系"。① 此时,经由《译书汇编》等刊物,西方关于"社会"的多种解释已经传入中国。学界所理解的"社会"和"群",开始注意"各个分子的生命"。法律之于社会的作用,随之增加了对社会各个组成分子的关注。

除了《新民丛报》以外,《政艺通报》也在1903年刊载邓实的《法群》数篇,讨论法与群的关系。关于群的理解,邓实说:"处小己可以无法,处大群不可无法。欧美之哲民所以宁屈小己之自由以伸国群之自由,牺牲一己之权利以增进国群之权利者,诚知无有法律即无有群,无有群则何有己。"② 在19世纪末20世纪初的数年间,群、社会与国家三者处于一种混沌状态之中,而后逐渐分化为社会和国家两种意义。此处所谓群,更多偏向于国群。"大群"不可没有法律,当时所称"社会主义"者,"以无法律为高尚",邓氏认为那并非没有法律,而是"有法但人人守法而已",这种"法治国"状态其实是中国圣人所说的"国治天下平"。③ 他认为,

---

① 定一:《论法》,《新民丛报》1903年第48期。
② 邓实:《法群》,《政艺通报》1903年第20、21号。
③ 同上。

公法可以"卫群"而私法则会"贼群"，所以要保护"卫群之法"而破"贼群之法"。① 由此看来，邓氏对公法私法的认识还有所偏差。为了群的秩序和公益，法律成为必需之物。有群始有法，但法律日久，就会弊害丛生，反而有害于群的进化。所以，一群发生变化，其法律必须随之而变。邓氏进一步指出，同样的法律运用于不同的群，会产生截然不同的结果。不但如此，即使是一种法律在不同时期施于同一群，也会有不同的效果。由此，邓氏认为：

> 是故，一群之文野无定则，其法律善恶之真相亦无定执。野蛮之旧法范围文明之新群，则于其群有百忤而无一合，且不徒不合而已，而其群内之知识、情感、精神，皆将困而不舒，戾而不合，尔然退缩无以完全群格。群进化而法律不进化，一群之智民必群起掊击之，而革命流血之惨遂不可避矣。法律者，所以利群而非以害群也，所以增进社会之公益而非以压抑社会之文化也。今不为利而为害，不为增进而为压抑，则其法律之不便于其群，昭昭然矣。善为法者，知旧法之不便，则别立一新法，以承其敝。而此新法者，又必与其时人群进化之程度相高下，群治进一级则法律亦进一级，务使其群之与法相为代嬗，蜕故入新而变化于无穷。……人类无疆之休乃可期，国家之盛而不复衰。②

邓实认识到了法律的作用在于增进社会的公益而不是压抑社会的文化，但是他所指的"群"、社会公益或社会文化，也没有注意个人的因素，只是泛泛而谈"法"之于"群"的意义。

1900年以后，"群"的称谓逐渐向"社会"过渡，而梁麦等人却对"群"之称谓情有独钟。其论法与群之关系，与法与社会之关系，并没有什么差别。邓实所论法与群的关系，大体也是法律与社会的关系，其中又有一丝"国群"层面的含义。他们对"法"与"群"之关系的认识，可

---

① 邓实：《法群》，《政艺通报》1903年第20、21号。
② 同上。

视为社会法学的胚芽在近代中国的产生。

从梁启超、麦孟华、邓实等人论说中可以发现，他们讨论"法"与"群"的关系，"群"的存在和发展才是最核心的关怀。他们关注"法"与"群"并非基于对法律性质和西方法学流派等知识的理解，更多的是出于一种工具主义的考虑。另外，诸氏在论法与群之关系时，不约而同地将法与群的"进化"视为当然之事，这当是斯宾塞的社会有机体学说风行于中国的影响。他们对"法"与"群"关系的认识，多少是对西方社会学和法律学知识的运用，但是其论述中又夹杂着不少中国固有的观念。这表明，士人在面临域外法律学说时，不免用中国固有的观念或固有词汇去理解法律之于社会意义。

第三节　对法律与社会关系的早期认识

一　欧洲法学说的零星引介与初识法律和社会的关系

欧洲社会法学说的早期译介，《译书汇编》发挥了重要作用。《译书汇编》杂志，是留日学生戢翼翚等人于 1900 年 12 月创办。该刊重在翻译，政法知识又是其编译的重点。其创刊号上明确表示："政治诸书乃东西各邦强国之本原，故本编亟先刊行此类……是编所刊，以政治一门为主，如政治法律理财历史哲学各门，每期所出或四类或五类，间附杂录。"① 冯自由后来曾评价《译书汇编》说："此报专以编辑欧美法政名著为宗旨……时人咸推为留学界杂志之元祖。自后各省学生次第倡办月刊，吾国青年思想之进步，收效至巨，不得不谓《译书汇编》实为之倡也。"② 该社的 14 名成员均没有留学欧美的经历，且多主张通过日本学习西学，直接翻译欧美原著亦有语言困难，冯氏谓编辑欧美法政名著，多为将日书译为中文。

该杂志创刊号上，共刊登了十篇译文，其中有三篇文章值得注意：《万法精理》《权利竞争论》和《社会行政法论》。

---

① 《简要章程》，《译书汇编》1900 年创刊号。
② 冯自由：《革命逸史》（初集），中华书局 1981 年版，第 99 页。

引介、诠释与运用

（一）孟德斯鸠论法律与其他社会因素的关系："法律之精神，非法律之条目"

孟德斯鸠所著《万法精理》，常被视为社会法学的导源之作。关于社会法学的历史渊源，田成有认为"可以追溯到十八世纪法国的孟德斯鸠"，[①] 何勤华将孟德斯鸠奉为先驱，[②] 胡平仁亦将孟氏视为社会法学孕育期的代表人物，[③] 其他法学者也多承认孟德斯鸠为西方法社会学的早期代表人物，兹不一一罗列。在论及社会法学在中国的萌芽时，当代学者一般着眼于《译书汇编》之翻译。不过，在《译书汇编》进行翻译之前，已经有人向中国学界介绍孟德斯鸠的学说，不可不提及。1899年12月，正在日本流亡的梁启超在《清议报》上刊载了《蒙德斯鸠之学说》，对孟德斯鸠的生平和学术做了简要介绍，比《译书汇编》要早一年。梁氏对孟德斯鸠的学说，有这样的理解：

> 法律者，以适合于其邦之政体及政之旨趣为主。不宁惟是，又当适于其国之地势及风土之寒热，又当适合于其国之广狭及与邻邦相接之位置，土壤之沃瘠，及民之所业或农或牧畜或商贾，各各相宜，又当适于其国民自由权之广狭，及所奉之宗教。又当适合于民户之多寡及人民多数之意向及性质。不宁惟是，必法与彼法必有相因，当考其所以设立之故，并创制此法者宗旨之所在。凡欲讲究一邦之法律者，必须就此数端，悉心考求之，未可执一以论也。[④]

梁启超的介绍中，已经包含了对法律与政治、地理、经济、历史等多种因素之关系的认识。梁氏介绍西学，常常不注明出处，但就其所处的环境来推测，该文当是受到日本书刊的启发而作。

《译书汇编》对《万法精理》的翻译，较之梁氏的简介，更为详细。

[①] 田成有：《法律社会学的学理与运用》，中国检察出版社2002年版，第35页。
[②] 何勤华：《西方法学流派撮要》，中国政法大学出版社2003年版，第159页。
[③] 胡平仁：《法律社会学》，湖南人民出版社2006年版，第5页。
[④] 梁启超：《蒙德斯鸠之学说》，《清议报》1899年第32期。

第一章 欧洲法学说的引介与对法律社会关系的早期认识

《译书汇编》所译《万法精理》的"按语"记述，最初是由日本学者何礼之将法文版译为日文版，而中文版则是根据何礼之的日译本而成。虽然文中所述观点由孟德斯鸠所创，《译书汇编》的翻译者不过将其"搬运"到中国人的视野中，但是这种意义同样非比寻常。最初正是通过这种观点的"搬运"，中国学界才对来自西方的知识体系有了从无到有、由浅到深的认识。

该文认为，法可分为"性法"和"人法"，"人法"又可分为"万国公法"、"政法"和"民法"。因国与国之间的交涉而兴起之法为"万国公法"，因"君民交涉"而兴起之法为"政法"，民与民交涉而兴起之法为"民法"。"万国公法者，治天下之社会者也"，"政法者，治一国之社会者也"。① 不论是何种社会何种法，法之于社会的作用表露无遗。此观点实与梁启超在1898年论法与群的关系，如出一辙。

又谓：

> 无论为政法，为民法，以适合于其邦之政体及政之旨趣为主。又立法之际，当视其国风土之寒暖，土壤之肥瘠，其国之位置或广或狭，其民之营业或农或商，务使之各各相宜。又当适于其民自由权之广狭，宗教之同异，风俗之好恶，户口之疏密，及贫富奢俭、贸易交际等事。不宁惟是，此法与彼法，必有相因，当求其所有设立之故，并创制是法者设立宗旨之所在。凡欲考究一邦之法律者，必先就此数端，悉心考求之，未可执一而论也。此书即就各邦考察此数者以论明之。盖所谓法律之精神，非法律之条目也。②

该段文字位于第一卷，为提纲挈领之言，译文第二、三、四卷即根据上述旨意展开。文章的具体内容不必详述，已知其对法律和社会之关系的认识，即法律与政治经济、历史地理、民情风俗、宗教习惯等因素皆有密切的关系。此文向中国学界宣示，法律的精神"非法律之条目也"。

梁启超的介绍和《译书汇编》所载译文，其行文颇有几分相似，这表

---

① 《万法精理》，《译书汇编》1900年创刊号，第4页。
② 同上书，第5页。

明二者有可能都源自何礼之的日译本。因暂无确切证据，姑且存疑。

《译书汇编》颇具影响力，其所到之处，"法律之精神"也随之而至。孟德斯鸠的观点为不少论法律者所引述，沈家本也视孟氏为西方法学的开创者，认为孟氏"发明法理，立说著书，风行于世"，以致西方各国"新理日出，得以改革其政治，保安其人民。"① 另有不少刊物也相继介绍孟氏的学说，如东京《国民报》（1901年第二期）、《新民丛报》（1902年第四和第五期）、《广益丛报》（1903年第四期）都曾译介孟德斯鸠此书。1903年，上海南洋公学的张相文将日本学者何礼之所译《万法精理》再译为中文，由文明书局出版。1904年以后，严复将其所翻译的该书命名《法意》，分七部分陆续刊载，共二十九卷，最后于1913年由上海商务印书馆合订刊行。

梁启超和《译书汇编》译介孟德斯鸠学说，其用意在于说明法律与政治、经济、历史、地理、民俗、宗教等社会因素的密切关系，其实质是在思考法律与特定的社会相适应的问题。此为中国学界借助欧洲法律学说对法律与社会关系的较早认识。

（二）耶林的"权利竞争论"：法律的真相在于"剑衡相需，无所偏废"

《权利竞争论》（今译《为权利而斗争》）原作者是德国法学家伊耶陵（Rudolph von Jhering，今译耶林）。耶林常被称为社会法学的创始人之一，而《权利竞争论》一书则被认为是他从概念法学到社会法学的转折点。② 《译书汇编》所载为该书的前两章，由章宗祥翻译，③ 主要讨论权利之起源和"权利之生存即一种竞争"两个问题。

根据译者的理解，权利是勤劳的结果，法律的真相在于"剑衡相需，无所偏废"，"有剑无衡，则所谓豺狼之力，有衡无剑，则权利亦终归无效而已。""衡"意指权利的衡量，"剑"则指权利的实现。但当时的法学理

---

① 沈家本：《法学会杂志序》，《法学会杂志》1913年第1卷第1期。
② 张文显：《二十世纪西方法哲学思潮研究》，法律出版社1996年版，第129页。
③ 《译书汇编》创刊号中并未标明译者。1902年张肇桐所译《权利竞争论》（上海文明书局出版）的例言中记载："前两章刊入汇编者，系乌程章君述，今章君方从事他业，不暇卒译……"，乌程章君，即是章宗祥。见［德］伊耶陵《权利竞争论》，张肇桐译，上海文明书局1902年版，例言，第3页。

第一章　欧洲法学说的引介与对法律社会关系的早期认识

论"孜孜于正义神之衡,于剑则忽焉不问","今之法学社会,但以科学为基础,行其理想之偏见,此不过解释权利之一道。至事实则相去远甚矣。"权利存在于竞争,抵抗侵害权利者,既是"对乎己"的义务,又是"对乎国"的义务。①

《译书汇编》刊出《权利竞争论》前两章之后,引起了梁启超等人的关注。1902年4月,《新民丛报》刊载《论权利思想》一文,就《译书汇编》所译的两章述其大意而成。同年,留日学生张肇桐又根据英国埃希尔斯和日本宇都宫五郎的译本,续译后四章,连同前两章,一并由上海文明书局出版。②后四章的译出,使学界认识到"固守一己之权利为对乎社会之义务"。译者在译文之上附加了不少按语,这些按语反映了译者对本书的理解,其中不少精彩之处,如"社会"即"人群"③,"放弃权利,所害不止一己"④,"防卫权利,可全法律之尊严,保社会之秩序"⑤,"防卫私利,冥冥中即防卫法律","社会之利益实与之俱保"。⑥张氏对保卫权利、保全法律尊严与保护社会利益关系的认识,跃然纸上。1915年,又有一位署名"无悲"的人再译伊氏此书,命名《权利争斗论》。⑦

耶林所说的"权利",有着对"利益"的关怀。他所注意的不仅是个人的权利,还有权利背后的社会义务、社会秩序和社会利益。通过对该书的译介,中国学界能够了解到,法律在保护个人权利的意义之外,还需要维护社会利益。当然,对于耶林为什么要注意法律的社会利益,中国学界并没有过多关注。

(三) 海留司烈:"社会"与"社会法律"

《社会行政法》为德国海留司烈原著,《译书汇编》只译了该书的一部分。文中认为,社会行政法是"规定人类文化各种事件之法律",它本于

---

① [德] 伊耶陵:《权利竞争论》,章宗祥译,《译书汇编》1900年创刊号。
② [德] 伊耶陵:《权利竞争论》,张肇桐译,上海文明书局1902年版,例言,第3页。
③ 同上书,第34页。
④ 同上书,第35页。
⑤ 同上书,第36页。
⑥ 同上书,第43页。
⑦ [德] 耶林:《权利争斗论》,无悲译,上海《法政杂志》1915年第5卷第6期。

55

引介、诠释与运用

"社会法则上之观念",注重对"社会发达进化之作用"。社会应当立于法律之上,"当立于同一同等之群、同一同等之法律"。①

对于何为"社会",该文做了细致的探究。作者列举了七种流行于欧洲的"社会"的定义:一、"社会即众数结合而成一团体是也";二、"社会者,生物也,集才智以明至高之目的而实行之也";三、"社会者,自然生成,有利益之团结也";四、"社会者,诸种团结之全体,此诸种团结,因达人类生活上重要之目而生者也";五、"社会者,民众诸种之等级、各类之共存上之状态言之也";六、"社会者,生活目的之一体也";七、"社会者,与国家相对,各人各遂其发达进化之团结也"。② 关于"社会",黄遵宪、康有为、梁启超、韩昙首等人此前曾表述过他们的看法。黄遵宪所理解的"社会"和康有为、梁启超等人理解的"群",注重"合众人之力",前文已述。韩昙首则是这样理解的:"人类互相交,互相依,互相生养之道,即社会",社会比国家的意义更广,"不论土地人民政体一定与否,凡人多群居而为一团者总称为社会"。③ 而该文译者所理解的"社会",则是指"同一文化发达"的"各国各地方"。④ 这种理解,与黄、康、梁、韩都有几分不同。

根据这种对"社会"的理解,该文提出了"社会法律"的概念:

> 倘同一文化发达之人类,不问其国之境界如何,不可不有同一之社会行政法。今日各国,其法律之起源沿革相异,而不能同一。然各国渐相同一之机,有三个之原因在:第一,因社会之进步,各国各地方,渐渐离其特别邦土区域,而自然有独立之势;第二,所属之领土,如近世文化发达之农业殖民地,渐次能得本国同样之权利;第三,因诸国条约,各国将其固有之法律退让,而生共通之社会法律。诸国共通之社会法律之进步,自千八百十五年七月八日,德意志联邦

---

① [德]海留司烈:《社会行政法》,《译书汇编》1900年创刊号。
② 同上。
③ [英]斯宾塞:《社会学新义》,[日]涩江保译,韩昙首再译,日本神户《东亚报》1898年第1期。
④ [德]海留司烈:《社会行政法》,《译书汇编》1900年创刊号。

56

第一章　欧洲法学说的引介与对法律社会关系的早期认识

法律，第十六条第十八条及第十九条开其源，至千八百七十一年德意志帝国宪法第三条及第四条，遂成社会法统一之结果。①

"社会法律"，是指"同一文化发达"的"各国各地方"所共通的法律，此处意指德意志各邦生成统一的德意志联邦法律和《德意志帝国宪法》。文中又对社会法律的属性做了探讨："此社会发达之法律，以私人相互之意思而变更之，不可也。万民皆当服从遵守，执其权利，行其义务。所以，社会法属于公法，而非属于私法。"②

《译书汇编》在第二期中声明无力续译《社会行政法》一书，故其学说没有引起进一步关注。海留司烈通常不被认为是社会法学派的代表人物。但是，《社会行政法》一文中所说的"社会法律"，是基于对"社会"的广义理解而提出，其中包含了从社会和文化的角度认识法律的意义。中国学界从中可以得知法律与社会的关系。

（四）贡普洛维奇与"根据社会学因考法律之原理"的学派

1902年，《译书汇编》刊载了东京法科大学（东京帝国大学法科）户水宽人教授的《法律学纲领》中译本。文中在论及法律哲学的派别时，认为除了自然法派、沿革派、推理派之外，还有一个新近兴起的学派。关于新近兴起的学派，文中有如下论述：

> 至十九世纪，而动物学植物学及其他新学，皆大发明，有轻置哲学之议。论者亦根据社会学因考法律之原理者，若墺太利匈牙利之达摩蒲洛樊制氏是也。社会学家，非无据法律之沿革者，即如达摩蒲洛樊制氏。论法律之沿革，亦归重于原理。观二十世纪之趋势，殆以此类学派蒸蒸日上欤？亦一时之倾向然也。就法律之原理而论，不可偏于社会学之一方，宜兼采哲学上之议论。若偏于社会学，则流为浅薄之实验家；若偏于哲学，则流为迂远之空论家。且今日之通弊，长于社会学者则不长于哲学；若长于哲学者则不长于社会学；若通社会学及哲

---

① ［德］海留司烈：《社会行政法》，《译书汇编》1900年创刊号。
② 同上。

57

学则又不通法律学。无论东西洋，凡为法律哲学之大家，往往而然。①

文中介绍了一位"根据社会学因考法律之原理"的学者达摩蒲洛樊制氏。根据其国籍、当时常用的音译习惯以及文中所述的学术主张，我们可以推知此人即是奥地利学者贡普洛维奇（Gumplowicz）。贡普洛维奇（1838—1909），自1875年开始任奥地利格拉茨大学公法教授。他认为法律是基于具有不同力量的社会族群之间的冲突而产生的一种社会生活的样式。因为贡普洛维奇呼吁使社会学成为一门独立的科学，并主张把社会学的原理运用到政治和法律中去，所以他常被视为社会法学派的创始人之一。② 不过，该文的作者和译者并不确定该学派是不是"二十世纪之趋势"，对于法律研究之偏重社会学还有所疑虑。

文末注明该文作于"明治三十四年十二月二十七日"，即1901年底。这说明留日学生对日本法学动向的关注非常密切，也说明至少到1901年底欧洲社会法学派在日本和中国的影响还很有限。

通过以上梳理可以发现，中国学界所译介的几位欧洲法学家的学说，都在关注法律与社会的关系，或注重法律与其他社会因素的关系，或注重社会利益，或注重法律研究的社会学方法。概言之，其所持论，重心在于社会，而非个人、国家或其他。

二 清末民初对法律与其他社会因素关系的一般认识

除了孟德斯鸠等人的学说之外，中国学界还通过留日法科生所翻译的《法学通论》等基础理论书籍，对法律与其他社会因素的关系有进一步的认识。当时单独刊行的法学基础理论类书籍，共有四十余种，已如前述表1-2所示。若再加上《翻译世界》《北洋法政学报》等期刊上连载的《法学通论》，总数接近五十种。虽然看起来种类繁多，但是其中多数书籍的知识来源都相对简单，不难找到其日本方面的根源。归纳起来，这数十种书主要来自以下日本学者的著述和讲义：矶谷幸次郎、铃木喜三郎、熊

---

① ［日］户水宽人：《法律学纲领》，《译书汇编》1902年第2卷第1期。
② 徐步衡、余振龙主编：《法学流派与法学家》，知识出版社1981年版，第213页。

第一章　欧洲法学说的引介与对法律社会关系的早期认识

谷直太、奥田义人、织田万、梅谦次郎、户水宽人、何礼之、加藤弘之、葛冈信虎、枧田三郎、岸本长雄、中村进午、冈田朝太郎等人。不仅如此，这些书的内容和观点也有许多重复之处。通过分析这些书籍，可知清末民初中国学界认识法律与其他社会因素关系的概貌。

当时学界讨论最多是法律与道德的关系问题。王国维译版《法学通论》认为，法律和道德都是社会所必需的，为"社会之两翼"。"道德与法律，均为裁制人间行动之规则，皆不外奖善惩恶，以保持社会之秩序安宁者也。……法律和道德，皆为维社会之平和，进臣民之福利之具。"法律和道德一样，同出于"邪正善恶之见"，都要适应社会之变化。不过，法律上所称之善恶与道德上不同。"法律者，唯对于社会所发现一切恶行之内之一部分有强制之力……且不但管理之区域比道德为狭隘，即属其管理内之恶德，其法律上所定善恶之标准，亦极低下。"法律只对"背德行为"中"最害社会"、"大破人民之平和者"加以惩罚，而对于较小之恶德则不以法律之力制裁之，而待道德之力予以约束。① 1903 年，加藤弘之所著《道德法律进化之理》的汉译本由上海广智书局出版。本书基于功利主义和进化主义来论道德与法律。道德与法律起源于人类社会在进化过程中形成的特殊的风俗习惯，其中有利于社会生存的即认之为道德和法律，反之而任其自然消灭或人为消灭之。道德与法律，和社会一样，都会由野蛮未开之时代进至文明开化时代。道德和法律，"本系一物，毫无区别"，只因区域不同而分为道德和法律，法律不过为狭义的道德而已。② 同年，《新民丛报》的文章则进一步指出，法律要以道德为基础并与之相适应，法律的移植与制定要与本国人民的道德水平相适应。法律和道德本出于一途，社会发展以后才"各自用治于群"。执政者不能"滥张法律区域之范围"而"逞其干涉之私"，否则会导致"民窘而不胜其苦，乃至革命流血。""群制"必须与"群德"相适应。即不能"群德进而群制不易"，也不能以良法美意施于道德未彰之群。作者相信："颓败之风俗，秽荡之人心，必不

---

① ［日］矶谷幸次郎：《法学通论》，王国维译，金粟斋 1902 年版，第 7—14 页。
② ［日］加藤弘之：《道德法律进化之理》，金寿康、杨殿玉译，上海广智书局 1903 年版，第 27、60—61 页。

能制良美之法律","文化较浅之国要移植文化较深之国之法律,常易龃龉动摇,无公益之良心,自治之懿行,而惶惶然曰法治,法治虽授以英美之良法,吾恐期不能月守也。"法律应当以道德为"元气",以"公力之制裁"确定外行之规律,以"自力之制裁"严树"内意之规律",才能维持社会的运行。社会中的个人必须先有"敬重公益之良心",然后有"服从法律之思想",才能确保法律"可以实行然",否则,法律只会是"纸上空文",不能起到实效。① 清末民初,探讨法律与道德之关系的著作和论文为数不少,② 其观点大体与前述相同,只是表述略有不同而已,此不赘述。总体说来,学界多能认识到法律与道德的异同点,认同法律要与社会的道德水平相适应的观点。

法律与政治、经济、社会心理等因素的关系,则主要是在论述法学与其他学科的关系中呈现的。

1902 年,正在日本留学的王国维翻译了矶谷幸次郎的《法学通论》一书。1902 年,留学日本学习法政方兴未艾,后来被称为国学大师的王国维也顺应时代潮流,研究起法律学来。王国维在日本翻译此书,因"留东京四五月而病作",遂于当年夏季回国,③ 此书也随之出版于上海。它使国内学界对法学与其他学科的关系有了初步认识。

该书认为,法律学是一门"以法律为基础、为标准"而研究社会现象的学问,它与"国家政治"和"匹夫行动"都息息相关,所以必须与其他诸学科密切相接,"决非由法学单独之力,即能全法学之道也"。④ 法律学和心理学、历史学、地理学、统计学、经济学、政治学有密切的关系。

---

① 蜕庵:《论法律与道德之关系》,《新民丛报》1903 年第 46—48 期。
② 多数《法学通论》都有关于法律与道德之关系的论述。另外还有《道德法律之别》,《国民报》1901 年第 3 期;《道德与法律之关系》,《大陆报》1904 年第 2 卷第 1 号;[日]加藤弘之《道德法律进化之理》,金寿康、杨殿玉译,上海广智书局 1903 年版;蜕庵《论法律与道德之关系》,《新民丛报》1903 年第 46—48 期;林鹍翔《论法律上法律宗教道德之三大关系》,《北洋法政学报》1906 年第 11 期;《论道德与法律之关系》,《东方杂志》1907 年第 4 卷第 5 期;李晋《法律与道德》,《东方杂志》1913 年第 9 卷第 12 期;胡以鲁《道德法律辨》,《法学会杂志》1914 年第 2 卷第七八合期等,多就法律道德二者相ование而成、畸轻畸重而持论。
③ 王国维:《自序》,周锡山编:《王国维集》(第二册),中国社会科学出版社 2008 年版,第 296 页。
④ [日]矶谷幸次郎:《法学通论》,王国维译,金粟斋 1902 年版,第 15 页。

第一章　欧洲法学说的引介与对法律社会关系的早期认识

法律学与心理学。"欲识别其外界行为之善恶，必不可溯其行为所由出之原因之精神知觉而研究之也。故法律与心理学，不但有密接关系，且非有心理之补助，则无由制定法制而施行之也。"法律学与历史学。"历史学者，就古来社会所发现诸种显像，而讨究其原因效果者也。盖法学又以社会之显象与法律为基础，以此观察研究之，故历史与法律，从来有密接之关系也。欲究古来各国所行法律之起源及沿革，必不可不究其法律所由出之社会实相，故不求于历史，则不能望充满其研究法律之事也。"法律学与地理学。谓法律与"气候之寒暖"、"山川之位置"、"海岸之距离"、"土地之地质"、"矿产之丰富与否"有密切关系，故研究法律学离不开地理学。法律学与统计学。统计学是"表明过去社会现象之具"，而法律学正是要研究社会现象，所以，"欲研法律之发达，明其沿革，必不可不由统计学所示之结果以考究之也。若无统计学，则法学所论，常流于空理，终不能发现真相。……统计学于法律之利益，实不少矣"。法律学与经济学。经济学为"论国富之学"，法律学为"判别邪正善恶之学"，二者都要求人们"温良谨直、不害人而履行义务"。其学问的性质，"不但不背戾，其关系还极密切"。经济学上的"有益"和法律学上的"正道"不能相背离。"善良之经济，得善良之法律然后能全其用，若无法律之规定，则社会经济全被坏乱。"法律学与政治学。政治与法律不可相离，"无法律，即不能有政治"。政治家必须有法律思想，"如无法律思想，则其为政治，往往因利欲而及私心，流于暴戾，不免招社会之纷乱也"。法律学与政治学的关系为"骨"与"肉"的关系，法律学为"骨"，政治学为"肉"，"无骨之体，外观虽不失为人，而其基础则薄弱也，然有骨无肉，则亦拘泥于法文之末，失其运用之灵矣"，故政治学与法律学，"相资相待，始全治平之大业也"。[①]

关于法学与其他学科的关系，奥田义人版的《法学通论》有另一种的认识。奥田氏之《法学通论》分别由张知本（1905 年）和卢弼、黄炳言（1906 年）翻译为中文。张、卢、黄三氏认为法学还与物理学、生理学、

---

① ［日］矶谷幸次郎：《法学通论》，王国维译，金粟斋1902年版，第15—22页。

社会学有密切关系。法律学与物理学。"法律上所谓时、处、物三者，非藉物理学上之原理不得释明。"法律学与生理学。"法律上所谓出生、死亡、自由、疯癫、白痴等，需藉生理学原理阐明。"他们认为法律学与社会学有密切关系。不过，此处的社会学是指"研究社会现象之原理的学问，分经济学、伦理学、法学和政治学"。其所称法律学与社会学有密切关系，实指法律学与经济学、伦理学和政治学的关系。①

吴兴让对法学与其他学科的理解，与王国维、张知本、卢弼、黄炳言大体相同。不过，他有两点推进。一为法学与心理学之关系。他注意到了社会心理之于法律的重要作用。"心理学研究人类的精神现象，与法学关系更巨。人有甘受强制力之心，法之力乃大。社会上心理变迁，法律必随之变迁。法律须顺社会心理，若违背社会心理则非法也。"② 二为法学与其他诸学科的轻重缓急。他认为，研究法学者，对于法学之外的诸学科，不一定要成为该学科的专家，只要能用其原理原则研究法律，而不与之相悖即可。③

1911年，欧阳钧在其翻译远藤隆吉的《社会学》一书中，专门论述了社会学与法律学的关系。与张知本、吴兴让等人的认识不同的是，此处所理解的社会学，已经初具一门独立学科的性质，不再是包含政治学、经济学、伦理学、法律学在内的一个总称。④ 该书认为："当社会学未发明之前，治法律学者非蹈于凿空，即囿于形式。"所谓"蹈于凿空"和"囿于形式"者，分别指自然法学派和分析法学派。作者认为，虽然自然法学派主张之"自然法"和"性法"固然不可排斥，但是该派主张人人生而有权利，人人生而平等。如果根据这种空想的理论研究法律，将会使人们误认为社会是损毁剥夺人的权利自由之物，从而导致"迷途之失望，盲动之革命"。而分析法学派又过于"拘滞"。文中以刑罚和财产权保护为例，批评分析法学派之过："如以刑法观察罪人，以单独孤立之现象论之，则将施

---

① ［日］奥田义人：《法学通论》，卢弼、黄炳言译，政治经济社1907年版，第32—34页。
② 吴兴让：《法学通论》，《北洋法政学报》1906年第8期。
③ 同上。
④ 姚纯安：《社会学在近代中国的进程（1895—1919）》，生活·读书·新知三联书店2006年版，第280页。

之以惨酷之刑，以为惩治凶恶之必要；又如为财产权之保护，则富者得巨利而益富，贫者无赀本供劳役而益贫。富者金力罔有际限，贫者蓄怒而思变；欧美诸邦已有此现象矣。"作者认为，社会是法律之源，法律会随着社会的进步而进步。"欲知法律之原理原则，应社会之进动而达于完全，舍修社会学更无他途也。"[1]

通过留日法科生的译介，中国学界渐知法律不是一个封闭独立的体系，它与道德、政治、经济、社会心理、历史、地理等其他社会因素都有不同程度的联系。由此衍生出的法律学也不是一种闭不透风的学问，它与其他学科有或多或少的联系。值得注意的是，清末民初学界对法律与道德关系的论述，大大多于法律与其他社会因素关系。这很可能与德主刑辅、礼法合一的固有观念有关。中国固有的法律观念中不乏"德"与"刑"、"礼"与"法"关系的认识，这种观察很容易与法律和道德的关系相附会。

第四节 探索法学新思潮及其在法律上的影响

一 探索法学发展的新趋势

随着留日法科生所翻译日本论著的增多，有部分人开始探索法学发展的趋势问题。《法政杂志》（东京）、《福建法政杂志》、《北洋法政学报》、《法政杂志》（上海）等刊物登载了相关的译著论述。1906年3月，张一鹏联合一批留日法政学生，在东京创办《法政杂志》，注意摘译日本法学书刊，这使中国学界能够及时了解到日本法学的最新动向。张一鹏创办该刊，是受到朝廷派出镇国公载泽等五人出洋考察宪政的影响。他们认为，中国当前应该以"编纂法典"和"修明政治"为急务，此举可使中国"返弱为强，转败为胜"。所以，该杂志创办的宗旨是"备当局者着手之方针"，"饷普通人民以法政之知识"。[2] 通观该杂志的内容，实以翻译日本法政报刊书籍为主，讨论纂述为辅。

《法政杂志》一创刊便开始讨论法典编纂与社会发展的关系。该刊的

---

[1] ［日］远藤隆吉：《社会学》，欧阳钧译，上海商务印书馆1911年版，第8—9页。
[2] 《法政杂志简章》，东京《法政杂志》1906年第1卷第1、2期。

引介、诠释与运用

第一期刊载了林鹍翔从日本《法政新志》翻译的《法典之繁简》一文。该文认为，法律的精粗繁简，与社会现象相随。社会越进步，人事越复杂，法律则随之越加复杂。法律自简单而进于繁密，而法典的编制却要由复杂而进于简单，才能适应社会的需要。① 张一鹏也从日本《法政新志》翻译了日本著名法学家穗积陈重的论文《法典之繁简》，在"法典论"与"非法典论"的争论中，探讨了法律与社会的关系问题。当时在日本存在一种非议"法典论"的观点，认为法典不能适应社会的进步。社会是运动的有机体，而法典是静止的无机物。社会日日进步，而法典一旦编纂成功，其形体就会固结，渐不能适应社会的需要。所以，在法典时代，随着社会的进步，法律与社会的关系反而会越来越远。"非法典论"者主张以"惯习法"加单行法来替代法典。惯习法会随社会的变化而及时变化，相关单行法也随因社会的变化而随时改正。而法典因其首尾相接，改其一部分就会影响整部法典的构造，实有不少弊端。欧洲各国改正法典也非常困难，其社会与法律产生不少隔阂。即使法国和德国的法典光彩灿然，但因其不具有生育发达的活力，终会减少其法律的弹力，失去随时与社会相适应的伸缩力。② 姑且不论日本的"非法典论"命运如何，单就其对法律与社会关系的分析来说，具有合理性，足以给中国学界不少启发。

1906年7月，胡仁源从日本《法学志林》翻译《十九世纪之思潮与法学》，刊载于《法政杂志》，试图探索法学发展的趋向。作者认为，法律现象变迁之后，法律亦必随之变迁，法学要注意研究法律现象的变迁过程。中世纪的思想潮流是盲从，近世以来不盲从而注重理性。17、18世纪的思潮，陷入纯粹论理（逻辑）之中，直到19世纪初，都是"所谓论理所谓智慧者，沼沼汩汩弥漫天下"。19世纪前叶，思潮又生变化，由智慧时代进入感情时代。受此思潮的影响，欧洲学界研究法律现象，偏重情感而藐视经验，不免陷于"独断之弊"。③

该文特别注意19世纪后半叶法学思潮的变化，即生物学和社会学渗入

---

① 林鹍翔：《法典之繁简》，东京《法政杂志》1906年第1卷第1期。
② 张一鹏：《法典论》，东京《法政杂志》1906年第1、2、3、5期。
③ 胡仁源：《十九世纪之思潮与法学》，东京《法政杂志》1906年第1卷第4期。

64

法学之中。首先,生物学对法学的影响。生物学界兴起达尔文的进化论,该理论被视为"空前绝后的大发明","余波所及而法学亦非常蒙其影响"。法学常常从生物学的角度解释,由此而兴国家有机体说和法律进化论。其次,社会学对法学的影响。该文认为,该时期足与生物学媲美者,是社会学研究的进步。此处理解的社会学,基于人类有生以来具有的社交之天性而研究社会,其种种主义后来演成三派。第一派注重社会自由,断不可以他人之力干涉人民的自由活动。第二派认为,国家是因少数人的自私自利而生,人类应该脱离权力的支配而自由活动,人与人之间亦不可彼此相侵。第三派是国家社会主义,主张以国家之力增进社会发达,而社会益使国家趋于发达,二者相互依赖,无国家则社会也不能独立存在。作者认为国家社会主义才是经济学和法学的基础。"其在三种主义之中,殆最为正当而无可非议者矣。"社会学之派别虽有不同,"然皆以使法学发达为能事。"① 显然,在作者的理解中,社会学和社会主义二者,并没有明显区别。

该文注意到,法学与社会学本来"息息相通",随着"世运进步日趋复杂",才不得不"专务致力于法学或旦就法学中之一部而钻研之"。到19世纪后半叶,专门的研究已成积重之势,常常不免于偏重某一方,所以学界又倡导"各种学问本为从兄从弟","实有相互之关系"。各种学问在欧洲各国时本就相互联系,如今虽已一一分离,而其根底之联系未尝绝。"譬如兄弟异宅而居然,其共同之亲遗泽未远,且二三十年前同居之义犹有存者,故直接间接之间始终交通往还,殆由昔日焉。"而日本法学,因急于求成,只取其形式之分歧而不明其原本之同体关系。日本法学虽称发达,但只类似于17、18世纪欧洲法学在"论理及道理"上之发达,而其"实质之方"则有所欠缺。

作者希望此后法学界注重"实质之方",注意今后的世界思潮及其对法学的影响。他认为,20世纪的思潮"实为合一切思潮而言者",一切思潮或再现于今日,当取17、18和19世纪的全体思潮而详细研究。至于20世纪的思潮究竟是什么,他认为还要靠学界一起去发现。②

---

① 胡仁源:《十九世纪之思潮与法学》,东京《法政杂志》1906年第1卷第4期。
② 同上。

引介、诠释与运用

8月，徐家驹从《京都法学会杂志》翻译了日本法学博士冈村司的《论思想之倾向》，刊载于《法政杂志》，对"据守条文解释的法律学"提出了质疑。当时的法律学，拘泥于法律条文的解释，对于思想界已然发生的剧变，希图能够"严守中立"。作者认为，以法律为技术、以法律为科学而求法律原理，不能求得法学的真相。法律条文是法律现象的反映，而法律现象又与社会生活共相变化，所以，不从社会生活中探求法律现象，决不能成就法律学。从前的思想界关于法律的根本观念，每认为法律是保护各人平等自由的工具。以"所有外物之权利"而言，莫不认为所有外物之权利相平等而主张保护绝对所有权。但是，每个人取得外物的能力不同，虽然法律保护每个人的所有权平等，其结果却导致贫富差距更为增大。"富者得法律之保护而财产愈得其巩固，贫者既无财产，亦何有法律之保护？则法律之保护对于贫者，不几为无用乎？是保障平等权利之法律，适以巩固不平等之状态也。"又有论者谓，能力即权利。如此一来，法律就成为拥护强者权利的工具。"鲸之吞鱼，虎之噬兽，亦即为其权利……法律者，亦为强者苦虐弱者之爪牙。"作者认为，当时的法律就是这样的状态。"以人类兼爱即以人类共同福祉为真理者观之，则今日之法律距真理不甚相远哉？"①

作者认为，19世纪以来，"有形科学"飞速进步，社会面目蔚然一新，而作为无形学的法律学，其发展则相对落后："作为无形学之法律学，尚暗诵两千年前之罗马格言，不能脱其窠臼，何其所见之不广也。其殆拘泥于文字之中，徒构造玩弄其巧妙之论理以自得，而未及根本上之功夫乎？"由此，作者提出了他的法学观。

> 余辈从事于法律学者也，当先扫除其陋习，以改从前之状态。始由生物学、心理学上穷究个人之性情。复由社会学上探求其于社会生活之理法。更搜集古今东西关于人类社会之法律的事实而讲究之，以发见串穿其中之真理。所谓依天地之公道，破社会之陋习，以成法律

---

① ［日］冈村司：《论思想之倾向》，徐家驹译述，东京《法政杂志》1906年第1卷第6期。

第一章 欧洲法学说的引介与对法律社会关系的早期认识

制度，而于二十世纪中与物质的进步骈镳相驰，岂非讲经世实用之学者之志愿乎？①

译者对冈村司的观点十分推崇，在文末夸其看法"高深"，希望我国学者能够"取法乎上"。②

结合以上梳理可以发现，中国学界借由《法政杂志》（东京）至少已经得知以下几种知识。其一，法律的存在样式与社会的发展变化是密切相关的。其二，19世纪后半期以来的法学思潮与17、18世纪及19世纪前期是不一样的，生物学、社会学和心理学等知识已经对法学产生了明显的影响。其三，有许多法学家不顾思想界的剧变，拘泥于法律条文的解释，仍视法律的宗旨为保护每个人的平等自由和绝对所有权，这种法律最终却导致了贫富差距增大。其四，从社会生活中探求法律现象才能"成就法律学"。显然，《法政杂志》（东京）已经使中国学界看到了域外过去的法律片面保护绝对所有权和绝对自由平等的弊病，以及用生物学、心理学、社会学方法研究法律的必要性。在他们看来，过去的法律已经造成贫富差距过大等社会问题，此后的法学应当用新方法加以研究，使法律能够适应20世纪的社会生活。

在上述诸文当中所论法学的趋势多就欧洲的情形而言，而著者译者视欧洲法学的这种趋势为法学的普遍趋势。这为后来中国法学吸取欧洲的观点奠定了一种顺应潮流的合理性。

二 新思潮下劳动法的兴起与民法、刑法的变化

中国学界通过《法政杂志》（东京）对于西方法学某种新的发展倾向，隐约有些认识。随后，又有部分学者注意到这种新倾向在民刑诸法上的影响以及劳动法在欧洲的出现。

1908年，《福建法政杂志》刊载的《保护劳动者各国立法之概况》显示，中国学界已然注意到欧洲各国关于保护劳动者的立法。该文介绍了英

---

① ［日］冈村司：《论思想之倾向》，徐家驹译述，东京《法政杂志》1906年第1卷第6期。
② 同上。

德等国的劳动立法概况，包括劳动者健康保护的立法，日曜（星期天）休业之立法，幼年者、初壮者、妇女和成年者劳动之立法，以及劳动监督之立法。① 该文只重介绍，未曾从理论层面论及保护劳动者立法之所以然。

次年，徐家驹在《北洋法政学报》上刊载了《欧洲劳动问题》一文，对欧洲出现劳动立法的缘由做了详细阐述。该文注明是徐氏"译述"，但没有标时出处。《北洋法政学报》是由原东京《法政杂志》更名而来，运作该刊的也多是原刊旧人。原刊以翻译日本法政报刊书籍为主，本刊亦未脱离该宗旨。早在东京《法政杂志》时期，徐家驹就从日本法政期刊上翻译文章。由此可以推知，徐氏该文应当也是来自日本法政报刊。

徐氏提出了"劳动问题"的说法，即"工业之国的劳动者日益疾苦，而谋救济之法"。他认为，该问题之起源在于机器出现和大工厂的兴起。劳动者和资本家各自作为一个阶级产生，劳动者处于苦境，"仅以工资支生活，终日屈居工场，不得享家庭之快乐幸福，妇女儿童亦被役使于工场"，资本家则成为社会的新贵族，其处境与劳动者有天壤之别。劳动问题，即为劳动者阶级之疾苦而兴。② 救济劳动者阶级的方法有二：社会主义和社会改良主义。译者所认识的社会主义是指："社会主义之理想，以谓现代之私有事业制度，其经济组织无论用什么办法均不能救此弊害，宜打破其经济组织，代之以共产国家，一切生产资源均归国有，使资本家消灭，不能再剥削劳者阶级。欧洲各国社会主义学派繁多，但主旨皆不外乎此。"③ 而社会改良主义则是："其解决劳动问题的方法，以现在的私有事业制度，维持其经济组织，保存资本家和劳动者阶级于其范围之内，采用各种办法改良劳动者之地位。"社会改良主义的方法有二：一是贯彻劳动者自由独立之精神，基于相互救济主义，组织"劳动者组合"以图其利益，如同业组合、生产组合、消费组合。二是通过立法而建立各种设施，以扶助和保护劳动者，如工场法、劳动保险法等。作者认为，以社会主义的方法解决劳动问题不妥，应采社会改良主义的法律方法，以谋劳动问题

---

① 佚名：《保护劳动者各国立法之概况》，《福建法政杂志》1908年第2期。
② 徐家驹译述：《欧洲劳动问题》，《北洋法政学报》1908年第76期。
③ 同上。

第一章 欧洲法学说的引介与对法律社会关系的早期认识

的解决，调和资本家与劳动者阶级的关系，从而使社会得以平衡发展。①徐家驹所看到的通过创立工场法、劳动保险法等方式来扶助和保护劳动者，最终试图解决劳动问题的做法，已颇含社会立法的意义。

除了意识到劳动法的产生，学界还看到了在新思潮下民法和刑法的变化。1908年，陈与年注意到"社会主义"思潮对民法有影响。他认为，社会进化的潮流"变动无极"，过去的财产个人所有制受其影响，已经渐向社会所有制发展。倡导社会主义者之所以掊击个人主义的民法，是因为它过于拥护个人所有权，结果导致"穷民日增而伤害公益"。②

1915年，署名"铸失"的人从日本《法律新闻》杂志翻译了日本法学家牧野英一的《最新十五年间刑法学说之变迁》，刊于上海《法政杂志》，介绍了日本法学界对刑法学说最新思潮的认识。

牧野英一是东京大学法学教授，在刑法理论方面有较高的造诣。他认为，20世纪以来，最为促进刑法学进步的是德国、奥地利和瑞士三国刑法改正案的发表。1909年公布的德国刑法草案成为各方评论的对象，由此而生"报复刑论"和"目的刑论"的争论。前者常被称为旧派，后者常被称为新派。两派争论的中心是，刑法应该着眼于责任还是社会的危险性。旧派主张"责任论"，认为"无责任无刑罚"是从来之定说，刑罚的分量应与责任之轻重相适应。而新派主张刑法的"恶性论"，又称"主观的刑法论"，"全以社会防卫为基本"，论刑罚"不在犯罪之事实，而在犯人之人格"。责任论者认为，其主张注意刑法在道义上的意义；恶性论者则认，为其主张能够在新意义上实现正义。根据新派的主张，对初犯应"特别宽遇"，即使对于累犯，也应当谨慎刑罚。新派坚信仅依刑罚，难以达到社会防卫的目的，故刑事政策和保安处分变得十分必要。作者还注意到意大利学者伦普罗左（龙勃罗梭）之刑事人类学及其对刑事心理学和刑事社会学的影响。③

---

① 徐家驹译述：《欧洲劳动问题》，《北洋法政学报》1908年第76期。
② 陈与年：《民法与社会主义》，《福建法政杂志》1908年第2期。
③ [日] 牧野英一：《最新十五年间刑法学说之变迁》，铸夫译，上海《法政杂志》1915年第5卷第5期。

牧野英一的理论引起了多名中国学者的兴趣。1915年，陈承泽翻译了牧野英一的另一篇论文《刑法新派之共犯论》刊载于上海《法政杂志》，其中对刑法学理论的发展大势作了论述。文中认为，旧有刑法理论未脱客观主义和报复主义的窠臼，近世刑法理论的大势是由事实主义（客观主义）渐趋于人格主义（客观主义），主观主义（人格主义）与目的主义（社会防卫主义）是刑法发展的趋势。① 同年，杭州《法律周报》也刊载了牧野英一《论法律之不知》的中译本。牧野氏在文中认为，现今之社会观念和以往已有不同，社会之外认有个人，个人之外认有社会。刑法应该注意调和社会和个人两方面，所以科刑之标准应该是"其剥夺个人之利益也，则限于最小之限度；其防卫社会之利益也，则尽其最大之限度云。"②

牧野英一对刑法注重社会防卫等方面的认识，是中国学界较早认识新思潮新倾向对刑法学的影响。牧野氏是日本法学家，从译文中可以发现，他的刑法理论也并非全然自创，而是受到欧洲法律变化的启发并接受欧洲学者的刑法学说而产生的。

第五节　认识自由法学以及柯勒、施塔姆勒、狄骥的学说

一　认识自由法学说

学界对法学派多停留在自然法学派、历史法学派、分析法学派和比较法学派的认识中。中国学界至少在1902年已知西方法学存在不同的派别。当时各种中译日书所呈现的西方法学的派别有自然法学派、历史法学派、分析法学派、哲理法学派和比较法学派。王国维所译《法学通论》以研究方法的不同，将西方近世法学被划分为四个学派：分析法学派、沿革法学派、比较法学派和推理法学派。分析法学者，"解剖法律而明其成立与原，及究其关系之方法也"；沿革法学者，"征历史上之事实，而究法律之发达，以讨其原理原则是也"，意指历史法学派；比较法学者，"对照各国之

---

① 陈承泽：《刑法新派之共犯论》，上海《法政杂志》1915年第5卷第11期。
② [日]牧野英一：《论法律之不知》，译者不详，《法律周报》1915年第55期。

第一章 欧洲法学说的引介与对法律社会关系的早期认识

法律,比较其性质之差异,与其发达之异同,以考究法律上之原理者也";推理法学者,"要在推寻法律之神理与学派,即考究关于法律最高之原理者,一曰法律哲学",意指哲学派。①《翻译世界》所刊载的熊谷直太《法律泛论》进一步将法学派细分。根据研究目的不同,将近世法学分为注释法学和批评法学;根据研究方法的不同分为历史法学和比较法学;根据研究材料的不同分为一般法学和特殊法学。又依演绎和归纳二法进行划分,依演绎法之法学派有自然法派、纯理法派、人性法派,依归纳法之法学派有分析法派、历史法派、比较法派。而比较法派又分为国别、人种和法系比较法派,其中人种比较法派是根据人种学的原理研究法律之异同。② 上述分派成为中国学界多数人的共识。

其中有两处关于法学派的认识值得注意。一是1902年《译书汇编》所译户水宽人的《法律学纲领》,该文在自然法派、沿革派、推理派以外,还提到了一个新近兴起的以贡普洛维奇为代表的"根据社会学因考法律之原理"的学派。③ 不过,该说并未得到后续关注。二是1905年张知本等人对比较法学派的理解。张知本、黄炳言、卢弼在所译奥田义人的《法学通论》中,对比较法学派做了一番解释,认为:"比较法学派主张就各国各地方之人情、风俗、言语、习惯加以比较研究,并推孟德斯鸠之《法意》为首创,孟氏也被认为是比较法学派之鼻祖。"④ 众所周知,孟德斯鸠的《法意》试图通过对各国各地方之政体、风俗、习惯等因素进行考察,从而发现"法的精神",正是因为如此,孟氏著《法意》才被视为西方社会法学之开端。而此处将孟氏推为比较法学派的鼻祖,可见,其理解的比较法学派注重其他社会因素对法律的影响,与社会法学派颇有契合之处。只是,该观点也没有在清末民初受到进一步关注。

到民国初年,中国学界认识了一个全新的法学派别:自由法学派。1913—1915年期间,《法政杂志》(上海)、《独立周报》等刊物译载了数

---

① [日] 矶谷幸次郎:《法学通论》,王国维译,金粟斋1902年版,第24页。
② [日] 熊谷直太:《法律泛论》,《翻译世界》第1期。
③ [日] 户水宽人:《法律学纲领》,《译书汇编》1902年第2卷第1期。
④ [日] 奥田义人:《法学通论》,张知本译,湖北法政编译社1905年版,第76页。

篇讲述自由法学说的论文。自由法学说自此为中国学界所知。

1913年，上海《法政杂志》刊载了东京大学法学教授石坂音四郎发表在日本《法学协会杂志》的法学论文《何谓法律学》的中译本。他认为，曾占主导地位的历史法学派在法律解释方面，偏重于形式上的逻辑，致使法律与实际生活不能适合，所以，自由法学派才应运而生。自由法学派认为，过去所谓"法律无不备之原则"有误。当法律无直接的规定时，裁判官可以依"自由的法律之发见"而补充之。当世负有盛名的许多法学大家，都是自由法学说的倡导者。德国法学家伊陵格（耶林）在历史法学派风潮最盛时即尝试对抗概念法学，而主张目的法学。后来有爱尔利（Ehrlich，今译埃利希）、斯他姆贝（施塔姆勒，Stammler）、康脱路维依（贡普洛维奇）、依梅林等人主张自由法说，在学界产生巨大影响。除了德国之外，法国基爱尼（惹尼，Geny）之自由法学说对学界同样影响甚巨。作者看到，即便在今日（石坂氏写作本文之时），大多数法学者也无不认同自由法学派的学说，只是其中有一部分自由法学者径直走向了否认法律学的极端。作者认为，自由法学派是法学摆脱历史法学派之羁绊的机运。①

几乎在同一时期，上海《独立周报》刊载了日本学者中田薰的《法兰西自由法说》之中译本，对自由法说进行了更详细的介绍。

自由法说发生的缘由。自由法说的产生，与法国19世纪解释法律的"法文本位主义"有关。"法文本位主义"主张法的唯一渊源是成文法，成文法不可动摇，法律解释即探究立法者的意思。到19世纪末，法国学界主张法律解释要采取"实际适应主义"，即在学说上取"法文本位主义"，而在事实上则执"社会本位主义"。法律解释的"社会本位主义"是指，法律解释以实际上的必要与社会上的需要为本。法律解释的目的与手段，亦求之于成文法以外的社会。学说与事实相背驰的现象之所以发生，是因为法国民法典制定于中世纪与近世社会的过渡时期。法典编成百年以来，社会空前变化，飞速进步，而民法典对于此中出现的新需要、新思想、新现象已经不能适用，法典与社会之间产生了鸿沟。法国的法律各界又不想重

---

① ［日］石坂音四郎：《何谓法律学》，达人译，上海《法政杂志》1913年第2卷第11期。

第一章 欧洲法学说的引介与对法律社会关系的早期认识

新立法,而希望借法律解释以调和法典与社会之间隔。而在当时,"法文本位主义"占有很大的势力,不允许"求法于法文之外"。于是,法界在表面上以"法文本位主义"相标榜,在实际上则反对推理解释而求自由便利的解释,使法律适应社会的新需要。这样做的结果,演成了"成文法所未料之新制度",其中不少与原来成文法的精神相矛盾。不过,因其与社会的新需要相适应,所以亦能通行无阻。①

哲尼的自由法学说。1899年,法国法学家哲尼(惹尼)著《关于私法之解释法及法源》一书,大力倡导"法之自由探讨"。哲尼认为旧有的"法文本位主义"学说有两处错误:一是坚决认为法律解释不可不合于成文法,二是迷信论理(逻辑)的作用。他主张的"形式的法律之解释",既要考虑到成文法,也要考虑习惯法和学说。所谓"法之自由探讨",即取种种事实上的问题为学理问题,予以探讨。作者认为,此说并非惹尼的创意发明,"实不外法国百年间实际上之惯例"。其"足为学界长留纪念"的功绩是:"在彼之学识与毅力,能与学理的基础与组织,附于实际的惯例,移事实上问题为学术问题。以堂堂正正之师与旧派挑战也。"②

1915年,《法政杂志》(上海)又登载了石坂音四郎的《最新十五年间民法学说之变迁》,该文来自日本《法律新闻》杂志。在此文中,他认为民法学说的变迁中最值得注意的是法律解释学说的变迁,即自由法学派的兴起。

石坂氏认为,德国民法施行十多年来,世界民法学说产生了较大变迁。德国民法学说对奥地利、瑞士、法国、意大利等大陆法系国家影响巨大,日本法学亦受德国法学影响至深,所以"述德国民法学说之变迁,即可推知其余也"。他认为,民法学说的变迁中最值得注意的是法律解释学说的变迁,即自由法学派的兴起。关于法律解释,历史法学派与新兴的自由法学派产生了争论,"此问题发生在一九零四五年之交,至于今日,尚在论战之中"。石坂氏表示自己亲身参加过论战,对自由法学派的主张深表赞同。他质疑历史法学派关于法律无不备的原则,并非所有的问题都可

---

① [日] 中田薫:《法兰西自由法说》,逐微译,《独立周报》1913年第26期。
② 同上。

以"由一卷法典而解释之",在20世纪该原则已被打破,裁判官将可以补充未备之法律。法律解释应该排斥一直以来的形式论理(逻辑),而应以利益考量、法律目的、法律感情和价值判断为标准。①

文中认为:"扩张私法之领域,为近时私法学界之趋势。"契约观念和损害赔偿责任观念的变化,就是这种趋势的体现。契约观念的变化就要体现在赁率契约②和劳动契约方面。赁率契约和劳动契约,都是与近世经济生活相伴而生的新观念,是"资本家与劳动者因阶级竞争而发生之结果"。劳动者若各自与企业者缔结契约,则不论何种不利条件,劳动者"不得不俯首听命"。在"资本万能"的时代,资本家与劳动者的地位悬殊,劳动者穷于糊口,为境遇所逼,只能惟资本家之命是听,在不利条件下服其劳务。法律上虽平等相视,保护契约之自由。事实上,契约之自由"反足招致劳动者之不幸"。于是,劳动者不得不团结多数,与企业者相对立,以保护自己的利益。劳动者"广相集合或组织团体",与企业者协定"赁银"及其他劳动条件。该种契约的特色在于当事人一方为多数人。作者认为,这种赁率契约和劳动契约是"从来以个人主义为基础之罗马法中所未尝有之观念",其是否具有强制的效力,各国学说还未能取得一致意见。关于损害赔偿责任方面,"承认无过失而负责任之范围,较前为广",但是,"无过失而负责任之根据,则学说各有不同,尚在争论中。"③ 作者之意,欧洲法学界虽兴起自由法学,契约和损害赔偿的观念也在发生变化,但是这种新理论新观念还在讨论中,并未取得绝对优势。

事实上,对于自由法学说,在日本学界也有人提出质疑,这些质疑也被留日学生一并介绍给中国学界。1913年4月,上海《法政杂志》刊载了上杉慎吉的《非自由法说》,该文也译自日本《法学协会杂志》。上杉氏看到自由法说在日本的影响越来越大,已在学界和司法界造成声势,故撰文批驳自由法说之罪。他对自由法学说关于"法是为社会而存在"以及"法

---

① [日] 石坂音四郎:《最新十五年间民法学说之变迁》,铸夫译,上海《法政杂志》1915年第5卷第5期。

② 赁率,有人工成本、劳动价格之意。

③ [日] 石坂音四郎:《最新十五年间民法学说之变迁》,铸夫译,上海《法政杂志》1915年第5卷第5期。

第一章 欧洲法学说的引介与对法律社会关系的早期认识

律不是目的而是手段"等观点,大加批判。他认为,自由法说固然合于实际,有益于判决,但其学说采"社会本位主义"是为"要求无法之说",是想借社会以推倒国家。他甚至将社会民主党之"猖獗"归因为自由法学说,号召有识之士不要去轻率附和自由法说。①

通过留日法科生对自由法学说的翻译,可知自由法学说之所以产生是因为当时欧洲的历史法学派过于偏重对法律的"形式上的逻辑"解释,自由法学的提倡者认为那种解释导致了法律不能适应社会生活的发展。自由法学派主张法官可以"自由地"发现法律,对成文法典的解释应该以"社会本位主义"代替"法文本位主义",法律解释在形式逻辑之外还要注意利益、目的、感情和价值判断等因素。其实质是以一种目的法学去反对概念法学,强调法的重要性在于社会而并非仅在于个人。

自由法学派最初兴起于法德等国,后传向世界,常被视为社会法学派的一个支派。② 尽管存在一些质疑和反对者,该学说在日本得到许多人的赞同,却是个不争的事实。民国初年,该学派出现在中国学界的视野中,说明当时学界对社会法学派的主张已有朦胧的认识。

二 初识柯勒、施塔姆勒、狄骥学说

柯勒、施塔姆勒和狄骥,常被认为社会法学上的重要人物。其人其学在清末民初,已初步传入中国。

1907年,杨德邻在其译作《法律学小史》中,就提到了柯勒的学说。"自十九世纪末跨于二十世纪,法律学之比较研究大隆盛。柏林大学教授柯勒(Kohler)等,盖尝从事于此。"③ 此时,柯勒被认为是一名从事比较法学研究的法学家。次年,马德润将可烈亚(柯勒)的《法学哲学与世界法学史》之一部分翻译,刊载于《法政介闻》,介绍柯勒的法学文化观。④

---

① [日]上杉慎吉:《非自由法说》,天顽译,上海《法政杂志》1913年第2卷第10期。
② 当代学界普遍认为自由法学属于社会法学的一个分支。详见张文显《二十世纪西方法哲学思潮研究》,法律出版社1996年版,第131—134页;王振东《现代西方法学流派》,中国人民大学出版社2006年版,第107—111页,等等。
③ [日]户水宽人:《法律学小史》,杨德邻译,《法政学交通社杂志》1907年第2、3期。
④ [德]可烈亚:《法学哲学与世界法学史》,马德润译,《法政介闻》1908年第2期。

75

虽然，马氏只翻译了极少的一部分，相关介绍比较粗略，但是中国学界却由此认识"法学之等于文明现象"的观点。

另一位重要的法学家施塔姆勒，则在1911年进入国人的视野。该年，毕厚翻译日本《京都法学会杂志》所载仁保龟松的《法律与经济之关系》，刊载于上海《法政杂志》。作者注意到，在世界各国之中，德国斯丹密列（施塔姆勒）对法律与经济之关系较有研究，并由此引起法律、经济学者以及"立法和行政之实际家"对经济之法制问题的注意。①

1913年，上海《法政杂志》专门刊文《司他摩拉氏之法理学说梗概》，介绍施塔姆勒的法学学说。本文由美浓部达吉讲述，原载于日本《法学协会杂志》，译述者署名"天顽"，应为留日学生。作者对施塔姆勒的认识如下：

> 哈紫尔大学教授罗特罗富司他摩拉者，法律哲学家也。在德意志法学界，有新康德派之目。其重要之著书予所得见者有四：第一为一九零二年出版之《正法论》；第二为一九零六年出版之《经济及法律》；第三为一九一一年出版之《法学原理》；第四则《法与法学之本质》一论文，为《法学全书》卷首之一篇，乃法学泛论也。②

美浓部达吉声明只看过《法学原理》一书和《法与法学之本质》一文，不确定能不能理解司氏法律哲学的全貌。美浓氏只着重介绍了司他摩拉氏（施塔姆勒）的三个观点。

其一，法之实质随社会变迁而不断变化，而法之形式不变。法律学的根本问题是"何谓法"的问题。司氏认为法之观念永久不变，不依"时"与"处"而异。法之要素有实质与形式之分，法之变迁发达在实质，形式不变。法之实质会随着社会的变迁而变化。其二，法非仅指国法，有社会

---

① ［日］仁保龟松：《法律与经济之关系》，毕厚译，上海《法政杂志》1912年第1卷第10期。

② ［日］美浓部达吉讲述，天顽译：《司他摩拉氏之法理学说梗概》，上海《法政杂志》1913年第2卷第10期。

第一章　欧洲法学说的引介与对法律社会关系的早期认识

生活必有法。作者还注意到了司氏关于法与国家、社会之关系，认为法并非只存在于国家生活之中。"有社会生活必有法，国家生活有国家之法，列国间有国际法，家族有家法，城镇乡有城镇乡之法，大学有大学之法，角斗社会必有角斗之法。何等人之间之法可以不问，然皆有法的性质则相同。"其三，法之概念。"法者，恒定的且强要的拘束他人之意思也。"①

法国法学家狄骥的学说在中国的出现，较前述两人要略晚。法国社会学家莱昂·波尔乔亚（Leon Bourgeios）提出的社会连带说，是狄骥社会连带主义法学说的重要基础。1913年，章锡琛从《新日本》杂志上翻译了《社会连带说》，刊载于《东方杂志》，专门介绍雷盎波乔亚（莱昂·波尔乔亚）的社会连带说及其对狄骥法学说的影响。

社会连带说盛行的原因。一是提倡者的声望。雷盎氏不但是一名杰出的学者，还是法国的政府高官。二是思想界的发展使然。法国大革命后，政教分离，学校教育"欲弃宗教而重道德"，后来因为"其事甚难"，所以采取折中办法，推行"天宇虚灵说"。该说以神的存在为前提而论灵魂不灭，谓人能以良心辨别善恶，而善恶的标准，万古不易。"天宇虚灵说"受到康德的批评，谓"人类思想须经神学、玄理、实验三阶段"，将科学的原理应用于道德是思想界发展的必然。作者认为，科学意味着要从千百现象中"抽出一贯通遍存之现象而名之曰法则或原理"，"道德科学"同样需要从道德现象中求得一定的法则。而"社会连带一语，适足以当此法则，以为道德科学之基础"。"连带"二字，"本为民法上之术语"，原义本为团体各成员之间"负有相互之责"，其义"虽极渺漠"，但是"一观却甚明快"。从前的"正义"、"公平"、"博爱"、"慈善"诸语，皆因袭陈腐，所以，"社会连带"一出，便能"耸动世人，为一般学者所欢迎"。②

社会连带说的主要内容。根据作者的理解，社会连带纯然是一种事实，是指"生息于一社会之人，其间均有相互连属之关系也"。因为社会连带关系"复杂广大"，所以，"未易简单说明，故非以种种之区别考察之

---

① ［日］美浓部达吉讲述，天顽译：《司他摩拉氏之法理学说梗概》，上海《法政杂志》1913年第2卷第10期。
② 章锡琛：《社会连带说》，《东方杂志》1913年第10卷第2期。

不可"。社会连带可分为"因于同类之连带"和"因于分业之连带",也可分为"在时间之连带"与"在空间之连带"。其含义如下:

> 所谓因同类之连带者,凡同种同类之人处同一之地域,服同一之政治,言语宗教历史利害,莫不相同,故其间生不可断绝之关系。而历史利害之相同,实为生此关系之重要元素。于过去数千年间,与外敌抗争以维持此国家者,则其于现在也。共同之忧患,不可不依共同之努力而除去之。共同之利益,不可不依共同之努力而增进之。有此感情,而后连带之关系乃益臻巩固。
>
> 所谓因分业之连带者,文化益发达,则分业益盛行,则勤劳之交换则益加繁。独力生活为绝对不能之事。故无论何人,未有不赖他人之力而能生活者。此社会连带说作"一人为众人,众人为一人"之格言也。是故,凡有所为于世者,苟非欺诈盗贼等侵害共同生活之犯罪行为,皆莫不有所贡献于社会,而即莫不有利于一己。因分业及勤劳之交换,而社会连带益臻巩固。
>
> 所谓在时间之连带者,现在生息于此地上之吾人,与吾人之祖先及吾人之子孙,其间皆有连带之关系也。波氏发挥此点,颇极痛切。谓吾人之衣食居处,吾人之祖先累过去数千年间几多之苦辛,其惨淡经营之结果,乃有今日之成绩。即如吾人日日所遵行之道途,苟非祖先足迹之所践踏,亦安有此矢直砥平之周道。是故,吾人所得安然以遂其生者,要莫非祖先之所赐赉。然吾人既继承祖先之遗业,势不得不更谋扩大以遗诸子孙。罗马大学教授威彭的曰:时间之连带,解决人生问题之关键也。吾人之生命,与死亡而俱尽,天之于吾人,灭之而复生之,生之而复灭之,播弄玩戏,不可测度。彼抱利己主义者,知死亡一切消灭,遂起索莫之感,而不知吾人果何为而生存。故解决人生问题,不可不深味乎永劫之旨。然所谓永劫云者,特如游子之浪迹天涯,不归故土。当求之于现代之社会,而不当求之于幽冥极乐之世外。即吾人与祖先子孙,有连带之关系。吾人承祖先之功业,增益之以传于子孙,而子孙又传于子孙之子孙,则吾人之精神事业,可传之子

第一章 欧洲法学说的引介与对法律社会关系的早期认识

孙万世而无有穷极。故吾人当追求远大之目的,而无卑卑于目前之成功。牺牲一身以为后世子孙之计,而后人生之意义始足以明了矣。

所谓在空间之连带者,人类终不能营孤独之生活,而不能不依赖于团体也。人类未造成社会以前,可谓自然之状态,人人孤立而相斗。及渐审其害,乃连结以相固,而建造社会之论,犹在悬(玄)想。此团体之结合,自古及今,渐扩而益大。昔者家族村落市邑之小团体,相互从事于战斗攻伐。其后大并小,强兼弱,遂成今日之国家。今日之国家,家族村落市邑之小团体尚存在于其中。进至异日,将渐成无用而终归于弃置。反之,而职业相同利害相共者,因达共同之目的,其所组织经营,如联合会社之团体,乃相继而勃兴。此足以明分业协力之发达,原于社会上之变动。将来世运日进,或将合今日之国家造成一绝大之团体,亦未可知。特在今日,不能不先以国家为团体之本位耳。然世界人类间,今日已渐生连带之关系,而有日益亲密之象。试自其至小者言之。如吾人首冠英制之冠,身披澳产之布,足履美制之履,佩瑞士之时计,吸埃及之烟草,饮法兰西之葡萄酒,殆已集世界之生产于一身,以满足生活之需要。至于资本之流通,尤不限于国籍。苟担保确而利息厚,无论何处,皆可存放。故往往有甲乙两国,已成仇敌,甲国资财,竟输入乙国以助其军备之完成者,此诚可谓奇异之象。且因交通机关之发达,发生于世界一隅之大事变,瞬息之间足以惊动十五亿之人心。然则生活上经济上心理上社会连带之关系,日益发展于世界人类间也明矣。独至政治上,仍囿于人种国界之偏见,虽有沃野广土,人口寡少而不能辟,犹复深闭固拒,禁外人之入国,妨富源之开发,阻福利之增进,诚可谓愚不可及,而亦人类进化过渡时期所难避者也。①

社会连带说产生的动机。作者认为,诱发社会连带说的动机是进化论及生存竞争、弱肉强食的原则。这种原则导致"有产者与无产者间阶级战

---

① 章锡琛:《社会连带说》,《东方杂志》1913年第10卷第2期。

争之观念",并造成"此方有不灭彼方而不已之形势"。为了缓和这种形势,"不可不使此两阶级深明乎当相助而不当相灭之义"。人类的团体,必须"贫富强弱相助",然后才能生存发达,人类对于其他动物和自然界才能占据优胜的地位。如果人与人之间"自相搏击而吞噬",则"鲜有不俱伤而两败"。人类有社会连带的事实,正是"人类之所以优胜而适合于进化之原则也"。[1]

根据社会连带的原理,个人与社会不是相对立的。社会是"个人之集团",在个人之外没有社会。个人与社会"同为一物",社会的构成分子谓之个人,而其全体则谓之社会。个人不能离社会而生存,社会不能无个人而成立。所以,个人与社会的"荣枯盛衰","皆相与共",主张社会压倒个人或者个人反抗社会的学说,"悉成谬说"。社会连带说主张:"个人之事业,依个人之意思而行之,社会之事业则依构成社会之个人之公意,或统御代表社会之少数个人之意思而行之。"在个人的意思而外,"谓别有国家社会固有之意思","未见其然也"。[2]

作者注意到狄骥的法学学说就是以社会连带说为基础的。他认为,波尔多大学教授雷盎鸠格(莱昂·狄骥)"绝对否认个人权利、团体权利之语",认为个人和团体不过遵从法律的规则而行动。作者认识到,狄骥"唱法律规则当本于社会连带之法则之说",引起了"法学上之革命"。[3]

通过对社会连带学说的以上解释可知,社会连带学说反对有产者和无产者两种阶级之间的冲突和战争,并力图阐明二者应该相助而不是相灭的道理。基于社会连带的道理,个人和社会荣枯与共,两者都很重要;不必用权利观念来认识个人与团体,二者都应该遵从法律的规则而运行。社会连带说将社会置于最高的地位,在此基础上产生的法学说便将任何个人和团体都置于社会之下。由此,法律与社会的关系,便成为该种法学说最关心的问题。

---

[1] 章锡琛:《社会连带说》,《东方杂志》1913年第10卷第2期。
[2] 同上。
[3] 同上。

第一章 欧洲法学说的引介与对法律社会关系的早期认识

同年6月，唐树森翻译了狄骥的公法学著作《法国宪政通诠》①，由上海神州编译社出版。借此，狄骥的社会连带法学思想在中国出现了印记。

该书认为，法的基础并非如黑格尔和耶林所言"仅为国家之创造物"，而是"存在于国家之前且超乎国家之上也"。② 由于此问题而生个人法之学说与社会法之学说之别，著者对个人法之学说颇多批评而对社会法之学说较多赞誉。据其文义，凡主张"以人类对于社会之义务为法之基础"的法学说均可指社会法之学。著者对社会法之学说的生命力很有信心，认为该种学说"方今昌盛，满布于论坛法界之中，且渐被于实施之法律上"，"于个人派之学说大有取而代之之势"。③

该书介绍了所谓"社会上相互之关系"的内容，认为该种关系才是法的基础。查其内容，"社会上相互之关系"即为前述之"社会连带关系"。据文中所载，该理论更多地受到法国社会学家德耳根（Durkheim，杜尔凯姆）的影响。④ 关于国家之理解，本书批评神权说和霍布斯、卢梭等学者的人权说，认为作为一种政治权力的国家并非本原于"人民之公意"，而是一种"社会上之事迹"，是一种强力，即"强者有治理弱者之实力是也"。而国家的目的在于"实施法律，当尽其权力之所能及，以维持法律之威严"，即国家当尽其立法、司法和行政方面的职务以保证法律的施行。所以，国家行为"亦仅著效于合法之时，且处于法权之下"。⑤ 关于权利，狄氏不甚置重，他更强调社会的职务，"人人有应尽之义务"，人与人之间需要"互相扶助，互相救济"，"一人违法必群起而攻之，一人弃职亦必群起而诘之"。⑥ 关于自由，他对《人权宣言》中所称个人自由以不侵害他人的自由为限颇为不满，他认为人与人之间有强弱贫富之分，所以应设立某种法律限制个人自由，以保护公共利益，防止强凌弱、富欺贫。不过狄氏强调不可妄设法律限制人民自由，"惟为保护公众之自由起见，方可牺牲

---

① 该书原名 Manuel de Droit Constitutionnel，今日通常译为《宪法论》。
② ［法］狄骥：《法国宪政通诠》，唐树森译，上海神州编译社1913年版，第3页。
③ 同上书，第9—10页。
④ 同上书，第10—14页。
⑤ 同上书，第33—34页。
⑥ 同上书，第297页。

81

个人之自由",限制自由权之法律"应明白宣示于先,不可发生于事后,且当为社会中人民谋同等之待遇,使个人有展发其自由权之能力而无妨碍他人自由权之弊端,斯为正当之法律"。①

简言之,《法国宪政通诠》中呈现的社会连带法学说,包括法的基础在于社会连带关系而不是国家,国家处于法律之下,强调个人和团体的社会职务以及人类对于社会的义务,等等。唐树森所译狄氏著作煌煌七百余页,大部分论述国家、自由等宪法问题和法国政治情形。民国首任司法总长伍廷芳,政要马相伯、于右任以及神州编译社的何雯震等人皆为译著作序。从诸人的序中可以发现,中国人在此书中关心更多的是其在政治方面的现实意义,而较少注意本书关于社会法之学、对国家与社会的理解、社会职务观念和自由观的理解及其在法学方面的重要价值,如伍氏所说"政界之导火线",马氏所说制定宪法以防止"暴民政治"之倾向,于氏所说"吾国宪法之采美制乎抑采法制乎",何氏所说"宪基"与"庶政"。② 现实关怀既已优先于法理探求,所以,即便狄骥的社会连带法学说已经到达中国,在短时间内仍不会产生较大影响。

柯勒的法律文化学说、施塔姆勒关于法的实质和形式的论说以及狄骥的社会连带法学说,常被认为是社会法学的重要组成部分。虽然至少在民国初年这些学说已经被引介到中国,但是,在各类译著中它们并不显眼。中国学界也很难判断它们的重要价值。

清末以来,中国学界所译介的孟德斯鸠、耶林、惹尼、狄骥、施塔姆勒等欧洲法学家的学说,虽然各自的观点未必尽同,但是各家学说都在思考一个共同的问题:法律应当如何或应该做何改变,才能与社会相适应。他们认为,法律所关注的重点应当是社会,而非个人或国家。

清末学界对域外法学学说和法律制度的引介,采取了注重实际的"拿来主义"方法。他们没有经历欧洲18、19世纪注重保护个人利益的法学向19世纪后半叶兴起的注重社会利益的法学思潮的转变,所以,分析、历史、哲学等各派法学以及社会法学之间的利弊长短,对于他们来说是陌生

---

① [法]狄骥:《法国宪政通诠》,唐树森译,上海神州编译社1913年版,第315—316页。
② 同上书,序。

第一章 欧洲法学说的引介与对法律社会关系的早期认识

的。当各派法学经由日本渠道不同程度地传至中国时，他们最初很难有清醒的判断。这些学说都会被视为值得注意的西学，于是便出现了统统"拿来"之势。即便到了民国初年，引介西学的惯性仍然在起作用。在这种惯性中，社会法学的观点也会伴随着其他法学学说一起被引到中国，只是中国学者主观上仍没有关于社会法学的明确认识。

就认识的过程来看，学界首先对法律与社会的关系有笼统的认识。梁启超、麦孟华、邓实等人对法与群之关系的探讨，大致泛泛而谈法律之于社会的重要作用以及二者如何适应的问题，实属学界对法律与社会关系的初期认识。20世纪初，学界借由《清议报》、《译书汇编》等杂志的译述，对孟德斯鸠、耶林、海德留司、贡普洛维奇等人的学说有所接触，初步了解了欧洲早期社会法学思想。随着一大批日本书刊进入中国，学界的视野略更宽广，对法学与心理学、历史学、地理学、统计学、经济学、政治学、物理学、伦理学、社会学等其他学科的关系，法律与政治、经济、道德、文化、习惯等其他社会因素的关系，都有初步认识。另外，就法学派的认识来看，学界通常知道的有自然法学派、分析法学派、推理法学派和比较法学派。其中有部分学者对比较法学派的理解，非常接触后世对社会法学派的理解，另有部分学者依稀认识到存在一种新兴的学派，或为近世的潮流。1906年，留日学生张一鹏等创办东京《法政杂志》以后，胡仁源、徐家驹等留日学生借由日本法学期刊了解到，通过心理学、生物学和社会学等学科综合研究法律，或为20世纪的思潮。1907—1913年，在欧洲颇有影响的施塔姆勒、柯勒、狄骥的学说也传入中国。1913年，通过日本法学期刊，学界接触到当时正风靡各国自由法学学说。1915年，学界通过翻译日本法学家石坂音四郎和牧野英一的论文，还注意到新学说对民法学、刑法学的影响。

就知识的渊源来看，上述中国学界在清末民初所了解的知识，最终大都源于欧洲。具体而言，源于孟德斯鸠、耶林、海德留司、贡普洛维奇、柯勒、施塔姆勒、惹尼、埃利希、狄骥等欧洲学者。但是，中国学者大都从日本的各类法学书刊中得知这种知识。矶谷幸次郎、户水宽人、梅谦次郎、石坂音四郎、牧野英一、穗积陈重、志田钾太郎等日本法学家和《法学志林》、《京都法学会杂志》、《法学协会杂志》、《法律新闻》、《新日本》等日本法学期刊，又使中国学界所了解的欧洲法学知识带上了深厚的东洋色彩。

就知识的传播途径来看，域外社会法学思想进入中国，主要是通过留日法政学生经由日译法政书刊传播到中国学界的。甲午战后，赴日学习法政渐成一股巨大的潮流。留日法政学生在日本学习期间建立了一系列译书团体，创办了一批专门译述日本法政知识的期刊。较著名的有《译书汇编》、《国民报》、《政法学报》、东京《法政杂志》、《法政学交通社杂志》等。他们还将矶谷幸次郎、铃木喜三郎、熊谷直太、奥田义人、织田万、梅谦次郎、户水宽人、何礼之、加藤弘之、葛冈信虎、枧田三郎、岸本长雄、中村进午、冈田朝太郎、牧野英一等日本法学家的著述译为中文，甚至将东京帝国大学、日本法政大学、早稻田大学等日本著名法律院校的授课讲义也加以译述，编订出版，运回国内，以飨国内学界之需要。另外，留日法政生学成回国后，在国内也创办了一批法政期刊，如《政艺通报》、《广益从报》、《北洋法政学报》、上海《法政杂志》、《法律周报》等等。不但如此，归国留日法政学生往往投身于法律教育和法学研究，或进入立法、司法和外交各界，直接影响中国法学和法制的走向。通过留日法政生在日本和国内创办的法学期刊及其编译的法学论著，以及他们在国内学界的活动，中国学界能够及时地了解日本法学界的最新动向。从中国人翻译的日本主要法学杂志所登载的内容来看，20世纪初的日本也正处于引进欧洲法学思想的阶段。某些欧洲社会法学的观点及其提倡者成为日本学界关注的前沿和热点问题，日本也在追随欧洲诸国法学大家探寻法学的潮流和趋势。而中国则在日本之后，即时地将日本的探索成果传递到中国。如此一来，由欧美到日本，再由日本到中国的法学学术流通渠道便畅通无阻了。至于留学欧美的中国法政学生，此时尚未形成气候，对中国法学界的影响尚不明显。

第二章　社会法学基本框架的建立与初步发展

清末以来,中国学界了解的社会法学相关知识基本上借由日本间接得来。1917年,正在欧洲留学的周鲠生在上海《太平洋》杂志发表了《狄骥之法学评》一文,介绍了法国法学家狄骥的社会连带主义法学。这是中国学界首次较详细地直接从欧洲获得社会法学知识。此后,中国学界逐渐通过欧美渠道直接了解社会法学说,具有欧美留学背景的法学者逐渐崛起。尽管日本仍是中国学界了解西方法学的重要渠道,但已不再是了解欧美法学的必经路径。

社会法学在中国的发展,离不开一定的学术中心作为支点。陈以爱说:"就学术中心从古到今的转移来说,中国古代学术中心在太学、在门第、在书院;现代学术中心则在大学、在研究机构。"[①] 清末民初,中国虽已出现大学法科及法政专门学校,但皆难脱急功近利的陋习,尚难称为现代意义上的法学学术中心。1917年,蔡元培任北京大学校长以后,对北大进行了大刀阔斧的改革,北大法科和法学研究也因此面貌一新。随后,东吴法学院和朝阳大学等法校也进行了相应的革新。北大的改革以及东吴、朝阳、北京法政大学所发生的变化,使中国现代法学的学术中心基本成形。社会法学在中国取得了几个稳固的支点,得到进一步发展。

[①] 陈以爱:《中国现代学术研究机构的兴起:以北大研究所国学门为中心的探讨》,江西教育出版社2002年版,第329页。

引介、诠释与运用

第一节 中国现代法学学术中心的形成与法学研究风气的变化

一 北大改革以前的中国法学界

清末民初,学界虽然已经初步建立了近代法学的框架,但是其知识多因袭日人,谈不上太高的水平。对于清末民初中国法学的情状,陈启修曾评价说:

> 清末维新,泰西法律思想始渐输入,迄今二三十年,法校林立,法案山集,号称明律之士,遍地皆是。然入其肆,则除翻译书外,国人自著之名作无有也。叩其人,则法学专家无有也。欲从各种法律草案窥中国法学之程度,则草案皆属翻译,不足为凭;欲从实际法律家考之,则法官及律师,大抵为新官僚及高等流氓,不足与谈。故居今日,欲审中国法学之程度,几有末由之忧。[①]

1916—1917年,中国也存在几个教授法学的大学和为数不少的法政专门学校,但尚难称为法学学术中心。

法政学堂兴起于清末,随着清廷对私人设立法校的放开,到民初已成泛滥之势。法政专门学校在清末设立时,其宗旨就是培养"用律之才"、"裁判人才"或培养佐治地方政治的人才。[②] 1912年11月,民国政府颁布的《法政专门学校规程》第一条规定:"法政专门学校以养成法政专门人

[①] 陈启修:《护法及弄法之法理学的意义》,《北京大学月刊》1919年第2期。

[②] 1905年4月24日,伍廷芳与沈家本在奏设京师法律学堂时就说"新律既定,各省未预储用律之才,则徒法不能自行,终恐无补",中外交往和收回治外法权"亟应广储裁判人才,以备应用","在今日为内政外交之枢纽,将欲强国利民,推行毋阻,非设学堂,多储人才不可"。见丁贤俊、喻作凤编《伍廷芳集》(上册),中华书局1993年版,第271—274页。直隶总督袁世凯在奏设直隶法政学堂时也说学堂要以"改良直隶全省吏治、培养佐理新政人才为宗旨"。见《直隶总督袁奏议法政学堂章程规则折》,《东方杂志》1906年第3卷第9期。

86

才为宗旨"。① 其旨趣亦在"致用"而非"为学"。大学的宗旨，则与专门学校有所不同。早在1904年，《奏定学堂章程》规定，大学堂以"端正趋向，造就通才"为宗旨，以"各项学术艺能之人才足供任用"为成效。② 其意似以"致用"为主。1912年10月，民国政府颁布的《大学令》则规定："大学以教授高深学术、养成硕学闳材应国家需要为宗旨。"③ 自此，大学被定位为研究高深学问的机关。

然而，民初的事实与法规文本产生了不小的差距。至少到民国初年，法政专门学校还是多就日本法学书籍而为教学，较少从事学术研究活动。甚至有些学校"不是认真教授，不过为谋利而已"④。1918年3月，北京法政专门学校校长刘琪也指出："吾侪见弃于社会也久矣。社会有游民，法政学生居其一。社会有废材，法政学生居其一。……吾侪之在今日，殆已难逃众目之轻视矣。"⑤ 北京法政专门学校教员高元亦指出："今我国法政学生行辄见憎于社会者，何以哉？非以其热中仕进耶？非以其微特热中仕进而已，且欲辞卑而居尊耶？呜呼，吾不知彼之所以甘罹社会之憎而费恤孳孳然为仕进之是急，与居尊之是图者，果何为哉？或曰，凡以谋生也，或曰羡慕权势也。"⑥ 1919年，蔡元培再次指出，清末民初的法政学生不认真求学，"没有一点真实学问"，"不过想借此取得资格而已"。⑦ 法政专门学校的状况，由此可见一斑。

大学的情形同样不容乐观。以最引人注目的北京大学法科为例，师生在民国初年尚不太注意法学之为"学"的方面。就学生方面而言，读法科而求升官发财仍是相当一部分学生的想法，愿意一心探研法学学术者很

---

① 《法政专门学校规程》，蔡鸿源编：《民国法规集成》（第27册），黄山书社1999年版，第97页。
② 《奏定学堂章程之大学堂章程》，全国图书馆文献缩微复制中心编：《中国近代教育史料汇编·晚清卷·第1册》，全国图书馆文献缩微复制中心出版2006年版，第453页。
③ 《大学令》，蔡鸿源：《民国法规集成》（第27册），黄山书社1999年版，第43—45页。
④ 蔡元培：《〈法政学报〉周年纪念会演说辞》，载蔡元培《蔡子民先生言行录》，广西师范大学出版社2005年版，第227页。
⑤ 刘琪：《发刊词》，《法政学报》1918年第1卷第1期。
⑥ 高元：《予之感言》，《法政学报》1918年第1卷第1期。
⑦ 蔡元培：《〈法政学报〉周年纪念会演说辞》，载蔡元培《蔡子民先生言行录》，广西师范大学出版社2005年版，第228页。

少。1917年1月,蔡元培在就任北京大学校长时指出:"外人每指摘本校之腐败,以求学于此者,皆有做官发财的思想,故毕业预科者多入法科,入文科者甚少,入理科者尤少。盖以法科为干禄之终南捷径也。因做官心热,对于教员则不问其学问之浅深,唯问其官阶之大小。官阶大者,特别欢迎,盖为将来毕业有人提携也。"① 再就教员方面而言,固然有不少真心做学问者,但更有许多"官僚型"教员。1914年,时任北京大学校长的胡仁源在其《北京大学计划书》中就对教员提出了批评。他说:"我国创立大学垂十余年,前后教员无虑百数,而其能以专门学业表见于天下者,殆无人焉,不可谓非国家之耻矣……社会心理大都趋重于官吏一途,为教员者多仅以此为进身阶梯,故鲜能久于其任。"② 蔡元培也曾经批评一些法科教员"为着做官忙","时常请假",而且"讲义也老年不改"。③ 当时正在北大上学的顾颉刚也说:"1913年我考入北大预科时,学校像个衙门,没有多少学术气氛。有的老师不学无术,一心只想当官;有的本身就是北洋政府的官僚,学问不大,架子却不小;有的教师死守本分,不容许有新思想;当然也有好的……但不多见……蔡元培先生来校之前,北大搞得乌烟瘴气,哪里像什么'最高学府'?"④

至于法学交流的重要平台——法学期刊,也在日益减少。在清末民初,尚有留日法政学生创办一批法学期刊,借此可以紧跟日本法学界的趋势而使中国法学得到相当的发展。而到了1916年,林长民等人创办的《法政杂志》、阮性存等人创办的《法律周报》、蒯晋德等人创办的《法政学报》等刊物均已停刊,又未见有法校、大学或研究机构创办新的法学刊物,仅有《东方杂志》等少数刊物载有为数不多的法学论文。法学研究呈现出前所未有的低迷状态,法律与社会关系的探索也随之进入寂静期。

---

① 蔡元培:《大学校长蔡孑民就职之演说》,《东方杂志》1917年第14卷第4期。
② 胡仁源:《北京大学计划书》,转引自萧超然编《北京大学校史(1898—1949)》,上海教育出版社1981年版,第36页。
③ 蔡元培:《〈法政学报〉周年纪念会演说辞》,载蔡元培《蔡孑民先生言行录》,广西师范大学出版社2005年版,第228页。
④ 顾颉刚:《蔡元培先生与五四运动》,载中国人民政治协商会议北京市委员会文史资料委员会《文史资料选辑》(第三辑),北京出版社1979年版,第47页。

第二章 社会法学基本框架的建立与初步发展

或谓在北大法科之外，尚有号称"北朝阳、南东吴"者。一所学校意欲声名远播，必在教育教学、学术研究、生源等方面有所专长。1913 年 7 月，汪有龄等人创立朝阳大学于北京，初名为"民国大学"，1916 年才改称朝阳大学。朝阳大学在其办学之初，虽然也有较多的生源，但其教育教学尚在摸索之中，令人称道的朝阳大学讲义和《法学评论》此时均未出现，而且其毕业生在各界也未露头角。① 当时北京和其他各地共有法校几十个，朝阳大学不过为其中之一。一个刚刚出现的学校名称，似难以立即获得"北朝阳"的赞誉。1915 年 7 月，美国人兰金（Rankin）在上海创立东吴法科学校，又称中国比较法学院。② 该校最初主要教授美国法，教员也以美国人为主。其入学资格较中国其他法科更严，学生至少要读过两年大学才能入法科修读三年的课程。③ 此规定使其学生较优，但也导致生源较少，其前三届入学的学生人数分别为 15 人、6 人、14 人。④ 不仅如此，该校在兰金时期一直实行夜校制，从下午四点半才开始授课，教员绝大部分都是兼职，颇具"业余进修学校"的性质。⑤ 该校后来享誉全国的《法学季刊》此时亦未出现。所以，"南东吴"之称号，也应不是此时期的事情。通过以上分析可见，至少从学术研究而言，此时期的朝阳大学与东吴法科未见有值得特别称道之处。

法政专门学校和大学法科的情形既已如此，谓法学的学术中心便是奢谈。现代意义上的法学在中国之建立，从大处说，承载了救国强国的思想意识和收回法权的现实考量；从小处说，夹杂着科举废除以后许多读书人的利禄之梦。所以，法学从一开始就具有较强的"重术轻学"的特点。

---

① 杨昂：《学风、世变与民国法学：朝阳大学研究（1912—1946）》，中国人民大学 2005 年未刊博士论文，第 54—71 页。

② 创办之初称"东吴法科"，1927 年改称"东吴大学法律学院"，1935 年改为"东吴大学法学院"，时人常以"东吴法学院"称呼该校。本文以下均称"东吴法学院"。

③ ［美］康雅信（Alison W. Conner）：《中国比较法学院》，张岚译，载高道蕴等编《美国学者论中国法律传统》，清华大学出版社 2004 年版，第 588—589 页。

④ 《东吴大学法律科章程（1926）》之"历年学生人数比较表"。孙燕京、张研编：《民国史料丛刊》（第 1087 册），大象出版社 2009 年版，第 154—155 页。

⑤ 杨大春：《中国英美法学的摇篮：东吴法学院院史研究》，载杨海坤、周永坤主编《东吴法学》，苏州大学出版社 2003 年版，第 3—4 页。

引介、诠释与运用

1917年1月，蔡元培应北洋政府之请就任北京大学校长，旋即着手改革北大。北京大学法科自1917年起发生的改革，使暮气沉沉的法学界逐渐显露出新的气象。

二　北大法科改革

对于北大法科，蔡元培最初想把它分离出去，使之与"法专"（北京法政专门学校）合并，后因北大法科师生的反对而作罢。① 北大教授沈尹默说是因为蔡元培"一向反对学政治法律"，所以才主张不办法科。② 蔡元培的本意恐非反对法科，而是注重法科的学术化。1917年1月9日，他在北大就职演讲中就曾告诫学生，如果是为了做官发财而学习法科，"尽可肄业法律学堂"而不必进入大学；既入大学，便要"抱定宗旨，为求学而来"。③ 1918年4月，他再次阐释了当初他坚持大学只设文理两科而不设法商等科的原因，说是担心学生中了"科举之毒"，只知升官发财而忘却研究学问。④ 可见，他反对的是当时法科中人热衷于做官发财、追名逐利的状态，并非视法学为无物。蔡氏之所以主张将法科分离北大，更多是出于对德国高等教育制度的模仿。⑤

北大法科学术化的改革，主要措施包括改善法科师资结构、改变管理

---

①　1917年1月27日，蔡元培在国立高等学校校务讨论会上提议将北大现有的法科与"法专"合并，北洋大学的法科则"刻期停办"。此提案得到国务院和教育部的支持。4月，蔡元培关于法科独立的预案在北大评议会的通过，准备在当年暑假先将法科移至预科校舍，"以为独立之试验"。8月，蔡元培关于法科独立的提案见诸报端，引起北大法科师生的强烈反对，学生向国务院和教育部两处控告蔡元培办学不善，部分教员也在掀起反对蔡元培之风。蔡元培遂向国务院和教育部请辞。9月，教育部决定保留北大法科，并将北洋大学法科并入，未准蔡氏之辞。自此，法科分离风波结束。详见蔡元培《大学改制之事实及理由》，《新青年》1917年第3卷第6期，又刊于《东方杂志》1917年第14卷第10期和《教育杂志》1917年第9卷第10期；《北京大学改制与蔡元培》，《申报》1917年8月17日。

②　沈尹默：《我和北大》，全国政协全国文史资料研究委员会编《文史资料选辑》（第61辑），中国文史资料出版社1979年版，第197页。

③　蔡元培：《大学校长蔡孑民就职之演说》，《东方杂志》1917年第14卷第4期。

④　蔡元培：《读周春岳致〈大学改制之商榷〉》，《北京大学日刊》1918年4月15—16日。

⑤　蔡元培在1917年1月27日的国立高等学校校务讨论会上就说明了他的提案是根据"德意志高等教育之编制"而来。根据德制，大学专设文理两科，法医农工商各科都应该成为独立的某科大学。蔡元培：《大学改制之事实及理由》，《新青年》1917年第3卷第6期。

第二章 社会法学基本框架的建立与初步发展

制度、兴办大学学报、组织法学研究团体等等。

第一，改善法科师资结构。法科的学术化，需要学术型而非官僚型的教师。蔡元培刚上任北大不久，便对吴稚晖提起要"延聘纯粹之学问家"，使他们"一面教授，一面与学生共同研究，以改造大学为纯粹学问机关"。① 他希望教员"积学"而"热心"，能够"认真教授，以提起学生研究学问的兴会"。② 基于此想法，法科一方面裁减官僚型教员，另一方面聘请学术型教员，尤其是专职教员。除了王宠惠、罗文干、张耀曾、张嘉森（君劢）等一批在司法部门工作并确有才学之人以外，其余官僚型教员大部被裁。③ 新聘学术型教员则不是短时间就能完成的。蔡元培认为要多请那些"愿意委身教育、不肯兼营他事的"教员。④ 然而，就当时法学界的情形而言，留学欧美学成归国的法政人才为数尚不多，且相当一部分服务于司法、外交各界。留学日本习法之人虽多，但毕业于日本法学名校而颇有学识者，亦为不多。所以，法科教员的更替，不是一蹴而就的事情。

1917年底，经过招新辞旧，法科法律、政治和经济三门共有全职兼职教员87人，其中黄右昌、陈启修、马寅初、周家彦、左德敏、胡均、陶孟和、康宝忠等十余人被聘为法本科教授。当时学识名望颇高的余棨昌、王宠惠、罗文干、张嘉森、张耀曾、林行规、钟赓言等人只是被聘为讲师，因为北大有一条关于兼职教员一律聘为讲师的规定。⑤ 分析教员情况，可知当时北大法科专任教员的中流砥柱大约就是黄右昌、陈启修、马寅初、周家彦、左德敏、胡均、陶孟和、康宝忠等人。从其教育背景来看，除了马寅初、陶孟和、王宠惠、罗文干、黄振声、韩述祖、张祖训、王建祖等

---

① 蔡元培：《复吴敬恒》，中国蔡元培研究会编《蔡元培全集》（第10卷），浙江教育出版社1997年版，第285页。
② 蔡元培：《我在教育界的经验》，《宇宙风》1937年第55、56期。
③ 蔡元培：《我在北京大学的经历》，《东方杂志》1934年第31卷第1期。
④ 蔡元培：《北大第二十三年开学日演说词》，《北京大学日刊》1920年9月17日。
⑤ 该规定于1922年2月25日由学校评议会通过，但此项规则很有可能早有影响。《评议会第六次会议记录》（1922年2月25日），载王学珍、郭建荣编《北京大学史料》（第2卷上册），北京大学出版社2000年版，第423页。

少数人曾留学欧美之外,① 其余教员多为留日背景。这也从侧面反映了当时的社会风气,但凡毕业于国外著名法校者,或多或少有奇货可居的心理,多愿意在司法、行政、外交各界任职,而较少专门致力于教育界者。不过,留日派独占法科的局面确实也在悄悄改变。报界对于北大法科的变化有所察觉。1918年底,《申报》报道说:"法科近来英美留学生势力较盛,然东洋留学生仍不失其固有之地盘,教员中颇多学术精深之士,其有志著作不营外务者亦不乏人。"②

经过蔡元培等人数年的努力,到20世纪20年代初,已有相当一部分自欧美归国的饱学之士汇归于北大。就法科而言,留学哥伦比亚、哈佛、耶鲁三校并获法学博士(J. S. D.)学位的燕树棠于1920年进入北大法律学系(1919年北大法科法律门改称法律学系);留学英法的王世杰、周鲠生于1921年入北大法律学系。蔡元培对于这批留学欧美的法律学人加盟北大甚为满意。他心目中法律学系的最佳教员是王宠惠、罗文干、王世杰、周鲠生等人,③ 但是王宠惠、罗文干在司法部任职,难以全身心服务于北大,所以,王世杰和周鲠生等人的地位便极为重要。蔡元培认为:"直到王雪艇、周鲠生诸君来任教授后,始组成正式的法科,而学生亦渐去猎官的陋见,引起求学的兴会。"④

经过数年的辞旧迎新,法律学系的师资状况已经大为改变。1925年,法律学系的教员共有22人。⑤ 其中,留学欧美习法者至少有王世杰、周鲠生、张志让、梁仁杰、郑天锡、燕树棠等人。此22人中,被聘为教授者只有王世杰、周鲠生、燕树棠、黄右昌、何基鸿五人,其中王、周、燕三人具有留学欧美的背景,黄右昌和何基鸿则分别毕业于日本法政大学和东京

---

① 马寅初,美国耶鲁大学学士,哥伦比亚大学硕士,哥伦比亚大学经济学博士;陶孟和,曾在英国伦敦大学学习社会学和经济学,获经济学博士学位;王宠惠,美国耶鲁大学法学博士;罗文干,毕业于英国牛津大学;黄振声,毕业于美国哥伦比亚大学;韩述祖,毕业于英国利物浦大学文科;张祖训,毕业于美国王城大学;王建祖,毕业于美国加利福尼亚大学。
② 《国立北京大学之内容》,《申报》1918年12月29日。
③ 蔡元培:《我在教育界的经验》,《宇宙风》1937年第55、56期。
④ 同上。
⑤ 《国立北京大学职员录》(1925年6月),北京大学档案馆档案,档案号:MC192503。

第二章 社会法学基本框架的建立与初步发展

帝国大学法科，法律系主任为王世杰。① 可见，"欧美派"法学者的势力在逐年上升，到1925年左右已与"留日派"法学者旗鼓相当，并略占优势。不同留学背景的学人在法律学系的势力此消彼长，对国外法学思想在中国的发展产生了重要影响。

第二，设立法科教授会，更新法科课程。按蔡元培的理念，大学应该保证各家学说自由发展，不能"以政统学"、"以政害学"，② 因此需要在制度上保障大学自治和学术自由。1917年12月8日，北京大学评议会通过了《各学科教授组织法》，规定各科各门之重要学科设立教授会，可以议决或讨论该科关于教育教学和学术研究方面的重要事项，可议决的事项包括"本部教授法之良否"、"本部教科书之采择"等，可参与讨论的事项包括"本部学科之增设及废止"、"本部应用书籍及仪器之添置"等。③ 据此规定，法科学长王建祖迅速组织了法律门、政治门和经济门三个教授会，并组织选举周家彦、马寅初、陶孟和分别为法律、经济、政治三门教授会主任。④ 自此，法科教授们将能自行决定教育教学和学术研究方面的重要事项，使法学教育和研究有了自由发展的制度保障。1920年以后，学校评议会对教授会的资格及职责略有更改，⑤ 其教授治理之大旨却未改变。

教授治理的制度保障，使法科的教授们能够根据学术发展和实际需要制定和调整课程计划。1917年以前，北大法科的课程设置基本上是按照清末张之洞《奏定学堂章程》的规定实施，而其课程设置大都承袭日

---

① 1923年9月，北大原法律系主任何基鸿赴欧洲留学，王世杰暂代系主任。1924年4月，王被正式任命为北大法律系主任。王世杰任该职至1929年3月。李贵连：《百年法学——北京大学法学院院史（1904—2004）》，北京大学出版社2004年版，第289页，"京师大学堂以来历任法政科监督、法科学长、法律门主任、法律系主任、法学院院长简介"。

② 蔡元培：《我在教育界的经验》，《宇宙风》1937年第55、56期。

③ 《各学科教授会组织法》，《北京大学日刊》1917年12月11日。

④ 《学科教授会主任一览表》，北京大学编：《国立北京大学廿周年纪念册》，北京大学出版社1917年版。

⑤ 1920年9月，评议会通过《北京大学现行章程》和《北京大学学系教授会通则》，规定只有各学系的教授才是教授会成员，教授会有改良教法和选择教科书之权，对于需要的图书仪器可以图书和仪器委员会置备，但对于课程设置问题须与教务会商议。中国蔡元培研究会编：《蔡元培全集》（第18卷），浙江教育出版社1997年版，第360页。

制而来。① 1917—1918年的课程表则显示，该年已将所有课程分为必修科目和选修科目两种，并在第四学年增设"特别研究"一科，② 颇有改弦更张的味道。1918年11月，法科宣布实行选科制，各门课程均以单位计算。③ 当年公布的法律门课程表对课程的性质作了分类，将每门课予以编号，以便于选科制的推行。④ 选科制的大意是：学生修满若干单位的课程（一年每周授一时为一单位），即可毕业，不拘年限。⑤ 最能体现选科制特点的，当数1923年制定的《法律学系课程指导书》。⑥ 北大法科开设的课程之所以相对齐全合理，除了制度方面的原因，还与部分杰出学者的加入有很大关系。例如，法科原无"法律哲学"科目，1920年燕树棠到校以后就增添了该门课程。

第三，设立法科研究所，《北京大学月刊》诞生。蔡元培一开始便把北大定位为研究高深学问的机关，认为大学的重点不在讲堂而在研究所，⑦所以，他极力主张设立研究所。1917年11月，北大评议会通过了《研究所通则》和《研究所办法草案》，拟设九个研究所。其中，法科设法律学、政治学和经济学三个研究所，法律学门的研究方法是各国法律比较、学说异同评、名著研究、译名审订、介绍新著等。研究所教授要自择题目每月

---

① 李贵连：《百年法学：北京大学法学院院史》，北京大学出版社2004年版，第42页。
② 《北京大学文理法科本预科改定课程一览》，朱有瓛编：《中国近代学制史料》（第3辑下册），华东师范大学出版社1992年版，第105页。
③ 《法科学长告白》，《北京大学日刊》1918年11月7日。
④ 《大学法科课程》，《北京大学日刊》1918年11月9日。
⑤ 王学珍编：《北京大学史料》（第2卷上册），北京大学出版社2000年版，第62页。
⑥ 具体情况如下：第一学年的必修科目有民法总则（四单位）、刑法总则（三单位）、宪法（四单位）、外国法（二单位）、经济学原理（三单位），选修科目有罗马法（三单位）、法院编制法（一单位）、第二外国语（四单位）；第二学年的必修科目有民法债权总论（三单位）、民法物权（二单位）、民事诉讼法（三单位）、刑法分则（三单位）、外国法（二单位），选修科目有财政学总论（二单位）、第二外国语（四单位）；第三学年的必修科目有民法债权各论（三单位）、民法亲属（二单位）、商法（四单位）、民事诉讼法（二单位）、国际公法（四单位）、刑事诉讼法（三单位）、行政法各论（三单位）、外国法（二单位），选修科目有破产法（二单位）、社会学（二单位）；第四学年必修科目有民法继承（二单位）、商法（四单位）、国际私法（二单位）、专门研究，选修科目有社会立法论（二单位）、法律哲学（二单位）、中国法制史（三单位）；另外宪法及行政法、民法要论专为经济学系第一学年设置。《法律学系课程指导书》，《北京大学日刊》1923年9月19日。
⑦ 蔡元培讲，宪章记：《蔡孑民先生在沪之讲演》，《京报副刊》第429号。

写论文一篇。①

　　法科学长王建祖根据《研究所通则》和《研究所办法草案》，迅速筹建法科各门研究所，到1917年底基本完成，首任主任分别是：法律学门研究所主任黄右昌、经济学门研究所主任马寅初、政治学门研究所主任陈启修。根据当时的实际情况，法科三门研究所确定的研究科目有比较法律、政治学、经济学、财政学和银行货币学五种，研究教员分别为王宠惠、张耀曾、张嘉森、胡钧、陈兆昆和马寅初。②1918年，法科又增聘左德敏、徐崇钦、康宝忠、王景歧、周家彦、罗文干、陈长乐、张国药诸人为研究所教员。③上述诸人原本就是法科教员，受研究所之聘，大意是被邀参与研究指导而已。根据学校和法科的相关规定，研究所的教员主要负责指导研究。事实上，不少教员还定期开办学术讲座，就研究科目对研究员予以指导。据《北京大学日刊》所载，1918年，至少有王宠惠、罗文干、张嘉森、马寅初、胡钧、陈兆昆等研究所教员每星期会讲演一次。④学校和法科对于研究员为师或为生并无严格规定。到1918年3月，仅法律门研究所共有研究员53人，通讯研究员14人。⑤5月，研究所主任会议决定法科以译名译书代替撰写毕业论文，四年级学生统一进入研究所从事译名审定工作。⑥自此，法科三门研究所人员数量更多。由此，许多国外法学书籍被翻译为中文，仅在1918—1919年间，就至少有日、英、法、德文12种等法律著作被译为中文。⑦

　　研究所的运行，直接催生了具有学报性质的《北京大学月刊》。1917年11月，北京大学正在筹划各门研究所的时候，就计划由九个研究所合办《北京大学月刊》，以作学术交流之用。⑧合办月刊需要九个研究所相互协

---

① 《研究所通则》，《北京大学日刊》1917年11月16日。
② 《法科学长报告书》，《北京大学日刊》1917年11月22日。
③ 《法科研究所增聘教员》，《北京大学日刊》1918年3月19日。
④ 根据《北京大学日刊》1918年各期所载"集会一览"而成。转引自杨瑞《通向学术之路：蔡元培与北大法科的学术化进程（1916—1927）》，四川大学2006年未刊硕士学位论文，第71页。
⑤ 《法科研究所研究员一览表》，《北京大学日刊》1918年3月20日。
⑥ 《研究所主任会议纪事》，《北京大学日刊》1918年5月29日。
⑦ 《法律学系四年级学生选译书籍》，《北京大学日刊》1919年2月6日。
⑧ 《研究所通则》，《北京大学日刊》1917年11月16日。

调，故数月之内未见发行。1918年7月，研究所主任会议议决《研究所总章》，就"大学月刊"一事取得了一致意见，将其定性为"发表及讨论各门研究之结果之机关"。① 9月30日，蔡元培召集各科学长和各研究所主任商讨编辑出版《北京大学月刊》的具体事宜。② 1919年1月，《北京大学月刊》创刊。创刊号《编辑略例》表明该刊是"北京大学职员学生共同研究学术、发挥思想、披露心得之机关杂志"，其取材"以有关学术思想之论文记载为本体，兼录确有文学价值之著作"，偶尔也登载译文"亦以介绍东西洋最新最精之学术思想为主"，无谓之诗歌、小说、应酬文字和无谓之译稿"一概不收"。③ 由上可知，各方意欲将《北京大学月刊》办为具有高超学术水平的刊物，使其成为一个学术交流的良好平台。

从实行运行来看，也确实如此。以创刊号为例，共载14篇论文和1篇杂文，分别是：蔡元培《哲学与科学》，陈启修《国家改制与世界改制》和《庶民主义之研究》，陶履恭《军国主义》，朱希祖《文学论》和《驳中国先有苗种后有汉种说》，马寅初《银行之真诠》，王仁辅《近世几何学概论》，丁绪贤《有机化学史》，钱玄同《中国文字形体变迁新论》，冯祖荀《以图像研究三次方程式之根之性质》，何育杰《X线与原子内部结构之关系》，陈世璋《工业化学中之接触作用》，许光福《Caudy-Gaursat之定理及作用》，陈汉章《答学生问十一事》。除许光福为理科毕业生以外，其余皆为各科知名教授。

《北京大学月刊》将文、理、法、工各科融为一刊，故所载篇幅十分有限。1922年8月，蔡元培向北大评议会提交《八月一日季刊编辑员讨论会议决之条件》，并经评议会通过，决定在《北京大学月刊》的基础上扩编为社会科学、自然科学、国学和文艺四种季刊，其中社会科学组编辑员大部来自法科三系。④

第四，法科学生投身于法学研究活动。教员和制度的变化引起了学生

---

① 《研究所总章》，《北京大学日刊》1918年7月16日。
② 《月刊缘起》，《北京大学月刊》1919年第1卷第1期。
③ 《编辑略例》，《北京大学月刊》1919年第1卷第1期。
④ 《季刊编辑员会议》，《北京大学日刊》1922年8月19日。

第二章 社会法学基本框架的建立与初步发展

的改变。首要表现是学风的好转。曾为北大法科学生的陈顾远回忆说,法科存废之争以及法科的变化使很多学生表示要"一心向学,祛除做官思想"。① 1919 年 9 月,北大学生代表向蔡元培表示要"阐发新学、昌明旧术",愿意"破除一切顽固思想、浮嚣习气,以创造国家新文化、吾身新生命、大学新纪元"。② 法律学系教授燕树棠也称赞北大学生"为学术而学术","只注意学问,不求做官"。③《申报》也盛赞北大学生"气象愈觉发皇,立己求学两方滓历……以求学为爱国"。④ 可见,北大学生数年前的陋习已经一扫而空。

其次是学生渐渐兴起"研究的兴会"。蔡元培担任校长以来,法科增设了"特别研究"课程,要求学生撰写论文或翻译书籍;法科研究所也要求四年级的学生参与研究活动;更重要的是,教员们广泛的学术活动发挥了示范作用。这些情形使许多学生受到学术风气的熏陶。20 世纪 20 年代,法科学生陆续建立了一些法学研究团体,如法律研究会、法学研究会等。1921 年 10 月,十余名法科学生发起成立"北京大学法律研究会"。他们认为:"本校为吾国最高学府,研究法律固必以此为极地。然徒以有限时间之授课,只悉大体,若欲进而求镂深学理则不可得……法律研究会……补课外之不及,穷法理之奥旨。除敦请本校积学有素、富于法学之教员为导师外,海内外法律大家亦得随时延聘,牖诲一切。"⑤ 法律研究会的设立得到了法科教员黄右昌、周泽春、王世杰、燕树棠等人的支持,遂于 10 月 23 日成立。⑥ 12 月 1 日,法律研究会确定燕树棠、何基鸿、周泽春为导师,并公布了该会的研究方法和研究题目。其研究方法分为三种:一为个人研究,即导师指定题目令个人研究,或会员自定题目研究;二为公共研究,即导师指定题目,全体会员研究;三为公开研究,即本会请导师或各

---

① 陈顾远:《蔡校长对北大的改革与影响》,台北《传记文学》1977 年第 31 卷第 2 期。
② 《北京大学全体学生欢迎蔡校长返校致词》,《北京大学日刊》1919 年 9 月 20 日。
③ 赵捷民:《北大教授剪影》,载全国政协文史和学习委员会编《文史资料选辑》(第 108 辑),中国文史资料出版社 1986 年版,第 158 页。
④ 《最近之都门学界》,《申报》1919 年 10 月 20 日。
⑤ 《法律研究会》,《北京大学日刊》1921 年 10 月 12 日。
⑥ 《法律研究会开成立大会记略》,《北京大学日刊》1921 年 10 月 25 日。

地法律名家公开讲演。三位导师该年拟定的研究题目有三：一为民商法有无合并的必要；二为统一与联省自治，何者最适宜于现在的中国；三为用何办法收回领事裁判权。① 1925年12月25日，北京大学法学研究会成立，主张"专以研究法学为宗旨"。② 本会有可能由前述法律研究会发展而来。总之，法科学生不但积极参与规定的学术活动，还主动创建学术研究团体，其状态与1917年以前相比较，焕然一新。

蔡元培长校数年之后，北大法科在管理制度、教学运行、学术研究、学习风气等方面取得了重要进步，快速地走向学术化之路。后人蔡尚思评价说，直到蔡元培整顿北大法科之后，中国大学的法律学系才名副其实；蔡元培长校期间是法律学系办得最好的时期。③ 更进一步说，因为有了蔡元培主持的改革，北大法科才渐渐成为中国现代法学一个重要的学术中心。

三　现代法学学术中心的形成及全国法学研究风气的变化

在北大法科变革之后的数年间，北京法政专门学校、朝阳大学和东吴法学院也发生了一系列变化。由此，现代法学的第一批学术中心基本成形。

（一）北京法政专门学校与《法政学报》的创办

北京法政专门学校受到北大改革的影响。时为北大学生的顾颉刚的回忆证实了这一点，他说"北京大学的变化影响到了北京其他一些高等院校，如北高师、女师、法政专门、俄文专修、高工、高农等"④ 1918年3月，北京法政专门学校创办《法政学报》，该刊甚至比《北京大学月刊》更早问世。刘琪在《发刊词》中便表明该刊的学术性。他说："吾侪今日所斤斤自信者，即在求所增进学识，共相切磋之一种良好方法。然后习而通之，发挥而光大之。庶使今后政法之设施，不恃学识以外之缘由。故吾报之作，又在使吾侪善事切磋，合力以尽吾侪之天职为要义。……吾侪深

---

① 《法律研究会通告第四号》，《北京大学日刊》1921年12月1日。
② 《北大法学研究会启事》，《北京大学日刊》1925年12月29日。
③ 蔡尚思：《蔡元培学术思想传记》，上海棠棣出版社1950年版，第389—391页。
④ 顾颉刚：《蔡元培先生与五四运动》，载中国人民政治协商会议北京市委员会文史资料委员会编《文史资料选辑》（第三辑），北京出版社1979年版，第51页。

信吾报为集思会文之学府。"① 该刊扉页特别注明"本报以阐明学术为宗旨，凡来稿与此旨相合者，无论何人一律欢迎"，其中"阐明学术为宗旨"七个字加大加粗，显然是在特别强调该刊的学术性。

对于北京法政专门学校的改变，蔡元培非常欣慰。他在《法政学报》周年纪念会上说，法律绝非"循诵条文可以了事，必要用功向学理方面研究"，而《法政学报》的创办是法律学人的"一番自觉"，"可以一洗从前法政学生的污点了"。② 《法政学报》与后来兴起的几种法学刊物并驾齐驱。该刊延续至1926年底，共出5卷。1923年夏，教育部将北京法政专门学校改组为北京法政大学，北京法政大学成为现代法学的又一个学术中心。③

（二）东吴法学院的革新与《法学季刊》的创办

兰金时代的东吴法学院，其教学主要依靠兼职教员，这些教员大都是美国驻华的官员和美籍律师，而且其教学带有非常浓厚的宗教色彩。1921年，兰金因宗教问题离职，刘伯穆（W. W. Blume）继任东吴法学院教务长。④ 刘伯穆的到来给东吴法学院带来了新的机会。

刘伯穆曾在美国获得法学学士学位，对法科的办学颇有一些新思路。在处理好宗教问题后，他致力于提高法学院的办学水平。先行研究往往注意刘氏对于东吴法科正规化的意义，⑤ 其实刘伯穆改革东吴法科的重点在于促使其更加学术化。

经过刘伯穆的努力，东吴法科发生了较大变化。首先，改变了兰金时期完全依赖兼职教师的状况，逐步增加全职教师。在兰金时代，东吴法科的教员主要依靠美国驻华领事法庭和会审公廨里面的法官和律师，其中绝

---

① 刘琪：《发刊词》，《法政学报》1918年第1卷第1期。
② 蔡元培：《〈法政学报〉周年纪念会演说辞》，载蔡元培《蔡子民先生言行录》，广西师范大学出版社2005年版，第228—229页。
③ 《国立北平大学一览》，张研、孙燕京编：《民国史料丛刊》（第1064册），大象出版社2009年版，第68页。1927年奉系进入北京举办所谓京师大学校之后，北京法政大学便成为后来北平大学的一部分。参见《国立北平大学一览·法学院史略》。
④ 谢颂三：《回忆东吴法学院》，载上海市政协文史资料委员会编《上海文史资料存稿汇编》（9），上海古籍出版社2001年版，第60—62页。
⑤ 如杨大春：《中国英美法学的摇篮：东吴法学院院史研究》，载杨海坤、周永坤主编《东吴法学》，苏州大学出版社2003年版；王国平：《东吴大学简史》，苏州大学出版社2009年版。

大部分是美国人。根据1915年《东吴大学法律科章程》记载,东吴法科第一批11名兼职教员中,除王宠惠以外,其他全国是美国驻华法官或律师;① 又据1920年《东吴年刊》记载,当年东吴法科的教员有兼职教员19人,其中15人都是美国人。② 刘伯穆上任后,迅速致力于改良教师队伍。他认为东吴法科的兼职教师至少在四个方面不尽如人意:"(1)一位繁忙的律师或法官是没有充足的时间来备课的,而且还经常把课堂时间用来讨论一些近期经历上;(2)业务上的压力往往使兼职教师根本无法来上课;(3)学校有时还会遇到一些不合格的律师为了提高声誉而来请求上课的麻烦事;(4)法律教学与研究本身就是一门专业,它需要一心一意的努力才能做好。"③ 他首先聘请了法学博士萨赉德(Sellett)担任专职法学教员,随后又延聘东吴法科的早期优秀毕业生返校任教,如第一届毕业生陈叔耘、马润卿,第三届的陈霆锐、吴经熊,第四届的何世桢、何世枚等。④ 随着东吴法科声名鹊起,越来越多专家学者、社会名流加入教师队伍,如张一鹏、张君劢、董康等人。

第二,东吴法科开始有了专属的大学校园。自创办之日起,东吴法科便一直借用上海东吴二中的校园开展教学活动。在刘伯穆的争取下,1923年东吴大学校董会将上海昆山路11A号的房产划归法科使用。⑤ 从此,东吴法科有了专属的大学校园,往正规化迈出了一大步。

第三,入学标准进一步提高,开办预科。在兰金时代,东吴法科的入学标准是毕业于正规中学并在认可的大学中修满两年课程。刘伯穆进一步提高标准,要求自1924年起采用与美国法学院同样的标准,只有完成学士课程或至少修完三年大学课程的学生才可入东吴法科。鉴于申请入学者众

---

① 《东吴大学法律科章程(1915年)》,转引自杨大春《中国英美法学的摇篮:东吴法学院院史研究》,载杨海坤、周永坤主编《东吴法学》,苏州大学出版社2003年版,第12页。
② 《东吴法科教员》,载东吴大学1920年编《东吴大学年刊》,第38页。
③ 刘伯穆:《比较法学院》,转引自[美]文乃史《东吴大学》,王国平、杨木武译,珠海出版社1999年版,第74页。
④ 《东吴法学院法律系历届教职员名录》,上海档案馆藏东吴大学法学院档案,档案号:Q245-1-322。
⑤ [美]文乃史:《东吴大学》,王国平、杨木武译,珠海出版社1999年版,第76页。文乃史是东吴大学第三任校长,文氏所著此书有回忆录的性质。

多且来自不同层次、不同专业和水平，1923年东吴法科开设了一年制的预科班对申请者进行培训，从中挑选合格者录取为新生。次年，预科由一年制改为两年。[①]入学标准的提高和法科预科的举办，促使东吴法科的生源质量进一步优化，也间接地使东吴法科毕业生和东吴法科学校享有很高的社会地位。

第四，改革教学，兴办"型式法庭"。东吴法科从1915年起便有"雏形法庭演式"的科目，1918年又成立了辩论会，每逢周六举行活动，以锻炼学生的口才和法律实践。[②] 1921年秋，刘伯穆正式组织"型式法庭"（即实习法庭）。东吴大学第三任校长文乃史回忆说："法庭在周六晚上开庭，所有的学生都参加了。由学生充当律师、陪审员和证人。外面请来的律师、法官和本校的一些教师充当法官。轮流演试三套法律程序——中国法庭（用汉语），混合法庭（中英互译）以及英美法庭（用英语）。"[③] 东吴法科1924年毕业生李中道回忆说，型式法庭"一切诉讼程序完全按照租界会审公廨的程序办理"，"在举行毕业典礼之前还要举行型式法庭的公开表演"。[④]"型式法庭"的运行，使学生获得了学以致用的机会，成为从理论走向实践的桥梁，增强了学生的综合能力。

第五，东吴法科与各方的关系进一步改善，处于一个有利的办学环境之中。1923年，东吴法科授予美国驻华法院法官罗炳吉（Charles S. Lobingier）名誉法学博士学位；次年，又授予两位中国人王宠惠和董康名誉法学博士学位。有学者认为东吴法科授予其名誉学位是因为前者"对学校创建贡献尤多"，后者"长期服务于学校"。[⑤] 罗炳吉于1914年调到上

[①] 刘伯穆：《比较法学院》，转引自［美］文乃史《东吴大学》，王国平、杨木武译，珠海出版社1999年版，第71—72页。

[②] *Minutes of the Thirty-third Session China Annual Conference of Methodist Episcopal Charch*, South, 1918, p. 49. 转引自杨大春《中国英美法学的摇篮：东吴法学院院史研究》，载杨海坤、周永坤主编《东吴法学》，苏州大学出版社2003年版，第24页。

[③] ［美］文乃史：《东吴大学》，王国平、杨木武译，珠海出版社1999年版，第73—74页。

[④] 李中道：《回忆东吴大学及东吴法学院》，收录于中国人民政治协商会议上海市委员会文史资料工作委员会编《上海文史资料选辑》（第49辑），上海人民出版社1985年版，第200页。

[⑤] 杨大春：《中国英美法学的摇篮：东吴法学院院史研究》，载杨海坤、周永坤主编《东吴法学》，苏州大学出版社2003年版，第4页。

海担任美国驻华法院法官,一到任后他就"关注建立法学院的可能性",为东吴法科设计了一种内容广泛的比较法课程,他认为东吴法科能够"使学生充分掌握世界主要法律体系的基本原理,以培养可以为中国法学的创新和进步做出贡献的学生"。① 刘伯穆称他"为成功开创这一事业做出了极大的贡献",② 这确实不假。不过,罗炳吉的独特身份可使东吴法科与美国驻华法院、上海会审公廨保持一种特殊关系,这种特殊关系一来可为东吴法科护航,二来可以为学校的教学和学生的出路提供方便。这应当也是刘伯穆考虑授予其名誉学位的重要因素之一。王宠惠和董康也曾在东吴法科服务,更重要的是王董二人先后担任过北洋政府的司法总长,都是中国司法界的元老级人物。刘伯穆授予二人名誉学位,客观上可以拉近学校与中国司法界的联系,从而为学校创造一个更有利的环境。1925年,在中华基督教教育会董事会的授意下,东吴法科向北洋政府教育部注册。③ 此举使东吴法科在中国社会正式取得了合法地位,东吴毕业生将有更多机会进入中国的政府部门,还弱化了学校的教会色彩,从而为学校在中国发展创造良好的外部条件。

和以上诸事相比,东吴法科发生的最大变化是法学学术水平和学术地位的提高。兰金最初之所以设立东吴法科,是想培养更多能在各国领事法庭和会审公廨环境下工作的法官和律师,④ 所以其重点在于实用方面。刘伯穆的办学思路则略有不同,他注重法律教学的实用性,同时也强调法律教学的学术性。他刚到任不久便在英文书以外,另从北京大学采购了一批中文法律讲义,⑤ 充实法科图书馆,方便师生从事学术研究工作。更重要的是,他支持东吴师生创办中英文《法学季刊》(*China Law Review*)。

---

① C. S. Lobingier, "Legal Education in Twentieth Century China", 4 *Lawyers Guild Magazine*, 1, 2 (1944). 转引自[美]康雅信(Alison W. Conner)《中国比较法学院》,张岚译,贺卫方校,收录于贺卫方等编《美国学者论中国法律传统》,清华大学出版社2004年版,第585—586页。
② W. W. Blume(刘伯穆),"Legal Education in China", *China Law Review*, 1923 (3), pp. 131 - 134. "Judge Lobingier", *China Law Review*, 1923 (3), Editorial.
③ 高时良:《中国教会学校史》,湖南教育出版社1994年版,第277页。
④ [美]文乃史:《东吴大学》,王国平、杨木武译,珠海出版社1999年版,第69页。
⑤ 谢颂三:《回忆东吴法学院》,载上海市政协文史资料委员会编《上海文史资料存稿汇编》(9),上海古籍出版社2001年版,第64页。

第二章　社会法学基本框架的建立与初步发展

这本后来享誉中外的法学期刊，创办于1922年4月，最初由东吴法科的学生发起。在创刊宣言中，编者们提出刊物的主要工作有四："一、介绍法学上的重要学说；二、研究关于法律的具体问题；三、将中外同种类的法学问题合并起来作分析的比较的研究；四、择优传播关于法学上的名著。"① 针对有人提出的"废除法律论"，他们指出"不能因为现时的法律之缺点孔多……竟不惜贻因噎废食"，应该谋"现有各项法律之根本改造"。② 为该刊撰写发刊词的徐谦认为："夷考今之法律……所谓大多数人之最大幸福，往往为少数人之特殊利益，是其言虽美而实不然，则立法之主义必有应根本变革者矣。故吾人今时研究法学，宜取已往之定义重加论定，斯所谓幸福者，当普及全人类，而非复为少数人之专利品。此则《法学季刊》发行之宏旨也。"③ 徐氏径直将《法学季刊》的发行与"立法主义"的变革和幸福的真正普及联系起来，已颇多社会法学的兴味。刘伯穆则提出了该刊的三项宗旨："第一，介绍外国法的基本原理进入中国并让外国了解中国法律；第二，兴起中外法理的比较研究；第三，拓宽中国学界的法律知识，以为法律改革做好准备。"④ 从中可以发现，刘伯穆更强调法学理论的重要性及其应用。对《法学季刊》如此定位，奠定了它后来在中国法学界的较高地位。罗炳吉后来称赞《法学季刊》"掀开了中国法律文献的新篇章"，"刊登着对法律颇有见地的评论、关于法律问题的讨论以及有关法律史与哲学方面的论文……它是惟一的一份以一种以上语言发行的致力于比较法学的定期刊物"。⑤

《法学季刊》的投稿者并非只有东吴法学院的师生，还包括上海、北京及其他各地法官、律师等法界人士。1931年《法学季刊》中英文版分开发行，中文版更名为《法学杂志》，改为双月刊，直到1941年停刊，共出11卷。该刊成了中国法学界最重要的学术交流平台之一。

---

① 《本刊宣言》，《法学季刊》1922年第1卷第1期。
② 同上。
③ 徐谦：《发刊词》，《法学季刊》1922年第1卷第1期。
④ W. W. Blume, *Editorial*, China Law Review, 1922 (1), pp. 33 - 34.
⑤ C. S. Lobingier, "Legal Education in Twentieth Century China". 转引自［美］文乃史《东吴大学》，王国平、杨木武译，珠海出版社1999年版，第75—76页。

刘伯穆的改革，使东吴法科获得了全国性的影响力，真正地"声名鹊起"，"南东吴"① 的称号由此渐兴。东吴法科及其《法学季刊》，成为社会法学在中国传播最重要的平台之一。

（三）朝阳大学与《法律评论》的兴起

有研究者认为朝阳大学法律讲义是该校在学术上的标志性事物。② 一些朝阳校友在回忆录中对该讲义大加赞赏。王承斌回忆说："《朝大讲义》是朝阳法学特有的标志，凝聚了朝阳历代名教授的心血，原是供本院学生学习之用，但国内不少大学的法科学生闻名而争相索取，以能获得为荣，作为学习之用并珍藏。"③ 潘久维也回忆说："母校数十年间的各课讲义价值连城，全国各大学法律院系的师生和各级司法官员大都托人甚至高价争购母校的讲义，都以案头放有朝阳讲义为荣。"④ 朝阳法律讲义在法律教育上具有较高价值并在当时的法律教育界具有较大影响力不假。不过，就目前存留的讲义来看，讲义以民法总则、民法分则、刑法总则、刑法分则、行政法总论、民事诉讼法、票据财政学、商行为等分科的方式呈现，其内容多参照日本法学体系编写，其学术性不宜被过分高估。讲义受到广泛欢迎，极有可能是由于它的系统性与便利性。

《法律评论》杂志对于朝阳大学的学术声誉之影响，绝不亚于其讲义。1923 年 7 月，朝阳大学创办《法律评论》。该刊为周刊，初仿东吴《法学季刊》的模式，采中英文两种版本，英文名称 Law Weekly Review，一年以后英文版取消。刊物原计划命名为《法律周刊》，因该名已被修订法律馆马德润使用而改为现名。该刊初由朝阳大学同学会所创办，但其创设得到

---

① "南东吴"和"北朝阳"之称号未见于当时的公开出版物，其称呼流于法界的口耳之间。从朝阳、东吴校友的回忆录中可以证实。参见康雅信《培养中国的近代法律家：东吴大学法学院》（收录于贺卫方编《中国法律教育之路》，中国政法大学出版社 1997 年版）和熊先觉、徐葵《法学摇篮：朝阳大学》（北京燕山出版社 1997 年版）。

② 杨昂：《学风、世变与民国法学：朝阳大学研究（1912—1946）》，中国人民大学 2005 年未刊博士论文，第 55 页。

③ 王承斌：《学习法律与司法实践相结合》，收录于熊先觉、徐葵编《法学摇篮：朝阳大学》，北京燕山出版社 1997 年版，第 223 页。

④ 潘久维：《朝阳：我亲爱的母亲》，收录于熊先觉、徐葵编《法学摇篮：朝阳大学》，北京燕山出版社 1997 年版，第 292 页。

了江庸、章宗祥、张耀曾、林长民等一批法界元老的支持。朝阳大学本身就是北京法学会策划创建的。北京法学会由沈家本、汪子健、江庸等人设立于1910年冬。① 作为北京法学会的首批会员，江庸等人一直鼎力支持朝阳大学的发展。原法学会创办的《法学会杂志》在《法律评论》创刊后便停止运作，② 说明《法律评论》也在一定程度上接续了《法学会杂志》的作用。《法学会杂志》饱含着清末民初沈家本、汪子健、江庸等法学精英试图"昌明法学"的抱负；③ 江庸等人对《法律评论》的期望自与《法学会杂志》相差不远。在江庸的影响下，其"至交畏友"石志泉、陆鸿仪、朱文伯、郑天锡、陈瑾琨等法界名人均为该刊撰稿且"不受报酬"。④ 朝大教师和法律各界的支持使《法律评论》具有较高的学术定位。朝阳校友王承斌回忆说："《法律评论》……撰稿者皆为法学界名宿，如余棨昌、石志泉、倪征𣋌、胡长清、李祖荫等，很多文章具有一流学术水平。畅销国内外，成为名重一时、独步法坛的学术刊物。"⑤

从《发刊词》来看该刊的设立之意，现实的政治考量似乎多于学理研究。江庸对于北洋政府的教育、军政、财政和司法存有不满之意，尤对治外法权之不能收回表示担心。江氏颇希望创立该刊有助于治外法权的收回。他在该刊伊始登载了《闻各国考察司法委员会缓期来华敬告友邦》一文，呼吁各国不要延迟来华考察司法的时间，并大谈若中国不能收回法权对各国的不利之处。他说："中国未收回领事裁判权，外人有四项不便：领事裁判权侵夺中国主权，中国相引不戒，不肯开放内地工商业及予外人杂居，对外国人来说得不偿失；二，外国既有此权，必多设机关，不形便利；三裁判权归领事主持，领事常不谙法律，难得公平；四，对于外国人来说，适用法律问题最不便利……吾甚盼各国委员会勿久观望而迟迟其行，早来一日，则领事裁判权可早收回一日，以拜领华盛顿会议时各友邦

---

① 沈家本：《法学会杂志序》，《法学会杂志》1913年第1卷第1期。
② 《法学会杂志》1914年停刊后又于1921年复刊，直至1923年再次停刊。
③ 沈家本：《法学会杂志序》，《法学会杂志》1913年第1卷第1期。
④ 江庸：《法律评论周岁志感》，《法律评论》1924年第53期。
⑤ 王承斌：《学习法律与司法实践相结合》，收录于熊先觉、徐葵编《法学摇篮：朝阳大学》，北京燕山出版社1997年版，第223页。

之好意。在各国委员未来以前，吾政府对于司法，必不因此挫折而遂置为缓图，吾国民亦不因此挫折而遂形漠视，此可为我友邦敬告者也。"① 该文分中文英文登于刊首，其良苦用心溢于言表。

然而在实际运行过程中，《法律评论》却有效地将现实考量与学理研究结合起来。通过检索该刊发现，该刊既注重法学理论的探讨，又刊登了不少本国判例，译载不少外国判例。江庸在该刊的周年感言中对于《法律评论》的发展十分欣喜，认为该刊的成功得益于法界名流、司法当局、大理院、各高等法院和各法律学校的支持。②《法律评论》迅速崛起，在法律各界造成广泛影响，吸引了南北法界学人，成为"商榷律理、介绍学识"③的最佳平台之一。《法律评论》一直延续到1949年，共出16卷。④ 朝阳《法律评论》和东吴《法学季刊》兴起于同一时期，也是社会法学在中国传播最重要的平台之一。朝阳大学被后人称为"北朝阳"，与"南东吴"齐名，不能说与《法律评论》毫无关系。

（四）《法律周刊》及其他

1923年7月初，时任修订法律馆总裁的马德润认为，中国当时连宪法都还没有，遑论法治，各界还需努力于"社团之论著"。北京报馆虽多，但"或受党系之牵涉"，"或供政府之利用"，难免"持论畸偏"，要使其"改良社会使共趋于法轨，是犹向歧路而追亡羊"。他认为，"欲以所论著者唤起国民法治之观念，扶助国家法治之精神，不可不发行法律之专报"。鉴于"各国都会皆有法律专报而吾国无之"，再加上"领事裁判收回及司法改良各问题尤不可无专报以事讨论"，马氏决定在北京创办一个具有较高学术水平的法学刊物。他希望"海内法学巨子"踊跃讨论法律问题，以期"影响多数人之心理"，改良司法，达于法治，进而"收回领事裁判权"。⑤《法律周刊》应运而生。当时颇有名气的法学家如张志让、王世杰、周鲠生、苏希洵、金问泗、李炘等人，均是该刊的撰稿人。该周刊何时停

---

① 江庸：《发刊词》，《法律评论》1923年第1期。
② 江庸：《法律评论周岁志感》，《法律评论》1924年第53期。
③ 同上。
④ 该刊至今仍在台湾发行。
⑤ 马德润：《发刊词》，《法律周刊》1923年第1期。

刊不得而知，从当下留存的资料来看，至少在 1925 年以前一直在运作。

除了《法学季刊》、《法律评论》、《法政学报》、《法律周刊》之外，北京大学主办的《社会科学季刊》和上海商务印书馆主办的《东方杂志》也是法学学术交流的重要平台。至于法学专著或译作，朝阳大学出版社和上海商务印书馆则是其主要阵地。20 世纪 20 年代前中期法学研究的中心依稀可辨，中国现代法学发展的态势焕然一新。依托这些支点，社会法学逐渐摆脱清末民初的萌芽状态，在 20 世纪 20 年代取得初步发展。

第二节　社会主义思潮对法律学说的影响

社会主义思想自清末渐次传入中国。随着新文化运动的兴起和十月革命的消息传到中国，其传播更加迅速。1919 年以后数年间，宣传社会主义的刊物种类繁多，社会主义的相关论著更是汗牛充栋。自此，社会主义在中国形成一股巨大的浪潮。1919 年，北京法政专门学校王名烈就认为，社会主义是 20 世纪的两大势力之一。[①] 一位署名"微"的作者也在《法政学报》上说，社会主义可以补救中国现状。[②] 不论是何种称呼和何种派别，对资本主义社会过大的贫富差距表示反对，谋求社会平等、公共利益与社会进步，是近代中国社会主义学说的共同特点。社会主义对中国的政治走向、经济发展和知识传播都产生了深远的影响。研究社会法学在中国的发展，不得不考虑到社会主义思潮的因素。关于社会主义在近代中国的传播情形，不少学者做过梳理，如皮明庥的《近代中国社会主义思潮觅踪》等。本书主要从时代思潮的角度对社会主义与法律的关系做一番考察。

一　对社会主义与法律之关系的初步认识

（一）杜威来华演讲：社会主义的起源及其在法律上的影响

较早谈论社会主义在法律上的影响的，是来华讲学的美国思想家杜威。1919 年春，杜威应邀来华讲学。他在中国停留了两年多时间，其间曾

[①] 王名烈：《二十世纪之两大势力》，《法政学报》1919 年第 8、10、11 期。
[②] 微：《社会改造及其运动之二潮流》，《法政学报》1919 年第 11 期。

引介、诠释与运用

在中国各大城市演讲近百次,其间在北京大学法科礼堂演讲"社会政治哲学"十六次。①他多在学校演讲,听众大都受过相当程度的教育,其中不乏新文化运动的领导者,他的中国学生又大多身居要津,另有各大报刊对演讲诸多报导,更有学者将其演讲内容编辑出版,流行于坊间。所以,其论点容易对中国学界造成重大影响。有学者称杜威对当时的社会思想起到了"突出的引导作用"并"为中国的启蒙运动提供了理论武器"。②

杜威认为社会主义的产生与个人主义息息相关。个人主义曾对打破封建王朝严苛律法发挥了重要作用,但到19世纪后半叶已经流弊丛生,并被资本家利用,进而形成严重的社会问题。在杜威看来,个人主义虽然主张平等自由,但却忽略了两个重要方面:订约双方的平等能力和契约的社会属性。社会主义的出现是对个人主义的"反动"。社会主义的哲学是一种"抗议的哲学","大概表示攻击现行制度,如现行的经济生活、工厂、资本家以及种种财产私有的制度"。其派别虽有不同,但都有一个共同的趋向,即主张经济活动都应以社会公共利益为前提,一切工商等经济事业"都不是为个人赚钱发财的而是为社会服务的"。③

厘清了个人主义和社会主义在整个欧洲近代思想史中的定位之后,杜威介绍了19世纪后半叶以来欧美法律所发生的变化。个人主义的极端发展导致19世纪末"工商业发达的各国"兴起了"干涉工厂的法律"。他认识到,个人与个人之间的契约不仅仅是个人自由的问题,同样与社会密切相关。个人的所谓订约自由由应当让位于"社会的卫生程度"和"种族强盛"这样的社会利益,所以通过法律对劳动契约进行干涉是合理的。对于工商业发达的各国以法律干涉工厂,杜氏最赞赏美德两国的做法。美国已经有不少州通过了"妇女作工只以八小时的新法律",新法律的支持者以妇女工作时间过长影响社会种族问题为由,认为该法律并不侵犯契约自由权。在欧洲大陆方面,保护劳工的法律"最多者莫如德国","例如没有工

---

① 胡适:《杜威在中国》,台北《哲学研究》1964年第3期。
② 孙家祥:《杜威访华与中国现代政治思想演进》,载袁刚、孙家祥、任丙强编《民治主义与现代社会:杜威在华讲演集》,北京大学出版社2004年版,第11页。
③ 杜威讲,胡适译:《社会哲学与政治哲学》,载袁刚、孙家祥、任丙强编《民治主义与现代社会:杜威在华讲演集》,北京大学出版社2004年版,第56—63页。

可做的以及年老不能做的事都有年金，可以生活；他的法律且在各国中为最早……凡是经济上占不平等地位的，如妇女、小孩、老人等等，都没有不受法律保护的"。杜威甚至认为，德国在一战中之所以能够团结到这么长久，"未始不是保护劳工政策的报酬"。①

杜威认为，个人主义的弊病虽然出现在西方，但中国的工厂时代不久就会到来。他希望中国要参考"放任的弊病"和"保护的好处"，对于"将来工厂时代连带而来的妇女、小孩的问题，太多的时间，太刻薄不人道的待遇"，都不可不预先防备，不要等到种种流弊出现之后再来处置。②杜氏虽未道明应该改良法律来解决这些问题，但是从他对欧美法律变化的赞赏可知，其意乃希望中国亦能采用欧美之法。杜威在华之论是中国较早关于社会主义与法律之关系的论说。如何改良法律进而改造社会的问题逐渐浮现出来。

（二）社会主义的设想与法律的变化

1921年10月，《民国日报》刊载范扬的《社会主义与法律》，试图从社会的变迁中去理解社会主义与法律的关系。范氏注意到，当时讲法律的人多注意"具体法律之制定"和"诉讼手续之运行"，而法律的"动的系统之本体"尚无人过问。他打算从所谓"法的生理学"的角度去观察社会的进步发达对法律的影响。

范氏所认可的"法"，是指"规定人与人、人与国、国与人、国与国间的一切法制、规则、规定。"他认为法的意义并非一定不变的，而会因国家的不同和时代的变迁而变化。法律应国民经济和社会的情状而产生，并随社会经济情状的变化而变化。每一种社会都有与之相对应的法律。基于改造社会的立场，范氏认为"向权利与法律而奋斗"，便是促进社会的进步。若作含冤忍屈的"平和百姓"，便是害群分子；不争取公权及产业上的权利的阶级，便是"卑鄙的奴隶"；若甘受国权丧失，便是亡国奴。

范扬认为近代法律的特点是"现状放任"，这种法律便是劳资对立的

---

① 杜威讲，胡适译：《社会哲学与政治哲学》，载袁刚、孙家祥、任丙强编《民治主义与现代社会：杜威在华讲演集》，北京大学出版社2004年版，第57—58页。

② 同上书，第58页。

根源。近代社会以"制造与商卖"为基础，其财富亦以"动产与货物"为代表，故而"各种财产之绝对所有及其生产的自由和使用的无限制，皆不外为近代法律的金科玉律"。保护私产和个人自由的法律之出现，是以近代经济情状为基础。在范氏看来，近代的法律都以财产为中心，民刑法都是如此。刑法所应对的犯罪不外乎"对于财产而犯罪"和"为财产而犯罪"，认为在两种犯罪中犯罪者大都以"物质的利得为目的"。民法亦不过为"蒐集关于对财产权争议决定之法则及规定财产所有者相互关系的规则"。对于近代法律的弊端，范扬如是说：

> 此种主义乃假定全（体）市民为平等，与各市民不受国家干涉而有适应相互间关系的能力之主义。如现存的社会、秩序与时期，如此假定亦非全出无理。在那工业幼稚、以原始的方法简陋的工具而谋生产的时期，工匠处于产业界，无异乎自由的天地，更没有什么"资本家"和"劳动者"间永久截然的区别。雇者与被雇者之间，得行对等的交涉，而两者间的关系亦全由双方任意的契约而定。然自种类繁杂、费用浩大的现代式生产机关发达以来，资本阶级尽举此等生产机关与现代生产的过程而独占之，于是无产阶级不得不陷于劳动者的地位。从来所谓人人平等的假定于是一变而为空谈。以此假定为基础之社会的立法精神，遂承认强者有凌虐弱者的权利了。假使社会向在经济上平等，则以法律禁止或干涉人民相互间的产业的关系，亦未为过；惟在此于经济上占优势的阶级得有支配他种阶级的便利之社会，则所立之法对于强者的横暴，理应早加防范，以解弱者的困厄。不料今日的法律尚缺保护劳动者的一部，这不是专计支配阶级的利益而偏袒一方的铁证吗？①

既然近代法律片面保护资产阶级的利益而不能解除劳动者的困厄，那么应该对法律进行改造以解决此问题。范扬认为，劳动阶级的反抗才能促

---

① 范扬：《社会主义与法律续》，《民国日报》1921年10月14日。

使"支配阶级不得不做相当的让步",在法律上体现出来就是其基本精神与近代法律"正相反对"。新的法律精神以"非财产权"为人权的基础,易"自由竞争等主义"为"社会的统制及保护"为法律的基本原则。范氏认为,这种法律精神的变化,正是"最近数十年间社会的立法之深泉"。德国的社会法律之兴起,由于其"社会主义运动之势力足以对抗其反对者",而其动机在于俾斯麦时期关于保护贫苦阶级的主张。拿破仑三世时期的法国以社会的立法为"打破国际劳动会议益赴盛势的手段"。英国亦在劳动运动开始之时采用工场法规。

范氏认为社会的法规有两种倾向。其一为保护劳动者方面,如关于疾病伤害的法规、养老年金法、各种工场法规。细而言之,即妇女和少年劳动时间的限制,特殊工场男女劳动时间的限制,以劳动者的健康与安全为目的的规则,劳动者受伤害时扩大雇主方面责任的法规,关于雇主对被雇者的义务的规则。其二为统制、限制资本主义势力方面,如防止个人积蓄达到极端的法律,以统制各种重要事业为目的的法规。范氏认为,社会法律的出现是"社会上的大吉兆"。

范氏相信,将来的法制改革定会易个人主义为社会主义,在社会主义社会,法律的作用将日渐简单,最后归于无用。[①]

同年,鲁阳九也试图考察社会主义与法律的关系。鲁氏认为研究法律首先要注意正确的方法。他认为,先有社会的基础而后才有法律的成立,所以研究法律必须首先注意"社会发达之程度"。他强调社会文明、经济状态对法律的重要作用。他说:"法律非固定不变之物,亦无广泛无限之能,皆因古今文明之异而殊,社会经济之状态而别者也。然文明之进步与经济状态之变迁莫不有日精月进之势,故法律亦随事随时而变;有今日之法而不适用于明日者,有今年之法而为次年社会所排斥者。或曰:法规无常,惟适于当时之社会者定之。其斯是谓欤。"他还认为法律与道德有密切的关系,法律是社会道德的补助,"法律者,社会之脊骨;道德者,社会之精血也。"

---

① 范扬:《社会主义与法律再续》,《民国日报》1921年10月16日。

鲁氏认为，在不同发达程度的社会，法律必然不同。封建时期多"不动产之法律"；商业发达时期有"证券交易之法律"；工厂发达时期则有工厂法，即使同有工厂法，欧美与东洋诸国又不相同。封建社会时期，法律简单孤立；近代社会以工商业为主，法律主张财产绝对所有权、产业竞争和个人自由，美国的《独立宣言》、法国的《人权宣言》和英国的不成文宪法中对此都有明示。民刑事诸法都本此三原则而制定，其根本都在保护制法者自己的经济的势力。除保护财产私有制度和"商工自由竞争"的原则之外，大体皆采放任主义。随着生产日渐复杂，资本家之专横日甚，劳动阶级则有朝不保夕之虞。由此，自由平等之说成为欺人之谈，未来的法治当着眼于防范有产阶级强权的滥用。过去的法律虽然种类繁多，但皆被"一二特殊阶级所利用"，以至于保护公民、维持社会公正成为虚名，实则保护"社会内势力阶级之利益"。

鲁氏认为近代以来出现的社会立法是一种进步。他心目中所谓"社会的立法"，与劳动阶级对资本家的反抗密切相关。他认为，欧美各国的"罢业怠业之风"是为了"破坏资本家之专横"，争取劳动者的生存权。劳动阶级的主张与"工商阶级自造的法律"处于"反对之势"，社会立法可以排除自由竞争之弊，是"以真正之人权为土台"的法律。

鲁氏所谓"社会法规"包括保护劳动者与"减杀资本主义之势力"两方面。鲁氏认为，这些社会法规虽已在各国渐次施行，但其效果"诚不过九牛一毛之补"，尚不能真正解决劳资问题与贫富悬隔。鲁氏认为这些法规的施行是一种前兆，随着劳动阶级的进一步奋斗和各阶级的赞助，各国法制必将发生"近于社会主义之原理"的改革。鲁氏所理解的"社会主义"之社会，是指"生产机关之公有，产业经营之民主，共同劳动，自作自食，以个人之生存权和享受权为社会之根本基础"，"无上下阶级之别，法之职能亦简单明了"。他相信，在社会主义社会"凡国民物质之利害皆处同等之地位，故对财之犯罪及对人之犯罪可以消灭……今日所行的民刑诸法大部分将归于无用之地"。

在鲁氏看来，近代以来之法制"乃仅注意于个个市民之相互关系及个人之私行为"，对于"国民产业生活上反觉轻而薄"。有鉴于此，未来的法制必将走向"社会的法制",其主要关注点在于"富之生产、分配及社会进步",对于"私人私行之干涉",则"仅限于一小限度已耳"。①

范扬和鲁阳九等人趋向于以阶级斗争的思维来理解社会主义与法律的关系。在他们看来,近代法律的最大问题是被少数特殊阶级所利用,劳动阶级只有通过反抗和"奋斗",才能促使法律从个人主义向社会主义发展,从而防范资产阶级的强权滥用,保障自身利益。

二 "法的社会主义"学说在中国

除了个别学者关注社会主义与法律的关系,20世纪20年代初,中国还存在一种"法的社会主义"学说。该学说是社会主义诸多派别中的一种。较早在中国论述"法的社会主义"学说的是刘震。刘震,字亨齐,浙江人,毕业于日本明治大学,生卒年月不详。据《朝阳学院概览》所载,刘震为北京法政专门学校和朝阳大学的教员。② 又据《北京大学日刊》记载,刘震亦为北大法科研究所之通讯研究员。③ 由此可以推知,20世纪20年代,刘震应主要在北京法政专门学校、北京大学以及朝阳大学三校活动。1920年初,刘震在北京法政专门学校留东同学会的演讲中介绍了法的社会主义学说。

当时许多研究社会主义的人多主张从经济方面改良社会,刘震认为重经济而轻法律"实误谬之观念"。法国学者"盛唱法的社会主义",并视法律比经济更能改良社会,刘氏颇为赞同。据刘氏的理解,法的社会主义是指"对于法律,含绝对的信仰,乃欲以法律之方,转化社会者也"。④ 他明确表示,其观点来自日本学者米田庄太郎所著《晚近社会思想之研究》当中论"法的社会主义"一篇。

5月,刘震将米田庄太郎《晚近社会思想之研究》的一部分译为中文,命名为《法的社会主义之研究》刊于《法政学报》第二卷第5—9期。刘氏之意在于介绍一种社会主义的学说。他认为,19世纪中叶至20世纪,社会

---

① 鲁阳九:《社会主义与法律》,《复旦周刊》1921年第58号。
② 朝阳大学:《朝阳学院概览》,朝阳大学出版部1933年版,"前任教员姓名略历",第18页。
③ 《法科研究所研究员一览表》,《北京大学日刊》1918年3月20日。
④ 刘震:《战前战后刑法之社会的任务》,《法政学报》1920年第2卷第1期。

主义思潮发生了极大的变动，出现了众多派别。单就社会主义社会出现的手段而言，社会主义的派别可分为两类："其一可称为革命的，不合法的；而其他可称为进化的，合法的，或改良的，前者为包括革命的工团主义名称下之各种倾向，后者为包括于进化的社会主义或修正派社会主义名称下之各种倾向。"刘氏所论"法的社会主义"，即为"进化的"、"合法的"社会主义。刘氏声明法的社会主义"迄今尚无一定之统系可以推敲……尚未告厥成者耳"，只能"就今日已发展之状态加以考察而理解其大体究属如何"。

刘震肯定法的社会主义是一种独立的社会主义学说，而非法国学者普尔特所言仅为社会主义关于法律方面的论究。刘氏理解的"法的社会主义"，主要观点有二。第一，"法的社会主义"学说的基础是"正义之观念或理想"。"正义为法之理想，而法能尽力以使正义安全实现为目的"，故而法为达到社会主义的手段。"法的社会主义"对于法律"含有绝对的信仰"，认为"蔑视法律精神之时代，今则已成过去"，欲图改造社会，不仅需要重视经济学，更要特别重视法学。"不独用法律上之言辞，运用法律上之范式而已，更欲构思新式法的制度，以现行法为出发点"。该学说主张"以法的转化视为经济的转化"，"以合法之手段，使现在资本主义的社会，化成社会主义的社会。"第二，关于正义的实现。"法的社会主义"所主张的基本经济权利为生存权、劳动权和劳动全收权。刘氏将其称为"法的社会主义"之"人权宣言"，并认为"三项经济权利的实现，即正义的完全实现。"他进一步指出，"法的社会主义"的主要倾向为理想主义，其思想要素为正义观念，该学说主张法律是比经济更为根本的"原素观念"。[①]

介绍法的社会主义学说者，不只刘震一人。1920年3月，《东方杂志》登载了《法学的社会主义论》一文，作者为李三无。该文对法的社会主义之发展史进行了梳理。李氏认为，19世纪末叶，现代哲学由唯物主义而生新理想主义，由此而生法学的社会主义。法学的社会主义"主事实而又不囿于事实"。19世纪后半期的社会主义论者仅以经济学为依据，至19世纪末叶呈一大变动，即重"理想之力"和"观念之力"。理想和观念的实现

---

① 刘震：《法的社会主义之研究》，《法政学报》1920年第2卷第5期。

第二章　社会法学基本框架的建立与初步发展

手段又有"革命的不合法的"与"进化的合法的"之别。前者倾向于所谓"革命的工团主义",后者倾向于进化社会主义,即法学的社会主义。法学的社会主义滥觞于法国,其渊源在19世纪前半期,至20世纪初仍在发展之中。法学的社会主义被认为是一种独立的社会主义学说。盛倡社会主义的观念因素,始自法国学者马龙(Malon),后有皮尔兜姆(Proundhon)、安托明格尔(Anton Menger)、安多来(Andler)、索乃尔(Sorel)、马铁儿(Mater)、勒原(Levy)、厉白儿(Neybour)等人。

李氏对法学的社会主义之理解,与刘震大体相似。李氏认为,法学的社会主义的基础为正义的观念或理想。正义是法的理想,法的社会主义的目的就是使正义理想安全实现。该学说注重于法的作用,对法律绝对信赖,试图"由新研究探讨法律之真相而充分承认其效力"。法学的社会主义所主张的正义,即为生存权、劳动权和劳动全收权的实现。李氏认为,社会主义就是为冻馁之人谋衣食,以图社会全体之秩序、和平、正义和自由。仅以经济学的方法不能达成此目的,如果不基于法律的转化,经济的转化也不易成功。法学的社会主义,是打算以合法的手段使现在的资本主义社会转变为社会主义的社会,通过法律实现生存权、劳动权和劳动全收权。

李氏还提出了所谓"社会主义的浸润法"。"社会主义的浸润法",是"于现行所谓资产者阶级法律之内,发现社会主义之胚胎而助其生长,将使资产者阶级法律渐次化成社会主义的法律是也。此种企图为法兰西法学界之新倾向,以其与自由法学派之主旨颇同,大有注意之价值。"他认为,在20世纪的社会经济情况下,欲为社会改造"惟法学的社会主义较为可行","仅于法律方面,稍致其意,勉求惬于人心已足,固无须根本的更张也"。他说:"今多数学者唱[倡]言公法私法之转化及民法修改之必要,即法学的社会主义实施之前提。若不顾法学而仅以经济学研究社会问题,欲社会问题之解决,必不可得。"[①]

1920年5月,又有杨孝斌在《法政学报》刊文探讨法与社会主义思潮的关系。和刘震一样,杨孝斌对于社会主义论者轻视法律而专以经济手段

[①] 李三无:《法学的社会主义论》,《东方杂志》1920年第17卷第5期。

解决社会问题提出批评，认为法律对于解决社会问题来说是极为重要的。他说："对于现时社会之改造，万不能不为全部计划，以最公平之法律，整顿于其间，即或应时势之潮流，图谋社会上贫富之调剂，阶级之削除，尤当于一切权利不平等之规则，修正而改良之，使底于极平。故无论社会改造，至如何之程度，苟有人类之组织，断难脱离法律之支配，盖法生于社会，即为社会而存，社会与法，不可不一致也。"

杨氏认为，社会主义在19世纪末发生了重要变化，渐而趋向于所谓"新理想主义"。新理想主义之下的社会主义认为，"非基于法律之转化，则经济之转化难以告厥成功"。由此而生通过合法的手段以实现社会主义之目的的观点，即法的社会主义。他认为，法律之所以成为法律，在于其能维持社会公共秩序，适应社会的需要，"有不合于社会之实用者"，便"修正之或改造之"。"法律学派所谓社会主义者，殆不出此范围尔。"

杨氏对于法的社会主义学说的发展做了较为详细的梳理。与李三无的理解不同，杨孝斌认为法的社会主义学说并非始于19世纪末，而是导源于罗马时代，继起于康德。19世纪末，法国学者马龙、皮尔兜姆、安托明格儿、安多来、索乃尔、马铁儿、勒原、厉白儿等人多以正义观察为社会主义立论的基础，置重法律的作用，使法的社会主义成为独立的社会主义学说。该学说认为，改造社会自应保持人类的生存权、劳动权和劳动全收权，故而对现代社会的法律基础"不可不为根本的改造"。

杨氏非常在意法的社会主义学说对我国社会改造的意义。他认为，欲改造中国社会，应当遵从法国学者关于法的社会主义学说之观点，"留意于公法私法之转化及民法修改"，革除社会上婚姻、财产制度的不良旧习，并使个人与社会的经济权利"支配得当而无格格不入之患"。"改良社会之道，莫善于此，否则终日谋经济之组织，权利之平均，而不谋法律之改定，为有秩序之变更，徒任少数之武夫官僚，蹂躏法律，垄断权利，致使经济紊乱，民不聊生，长此因循，不图挽救，社会扰乱，不知伊于胡底，一旦内忧外患，同时并起，欲国之无亡，其可得乎？"①

---

① 杨孝斌：《社会主义与法律之关系》，《法政学报》1920年第2卷第5期。

第二章 社会法学基本框架的建立与初步发展

法的社会主义学说源于19世纪上半期的法国。该学说经过几十年的发展后,在1920年左右传到中国。除了知道刘震的学说来自日本学者米田庄太郎以外,因资料之阙如,其他学者的知识来源暂时不能确定。不过,当时不少留欧法科学生已经回国,尤以留法为多。据复旦大学王伟考证,1921年以前仅从法国毕业的法学博士就有12人。[①] 所以,法的社会主义学说有可能从法国直接传入中国。可以断言的是,日本渠道至少是法的社会主义学说传入中国的重要途径之一。

法的社会主义论者所言之"社会主义"是为冻馁之人谋衣食,以图社会全体的秩序、和平、正义和自由。该学说着眼于以法律为手段,谋整个社会的全面改造,以合法的手段逐步实现社会主义。与其他经济决定论学说不同的是,尽管法的社会主义论者相信法律在理想社会最终会归于无用之地,但是他们对于法律的作用非常看重,甚至有人宣称对法律有"绝对的信仰"。根据中国学者的理解,"法的社会主义"强调"理想之力"和"观念之力",其基础是正义的观念或理想,正义的实现是指生存权、劳动权和劳动全收权三项基本经济权利的实现。法的社会主义不再局限于研究具体立法和诉讼程序,而是从社会角度来衡量法律的优劣长短。该学说认为,近代法律之所以注重个人利益与个人自由并最终演变为片面保护资产阶级的利益,与近代社会工商业的急剧发展密不可分。近代法律对现状的放任,是导致劳资矛盾的根源。该学说对过去的法律精神持否定态度,认为新的法律精神应该是保护广大劳动者的利益和社会公共利益。正是由于法的社会主义对社会利益的强调,李三无才会认为它与自由法学派的主旨是相同的。对于19世纪末20世纪初西方国家社会立法的兴起,法的社会主义论者表示欢迎。他们认为这是法律精神变化在立法上的体现,并坚信未来的法制必将走向社会的法制,最终会"法期于无法"。

新文化运动兴起后,西方的各种学说纷纷传入中国,法的社会主义学说只是其中之一。在社会政治方面,它或许不如马克思主义、工团主义等学说的影响大,但它对中国现代法学却有显著的影响。在社会主义的广阔

---

① 王伟:《中国近代留洋法学博士考(1905—1950)》,上海人民出版社2011年版,第199页。

117

背景之下，法学强调个人权利、个人利益和个人自由变得不合时宜，社会利益成为研究法律者必须考虑的因素。不仅如此，在研究方法上，法学者不再局限于仅仅研究法律条文和诉讼程序，从社会的角度考察法律为现代法学提供了一种全新的视角，法律的社会任务成为现代法学的一个重要课题。在法的社会主义所提倡的新法律精神的影响下，中国现代法学的发展打上了"社会"的印记。有此基础，西方社会法学派学说在20世纪20年代传入中国后便迅速扩散，快速发展。

第三节 社会法学概念的提出与基本框架的建立

自清末以来，社会法学相关知识虽然偶见于中国学界，但学界并无社会法学的称谓。就法学派而言，一般人的认识不超出自然法学派、历史法学派、分析法学派、推理法学派和比较法学派的范围。即使偶有学者注意到"根据社会学因考法律之原理"的新学派和自由法学派，也不过昙花一现，并未引起学界的重视。在经过短暂的沉寂之后，社会法学相关概念于20世纪20年代初出现，预示着社会法学将渐成法学界关注的重点，也表明社会法学在中国的发展将进入一个不同于清末民初的新时期。

一 社会法学概念的出现："社会目的法说"与"社会法学"

"社会目的法说"是陈启修提出来的一个概念。陈启修（1886—1960），又名陈豹隐，字惺农，四川中江人。1907年，陈启修赴日留学，入东京第一高等学校学习。1913年，进入东京帝国大学攻读法科。1917年回国后，入北大法科并被选为政治门研究所主任。

在提出"社会目的法说"的概念之前，陈启修对法学发展的趋势做了一些思考。他认为，法学会经历"事功"、"事理"、"道义"和"人生价值"四个发展时期。"事功"期的法律是一种"方便之术"，其特点是专重习惯，不尚成文，尊崇经验，蔑视道理，法律仅有维持事实之功而无创造事实之力。该时期只有"法律术"而没有"法律学"。"事理"期的法律将习惯法变为成文法，法律由"术"变"学"，其特点是法律与事实相辅相成，法律的解释注重严格的逻辑。该时期可称为"形式法学"。"道义"期的法律注重法律的实质，旨在补救"事理"期法律过于注重严格逻辑的弊病，主张成文法的自由解释。该时期可称为"自由法学"。在陈氏看来，虽然自由法学已经能够维持共同的生活，但是，法学还应该进至"注意人生之价值，谋共同幸福之增长"的阶段。该阶段的法学称为"文化派法学"。陈氏说，"文化派法学"应该能够注重社会利益，又能促进人格的发展和"国家正义之申张"。[①] "自由法学"在民国初年已经出现，自不必论。陈氏提出的"文化派法学"，已经超出清末民初关于法学派之认识，其主张以人类文化为法律的指归，似受到了新黑格尔派法学家柯勒法律文化观点的影响。

文化派法学观念的提出，已经涉及法律的目的论。1920年，陈启修又介绍了一种"社会目的法说"。他归纳了古今关于法之本质的学说，认为主要有六种："神意或天命说"，"自然法说"，"正义法说"，"国民精神法说或国民确信法说"，"命令法说"，"社会目的法说"。[②] 按当时已有的认识，不难将前面五种学说与自然法学派、哲学派、历史法学派及分析法学派相对应："神意或天命说"和"自然法说"属自然法学派的观点，"正义法说"属哲学法学派，"国民精神法说或国民确信法说"属历史法学派，"命令法说"属分析法学派。第六种"社会目的法说"之归属，显然不应归入上述诸派，而应属于某种与自然法学派、哲学法学派、历史法学派和分析法学派相并立的某学派。

再察陈氏对社会目的法说的理解，以窥"社会目的法说"的含义。社会目的法说发生的原因，他认为有三：一是纠正"命令法说"的"法律万能主义"观点，救"法律专制之流弊"；二是"受实验主义的哲学之影响"；三是"劳动阶级之自觉"。[③] 从救法律专制之流弊一点说，实与其所言处于"道义"阶段的自由法学有共通之处；受实验主义哲学的影响，可

---

① 陈启修：《护法及弄法之法理学的意义》，《北京大学月刊》1919年第2期。
② 陈启修：《何谓法》，《北京大学月刊》1920年第1卷第6期。
③ 同上。

见社会目的法说与孔德的社会学说相联系；劳动阶级的自觉也是该说发生的原因，又知该说与社会经济的发展密切相关。

社会目的法说的主要观点，陈氏有如下认识：

> 此说谓法为手段而非目的；故所贵乎法者不在其形式，而在其内容及作用。法者，社会共同生活之规则也，故尤当重其社会的作用及目的。社会者随时随地，发达进步者也。故法之内容，当然随社会为转移，而不必有绝对之真理。故法可以人类之智的努力，随时随地创造变更废止之。此说之根本主张如是，故对于法之研究法，则取社会学的方法，而非难所谓法律学的方法，即注释的方法，对于法之适用，不取论理的解释，而重自由的解释。①

概而言之，社会目的法说强调法律的社会目的和社会作用，法律本身只是一种实现社会目的的手段；法律不再囿于形式法学时期严格的论理形式，而注重其内容与社会的适应性；在法的研究方法上取社会学的方法而不取仅仅注释成文法的方法；在法的运用上，注重自由的解释。陈氏在"自由的解释"之后，特别注明了"自由法说"四个字，可见他认为自由法学与社会目的法说是一致的，至少可以为社会目的法说所用。

根据注重方面的不同，该说可分为三派：一是"心理学的"，主张"心理力"为社会现象之真因，法的真正基础在于"法律意识"。二是"社会连带的"，主张法的基础在于"社会的连带关系"。社会生活需要"协力"和"分工"，含有一种连带的性质，所以必须有一种规则来加以维系，即为法律。三是"实际的理想主义的"，认为专重"事实"则"法将永无进步"，专重"理想"法又不能有实效，所以既要有法的理想，又要"根据于社会之事实"。② 从陈氏所说的分派来看，社会目的法说至少已经涵盖了心理学阶段社会法学、社会连带主义法学以及社会哲学派关于法的理想的观点。

---

① 陈启修：《何谓法》，《北京大学月刊》1920年第1卷第6期。
② 同上。

第二章 社会法学基本框架的建立与初步发展

陈氏认为，社会目的法说的具体主张有过激之处。一是"过重内容"，谓法律之所以成为法律而不同于其他社会规则，在于法有一定的形式和强制力；如果专重社会学的方法而轻视法律学的方法，则"不可谓当"。二是"过重自由解释"，"有失却法之安定性之虞，殊与社会上发生法律以求安固之原理相背"。① 他认为，法律固然应该随着社会生活的变化而变化，但却必须具有相当的安定性，不能"今日一变，明日又一变"，否则就"踏于极端社会法学派之弊矣"②。不过，陈启修对于社会目的法学持赞同态度，认为该说注重法之目的及作用"实为法学史上最大之发见"，并说"自社会目的法说一出，法学大势，为之一变……其先社会而后个人之根本观念，可谓得理之正，关于法之本质的舆论，虽尚有纷歧，然法以社会利益为目的，则已成各说共通之概念"。③

陈启修上述观点应是来自于对域外著作的阅读。时为北大法律学系学生的陶希圣后来回忆说，当时市面上有非常多日本法学书籍，他可以很方便地买到富井政章、梅谦次郎、石坂音四郎和松本蒸治的法学书，也可以在北大图书馆内读到"新黑格尔派、新康德派以及社会法学派与历史法学派的一些英文书籍"。④ 陶氏对英文法学书籍所属派别的称呼也许不免后见之明，然而从中亦可知当时北大图书馆法学书籍之大要。陈启修对"自由法学"、"社会目的法说"、"文化派法学"和"极端社会法学派"的认识，很可能来自北大图书馆的相关英文书籍。

李炘则明确提出了"社会法学"和"社会法学派"的概念。目前学界对李炘知之甚少，有学者称李炘所著《社会法学派》一书是中国"关于社会法学派的第一本专著"，并誉其为"我国法社会学领潮人物的早期卓越代表之一"，但对其个人信息及学术著作均缺乏科学的考证。⑤

---

① 陈启修：《何谓法》，《北京大学月刊》1920 年第 1 卷第 6 期。
② 陈启修：《法律与民意及政治》，《评论之评论》1920 年第 1 卷第 1 期。
③ 陈启修：《何谓法》，《北京大学月刊》1920 年第 1 卷第 6 期。
④ 陶希圣：《北大法律系的学生》，台北《传记文学》1962 年第 1 卷第 1 期。
⑤ 韩亚峰只从"残存"的目录中研究李炘的观点，认为李炘的著作已经遗失。氏著：《法社会学在中国早期发展史略》，载郑永流编《法哲学与法社会学论丛（七）》，中国政法大学出版社 2005 年版，第 252 页。

引介、诠释与运用

李炘，字景村，生卒年月不详，湖北宜城人。1920年前后数年间，曾在日本明治大学学习商法。学成回国后，先后担任北洋政府司法部民事司办事、修订法律馆调查员及纂修，并在北京法政专门学校和朝阳大学兼职任教。1922年至1925年期间，先后出版《法形论》、《思达木蘖法律学说大纲》和《社会法学派》三本专著，被时人称为"法理学研究论文丛书"。① 此三文都曾以论文的形式刊于《学林》或《法政学报》。

1922年1月，李炘在《法政学报》上发表了论文《社会法学派》，"社会法学"和"社会法学派"的概念见诸报端。"社会法学"和"社会法学派"的概念，是在梳理法学研究方法的过程中提出来的。

在李炘看来，近代法学的派分是由于各自采用不同方法来研究法学。按他的认识，当时研究法学有分析、比较、历史、哲学和社会学五种方法，由此而有分析法学派、比较法学派、历史法学派、哲学法学派和社会法学派。分析法学派注重"分析解剖现实具体法律之现象而阐明其成分组

---

① 1925年4月，李炘的《社会法学派》一书由朝阳大学出版部出版。该书封底登载了两则广告，从中可以略窥李炘的身份和经历。第一则是北京《民商法杂志》的征订广告："……爰发刊《民商法杂志》，特请李炘君担任主撰。李君系由教育部选派留学东瀛，专习商法，苦心孤诣，约计四载，对于斯道，颇具心得。归国后，历任国立北京法政大学及朝阳大学商法教授，司法部民事司办事，修订法律馆调查员及纂修。诸职务又已四年矣。经验丰富，成绩昭章。……"（李炘：《社会法学派》，朝阳大学出版部1925年版，封底广告一）根据该书的出版时间可以推知，大约在1917年至1921年间李炘在日本留学，学习商法；1921年至1925年，曾担任国立北京法政大学和朝阳大学的商法教授，并在司法部和修订法律馆任职。《申报》曾在1923年11月报道过一则修订法律馆的消息，从中亦知当时李炘曾在该馆担任调查员和纂修。（《修订法律馆员全部更动》，《申报》1923年11月10日。）第二则是北京公慎书局对李炘所著"法理学研究论文丛书"三本书的广告："宜城李炘先生著法理学研究论文丛书，第一册《法形论》，第二册《思达木蘖法律学说大纲》，第三册《社会法学派》。"（李炘：《社会法学派》，朝阳大学出版部1925年版，封底广告二）根据当时学界的习惯，"宜城"应是李炘的出生地，由此判断，李炘当是湖北宜城人。《朝阳学院概览》又记载："李炘，字景村，湖北人，教授科目：商法，毕业于明治大学，曾任司法部主事。"（朝阳大学：《朝阳学院概览》，朝阳大学出版部1933年版，"前任教员姓名略历"，第11页）由此我们又得知，李炘在留学日本期间就读的学校为明治大学。经查证，《思达木蘖法律学说大纲》一书是其1922年发表的《现代法律之正观》一文单独刊行而成；《社会法学派》一书则与其1922年发表的同名论文大部相同；《法形论》一书固不可见，但通过其1922年发表的《今后法形之变迁》和1923年东吴法学院陈霆锐对该书的书评，当可知其大意。见李炘《社会法学派》，《法政学报》1922年第3卷第1—2期；《现代法律之正观》，《学林》1922年第1卷第6期；李炘《今后法形之变迁》，《学林》1922年第1卷第4—5期；李炘《社会法学派》，朝阳大学出版部1925年版；李炘《思达木蘖法律学说大纲》，朝阳大学出版部1923年版。《社会法学派》和《思达木蘖法律学说大纲》两书可见于中山大学图书馆。

第二章 社会法学基本框架的建立与初步发展

织以认识法律现象之通素"。比较法学派着眼于"地理的人种的差别事实，以异地域异民族之数种法制，而为实验的比较研究"。历史法学派认为"民族惯习者为法律研究惟一之根据"。哲学法学派"以价值批判与现实观察之二元的方法研究法律，将法律划分为"现实法学和法律哲学二途，法律哲学之职分在明法之理想，而为价值批判，要求正当法之发现，现实法学之职分在现象观察，所谓实在之学也"。①

清末以来，学界已经通过日本了解到了西方的法学体系。上述四种法学派，学界并不陌生。不过，此前学界大多只是引介而已，并没有去仔细探究各派学说的优劣长短。李炘则对此前各派法学的特点做了一番归纳。他认为，过去研究法学只知道将法规为独立的研究对象，而不知法规仅仅是"法律生活诸现象之一"。这样研究法律的结果，出现了一系列弊病，"其流弊所及，不惟法律学之不幸，且使法律与社会目的不适应，法官不知社会目的为何物，法律生活与事实生活，相互龃龉，而社会国家，蒙不测之损害，此大可忧也"。② 也就是说，此前研究法律的方法，会造成法律与社会不相适应的后果。姑且不论李氏对分析、比较、历史、哲学各派法学特点的归纳是否准确，单从社会的角度去观察法律，注意法律的社会目的，强调法律生活要与社会相适应，已表明出他的法学观与往昔学者有所不同。

对于社会学的研究方法，李炘的态度则显然不同。他看到东西洋各国兴起了社会学的研究方法，甚至出现了将法律"竟为社会学自身之一面而研究之"的现象，认为这是当时法学界"最堪注意"的现象。③ 何为社会学的研究方法，即在研究法律时视法律为社会现象之一，只视国家为"社会之一形态"。④ 基于对社会学研究方法的这种认识，他提出了"社会法学"的概念，即"反对局限于法律解释学而标榜法律学为研究社会生活与法规关系之学"⑤。李炘对"社会法学"的定义，注重两个方面。其一，其

---

① 李炘：《社会法学派》，朝阳大学出版部1925年版，第2页。
② 同上书，第11页。
③ 同上书，第3页。
④ 同上书，第4页。
⑤ 同上书，第11页。

研究对象为社会生活与法规的关系；其二，其产生是为了反对将法学仅仅局限于法律解释学。将法学局限于法律解释学，对成文法的解释不能适应社会生活的发展，是欧洲法学界此前通行的一种缺陷，前论自由法学时已述及，兹不赘述。

在李炘看来，"社会法学"注重目的和利益，与"概念法学"和"论理法学"相对，是针对过往法学界过于注重逻辑的推理和解释，而不注重法律与社会生活的适应性而提出的。提倡社会法学，是要切实考察在实际生活中的法则，也就是要使法学远离一种对法律的误解，即将法律视为"由上孔插入事实、由下孔抽出判决之自动机器"①。

在提出"社会法学"的基础上，李炘又对"社会法学派"做出了解释。在他看来，社会法学派是由"昔之社会学派之法律观及法律学者之社会化，综合而成"，自由法运动的主张者，"广义言之，亦属于此派也"。②也就是说，社会法学派不但包括法学者，还包括社会学者。依照李炘的观察，社会法学派在"东西洋各国"已经具备较强的影响力，颇有方兴未艾之势。③

二　社会法学框架的初步建立

（一）应对已然改变的社会生活："社会本位之立法主义"

社会法学研究社会生活与法规之间的关系，以使法律能够适应社会生活。那么，当时的法律应该适应何种社会生活呢？梳理李炘对法律发展的认识，当可知道答案。

李炘认为，法律会经过神法时代、王法时代、国家法时代而进入社会法时代。在神法时代，法律是"神之制裁力"，"近于渺茫"；在王法时代，法律是"王之命令"，"流于专横"；在国家法时代，法律是"国家所认之国家生活的规范"，法规以人的权利为主，立法主义变为权利本位主义，

---

① 李炘：《社会法学派》，朝阳大学出版部1925年版，第11页。
② 同上书，第12页。
③ 同上书，第3页。

导致"个人主义猖狂，害及社会全体生活"。① 李氏认为，前述三阶段法律的共同特点是不重视社会现象，直到"最近世纪"，随着社会观念的发达，法律才进入社会法时代。

他所理解的社会法，其特点是"举历史上传来之神权、王权、人格权一齐否认，惟以社会连带为中心，法律为社会生活之规范"。法律之所以会进入社会化时代，是因个人自由主义的法律而起。个人自由主义的法律导致资本家势力大增，以至于垄断商品，独占政治，控制法律，从而牺牲"社会民众之幸福"。社会为了"生存发达安全之必要"，便起而反抗"资本阶级"，这种反抗是"社会自觉对于国权要求社会生存权"。他认为，社会法虽然还在萌芽时代，但必会成为未来的发展趋势，今后的立法主义"不可不变为社会本位之立法主义矣"。李炘进一步认为，法律以社会为本位即为"法律之社会化"，这种趋势不论何国修订何法都不会否认。②

在李炘看来，当时的社会早已进入新时代，在新时代必须提倡社会本位的法律，才能与该时代相适应。他认为各国法律社会化的程度不同，日本法律是基于神授，美国的部分法律是基于人格权和资本权，而俄国的劳动法等法律则已经进入社会立法时期。③ 他对日、美、俄三国法律之性质的认识，不免偏颇。由此看来，李炘所理解的法律之社会本位或社会化，在于从个人到社会的单向演进，似有矫枉过正之意，与西方学界所主张的法律之社会本位或社会化，还有一定的距离。

按李炘的理解，社会法学反对仅仅注重成文法律的解释而不顾其他，主张研究社会生活与法规的关系。而在该时代法律与社会的不相适应，主要体现在个人自由主义的法律所带来的种种弊病。要解决这个问题，需要将法律的本位和中心由个人转到社会，实现法律社会化。如此，法律才能应对已然改变的社会生活。

(二) 对社会法学派的历史沿革及其基本主张的初步认识

李炘认为，社会法学的发展与社会学的发展有密切联系。社会学经历

---

① 李炘:《社会法学派》，朝阳大学出版部1925年版，第3—5页。
② 同上书，第6—7页。
③ 同上书，第8页。

引介、诠释与运用

了"由实证学的研究，进为生物学的倾向，更由生物学的倾向，而入心理学的考察，最后则均以为未足，遂成综合统一的研究之趋势"①。社会法学亦随社会学的发达之路向前发展，并渐次与实证哲学及社会学分道扬镳。他将社会法学分为实证学、生物学、心理学和综合统一时期四个发展阶段。

第一阶段为"实证学的法律学"。其特点是"置重社会的法律现象之记述，抛弃其说明与批评"，"仅为机械的观察"，"一切人为的分子，在所否认"，故有"历史学的法律学"和"人种学的法律学"。此阶段的代表法学家是澳国古穆卜诺维智（贡普洛维奇）。李炘认为古氏的学说"惟没却人之个性是其缺点"，"又其注目'阶级斗争'，无视人类之道义，可谓失诸正鹄矣"。第二阶段为"生理学的法律学"。其特点是附和斯宾塞尔（Spencer，斯宾塞）等学者的社会学说，以生物学的观点说明"国家及法律之起源及发达"。李炘认为，此说"其有功法学，亦有足多者"，不过他批评尼采（Nietzsche）"社会的优者主义"关于助长"适者"为国家和法律的唯一任务"未免太过"。他认为，在法律之社会化时代，法律反会抵制生存竞争，限制"天演之淘汰"，应该称为"社会的劣者保护主义"。第三阶段为"心理学的法律学"。其下又分为德国乂尔克（Gierke，祁克）的团体说、美国瓦特（Ward，沃德）的心理力说和法国达尔德（Tard，塔德）的模仿说。乂尔克主张团体"自有独立之人格与意思"，动摇了"以个人意思为基础之法理论"，"启心理学的法律学之新倾向"。瓦特主张"动的社会学"，社会现象皆由"心理力"发动，社会研究应注意"社会目的之意识心理作用"。李炘认为，瓦氏之说是"社会法学派之一基础观念"。达尔德主张模仿是"社会基础之事实"，法律制度和语言美术等文化因素一样，都出自人类的模仿性。李炘认为达尔德是"心理学的法律学之集大成者"。②

第四阶段为"综合统一的社会法律学"。李炘对此点注意较多，他认为第四阶段的特点是综合运用前此实证的、生物的和心理的方法和"将来应行增加之方法"来研究法律。其基本的旨趣有二：一为"否认注释的方

---

① 李炘：《社会法学派》，朝阳大学出版部1925年版，第5页。
② 同上书，第5—9页。

法之自足论而陈述社会学的方法之重要",二为"攻击法律学自身自足之态度,主张以法律学为社会学之一部"。① 李炘根据美国哈哇德大学教授捧得博士(Pound,哈佛大学教授庞德博士)的观点,将社会法学派的主张归纳为六点:

> 第一,研究法律制度或法律学说影响于实际社会之结果。例如,就成文法之诸规定,各学说之主张,果于社会上有如何之利乎?应详加考究,或以统计学的方法,调查法律的社会现象。第二,立法准备中,要为社会学的研究。从来预备立法时,大都以内外法制之分析比较研究为主,颇不圆满,今后关于法律之社会作用,亦应切实讨究。第三,研究法规实效之手段。一切法规贵在施行,然从来法律学中,关于法律施行方法,从学问上研究者殆无。此不仅不足以达各法规之社会目的,即法律全体之社会目的,亦不得确保,是不可不注意者。(如商鞅徙木可谓本项之实例)第四,研究社会学的法律史学。从来所谓法律史学仅限于"法规史"、"法律学之学说史"或"方法史",今则不可不就法规或学说,与其当时之社会状态、经济状态之关系上考究,而以社会史为主课。第五,就个事件,为正当合理之解决。社会法学者,以从来之法学者,拘泥法规之论理,往往失衡平之处置,今后法官于法规以外,须依科学的自由探究基于"事物之本性",发现法之通用,所谓自由法说者是也。(瑞士新民法第一条采用之)第六,使法律目的,确实有效。此社会法学之终局目的也,"前列五项方法可谓达到本目的之手段"。②

这其实是李炘对庞德在1911年提出的社会法学"六项纲领"的个人理解。庞德是一位被公认的社会法学之集大成者。1911年至1912年间,他曾在美国《哈佛法律评论》杂志上发表《社会法学的范围和目的》,提

---

① 李炘:《社会法学派》,朝阳大学出版部1925年版,第11页。
② 同上书,第12—13页。

出了社会法学的"六项纲领",要求法学"在创立、解释和适用法律方面更加注意与法律有关的社会事实",该纲领表达了社会法学的基本思想。① 就目前的资料所见,这是庞德的社会法学说首次在国内出现。

(三) 对社会法学派世界谱系的认识

从《社会法学派》文中可知,李炘所理解的社会法学派不只包含庞德及社会法学在实证学、生物学、心理学各时期的代表人物。《社会法学派》(《法政学报》刊载)文末所提供的"社会法学派之著书"的目录涵盖极广,有"西文书"24种,其中包括惹尼的《关于私法之解释法及法源》,埃利希的《法的自由发现和自由法学》、《法律社会学的基本原理》、《法学逻辑》,狄骥(Duguit)的《拿破仑法典以来私法的变迁》,庞德的《社会法学的范围和目的》以及贡普洛维奇、赫克(Heck)等法学家的著作;有"和文书"5种,其中包括穗积重远的《法理学大纲》、《民法总论》,牧野英一的《现代之文化与法律》、《法律之正义与公平》和《法律之矛盾与调和》。② 另外,李炘在《社会法学派》书中明确指出明治大学教授志田钾太郎、德国法学家思达木犟(施塔姆勒)亦属于社会法学派。③ 由此看来,李炘所理解的社会法学派之谱系,除了前述庞德诸人之外,至少还有埃利希、赫克、狄骥以及日本法学家穗积重远、牧野英一、志田钾太郎等人。

在上述社会法学派的诸多代表人物中,李炘最置重施塔姆勒。同时亦对日本法学家穗积重远、牧野英一和志田钾太郎较为注意。这当与他的留日背景大有关系。李炘注意到,第一次世界大战以后日本社会问题凸显,其国内也出现社会法学的宣传。其中,李炘对穗积重远、志田钾太郎和牧野英一三人的社会法学观十分推崇。此三人中,中国学界至少在1915年就已接触过牧野英一的刑法观,但明确地将牧野英一等人纳入社会法学派之内,李炘则是首次。

1. 穗积重远对社会法学派的主张

在李炘看来,穗积重远关于社会法学有四点主张:一为"不置重法规

---

① 沈宗灵:《现代西方方法理学》,北京大学出版社1992年版,第251页。
② 李炘:《社会法学派》,朝阳大学出版部1925年版,第32—35页。
③ 同上书,第20、29页。

之抽象内容,而重视法规之作用";二为"法律为人智产生之社会制度,吾人有以智力助长指导之任务";三为不重法律之制裁,而贵适合法的社会目的;四为切实研究"法律与社会状态及其进步之关系"。穗积氏赞同社会法学"先社会而后个人"的根本观念,但又认为社会法学派过于置重社会学的方法而忽略了法律学本身的"特殊方法",略有"矫枉过正"之弊。穗积氏虽然赞成自由法说,但是反对其中的极端自由法学者。极端自由法学说认为审判官可以变更法律,法规"不过为审判官之教科书"。穗积氏认为他们只是"置重于个个事件之正当处断,而不知图一般的法律安定,以达法之社会目的者也"。李炘最后猜测穗积重远的观点可能来自德国法学家柏林大学教授思达木蘖(施塔姆勒)。①

2. 志田钾太郎的"社会连带"法学说

李炘曾在明治大学留学,对该校志田钾太郎的法学思想亦较推崇。志田钾太郎对"一知半解之利己主义和个人主义"和"极端之团体主义"都不赞成,而主张"社会连带"是"维持一种社会团体之根本大义"。志田氏理解的"社会连带"是一种"宇宙间之无上大法",是指"一切事物莫不息息相关,人类便本其意思,结合而成社会生活"。社会连带观念在法律上的应用就是力图将法律与宗教道德相调和,以"社会职分"为法律思想的中心观念。志田氏的法学观点主要有四:关于权利主体,主张财团、社团仍然有法律上之人格,可以成为享有权利和担负义务的主体;关于权利的滥用,主张权利是为了"社会共同生活起见",所以权利的行使不得超过此限度;关于意思表示,主张个人本于社会职分的表示,"一言九鼎立即成立法律关系,不待两个合同而后成立";关于无过失损害赔偿,主张只要在事实上已经违反其职分,"不问有无故意或过失,均应负责"。②

李炘还敏锐地观察到,志田氏的权利主体观与法国社会连带法学的代表人物狄骥不同。李炘在介绍志田对社会连带思想在私法上的应用时说:"博士本此标的,应用于私法上者,有三四种问题,并以其解决之方,摘要述之于左,以为私法学者之参考:第一权利之主体。主张财团社团仍然

---

① 李炘:《社会法学派》,朝阳大学出版部1925年版,第17—19页。
② 同上书,第22页。

有法律上之人格，为享权利负义务之主体。此与法国惕伊 Duguit 基于社会连带观念否认法人论不同，盖认个人有权利，不认社会集团有权利，是偏于个人主义而违乎社会连带本质故也。"① 李炘判断狄骥"盖认个人有权利，不认社会集团有权利"，并认定狄骥关于权利主体的观点是违反社会连带之本质的。事实上，狄骥在公法方面主张以"公职"观念代替"主权"观念，在个人权利方面则认为"人们在社会中并没有什么主观权利，而只有服从社会连带关系的义务"。② 狄骥并不是"盖认个人有权利"，"偏于个人主义"，可见，李炘对狄骥的学说，只有不太准确的间接认识。

3. 牧野英一在公私法方面对法律社会化的推进

李炘认为牧野英一也是日本"社会法学派之一健将"，在公私方面都对法律的社会化做了重要推进。在刑法上，牧野氏主张犯罪与刑罚应使各个人与社会互相调和。牧野氏主张刑罚不应本于"因果报应"的观念，而应注重"社会防卫"。一面对于恶性犯人有"重刑科之"，一面对于善性犯人有"执行犹豫之宣告"，如此才能"使恶者有所惩而善者有所劝，使社会处罚犯罪之目的更得一层彻底的进步"。李炘认为，刑罚之由事实主义进而为人格主义，便是受法律社会化的影响。刑法上所谓公之秩序和善良风俗之根本思想，与民法商法"盖如出一辙也"。李炘注意到，牧野氏刑法之社会化的阐扬非常多，"颇为日本法学界所称颂"。③

在私法上，牧野氏阐述法律的社会思潮的地方很多。李炘所例举者大约有七："（一）契约自由之原则，以为反乎公共秩序善良风俗者，视为无效。（二）法律行为之解释，不以当事人之意思为基础，应据社会之通念，以诚实为标准。（三）于借地契约之时，须严禁地主，对于借地人之压迫，阻碍都市社会之发展。（四）身元保证契约，以一方之意思，得解除契约之判决为正当。（五）权利之滥用，宜绝对禁止。（六）权利之不行使，有时损害于他人，权利者应负损害赔偿之责。（七）不主张过失责任，但问

---

① 李炘：《社会法学派》，朝阳大学出版部 1925 年版，第 22 页。
② 沈宗灵：《现代西方法理学》，北京大学出版社 1992 年版，第 233 页。
③ 李炘：《社会法学派》，朝阳大学出版部 1925 年版，第 26 页。

原因是否，应负责任，若其原因，应负责，虽无过失所生损害，亦须赔偿，所谓'原因主义'是也。以一切行为，苟一旦反于公共秩序，善良风俗者，即谓为行为之违法性。"①

李炘从牧野英一的观点中认识到，公共秩序和善良风俗为一切法律的根本，是"现代法律新理想之标的"，可称其为"法律之道德化"。李炘还注意到，牧野英一和穗积重远一样，对于自由法学说甚表赞同，认为法律的意义会随时代的变迁而有所不同，如果运用法律时"徒守刻舟求剑之愚计"，就会错失法律和社会的真相。②

4. 将施塔姆勒置于社会法学派的最高位置

李炘虽然对穗积重远、志田钾太郎和牧野英一三位日本法学家推崇有加，但注意到了他们的观点来自欧洲法学家施塔姆勒和狄骥，而施塔姆勒又被置于最高地位。

李炘认为，法律学建立于社会学之上，已经是"必然的趋势"。根据社会法学派的理论，法律是达到人类社会目的的手段，而不是"人生终局之目的"，法律与道德、个人与社会都应该融合，才能"于大公至正之中，措施运用，以满足吾人类社会之需求"。自由法学说在此"意味之限度内，努力提倡，亦吾人所应馨香顶祝也"。今后的法学"不可不采社会本位主义，或以社会职分为法律思想之中心，使权利义务合致。"对于前述庞德、穗积重远、志田钾太郎、牧野英一及自由法学者的学说，李炘表示："愚不仅赞同，且愿加入其中，而为积极之宣传者。"但是，他认为前述法学家所考虑的都是"法律的实质论"，对于法律的形式未曾措意。李炘认为，还应从法律的形式上立论，确定法律的概念，树立"最高标的"，发现法律中"批判哲学之精神"。而他心目中对法律及法律学的认识"理想实际面面俱到"者，是新康德学派的代表者德国柏林大学教授思达木蘖。李炘甚至认为，穗积重远关于法律的定义不过从思达木蘖的法律概念中"脱骨换胎而出"。③ 言下之意，思达木蘖的观

---

① 李炘：《社会法学派》，朝阳大学出版部1925年版，第27页。
② 同上书，第28页。
③ 李炘：《社会法学派（续）》，《法政学报》1922年第3卷第2期。

点要略高一筹。

根据李炘的理解，思氏法律学说的两大柱石，一为法律概念，一为法律理念，二者相并，以成法律之根本理论。法律概念"最高无上之标准"，是其所谓"自主不可侵的结合意欲"。对此，李炘的理解如下：意欲是指一种"内部意识"，又可分为"无手段意欲"和"期成意欲"，道德属于前者而法律属于后者；意欲还可分为"单意欲"和"复意欲"，"复意欲"再分为"个别意欲"和"结合意欲"，在社会生活中人类多数的意欲相互结合，彼此拘束，由此而生法律，所以法律为"结合意欲"；法律形式又有自主精神，决定"何时何人应行服从及何时何人应加入结合体或除外之"而不问被处分者是否同意；法律又排拒"恣意妄为，逞其暴力"，具有"不可侵性"；法律由于具有"自主"和"不可侵"两种属性，所以有别于风俗、礼仪、道德等因袭规范。关于法律理念，李炘认为其职分在于统一法律的手段和目的，使其"圆满合序，进行无碍"，是一种"普遍无上之根本大则，为各个法律之指导"。思氏所谓法律理念是指"自由意欲人之共同态"。根据李炘的理解，思氏所谓"正法"或"正当法"，在于"自主不可侵的结合意欲"之法律规范必须时时适合于"自由意欲人的共同态"之理想，即既能从逻辑上判断"形式所认之法律"，又具有"社会理想"。用李炘的话来说就是："正法既非空想，亦非纯理想，乃立足于现实之新理想。"李炘对思达木蘖评价极高，几尽益美之辞，称其为"一世无匹"，"独树法理学之大蘖"。他认为，正法之说是思氏生平学识之要津，足为"突破陈腐法律而更新法制境域之向导也"。其学说是"现代法律思想之新趋势"，正法说一出而"从来独断法理论，遂无一顾之价值"。①

从李炘的论著来看，他对社会法学的观察，明显受到了日本法学界的影响。若将李炘的《社会法学派》一书与后来翻译的穗积重远《法理学大纲》相比较，可以发现李氏对社会法学的认识与穗积重远极为相似。穗积氏该书在日本的出版时间是1917年，其人其书在日本都有不小的影响，所

---

① 李炘：《现代法律之正观》，《学林》1922年第1卷第6期。亦见于氏《思达木蘖法律学说大纲》，朝阳大学出版部1923年版。

132

以李炘在留日期间极有可能读到日文版的《法理学大纲》。

陈启修所言"社会目的法学",主要关注四个问题:一是法律的社会目的和社会作用;二是注重法律的内容而不是其严格的逻辑形式;三是以社会学的方法而不是注释的方法研究法律;四是在法律的运用上注重自由的解释。李炘所言"社会法学"所关注的问题,除了上述四个问题之外,还有几个方面:其一,在社会学之外,历史学、人种学、生物学、心理学对法学的影响;其二,注意个人自由主义法律的弊端和法律社会化的趋势;其三,民法和刑法所发生的变化;其四,法律的形式与内容相结合,注重法律"现实之新理想"。通过陈李二人尤其是李炘的引介,中国学界初知社会法学派产生的时代背景、基本旨趣、历史沿革以及社会法学在欧美和日本的提倡者等方面的信息。社会法学的基本框架已经初步确立。

清末民初,中国学界虽对社会法学某些观点略有接触,但并无明确认识。陈启修、李炘提出了"社会目的法学"和"社会法学"的概念,并向学界展示了社会法学派的基本主张。此举不但使学界明确了社会法学派的旨趣、沿革以及主要代表人物的学术观点,还使学界产生了对法学发展趋势的新思考。在李炘之后出现了许多探索社会法学派的学者,使中国现代法学呈现出新的面貌。在当时留学欧美的法律人陆续崛起的环境下,陈启修、李炘等人的学术贡献使留日法科生至少在社会法学方面仍然占有先手优势。

第四节 社会连带法学的引介及其影响

社会法学在中国的初步发展,主要集中在北大法科、朝阳大学、北京法政大学和东吴法学院等数个中心。在北大,主要有周鲠生、王世杰、方孝岳、张志让、燕树棠等人。在东吴法学院,主要有吴经熊、王凤瀛、陈霆锐、丘汉平、陆鼎揆、王传璧等人。此外,在朝阳大学、北京法政大学以及修订法律馆还有不少人致力于社会法学的探索,如许藻镕、徐恭典、潘大道、谢光第、胡长清等。

20 世纪 20 年代以来,中国学界对社会法学的引介首先是从狄骥的社会连带法学说入手的。周鲠生、王世杰、方孝岳等北大学人成为引介社会法学的先行人物。

一 周鲠生对狄骥社会连带法学说的引介和运用

较早引介狄骥社会连带主义法学的是周鲠生。周鲠生（1889—1971），原名周览，湖南长沙人。1906年，他东渡日本，在早稻田大学攻读政治经济科。1913年，又赴英国爱丁堡大学攻读硕士学位。1917年，再赴法国巴黎大学留学，1920年获法学博士学位。归国后曾在上海商务印书馆短暂就职，随后受聘于北大法科。[①] 目前学界对周鲠生的研究，多限于他在国际法方面的造诣，对其在社会法学方面的引介较少措意。

1917年7月，周鲠生翻译英国法学家蒲兰（W. Jethro Brown）的论文"The Jurisprudence of Mr. Duguit"，以《狄骥之法学评》为名发表于上海《太平洋》杂志。该文主要介绍狄骥《公法之进化》一书中的观点，主要针对主权有限说和国家公职说立论。

通过该文介绍可以得知，狄骥否认主权的观念，认为所谓"唯一不可分之主权说"已经"反乎现在之事实"。既已否认主权的观念，自然同时否认"法律为主权者命令"之说。法律是"人类相依、社会连带之附带也"，法律"仅可求诸一事实"，即"人类生存于社会，必不可不服从一'客观的法'"，此"客观的法"位于政府之上。甚至行政行为也不视之源于国权，不过是"对于公职之一种执行的行为"，其强度、性质和效力"皆视其目的而定"，"吾人欲定一行政行为之是否合法，不必再问其行为是否为国权之表示，但问其是否准乎某种公职之法规。"近世公法的根本观念不在国权而在"公职"。国权的观念根植于一种"想像之统治权利"，这种想象的统治权利为神授或为"民命"。政府机关之所以能存在，是由于"所从事之目的也"。政府机关固然具有一种权力，但其权力应有与否、范围如何，都应当"视公职而定"。"公职"，即"关系于战争、警察、司法及其他关系于国家全体之事务而行者是也"。

[①] 《周鲠生教授传略》，载武汉大学法学院国际法研究所编《周鲠生文集》，武汉大学出版社1993年版，第3—4页。

第二章　社会法学基本框架的建立与初步发展

如果政府机关所行之事，能够达到"其所存在之大目的"，则其权力为有效。① 简言之，依狄骥之意，法律的基础在于一种社会连带关系，这种连带关系是一种高于主权的"客观法"，所以法律并非如分析法学派所说的"主权者的命令"；主权、政府或国家应该在法律之下履行自己的公职，只有那样其权力才有效。

蒲兰对狄骥的学说给予了相当的尊重，认为"狄氏所举种种事实变迁趋势之重要当不能否认，……法律……其生命非逻辑而实经历，已如法官荷姆斯所言，法理学不留意于此种法律解释之新精神，未免与实事相去太远。兹之所谓新精神者，虽非新发生之意，而就世人初置重于此精神言，不得不谓之新也。"分析法学派在英国向来占有重要地位，蒲氏将狄骥与英国分析法学派代表人物奥斯丁比较时又认为"狄氏法学之全般，虽自称根据事实，然而混同各种社会之学，至欲观法学与政治、伦理、社会各学之区别，而不能也。吾人于狄氏之著，可以获益不少，然而欲于此求一实用之法学，则废然失望耳。"对此，译者周鲠生认为蒲兰的批评"未必尽洽人意"。周氏认为狄骥是"当代公法学家之赫赫有声者"，其学说已经"风靡欧美法学界"。② 后来周鲠生曾称赞狄骥的著作"从唯实主义的精神抨击旧说，推翻一切，立论精刻，独有见地，……超然于传习的学派之上，凡是有志精研法理之人都不可不细读"。③

《太平洋》杂志由李剑农等人创办，其主要供稿人为留英学生，在思想界本亦有相当势力，④ 然当时法界研究之风颇废，故而周氏此篇译文未见引起较大的反响。中国学界此前认识欧洲学者的观点，常常以日本为媒介。周鲠生译介狄骥学说，虽亦为间接了解，却直接源于欧洲，初步摆脱了跟随日本以了解欧美的法学模式。

作为一名留法的法科生，周鲠生接受了狄骥关于社会连带法学说的观点，并试图加以运用。1923年1月，周氏出版了一本名为《法律》的小

---

① [英]蒲兰（W. Jethro Brown）:《狄骥之法学评》，周鲠生译，《太平洋》1917年第1卷第5期。
② 同上。
③ 周鲠生:《法律》，商务印书馆1923年版，"参考书"，第2页。
④ 陈友良:《留英学生与五四新文化运动》，《安徽史学》2006年第2期。

书。他打算从"社会学、伦理学、政治学等种种方面"去研究法律的,欲使一般人"对于法律的性质与夫法律与社会生活的关系有一个明确的概念"。① 事实上,他对法律与社会关系的认识,是基于狄骥的社会连带说得出的。

周氏认为,法律的基础在于一种"社会连带相依的关系",要了解法律的概念就要明了人类的社会性。他说:"人是社会的生物,不能离群而居,常与同类共同生存于社会。人类既有共同的需要,也有个别的需要,同时人也有特殊的性能。……有共同需求,则互助以谋共同福利;有不同的才能,则交换劳作以满足各自的需求……整个社会构成了连带相依的关系。"② 周氏将这种关系称为"一种事实"。要使这种"社会连带相依的关系"能够"圆满的维持且发达",则社会各成员的行动须遵循一定的规则,以使各人能互助而不相冲突。这种社会的规则不止一种,法律是"最重要的一种"社会规则,道德也是行为规则,周氏认为法律"是社会所采定的最小限度的道德"。③ 周氏最后得出,法律是政治社会中行为的规则,它具有强迫的性质并有地域的限制,只针对人的"外部行为"而不针对"思想和情志"。④ 显然,这种"连带相依的关系",便是狄骥所说的"社会连带关系",他在翻译《狄骥之法学评》时即已接触。

基于这种理解,他提出了三个观点。第一,法律的渊源就只有一个,即社会。在他看来,只有社会才能赋予某种社会规律以法律的效力,社会才是法律最高权能的渊源。不论是由立法和判决而来的法律,还是因习惯和法学学说而产生的法律,最终都是社会所制定。⑤ 第二,为了"识得社会生活维持的真象",应该强调道德与法律的共同性而不是相异性,更不可专重法律而忽视道德。在周氏看来,法律的有效实施需要公众道德心的保障,健全社会的法律规则应当与该社会的一般道德观念相符合,道德可

---

① 从序言所署时间为"民国十一年五月"可以推断,该书大约在 1922 年 5 月即已脱稿。周鲠生:《法律》,商务印书馆 1923 年版,序。
② 周鲠生:《法律》,商务印书馆 1923 年版,第 2 页。
③ 同上书,第 4—5 页。
④ 同上书,第 11 页。
⑤ 同上书,第 17—18 页。

以补法律不足，成为法律的后援。① 第三，法律本身没有良恶之分，其第一要义在于能否应社会生活的要求。法律应当随社会生活的变动而变动，据守所谓祖宗成法和笃信宇宙间有一种万世不移的根本法都不切实际。如果关于个人与社会关系的思想发生了变迁，或者伦理道德观念变迁，社会经济组织变动，法律都会随之而变化。周氏认为，那些视法律为无用、扬言要推翻法律的观点，是由于不明白法律与社会的适应性所导致的。法律与社会同在，推翻法律客观上是做不到的；法律并非无用，它既具有禁止犯罪之类的消极作用，也有通过强制教育而促使教育进步、人性改善之类的积极作用。法律不是资本主义社会的"特产"，专门保护资产阶级的利益，在资本主义国家也有社会主义原则的法律，如各国关于劳工保护和工业组织诸问题的法律等。在社会主义社会，法律也不会归于消灭，而是法律改变以适应其社会情形。②

由上可见，周鲠生根据社会连带法学说对法律的种种认识，已将社会置于最高位置，其最核心的关怀是法律应当如何，才能与社会相适应的问题。

二 社会连带法学说与王世杰的国家主权和个人权利观念

王世杰（1891—1981），字雪艇，湖北崇阳人，曾在英法留学，1920年获巴黎大学法学博士学位。王世杰从1921年起在北大讲授"比较宪法"，后来他将课堂教学的内容整理出版，便是《比较宪法》一书。③ 在王氏留法期间，狄骥一直在波尔多大学执教，《王世杰日记》中没有提及他在法国留学的情形，他与狄骥在教学与研究方面是否有直接往来不得而知。不过，狄氏影响之巨大为学界所公认，王氏受其影响是情理之中的事。王世杰对狄骥学说的引介与运用主要体现在对国家与主权的认识以及个人权利观方面。

（一）国家与主权的认识

国家起源于"强力"。在王世杰看来，关于国家的起源，"神意说"和

---

① 周鲠生：《法律》，商务印书馆1923年版，第27—28页。
② 同上书，第35—37页。
③ 王世杰：《比较宪法》（上册），商务印书馆1927年版，初版序。

"契约说"都各有缺陷。"神意说"主张主权在君,"契约说"主张国民主权。"神意说"自是明日黄花,而国民主权说则颇有信徒。王氏不同意"契约说",对狄骥的"强力说"则表示赞同。在他看来,人类一切国家的产生都因为人类有武力、知识、经济力、人数、道德等方面有强有弱。强弱的存在,便产生"治者"与"被治者"两个阶级,最终产生国家。①

王氏虽然以狄骥的"强力说"解释国家的起源,却认为强者支配权力是一种自然地现象,只是一种事实的权力而不能够构成伦理上或法律上的权力,所以国家并没有"强制他人服从的根据"。② 国家的行为还受到一个最高原则的支配,即促进"社会联立关系"的发展。换言之,国家的行为必须促进人类的分工与合作。③ 国家若要人民服从,必须在起源之外另寻理由。这种理由是,只有国家行使其权力能够履行的"目的",才能获得伦理的根据。王氏是这样理解这种"目的"的:

> 国家应有的目的,究竟是些什么呢?论者于此,意见诚亦不免纷歧;但是我们可以说,一切论者,殆无不承认现代国家应该履行次述三项目的。第一是对外保护国民的安全;第二是对内维持社会的秩序;第三就是"文化的目的"。所谓文化的目的,约言之,不外促进人民的道德、知识与物质幸福的发展。这三项目的,综言之,也许可如狄骥所说,不外是促进"社会联立关系"。个人主义者与社会主义者,对于第三项目的的意见,自不一致;可是无论何人,决不会承认现代国家,只应该是一个警察国家,只应以履行第一第二两项目的为限。彼此意见相异,也不过在第三种目的的范围上。国家如果使用他的权力以达上述诸种目的,我们就可以承认他有要求我们服从的理由,否则我们不承认国家在道义上有强制我们服从之任何理由。④

---

① 王世杰:《比较宪法》(上册),商务印书馆1927年版,第103页。
② 同上书,第103页。
③ 同上书,第87—88页。
④ 同上书,第107—108页。

第二章 社会法学基本框架的建立与初步发展

也就是说，国家存在伦理上的最终依据是促进所谓"社会联立关系"。国家的三项"目的"之中，王世杰又置重"文化的目的"。

主权有限。关于主权是否有限，存在"人权说"和"社会连带说"两种看法。"人权说"主张国家权力应该限制在保护人民权利的范围之内。王氏则赞同狄骥的"社会联立说"（社会连带说）。他认为，国家主权在事实上"有一个别种限制"，这种限制便是"社会联立关系"。他说：

> 依着狄骥之意，主权之为物，如果认为一种不受限制之权力，则彼不能承认有所谓主权。彼承认国家享有极大的权力，但这只是一种事实权力，其本身原无伦理的根据。凡行使此种权力之人，其权力之行使，必须能有助于人类之"社会联立关系"。换句话说，能促进人类之分工与合作。反之，国家权力之行使，其与人类分工与合作的原则有相矛盾者，则人民便无服从之义务；换句话说，即国家的权力，不能妨及人类之分工与合作。狄骥以为他的这种学说，是建筑于事实上的一种诊断，因为人类进化之赖乎"社会联立关系"的巩固与发展，实为社会学者所公认之一种事实。[1]

在王氏《比较宪法》（1927年版）一书中，对于主权的限制，狄骥、拉斯基等人被视为"晚近主权论者"，而奥斯丁等的学说被视为传统的认识。[2] 新旧的判断，已见褒贬。

王世杰对国家起源于强力和主权有限的解释已经表明，他将"社会联立"（社会连带）放在了最高的位置。在他的法律学说当中，"社会"成为高于"国家"的存在。

（二）个人基本权利的新解释

王世杰还根据狄骥的社会连带学说对个人的基本权利做了新的解释。他认为，个人的基本权利可分为"消极的基本权利"和"积极的基本权利"（受益权）。在他看来，个人的基本权利不是国家和法律的最终目的，

---

[1] 王世杰：《比较宪法》（上册），商务印书馆1927年版，第65页。
[2] 同上书，第57—58页。

引介、诠释与运用

而是为了"社会全体之进化"而存在。

"消极的基本权利"是出于社会全体进化的需要。对于自由权利,狄骥的看法与自然法学不同。19世纪以前,自然法学主张国家负有对个人自由不加侵犯和防止侵犯的义务,国家和法律的目的在于保护个人的自由权利。王世杰虽然肯定天赋人权说对于个人权利的意义,但是他更倾向于狄骥的观点。在他看来,国家之所以必须承认个人的自由和权利,并非因为其他原因,而是因为这些自由是个人"优性发展"所必需。个人"优性发展"的最终目的,又是为了求得"社会全体之进化"。

> 盖社会全体之进化,有赖于人类分工现象之发展,已为一般公认之事实。个人优性之发展,乃能促进社会分工现象之发展,亦属显而易见。以是欲求社会全体之进化,实不能不给予一切人民以诸种自由。国家之目的,既在促进社会全体之进化,以是国家对于个人自由,于不妨害他人自由界限以内,便不应侵犯,而应给以保护。①

在此,王世杰对于个人自由权利的保护找到了一个至高的理由,即社会全体的进化。在自然法学派学说里,个人的自由权利是一种不加置疑的最终目的;而按王世杰的理解,个人的自由权利是一个过程,是一条达到社会全体进化的必经之路。

在个人的消极权利中,王世杰对财产自由的论说最能体现狄骥社会连带学说的影响。18世纪的学者把财产看成了所有者的一种"人权",财产权成为一种差不多完全没有限制的权利。在王氏看来,持这种看法的人的真实目的,只在维持当时有产阶级的既得权利,并求得最强大的保障而已。王氏认为,财产权并不是所有者的一种"人权",而是一种随所有权而发生的"社会职务"。基于这种社会职务,财产所有者才拥有处分其财产的"相当自由",法律对这种社会职务的保护便构成了财产自由。对于这种社会职务,王氏解释说:

---

① 王世杰:《比较宪法》(上册),商务印书馆1927年版,第123页。

这无非因为私产的存在，在现时状况下尚为"社会利益"所要求。换言之，法律所以承认私产，只因社会财富的增加与社会需要的满足，现时尚不能不利用私产制度为工具。为适应"社会利益"起见，在财产所有者的一方应视财产权为社会职务，而在社会一方则应尊重这财产权。如因社会演进，社会利益对于执行这种职务的要求缩减，甚或无所要求，法律自亦可以缩减财产权的范围，甚或使一切私产消灭。所以，财产权在原则上不是所有者的一种含有绝对性或不受限制性的权利，而只是所有人的一种有条件的与可限制的权利，亦可说是所有者的一种有条件的与可限制的社会职务。①

王世杰进一步指出，社会职务观念下的财产权是以社会利益为根据，存在五个方面的限制。第一，所有者有履行其职务的义务，即运用其财产的义务。第二，所有者行使其财产权时应同时有助于公益，即决不能为无益于己而有损于旁人的行为，也不能抵抗任何有利于旁人而无损于己的行为。第三，因社会全体利益的要求，国家机关可以在给付相应代价之后，强制收用财产。第四，财产价值的增加，如果不是出于本人对于其职务的努力，其增加的价值便不应为所有者所享有。第五，国家可以对财产的继承予以限制。②

依王氏之意，对个人自由权利的社会职务解释，其实是在自由之外兼顾了平等。王世杰认为，过去的法律只注重表面上的平等，容易导致实质上的不平等；狄骥等人对平等的"社会主义"论说则重视"个人间差异"，主张注意人民在天禀和环境方面的差异，才有可能达到实际的平等。为此，法律应该一面"宣示平等主义"，一面"复对于劳工、妇女、儿童等弱者阶级设定诸种特殊保护"，如此才能实现"真正的公道"。③

当然，王世杰并不否认个人自由权利的重要性。他强调国家要保障个人的自由权利，而不能滥设法律限制个人的自由权利。在他看来，即便是

---

① 王世杰：《比较宪法》（上册），商务印书馆1927年版，第160页。
② 王世杰：《财产权性质之新义》，《北京大学社会科学季刊》1923年第2卷第1期。
③ 王世杰：《比较宪法》（上册），商务印书馆1927年版，第134页。

"倾向社会主义最力"的狄骥,亦承认保障个人自由是国家职务的一部分,其承认个人自由之不应侵犯与17、18世纪的学者是一致的,因为个人自由"只是个人对于社会一种极小限度的要求,无论如何是不会与国家的目的发生冲突的"。①

"积极的基本权利"(即受益权)来源于国家的积极义务。王氏关于受益权的观点,与新解释下的消极权利理论一脉相承。根据社会联立(连带)主义学说,王氏认为国家的积极义务便构成了人民的"积极的基本权利"。在他看来,国家仅仅履行消极的义务还不能达到助长个人"优性发展"的目的;国家还需要积极地履行若干种义务,才能助长人民身体、知识与道德的发展。②

他明确提出,受益权主要包括以下三种:

第一,受国家供给最小限度之教育之权利。欲令一切人民享有发展其个性之机会,自不能不承认一切人民须受最小限度之教育。然仅承认人民有受最小限度教育之义务而不设法组织国立义务教育学校或津贴私立义务教育学校,俾一切人民事实上得有受学之地,且令贫者亦不至因学费书籍费甚或饮食费,而受窘迫,则凡关于义务教育之规定,终不能完全实行。以是近代文明诸国之义务教育,俱不得不为一种无给教育。换言之,即国家对于一切人民,便不能不供给以最小限度之教育。

第二,社会间弱者受国家救恤之权利。……对于残废、衰老而无法自存的人民,负有救恤的义务。这类人民得以要求国家给以医治、衣食与居住。国家这种救恤义务,即构成一般人所谓生存权。在许多国家,救恤且不限于残废或衰老的贫民,而更涉及其他弱者阶级,如孕妇、私生儿、贫儿等等。

第三,劳工阶级受国家特别保护之权利。各国晚近法律,对于劳

---

① 王世杰:《中国现行法令与个人自由》,《国立北京大学社会科学季刊》1923年第1卷第2期。亦载东吴《法学季刊》1923年第1卷第6期。

② 王世杰:《比较宪法》(上册),商务印书馆1927年版,第233页。

工的保护，已逐渐扩充其范围，如规定最低工资、限制工作时间、施行强迫保险与特别保护女工与童工等等。……最近则许多国家更有承认国家须以实力辅助劳工阶级者，如国家建筑房屋以廉价租与工人，如对于工人之不能觅得工作者，由国家设立种种介绍工作的机关，以助工人寻觅工作等等。①

值得注意的是，王氏倾向于将受益权、自由权（意指个人的消极基本权利）分别与社会主义、个人主义联系起来，并认为"二者不仅是不同的而且多少是有些冲突的"。② 如此一来，本身密切相连的受益权和自由权，在王氏这里便没有了应有的契合，而隐约有一种对立的倾向。

从王世杰的个人权利观当中也可以发现，他持论的基础仍然是狄骥的社会连带学说。王世杰的法学观，重在社会，而不是国家或个人。若与前述周鲠生的引介相比，王世杰对狄骥社会连带法学说的理解，可称更进一步。

三　方孝岳的译介：狄骥的社会职务和社会团结观念及其在民法上的影响

方孝岳（1897—1973），又名时乔，安徽桐城人。1918年毕业于上海的圣约翰大学，后任北京大学预科国文讲师。③ 他对狄骥法学思想的认识主要体现在《大陆近代法律思想小史》一书的翻译上。

《大陆近代法律思想小史》一书是根据美国学者瑞吉斯特（L. B. Register）所编译的《十九世纪欧陆法律之发展》（*The Progress of Continental Law in the 19th Century*）汉译而成。该书站在美国人的立场观察欧陆近代法律思

---

① 王世杰：《比较宪法》（上册），商务印书馆1927年版，第234—236页。
② 该书增订第三版时，王世杰明确提出了这一点。见王世杰、钱端升《比较宪法》，商务印书馆1936年版，第197页。
③ 根据其子舒芜（即方硅德）的回忆，方孝岳在圣约翰大学对法律学有所接触，1922年至1924年到日本东京大学进修，所学亦为法律。方孝岳在法学方面的成就主要有编译《大陆近代法律思想小史》，与钟建闳合译《古代法》，另有法学论文数篇。20世纪30年代以后，方孝岳放弃法学，转而一心扑在中国文史之学方面。舒芜的回忆，见于方孝岳编，陶孟和校，曾尔恕、陈敬刚勘校《大陆近代法律思想小史》，中国政法大学出版社2004年版，第1页。

引介、诠释与运用

想的发展,其书由阿尔哇列兹(A. Alvarez,智利)、狄骥(L. Duguit,法国)、夏尔蒙(J. Charmont,法国)和瑞普特(E. Ripert,法国)四位学者的不同论著组成。方孝岳在汉译时放弃了瑞普特的部分,将阿尔哇列兹的两文辑为上册,于1921年出版,将狄骥和夏尔蒙的两文辑为下册,于1923年出版。《大陆近代法律思想小史》是较早系统介绍欧洲近代法律思想的译作,迎合了当时学界的需要,出版后受到中国学界的好评,购阅者很多,1924、1930、1933年先后再版。方孝岳在该书上册的序文中曾提到翻译此书的动机。他认为,政治社会的学说之所以发展,一方面是因为"人类事态有不安稳的时候",另一方面是因为学说自身"对人类事态不断的解释有不恰当的地方",事实与学说总是渐趋接近。方氏希望了解更多的学说"去研究现在政治上社会上的实体问题"。①《大陆近代法律思想小史》(下册)收录的狄骥《自由、契约、责任及财产上原则的变迁》一文,实为狄氏在1912年出版的《〈拿破仑法典〉以来私法的普通变迁》之译文。除了方孝岳之外,另一位北大法科教授梁仁杰也对狄氏该文进行了翻译,只是完工略晚。梁氏译文自1923年7月起,陆续刊登于《法律评论》。②梁方二人同时分别翻译此书,可能由于事先没有沟通,也说明当时的中国法学人士对狄骥学说的偏爱。狄骥、阿尔哇列兹和夏尔蒙之文都旨在探讨《拿破仑法典》以后私法所发生的变化,其内容与主旨都非常相似。通过对狄骥、阿尔哇列兹和夏尔蒙论著的译介,方孝岳对近代欧洲的法律思潮,尤其是私法的变化,有相当的了解。

(一)对个人主义法律的质疑

方孝岳承认,《拿破仑法典》是个人主义法律之代表,它的产生是当时社会的需要。18世纪的哲学家和经济学家主张社会的最终目的是个人;尊重"私人权"及财产权,成为法律上唯一的理性基础和立法的至高目的。他们也相信,只要将那些符合时代精神的习惯编订成法典就可以使全

---

① 方孝岳编译,陶履恭校:《大陆近代法律思想小史》(上册),商务印书馆1921年版,第3—4页。
② [法]狄骥:《拿破仑法典以后私法之普通变迁》,梁仁杰译,《法律评论》1923年第1—12期。

国的立法归于一致，编成的法典将成为社会中唯一的法则，不必顾及社会上不可避免的变迁。法国的革命者对18世纪哲学家经济学家的思想予以赞同，使上述法律思想很快付诸实践，《拿破仑法典》应运而生。《拿破仑法典》有以下一些特点。第一，制定法直到作废时为止，是一成不变的。第二，法律要通行于全国，不许因地点不同而加以变动。第三，法律遵守严格的逻辑推演。第四，法律要极端明晰。第五，确定所有权绝对、契约自由、过失责任的财产法原则。第六，在家族法上注重家族成员的团结，将家族视为一种"财产的及法人的联合"，认可父与夫在家族中的首领地位，不承认不由婚姻而成立的家庭。①

方氏认为，《拿破仑法典》一问世就潜藏着不适应社会发展的因素，因为它没有预备使法律适应时世的方法，所以终会成为阻碍经济发展的东西。而该时代的法学家和法官们不但不谋求纠正这个缺点，反而过于尊崇它的条文，认为该法典"是将所有法律关系全部制定了"，除非被其他法律改换，否则是永不可变动的。由此而产生的法律研究方法是运用逻辑严格地解释法律"本文"，根本不必知道社会环境的变迁。法学家和法官可以批评法律上的缺点，但只可指出立法者遗漏的地方而不能动手修正。法官们在裁判时一定要保证对于法律"本文"的尊敬，至于这"本文"所引出的解决方法是否合用或公平"是不管的"。② 依方孝岳的见解，法典编写之后法律哲学便与18世纪的哲学相分离而回到了17世纪的自然法状态，而法律学也更受轻视，比在法典编写以前"位置更低"。③

方氏认为，随着社会的发展，个人主义的法律"决不会恢复他从前的形式"。从前的个人主义法律难免造成"强凌弱"和"众暴寡"的现象，今后的个人主义将"脱离实业上和经济上的奴隶地位，进而求得知识上和精神上的自由"。而这种个人主义只有在"有组织力的团体"中容易得着保障。方氏看到，德国法学家祈克（Gierke）、英国法学家梅特兰（Maitland）等人已经证明了团体有"实在的人格"和天然的根源。国家则是众

---

① 方孝岳：《大陆近代法律思想小史》（上册），商务印书馆1921年版，第4—28页。
② 同上书，第39—41页。
③ 同上书，第54页。

团体的团体,这个大团体既以公共生活为基本,又抱有高远的公共宗旨,同时还能"得着一个稳固平等的保证"和"以防专暴的行为在团体自身中发生的机会"。在方氏看来,法律走出个人主义的窠臼而注重团体方面"属于目前思潮上一个普通的大趋势"。①

(二) 从欧洲法律看政治、经济、社会学说对法律的影响

方孝岳认为19世纪以来政治、经济和知识上的变化引起了欧洲乃至英美法律的变化。

在政治方面,民治主义和帝国主义对法律产生了影响。各国国内民治主义和普通选举兴起,人民倾向于选择自己管理自己,要将"所有的制度化为民治的",使一切问题"最适于他们的利益"。团体利益被视为高于私人利益,因而公法发生行政法这一支派,可以"稳重的发展以满足这个新期望"。行政法关注那些"多少属于私法的事件",使之"与公共利益相适合",它使民法的范围变狭,亦不过为"从一个新观察点上去观察民法中的关系"。各国政府的利益已经超出本国领土以外,出现了帝国主义和"国际联合会",从而在国际公法和国际私法上产生了影响。②

在社会经济方面,19世纪经济的大发展对法律最显著的影响是民法的扩张和劳动立法的出现。就民法而言,19世纪以来,随着信用的生长、股份公司的出现和增多以及土地贸易的开始,资本大为发达。管理这些事件的法律,虽属于商法,又更属于民法。民法的性质随之改变,因为"这些事件使动产与不动产间截然的区别化为乌有"。而在《拿破仑法典》创立之初,股份公司等物尚未出现,动产和不动产之间的区别更是该法典的基础。农业立法和工业立法虽然同样规定民事关系,但总被视为民法典以外的东西,因为该立法"认农业或工业的利益在个人利益之上"。上述立法的改变,实为扩张了民法施行的范围。③ 经济发达对法律的另一个影响是劳动立法的出现。集中在工厂中的大量工人相信,本应属于他们的利益遭

---

① 方孝岳:《大陆近代法律思想小史》(上册),商务印书馆1921年版,第1—2页。
② 同上书,第89页。
③ 同上书,第93页。方孝岳曾将论近代经济状况变迁在法律上的影响这一部分单独发表,见《近代经济状况变迁在法律上之影响》,《法律周刊》1923年第14期。

到了现行经济和法律组织的剥削,因而他们"投身于反对社会现状的事业"。他们的愤懑是"团体的",甚至具有国际的性质。立法者深感阶级战争的威胁,于是允许劳动阶级"至少一部分要求之满足"。于是关于劳动契约等方面的法律就出现了。方氏认定,此后劳动立法的范围必将扩大。①

在新的社会学说方面,方氏认为社会主义、团结主义和民治主义等学说对法律有重要影响,他主要考查团结主义和民治主义对法律的影响。在方氏看来,19世纪兴起的团结主义逐渐代替了过往的个人主义伦理。团结主义对法律的影响主要在三个方面。其一,公共利益成为立法必须考虑的要素,国家为了公共利益而干涉的机会增加;其二,责任和过失理论的变化,民事责任加大而刑事责任反被限制;其三,法律上"衡平"、"道德上的公道"及"公共政策"的观念渐与公共利益的观念趋同。②民治主义学说旨在保证各人的权利,减少世界上"不公道的苦痛"。民治主义在法律上的影响,主要表现在家族法上。在夫妇关系上,妻顺从夫的义务渐弱,妻的财产管理权增加。在父子关系上,父的权威减弱,父的责任不再被认为是纯粹个人主义的,而是与全民族进步相关的社会的义务。父的义务不能抛弃,父的权利如果行使不当可以被剥夺。在私生子问题上,新时代的立法者通过扩张调查私生子的家系权,并使私生子的地位与合法子相同来改善私生子的地位。③

(三)社会职务和社会团结观念

方孝岳从法律观念的变化中探讨社会职务与社会团结观念。19世纪前半叶的多数法学家相信法律是一种"严确"的制度,需要用"严重与不可驳的逻辑"迫人服从。他们以为无论何时何地,凡是文明团体的法律都应根据《人权宣言》和《拿破仑法典》所制定的颠扑不破的原则而发展。对此,方氏认为,社会的进步会对那些原则产生"一大反动","事事有过

---

① 方孝岳:《大陆近代法律思想小史》(上册),商务印书馆1921年版,第94—95页。
② 同上书,第106—112页。
③ 同上书,第113—117页。

去，事事有变迁，现在生长的法律制度，终有一日退让其他法律制度"。①

在方氏看来，《人权宣言》和《拿破仑法典》两部法典都是以纯粹的个人主义法律观念为基础，而"今日发达的法律制度则根据纯粹社会的观念"。他表示，之所以使用"社会的"三个字，是因为没有更好的词可用，并非含有社会主义的意义，仅是作为与个人主义相反对的情形。个人主义法律制度是根据"主体权利之形而上"的观念形成的，认为国家和个人皆有主体权利。而正在形成的新制度则是根据"唯实主义"的观念。主体权利的概念"不能在这种唯实主义与实证主义之时代中保存"，权利有一种"反对社会的性质"。他认为社会学家孔德也悟出了这种道理。他相信个人主义的法律制度虽然有时有用，但不能支持长久，终会被唯实主义的及社会的法律制度所代替。此"唯实主义的社会的观念"，便是狄氏所称"社会职务观念"（Social Function）。②

关于社会职务观念，方氏做如下解释："社会职务的观念，不过是说一人或一团体人皆没有权利。若说个人权利社会权利，或个人权利必应与社会团体的权利相调和时，这都是说些不能成立的事。但是无论如何，每人在社会中都要尽一种职务，行一种事业。社会决不能允许他不履行他的职务与事业，因为假使他不去履行，这社会就要紊乱，至少也要受损伤。再者，所有他的行动，如果有违背他自身职务的时候，社会也要禁止他的。但凡他进行他的——因为他在社会中地位的原故而有的——职务的动作，是要为社会所卫护保证的……这种社会职务是每个人及团体所当尽的。所以这实在是法律上一种社会的概念。"③ 他认为社会职务观念将会渐渐取代主体权利观念。

与社会职务观念相对应的是社会团结或社会互赖的认识。在方氏看来，狄骥所说的社会团结（Social Solidarity）和社会互赖（Social Interdependence），其实指向同一意思，只因社会团结一词"被人乱用，已经引起了多少纷争"，所以才采用社会互赖一词。社会团结或社会互赖"不是一

---

① 方孝岳：《大陆近代法律思想小史》（上册），商务印书馆1921年版，第10页。
② 同上。
③ 同上书，第4页。

种感情，不是一种教条，也不是行为的原则"，而是一种"存在的事实"。社会团结或社会互赖"由两种原素组成"，即组成社会团体的人类所有的"同样需要"，组成同样团体的人类所有的"异样需要与材能"。①

通过以上分析可见，方孝岳所说的"社会职务"、"社会团结"和"社会互赖"等概念，与周鲠生所理解的"社会连带"、王世杰所说的"社会联立"等，实同指狄骥的社会连带说。

(四) 自由、责任、契约、财产观念的变化

方孝岳认为，自由、契约、责任和财产观念是个人主义法律制度的首要原素，这些原素"在唯实主义的社会的意义中"发生了变迁。

自由观念的变迁主要体现在民事自由而非政治自由方面，自由不再被认为是一种权利，而是一种义务和社会责任。在《人权宣言》中，自由被视为"个人之主体权利"，所以国家或立法者便不得干涉这个权利，法律只以"适于保护一切人类自由的需要"为限。按照主体权利理论，国家不能要求个人"以工作的义务，或求教育的义务或为将来生活预备的义务"。但是在社会团结观念下，自由不再是主体的权利，而是一种义务，需要"负一种社会责任"，"要去动作，发达他的个性，尽他的社会职务"，国家应当保护这种尽社会职务的动作而惩罚那反对这趋向的动作。这种观念体现在法制上便是"今日欧美各文明国家中各种法律都多少限制个人为自身利益的活动"，或将受教育及养老金定为义务，或者惩罚旨在毁坏社会生命的自杀行为、决斗行为、危险游戏，或者干涉危险工作的开展，限制工作时间，干涉劳动契约，或者就工人工资、义务保险做出规定，等等。②

契约被赋予了社会的意义。在个人主义法律时代，契约被认为是契约双方的事情，只能影响到双方，与第三方无关。一个是"自动之主"，一个是"被动之主"，二者意志相合便成契约。随着社会经济情形的变迁，出现了一些可以产生与契约同等法律效果的法律行为（如"表示允诺的行为"、"等于契约的行为"、"过渡的契约"、"合体契约"、"协作的契约"

---

① 方孝岳：《大陆近代法律思想小史》（上册），商务印书馆1921年版，第20页。
② 同上书，第29页。

等等），对个人主义时代的契约理论产生了"极重大的影响"。① 在这种状况下，契约便不再仅仅是"双方"的事情。

无过失责任开始出现在民事责任的观念中。个人主义时代的法律主张"一个人的行动伤害及别人者，必定要这行动者赔偿他这种因过失而做的伤害"，即只有在行为人主观有过错时才负有赔偿责任。然而，社会经济的发展导致了许多难以"归罪"的意外危险，如工人的意外危险和公共服役中的意外损伤，主观责任观念也渐为客观责任观念所代替，意外危险的存在和客观损害的事实逐渐成为责任归属的新倾向。②

财产不再仅被视为一种主观权利，而被视为一种社会职务。个人主义的法律主张财产的"完全所有权"，显示出财产的"绝对性"。绝对的所有权使财产主可以基于同样的理由"有不使用之权，不享受之权及不处置之权"，可以以遗嘱任意处置其财产，甚至对于公共权力仍可以置之不理。狄氏认为，以财产为主体权利的观念"纯粹是形而上的观念"，与近代的实证主义说相反，而且个人主义的财产制度事实上正在被破坏。他认为，财产已经社会化了，它"已不是财产主的主体权利，而变成财产所有者的一种社会职务"。在社会团结（社会互赖）的新观念下，财产主应该使用他的财产"增加公共的富力"，"满足社会的需要"，"以扶助扩张这社会互赖"。③

通过翻译《大陆近代法律思想小史》一书，方孝岳借由狄骥、阿尔哇列兹、夏尔蒙的论著向国内学界展示了美国法学者对欧陆法律思想的认识。一方面介绍了做为欧陆近代法律发展之基础的社会职务、社会互赖、社会团结观念，另一方面通过观察欧陆法律的发展，进一步确认了法律发展的路径及其社会、经济和思想方面的原因。根据方孝岳的理解，狄骥的社会连带法学说及相关观念，其实最初是产生于个人主义的法律不能适应19世纪后半叶以来已经变化了的欧洲社会。为了使法律尽量与该时代的社会相适应，自由、契约、财产、责任等法律的基本观念发生了改变，法律制度也发生了相应的变化。狄骥等法学家顺应了时代的要求，将上述问题

---

① 方孝岳：《大陆近代法律思想小史》（下册），商务印书馆1923年版，第89、93页。
② 同上书，第107—108页。
③ 同上书，第120页。

纳入了研究，由此产生了社会连带、社会职务等法律观念。根据方氏的理路，狄骥社会连带法学说的产生，与该时代的政治经济、社会情形和社会学说是密不可分的。简言之，社会连带法学说既是因为法律与社会不相适应而生，又是为了使法律与社会相适应而存在。

按照方孝岳所把握到的时代脉搏，在法律观念上考虑自由、责任、契约、财产和家庭等观念的社会因素，以及主张法律"团结化"或"社会化"，渐成一种法律的趋向。

四 许藻镕、陈霆锐：社会连带学说与自由、契约、财产和责任观念的变化

周鲠生、王世杰、方孝岳对狄骥学说的引介，很快得到了学界的响应。许藻镕便以社会连带说为基础来探讨民法的趋势。

（一）许藻镕论社会连带学说及其在民法上的影响

许藻镕，江苏青浦人，生卒年月不详。20世纪20年代初曾留学于日本明治大学，曾以"季垚"、"一鸣"作为笔名。[①] 许藻镕对于晚近法学的新趋势有独到的见解，因为留下的资料很少，所以他是一个几乎被当代法学界忽略的法学家。关于他的消息，《申报》上曾有两段记载。第一段是在1921年4月，许藻镕参加修订法律馆关于民法债篇的悬赏征文获得第一名，修订法律馆给予一百元奖金。另一位同样获得一百元奖金的是陶希圣，第三名是王凤瀛。[②] 第二段是在1923年11月，许藻镕因为修订法律馆内的纠纷而辞去纂修之职。[③] 可见，至少在1923年期间，许藻镕在修订法律馆任职。1928年北京法政大学并入北平大学以后，该校当年的教职员名单显示，许藻镕为庶务课长。[④] 可见，许藻镕在20世纪20年代前期有可能在北京法政大学任教。

许藻镕认为，法律要与社会相适应是当然之事。他说："社会生活之

---

① 见许藻镕《法学论文集》，朝阳学院出版部1931年版，第170、189页。
② 《修订法律馆来函》，《申报》1921年4月10日。
③ 《修订法律馆员全部变动》，《申报》1923年11月10日。
④ 《法学院十七年度职员一览表》，《国立北平大学法学院一览》（1929年），第92页。

进化因时而异，为社会生活准绳之法律若不应时修改，则不但不足以绳社会生活，反妨害社会之进步耳。"① 在他看来，"恶法死法"决不能"绳社会生活"，法学家必须考察法律是否与社会生活相符，然后谋划改进的方法。财产观念是民法上最重要的观念之一。在许氏看来，私有财产制度的基础观念应该是社会连带说，而不是个人主义或社会主义。

许氏认为，个人主义的法律有适合它的时代，但在19世纪中叶以后的社会，个人主义的法律已经行不通了。在他看来，个人主义法律的基础是进化论和"强权主义"。在19世纪以前，它与那时的社会组织和产业发展是相符合的，对助长产业发挥了应有的作用。19世纪中叶以后，社会情形已经不同。一方面是产业发达使财富的分配更不平均；另一方面，劳动者"在经济上法律上都渐渐地解放出来"，消费的量在快速增加。如果再维持个人主义，放任各人的自由发展和自由竞争，那贫富悬殊、社会物资缺乏"更不能弥补了"。一方面，少数强者和优者可以"大大些发展他的人格而享他无限的幸福"；另一方面，多数的贫者和劣者"因为受着法律制度的限制，不能够发展他应该有的个性以至于陷入于悲苦凄惨的境况"。所以，关于财产制度的根本观念不得不改变，否则"过激主义"就很有可能爆发。②

对于社会连带主义，许氏有如下认识。

> 人类因为团体（社会）生活方可保全发展他的生命。在一个社会之中，一人替万人，万人替一人，互相辅助协力，方能够保全个人和社会的生存。组织社会的人类之中，大皆有一种不可断绝的连带关系，所以在强者扶弱者、富者助贫者的条件之下，才能见得社会进化。我们现在拿财产制度论起来，所有权也不是绝对的权利，要在不害团体的程度内才认许也。③

---

① 许藻镕：《财产法改正之必要》，《法学会杂志》1921年复刊第1期。
② 许藻镕：《现行私有财产制度的基础观念和他将来的趋势》，《法学会杂志》1921年复刊第1期。
③ 同上。

第二章 社会法学基本框架的建立与初步发展

按许氏的理解,社会连带说以"互助主义"为基础,团体的发达可以增加个人的幸福,个人的发达可以促进社会的进步;社会和个人以及个人相互之间,有一种"不可断绝的连带关系"。对社会连带说,他进一步评价说:"(社会连带说)对于现行私有财产制度的基础观念,虽没有说明白,但是私有财产制应确立在什么基础观念之上,私有财产制的存废问题和他的范围问题……(社会连带说)主张求之于社会方面的理由……这也是因为社会情形的变迁,应时而产生的学说。这说的理论,从现状和组织社会的原理上说起来,不得不认为正当。"①

基于社会连带说,许氏认为,财产法在近世的趋向"由个人主义转向团体主义",所以财产权可因"增进团体之利益而被限制"。② 如何限制财产的所有权,许氏的建议有三。一要"使一般人理解所有权限制主义的精神而自觉所有权之社会的意义以减少社会的反抗力",二要"使审判官理解所有权之社会的意义",对违反这种意义的所有权行使认之为权利滥用,"可以不去保护",三要"拿立法的手续来强制他",扩张国家的公用征收权,以"合法的和平的"办法来达成财产的"社会化"。③

除了财产制度之外,许藻熔认为在债和损害赔偿方面也要做相应的变化。在债法方面,许氏主张采保护债务人主义而非保护债权人主义。在他看来,因为社会经济状况的变化,少数人巨富而多数人奇贫,法律便成了保护那少数巨富之人的工具和多数贫民的"制限"。法律应该保护社会上的贫苦者,社会上的贫苦者"常立于债务人之地位"。所以,关于债的立法应采保护债务人主义,只有在"不反社会公共利益"的前提下才能"认债权人权利"。④ 在损害赔偿的民事责任方面,许藻熔后来还主张一种所谓"社会化"的损害赔偿制度。他欲将赔偿问题由双方之间的个人问题,变为社会的问题。其做法是:"打破历来赔偿责任与救济制度之联络,且不

---

① 许藻熔:《现行私有财产制度的基础观念和他将来的趋势》,《法学会杂志》1921年复刊第1期。
② 同上。
③ 同上。
④ 许藻熔:《关于债权之立法应采保护债权人义乎抑保护债务人主义乎》,《法学会杂志》1921年复刊第1期。

认赔偿制度为当事人互相间之个人关系也。就加害人之行为，单独定其责任之有无与赔偿之数额。其所支付之赔偿数额，不直接以充该事件被害人之救济，另行汇总积集，作一种赔偿事件之总基金，遇有被害人应予救济之时，即由该基金之内拨付之。"①许氏关于损害赔偿之社会化的制度设想，命运如何姑且不论，该观点却是基于法律新思潮而提出的。

对于社会主义，许氏认为社会主义不是没有道理，但要实现共有财产制度"殊不可能"。在他看来，社会进化应该是"潜进的"而不是"激进的"，不能够采取"推翻旧制度，建设新社会"的激进方法来否认私有财产制。按许氏的思路，社会主义虽然能够防范个人主义法律的弊病，但却不免透露出对"过激"的隐忧。

不过，他也认为社会主义的立法也有值得参考之处。1921年许氏从日本《法学协会杂志》翻译了《俄国劳农政府之婚姻法》和《俄国革命与亲子法》。他将俄国的新法与旧法相比较，发现"劳农政府之革命的新立法并未十分过激"，其婚姻法"于婚姻法之范围内确立男女间之平等"，认定"非以生子为婚姻之目的"。他认为，当时所谓的"过激主义"并非无主义、无秩序的暴乱行动，而是主张"人类平等、心意自由"的一种主义。②其亲子法亦能注重保护私生子及母权的利益，体现女权的扩张。他认为俄国的立法和世界最近的法律潮流是相符合的，"诚足为我国立法者之参考也"。③

（二）陈霆锐："社会相互论"、"社会法系"与自由、契约、财产权的变化

陈霆锐（1890—1976），江苏吴县人。1920年毕业于东吴法学院，后与吴经熊、陆鼎揆同赴密歇根大学留美习法，获法律博士学位（J.D.）。1923年归回后任教于东吴法学院，并在上海执律师业，一时颇有盛名，后历任多届上海工部局华董。1922年底至1923年初，陈霆锐在《法学季刊》上发表《自由契约财产权新论》，提出了"社会法系"的说法，并探讨社会法系下自由、契约、财产权等民法基础观念的变化。

---

① 许藻镕：《损害赔偿之社会化》，《法律评论》1926年第4卷第1期。
② 许藻镕：《俄国劳农政府之婚姻法》，《法政学报》1921年第2卷第10—13期。
③ 许藻镕：《俄国革命与亲子法》，《学林》1921年第1卷第3期。

第二章 社会法学基本框架的建立与初步发展

陈霆锐所说的"社会法系",立论依据是社会相互论,他使用 Solidarity of Social Interdependence 来指代。他对社会相互论作如是理解：

> 所谓社会相互论者,乃可以实验之一种理论,而非纯理想之谈也。今试演绎其理如下。人类共同生活之所以必要者,有二种重大原因。其一,即为各个之需要无不从同；其二,即为各个之需要虽多从同,而其间亦有同而不同者,而且各个之才能则又随人而异。有此二因,所以人类为互助及满足各个之欲望起见,不得不营共同生活。若近世经济方面之分工论,即其例也。近代文明组织之最要原则,即为增加人类之需要,而一面则谋在最短促之时间内,满足其增加不已之需要。欲臻此境,分工尚已。分工论为经济界之重要学说。而社会分工主义随即因之而产生。法律理想之转变,实基于此。凡在社会生活之个人,不论其为最高之统治者,或最细之平民,不论其为全权之立法机关,或不占势力之私法人,皆有一种责任当尽。彼当尽之责,以其有社会的价值,故即为法律所保护之标的物。至谓个人有自然权利,乃纯属虚构之谈。凡惟实主义之法律家所不承认者也。善哉社会学家孔德之言曰：人类无权利,人类之权利,即在尽责。[①]

陈霆锐认为,社会相互论是针对个人主义法律思想而生的。陈氏对个人主义法律思想在法律史和政治史上的地位表示了相当的尊重,只是时势已变,个人主义法律学说已经不宜存在。他认为,19 世纪初可称为新旧法律思想的界线,19 世纪以前个人主义法律思想大盛,19 世纪以后"旧者渐衰新者渐盛"。在他看来,"诸文明之先进国"已经注意到个人主义法律的弊病,于是在个人主义之外另创设了一个以社会相互论为基础的"特种法系",即社会法系。按陈氏的理解,社会法系是一种与个人主义法律相对之物,主张个人或个人的集合体"绝无自然权利"；反之,在社会间生活的各人都有一种必须履行的义务,统治者与被统治者都不例外。[②]

---

① 陈霆锐：《自由契约财产权新论》,东吴《法学季刊》1922 年第 1 卷第 4—5 期。
② 同上。

从陈氏对其含义和产生背景的论述上看，他所说的社会相互论，其实就是社会连带学说。与前述诸人的理解，大致相同。

陈氏认为，在社会相互论的影响下，自由、契约和财产权观念都发生了变化。就自由权而言，个人主义下的法律思想主张自由权"以不损害他人之权利为界"，是一种消极无为的权利。按社会法系的见解，人在社会之中都应当履行对于社会的义务，必须"竭尽其力充分发展自己之智育体育及德育"，以便能对社会履行"最大限度之义务"。所以，自由便是指他人对各人的发展"皆不得而干涉之"。如果社会中的个人消极无为，政府可以"督率个人履行其对于社会之义务"。如懒惰不工作者，政府可以强迫他工作，若过度或不正当的工作，政府也可加以取缔或矫正。

就契约权而言，按个人主义法律，除非契约的标的物不合法，否则举凡有法律能力的人都可以任何契约，至于契约对缔结当事人以及社会有何影响，概不考虑。然而个人主义法律下的契约自由导致劳工阶级处于极为不利的地位，进而引起严重的社会问题。社会法系认为这种法理使社会"蒙其大害"，主张"社会幸福的保护……甚于个人之自由十倍"，社会法系进而倡导地方政府与经营公共事业的公司所订的"集合式契约"。"集合式契约"不仅考虑契约双方的利益，还要注意公众的利益，如公共服务价值的规定、工人安全及其他。社会法系将这种契约称为"含有法律性的契约"，即集合式契约"含有契约之性质少，而含有法律之意味实多"，该契约不应囿于传统契约形式的拘束，而应随公共幸福和社会情形的变化而改变。

就财产权而言，个人主义法律思想往往将财产权视为一种对财产的"绝对的及不可攻击的权利"。社会法系将财产权视为"文明组织之必需品"，财产所有者对社会都有一种不可逃避的责任，只有"责任既尽"，社会或国家才能给予相应的保护。如果财产所有者"故意延怠不履行其义务或履行之而未善"，例如田主任田地荒芜或屋主"失修其屋以致有倾圮之虞"，国家可以加以干涉。所以，行使财产权必须先履行"其对于社会之一种责任"。陈氏也表示，社会法系的财产观与共产主义不相同。按陈氏的理解，共产主义主张以无产阶级推翻有产阶级，其手段为破坏的；社会法系并不想推翻私有财产制度，意在使有产阶级与无产阶级通力合作，其

第二章 社会法学基本框架的建立与初步发展

手段为建设而非破坏,与共产主义有"毫厘千里之别"。①

陈霆锐认为,社会法系的理论,不过是"最近数十年之事",各国法典"采取其主义者尚绝无而仅有",但是"先进国之单行法规、法律之判例及法学者之著作则已满播是项法理矣"。如有的资本家拥有大宗土地而不垦殖、不建筑,专门用于投机获取暴利,各国已有法律予以干涉。在陈氏看来,土地的增值源于社会公众的努力和建设,投机土地的资本家没有付出努力而坐收其利,用社会相互主义视之,不得其平。英国1910年颁布的《财政法》、德国1909年颁布的《帝国财政法》便意在取缔这种投机。再如欧美各国允许在私人房屋和田地上架设电线,只要没有损害发生,房屋和田地的所有人不能提出抗议。故而,陈氏认为,社会文明程度的发达已经使个人主义有"一日不能存在之势",社会相互主义必能成为将来法理之根本理论。②

陈氏注意到,社会相互论兴起之后,法律思想"顿起一大革命",自由、契约、财产等法律上的重要观念都渐渐发生变化,欧美各国的单行法规、法律判例及法学者的著作"已满播是项法理矣"。他相信,社会派的法律思想"作始也简,将毕也巨",他断言社会派的法律思想将来"必能在世界法律史上发生重大影响","必支配世界他日之法律"。③ 在此,陈霆锐已经承认社会相互论和社会法系的相关观点是"社会派"的法律思想。

除了许藻镕、陈霆锐之外,还有不少人对社会连带法学说表示赞同,比如张志让和燕树棠。张志让认为,狄骥所说的"社会利害相关"(社会连带关系)是一种社会上的根本事实,它才是法律规则之源。至于国家,不过以一种虚设的观念为根据,不能成为法律的唯一源泉;国家只是为了保护社会团结,将团体与个人利益融为一体而存在。由"社会利害相关"的事实而产生的法律规则应该是"毋为减损社会团结之任何行为,为增进社会团结个人实际上可能之各种行为"。张志让认为狄骥的法学说是从社会方面立论,可称为"社会学派之法学家"。它将狄骥视为法学中的"革

---

① 陈霆锐:《自由契约财产权新论》,东吴《法学季刊》1922年第1卷第4—5期。
② 同上。
③ 同上。

命家",认为他推翻旧时法律观念,论驳旧有学说,对于法学功不可灭,"其言论于摧毁旧说之处,深切详明,无可答辩,于敷陈己见之处,着眼社会,取途无失"。①

燕树棠也受到狄骥社会连带学说的影响。他认为,狄骥法律学说的基础在于"社会联立关系",即"利益共同与劳动分工所发生互依互助的道理"。在燕氏看来,财产日趋社会化就是社会联立关系在私法上的表现之一。财产的社会化,并非指财产共有,而是将财产视为一种社会职务,不再仅视其为一种个人的私权。财产的基础是物主的社会职务,而这种社会职务则是以社会利益为根据的。根据狄骥的学说,要证明某种私有财产的合理性,必须证明该财产在特定时代内有益于社会。财产既以社会利益为根据,其存在"亦自以能供给社会以利益之范围内为限"。②

通过以上分析可以发现,许藻镕、陈霆锐、张志让、燕树棠等人对社会连带学说的理解及其在民法上的影响十分相似。尽管他们的称呼有"社会连带"、"社会相互论"、"社会联立"、"社会利害相关"之别,但其内涵大体相同。他们大都注重社会连带学说对民法上各种观念的影响。他们的共同点大约包括以下各方面:认定个人主义的法律不适应该时代的社会生活,法律应当"团结化"或"社会化"才能与该时代的社会相适应,主张法律要注重社会公共利益的价值,等等。总之,他们在法律上关注的重点从个人(或国家)转移到了社会之上。

五 陈俊三、陈应机:社会连带主义在法律上的影响及其优越性

许藻镕、陈霆锐等人注重社会连带法学说在法律观念和民法上的影响,而陈俊三、陈应机则致力于论述社会连带主义在法律上相对于其他学说的优越性。

陈俊三,个人信息不详。1924年6月,陈俊三在《法律评论》刊载《法律思想之发达》,对近代法律思想予以梳理。

---

① 张志让:《法儒杜基之法律哲学》,《法律周刊》1924年第44、50期。
② 燕树棠:《财产观念之变迁》,《国立北京大学社会科学季刊》1925年第3卷第3期。

对个人主义法律思想的批评。陈俊三认为，在1789年《人权宣言》之前，法律采取的是民众无人格的人格独占主义。在这种模式中，国王、贵族、僧侣等贵族阶级独占自由和平等，自由民和奴隶则无法与之相提并论，家族中的自由平等则为家长所吸收殆尽。《人权宣言》以后，自由和平等观念大兴，个人主义和自由主义兴起，表现在法律上就是自由放任和自由竞争。他认为，《人权宣言》中所说的自由平等仅仅是形式上的，实质上则是重于自由而忽视平等。个人主义的法律从表面上看绝无不平等之处，但是考虑到各人先天能力的不同和后天财力的差异，如果听凭各人自由竞争，最终只有那些有优势者才能享有自由和平等，"其愚且贫者……情势日蹙也"。其结果，自由和平等都名存实亡。①

社会连带法律原理的产生。陈俊三注意到，个人主义法律的弊端引起了"种种革新的法律原理"的出现，这些法律原理的用意都在于"矫正自由与平等畸轻畸重之弊"。陈氏将其不同的派别，都概称为"社会法运动"。陈氏认为，欧美自19世纪末以来在法制方面发生的种种变革，均与社会法运动密切相关。按陈氏的观察，欧战以前，欧美的社会法运动当中，影响最大的是所谓"社会政策"。社会政策承认个人自由主义和资本主义，但要对于其在社会中造成的弊害，以"临机应变的手段"和"缓步徐进的办法"，用"政府的设施"和"公法之事后的限制"予以矫正。陈氏认为这种办法仍以个人自由主义为本位，其事后限制"有姑息遗患之消"，但其思想"已非单纯的个人主义"，"有向革新的原理上进行之趋向"，称其为"进化线上过渡之物"和"非完全独立之新原理"。②

欧战以后，社会法运动的主要形式出现了新的形式，其主要者有三："以平等为本位"的社会主义派，"个人绝对自由主义"的无政府主义和"以自由与平等互相均衡为基本原理"的社会连带主义。陈氏之意，此三者中最合理的是社会连带主义。他认为，该主义"无论在进化上评判上，允为现在与将来之法律界之正当的新理想"，是一种"现代法新原理"。社会主义则"横道歧路……蔑视个人之自由"。无政府主义更为"歧路之歧

---

① 陈俊三：《法律思想之发达（续）》，《法律评论》1924年第50期。
② 同上。

路",如果实行无政府主义,"社会政策等苦心经营者势必尽被破坏无余"。所以,陈氏主张,"循进化之顺序,以社会政策为基础,不编不党,由正以进者,舍连带主义莫属……该主义日益昌盛,将来大势,概可知也"。陈氏认为,社会组织各阶级之间有相互连带的关系,所以法律所依据的自由平等"必以均衡为第一要义",个人主义、无政府主义、社会主义皆无法做到,只有社会连带主义能够达成目的。在社会连带主义原理之下,社会成员对于贫弱者或偶然遭遇疾病、贫困或厄运者有"同类意识之感觉",会"设法救济,竭力预防"。如果袖手旁观,便违反了社会连带责任。在他看来,社会连带主义之下的社会才是真正的"博爱",《人权宣言》中所说的自由、平等、博爱"必由连带原理之昌明而始有着落"。基于此,陈氏认为社会连带主义是法律原理的最高发达形态,意味着一种"新理想主义"和"社会正义"。①

对社会连带法律原理的理解。按陈俊三的理解,社会连带主义不仅仅考虑社会现在的事实,而且由事实进而与理想"醇化",是由连带事实与连带理想之两要素结合而成。在社会连带主义者看来,宇宙间无论有机物或无机物都不能孤立存在,人类亦然。一个人的生活既有赖于其他社会组织成员的共同维持,而其他社会组织成员也需要"吾人之协作"。人类在彼此的相互扶助间实现共存共荣,社会的发达前途"自有可期"。陈氏进一步解释社会连带主义说:

> 故社会连带之说,一方抱宇宙万物,本有协同关系之思想,同时且主张各个人均有努力协同合作之必要。且须各本其自由意志,不加压抑,盖能自觉的从事协同合作者,始能各尽其量,各得乎当,其能率亦大,其效果亦最著。换言之,协同合作固为一大要素,而自由解放亦为不可缺之要素,两者结合一体,各得均衡,而后连带之观念乃得完成。缺一既不可,偏重亦非宜,而连带主义命名之含义,既所有矫正偏重自由之原理者也。②

---

① 陈俊三:《法律思想之发达(续)》,《法律评论》1924年第51期。
② 同上。

按陈氏的思路，真正的利己主义目的的实现，同样需要依赖社会连带主义的普及才能成功。

对社会连带思想的来源进行考察。陈氏认为，法律上的连带思想"系由伦理上移植而来"，最早源于"法国内阁前总理白里安（即莱昂·波尔乔亚）的社会债务说"。社会债务说认为，若个人对社会的债务没有偿还，就不能享受社会的利益，社会债务的主体是"组织社会之全体成员"，个人偿还社会债务的方法是努力使社会不受"连带之害"而"力求连带利益之充分增进"。在社会债务说之下，资本家之富裕"无一非劳动者血汗之所赐"，故利益所得自应公平分配，劳动者付出劳动亦在偿还社会债务，所以劳资关系"绝非所谓阶级斗争"。劳资二阶级和其他各阶级应该"全体协同合作，不能相互对峙"，法律制度便应以此种社会债务说原理为依据。陈氏认为，法国大革命以来法律偏重于财产等物质方面，忽视道德、伦理等因素，只有连带主义"实以精神与道德两主义为法律之基本"。他认为社会连带主义"较物质主义为完全"，其组织与运用"当然亦较物质主义为优"。[①]

社会连带主义在法律上的影响。陈俊三认为社会连带主义在法律上的影响体现在民法和劳动法、社会法方面。在民法上，社会连带主义最重要的是体现在所有权、契约和责任三方面。在陈氏看来，社会连带主义与社会主义主张将所有权、契约、责任三大柱石"完全拆毁"不同，不主张推翻现行的法律组织，仍然要容忍个人主义和自由主义，但要对自由竞争与私有财产的弊害做相当的限制。社会连带主义要彻底地使社会与个人调均衡，须就当时法律最欠公平的私法进行改造。在所有权制度方面，社会连带主义认为个人主义法律过于强调权利的行使，而忽略了义务方面的规定，由此造成人民产生了尽力主张权利而百般回避义务的心理。为救其弊，需要规定取得权利的义务"和行使权利的条件，进而使人民在精神上觉得"其权利愈增而义务亦愈增"。该主义还主张改变近世法律在所有权方面的"无人格"状态，至少应由法律规定"所有权最低限度之分配"；

---

① 陈俊三：《法律思想之发达（续）》，《法律评论》1924年第52期。

同时，还应改变所有权绝对无限的观念和状态，要求所有权有时须负一定的义务。在契约制度方面，社会连带主义认为，在当时的社会经济状况下契约自由已经不只是当事者双方的自由意志。若视契约为双方的自由意志，容易使其成为"片面意思之契约书"，契约将"徒使强者利用以凌弱者"，劳动者的利益会被资本家"榨取净尽"。社会连带主义主张应对此予以变更，认为只有"劳动集团契约"才容易得到真正的契约自由，同时也可以调和劳资阶级的纷争，利多而害少。在责任制度方面，社会连带主义认为，个人主义法律的责任制度以权利行使的绝对性和意思自由的责任为基本原理。随着所谓"责任连带化"的发展，必须增加无过失责任的规定。[①]

社会连带主义在法律上的另一重要表现是劳动法和社会法的兴起。按陈氏的理解，劳动法与社会法二者本质相似，只是范围广狭不同。劳动法是解决劳动问题的法律，以处理劳资关系为限；社会法则是解决社会问题的法律，与社会安宁、社会福利有关的问题均在其调整范围之内。陈氏对社会法的理解是："社会法者，盖所以调剂各阶级间之利害关系，补救自由平等两原理之偏畸，以立全体社会公允中正之法律。换言之，限制财力等强者之过度横暴，同时增进经济上弱者之人格，以图全体关系之圆满与生活之向上者也。"陈氏认为，一般学者只求劳动问题之解决实属"顾一漏百"，劳动问题之解决离不开对一切社会问题的考虑，如此才符合连带原理。[②]

社会连带主义对法律学说的影响。陈氏认为，这种影响表现为社会法学、判例法学和比较法学的兴起。

按陈氏的理解，社会法学注重两种"观念"。第一观念是"对旧来之注释法学而言者也"。社会法学和过去的注释法学的不同点有三。第一，注释法学注重条文文理和逻辑的解释，将法律视为静止不动的，目的在于探时法律究竟是什么，常被称为"形式论理法学"和"概念法学"。社会法学对于法律学的观念则大不相同，主张对法律不仅以解释为限，而且包

---

① 陈俊三：《法律思想之发达（续）》，《法律评论》1924 年第 54 期。
② 陈俊三：《新理想主义与社会连带主义在法律上之新表现》，《法律评论》1924 年第 59 期。

括立法学等其他方面。第二，注释法学只在条文上做严格的演绎推理，不管其与社会情形是否相合。社会法学则会考虑法律的"社会妥当性"。第三，注释法学仅能完成法律解释的"消极任务"，即"保障社会生活的确实安全"，且有可能使法律成为社会进步的阻碍。社会法学在"消极任务"之外，还能完成"积极任务"，即"顺应社会之变迁，图自由与平等两原理之均衡，以增进社会之福利"。① 陈氏认为，社会法学能够顺应社会舆论的要求而求得法律解释，能够适应社会的实况，促进社会的进步，并且不受单纯的文理解释和逻辑解释的束缚。它能够根据时势的需要，进行适当的立法，以作为社会进步的先导。陈氏认为，社会法学实际上是一种"自由法学"。只要它不忽视法律的"静态任务"，就不会成为所谓"极端自由法学"。"稳健的自由法学"对于法律的"静态任务"不会偏废，还能"本诸新理想主义与连带主义之要求，对于法律之动态与静态两方面得圆满之调和"。②

社会法学的第二观念是"含有综合法学之意义是也"。陈氏认为，不论是法律解释抑或立法，社会法学主张既要有实证，也要与社会事实相符合。"正宗的社会法学"会兼顾实证的方法和理想的批判，使二者得到综合调和为要旨，其观念"与折衷旧自然法派及旧历史法派之新理想主义正相一致"。在陈氏看来，社会法学既然不以法律解释为限，便应将法律学其他知识相结合，"旷观社会之一切事物，如关于经济学、社会学、哲学与伦理学等之常识，均有求其发达之必要"。他还主张，大学中的法学教育"不能将法学部、经济学部、文学部、商学部等各别分离，务使其综合密接，互资调剂，以补不足。盖法律文化与其他文化互有学问连带之关系存焉"。③

关于判例法学，陈氏认为它注重"实际案情"，观察"社会情形"与"社会舆论"，是法学者与法官之间"学问连带"的表现。陈氏将判例法学视为"社会法学所表现之一分派"，认为该法学"已有独立为一门类之

---

① 陈俊三：《新理想主义与连带主义所表现之新法律学》，《法律评论》1924 年第 61 期。
② 同上。
③ 同上。

势"。陈氏批评中国法官仅知"拘守注释法学的形式论理之旧态","对于社会法学的见地,如社会要求之推移、法律进步进化的学说、判例之协力调和等,盖未尝注意"。关于比较法学,陈氏认为比较法学的支派比较解释学是"以稳健的自由法主义为基础的"。比较解释学是"由学者指导维持或矫正法官之解释",是"温和的自由法主义及连带主义相结合者也"。①

在陈俊三之后,陈应机紧接着继续对社会连带主义与其他学说进行比较。陈应机,个人信息不详。1924年7月,陈应机在《法律评论》发表《社会连带原理与其他诸原理之比较》一文,对社会连带主义学说相较其他学说的优越性进行了探索。陈应机认为,欧战以后源于法国的连带思想迅速崛起,在英美等国也出现了许多提倡者。不少人甚至认为,法国之所以能在欧战中取胜是连带思想的结果。在陈应机看来,当时的时代已经形成德国的马克思主义与法国的连带主义相互争霸的形势,他坚信在未来连带主义"当唱得胜凯旋之歌也"。②

陈应机将连带主义与其他各种主义相比较,认为连带主义"处于社会思想指导者之地位"。

第一,个人自由主义。在他看来,个人自由主义会导致以强凌弱。

第二,无政府主义。无政府主义主张绝对的个人主义,丝毫不承认国家权力的干涉,根本不可能实现。

第三,社会政策主义。陈氏认为连带主义有"坚定之指导哲理为基础",而社会政策只是"各法规之集合","无集中强力,无彻底的精神",所以效果不好。连带主义以道德心和精神主义为第一要义,而社会政策"以唯物的解决为唯一目的"。连带主义主张个人与社会的均衡调和,而社会政策以个人自由主义为原则,以纠正调和为例外。连带主义主张"国民全体与政府戮力同心,积极的自发的且任意的共谋协作",从而达到真正的举国协同,而社会政策主要着眼于政府的干涉,各阶级处于被动的地位,"法制之运用难求彻底"。连带主义同时注重私法和公法的矫正,而社会政策偏重于公法。陈氏认为"从法律原理之进化而言",社会连带主义

---

① 陈俊三:《新理想主义与连带主义所表现之新法律学》,《法律评论》1924年第61期。
② 陈应机:《社会连带原理与其他诸原理之比较》,《法律评论》1924年第55—56期。

第二章 社会法学基本框架的建立与初步发展

较社会政策主义更为完备。①

第四,马克思主义。陈氏认为各派社会主义以马克思主义为鼻祖,"以唯物主义为基础而忽视精神主义"。马克思主义所主张的"集产主义",欲完全废除个人所有权,由国家或公法人代替,将土地和资本等生产要素收归国有,有抹煞人类的个性与本能之弊,"产业前途,必渐次衰颓"。该主义所主张的阶级斗争,最终不免陷入"劳动者专制主义"。陈氏认为,社会主义的主张与连带主义"无一不相反",在劳农法制之下一般国民在公法和私法上的自由平等"均无可言","惟为极少数之党派所独占享有"。②

第五,德国新宪法原理。陈氏将欧战后产生的德国新宪法视为"经济上与私法上之人权宣言"。德国新宪法在经济与私法上对男女平等,经济上和精神上的生存权保障,免费义务教育,女子普通选举权以及在所有权上扩张国有,调和"个人所有权之自由与协同"等方面有详密的规定。陈氏认为,"从连带主义的眼光以观",德国新宪法对个人自由与社会协作的调节、国民性与国际精神的调和"似以明白表现","实为现代法律原理之新徵候"。③

至于工团主义、国际劳工主义、基尔特社会主义。陈氏皆认为不如连带主义。

通过将连带主义与其他各主义的比较,陈氏认为若依据其他的任何主义,对于法律原理的要素均有偏畸的缺点,很难使各要素"各得均衡而得圆满之调和"。只有连带主义才能既不失去自由制度之长处,又能匡正资本主义不平等的弊害。陈应机说社会连带"实为大战后发见之最大正路",法律将来进化的趋向"当在该主义为归束"。陈氏相信连带主义"实为现在未来法律思想发达上之真正的新思想……吾人对于二十世纪之法律思想允宜努力促进该新理想之发展而引为己任焉"。④

陈俊三和陈应机对社会连带学说的引介,已经超出了单就该学说的起

---

① 陈应机:《社会连带原理与其他诸原理之比较》,《法律评论》1924年第55—56期。
② 同上。
③ 同上。
④ 同上。

165

因及其在法律上的影响的范畴。通过与个人主义、无政府主义、社会政策主义、社会主义等各种学说的法律观相比较，得出社会连带法学说相较最为适应当时社会的结论。社会连带主义在法律学说上的高位，使其传播和运用更加具有合理性。陈俊三还直接将社会法学视为社会连带主义学说的产物。其论社会法学的本旨，一方面针对注释法学。反对对法律进行单纯的文理解释和逻辑解释，提倡自由法学，主张根据时势的需要进行适当的立法。其意在于顺应社会舆论和社会实况，促进而非阻碍社会的进步。其最终用意还是在于法律的社会目的，以及法律与社会相适应。在这个层面上，陈俊三的理解与前述李炘对社会法学的理解大致相同。另一方面，明确提出社会法学有综合法学的意义。主张要兼顾法律的动态和静态，注意调和实证方法和理想批判，明确提出社会法学要求法学与其他知识相结合，并要求在大学中将法学部与其他学部联系起来，以便互资调剂。这一点，则超出了李炘的理解。

综观20世纪20年代前期中国学人对狄骥社会连带法学说的引介，其意皆在将社会置于法律的核心地位，法律的概念与逻辑，或个人与国家，都在社会之下。其理路是，出于对个人主义法律不能适应该时代社会的认识，主张法律应做如何变化以适应该时代的社会，由此在国家主权、个人权利、自由、财产所有权、契约、责任等法律的基本观念上形成一套新的认识，又衍生出关于法律的自由解释与运用、法学与其他知识相结合的一套观念。其理想的核心在于法律的社会目的，以及法律如何与社会相适应的问题。

第五节 美国社会法学说和施塔姆勒学说的引介及其他

北大学者发起的对狄骥社会连带法学说的译介和运用，在20世纪20年代前期的中国学界造成了很大的声势。东吴学者吴经熊等人，则在社会连带法学说之外开启了对法律与社会关系的探讨。

第二章 社会法学基本框架的建立与初步发展

一 吴经熊的"法律动力学研究":根据社会法学说探讨法律的基本概念

吴经熊(1899—1989),字德生,浙江宁波人。1917年入东吴法学院,成为该校第三届学生。东吴法学院该届共招生14人,最终1920年毕业的仅有9人,吴经熊是该届毕业生中唯一获得"甲等荣誉"的学生,[①]他的优异成绩使其获得了留学密歇根大学的机会。1920年秋,吴经熊开始在密歇根大学法学院学习,次年获该校法律博士学位(J. D.),其间与霍姆斯大法官建立了较密切的关系。

吴经熊对社会法学的接触便是以留美习法为机缘的,他在四年的留学生涯中接触到了几位该时代提倡社会法学最有力的法学家。最先引导他接触新的法律思想,使他从法律的"教条主义的睡梦中苏醒过来"的人,是密歇根大学法学院的狄金森(Dickinson)教授。[②]从19世纪末20世纪初起,霍姆斯、庞德等人便先后反思美国的法学研究和法律制度,霍姆斯的法律思想常被后人称作现实主义法学,庞德则被视为社会法学之集大成者。吴经熊留美期间,正是社会法学在全美造成广泛影响的时候,密歇根大学的法学教授受其影响亦不足怪,吴经熊接触社会法学对法律教条主义的批判,是当时的学术环境使然。

吴经熊一开始欲将中国的固有思想与欧美的法律学说相比附。从吴经熊在美期间所写的第一篇法学论文来看,他对社会法学是持欢迎态度的。1921年3月,他的《中国古法典与其他中国法律及法律思想资料选辑》[③](*Readings from Ancient Chinese Codes and Other Sources of Chinese Law and Legal Ideas*)一文有意从"法律与其产生或存在的那一时代的社会境况之间"向欧美学界介绍中国的"合理的法律原则"。在吴氏看来,中国法律同西

[①] 《1920年法科毕业学生名录》,载东吴大学编《东吴年刊》,东吴大学自编1920年版,第73页。《东吴大学法律科章程》(1926年),载张研、孙燕京编《民国史料丛刊》(第1087册),大象出版社2009年版,第158页。

[②] 吴经熊:《霍姆斯法官的法律哲学》(原载 Michigan Law Review, 1923),收录于吴经熊《法学论丛》(*Juridical Essays and Studies*),商务印书馆1928年版,第101页。

[③] 关于吴经熊外文论文的翻译,本书参考了孙伟、李冬松编译《吴经熊法学文选》(中国政法大学出版社2012年版)的译法。

方并没有实质的差别。他说:"在法律领域,古代中国发展出一个自然法学派,以老子为鼻祖;一个人本学派,孔子为首,文王为典范;一个实证学派,以商鞅为领导人物;而最后一个历史学派,代表是班固。……我相信现代法学家们不会不承认,上述中国法学派所代表的四个因素:纯粹的理智、管理的公平、可靠性与确定性以及随历史发展的观念。此四个因素的并用与调试会使我们很接近二十世纪的法律概念。"由此,他相信"中国法律思想足以接受近代的社会法学"。①

此处,吴经熊所使用的单词是 sociological jurisprudence,而该词在今日便指"法社会学"或"社会法学"。吴氏在注解中多次声明他的解读"存在一个现代社会法学的潜意识的建议",采用的是"庞德院长关于社会学解读的方法",他所依靠的参考文献也包含了庞德的《法律科学的方法》(*Science of Legal Method*)和德瑞克的《法律的社会学解释》(*The Sociological Interpretation of Law*)。②从中不难发现吴氏试图用社会法学的理论去解读中国法律史,也可以看到吴氏对社会法学的推崇之意。他将这篇以西方法学理论比附中国固有知识的文章寄给了霍姆斯,霍姆斯担心吴氏的意译有可能与原意有差别,说"这个疑虑威胁着古代文献的任何现代重述",但是对于吴氏用西方的观念来解释中国法律思想的做法并不反对,还表示"极其赞赏"。③

在密大法学院教授的推荐下,"国际和平卡勒基基金"资助吴经熊到巴黎大学去学习国际法,④不过吴氏对社会法学的兴趣始终保持。1921年11月23日和1922年1月8日吴氏给霍姆斯的信还在探讨霍氏《科学中的法律和法律中的科学》、《法律的路径》、《法律与法庭》诸文的内容,并向

---

① 吴经熊:《中国古法典与其他中国法律及法律思想资料选辑》(原载 Michigan Law Review, 1921),收录于吴经熊《法学论丛》(*Juridical Essays and Studies*)商务印书馆 1928 年版,第 206 页。
② 吴经熊:《中国古法典与其他中国法律及法律思想资料选辑》,收录于吴经熊《法学论丛》(*Juridical Essays and Studies*)商务印书馆 1928 年版,第 234 页。
③ 孙伟:《吴经熊裁判集与霍姆斯通信集》,中国法制出版社 2010 年版,第 79 页。
④ 吴经熊在巴黎的半年时间内用法语写成了两篇国际法和一篇法理学的学术论文,分别是《国际方法论》、《成文国际法》和《论自然法》,后收录于吴经熊编《法学论丛》(商务印书馆 1928 年版)。

第二章　社会法学基本框架的建立与初步发展

霍氏汇报了法国法学家惹尼对他的指导。他还认为霍姆斯的"法律预测论"可以运用到国际法的研究中去"清除国际法路上的迷雾"。[①] 霍对吴的影响由此可见一斑。来到柏林不久，对美国霍姆斯、法国惹尼和德国施塔姆勒的法学思想有所研究之后，吴经熊写了他的第一篇中文法学论文《法律的基本概念》。该文由当时在欧洲考察正准备归国的张君劢带回，发表于上海中华书局所办的《改造》杂志。吴经熊提出了法律的标准、法律的目的和作用以及研究法律的方法三个问题。

以何种标准衡量法律是否公道。吴经熊认为，法学作为精神科学的一种，应当思考法"应是怎样"的问题，要探究法学"那根本上的原理"，即法的标准。在他看来，法的标准可以用个"理"字来表示。欧美18、19世纪的理"是个昭昭灵灵不可捉摸的理"，20世纪的理就是"实事"和"人情"，"是个实事求是的理，——固非玄想中的理，又非书本中之理，却是社会日常行事中之理"。这种理"是绝对的也是相对的"。理既有抽象的一面，也有实质的一面，抽象与实质有形式和内容的关系，两方面都要并重，"没有形式，内容就要捣乱了，没有内容，形式就成枯竭了"。抽象的理是"天经地义、万动不磨的"，实质的理却是"随时推移、随地变迁的"。抽象的理"可以求之于通常人的心中"，而实质的理一般人却难以回答。吴氏以法律的公平观、幸福观和权利观为例，说公平、幸福和权利的名目是绝对的、永远存在的，而其内容却是相对的、不定的和随时变迁的。他认为，随着人民生活程度的提高和文明的长进，法律的简单或复杂必然"随时势而变"，但在这万变之中"自有一个不变的真理在里面"。[②] 不难发现，吴氏关于抽象的理和实质的理之观点与德国施塔姆勒所谓"变动的自然法"观点，并无二致。

法律的目的和作用是什么。吴氏在文中还指出，法律的目的在于人类本身，法律不是目的，只是一种手段；法律应以"人类的目的"为目的，而人类的目的又在于"促进文化"。吴氏所理解的"文化"，包括在人的本

---

① 吴经熊编：《法学论丛》（*Juridical Essays and Studies*）商务印书馆1928年版，第141—143页。1921年11月23日吴的落款地址是巴黎，1922年1月8日的落款地址是柏林。
② 吴经熊：《法律的基本概念》，《改造》1922年第4卷第6期。

性方面"以理胜欲",和在人的环境方面"用智力驾驭自然力",所以必须"将政治、法律、哲学、宗教、科学、文学和一切的社会学分业组织通力协作起来,切不可互相排轧冲突,以致糜靡精力,阻碍进步"。吴氏尤其强调道德与法律的合作,认为中国文化不如西方文化发达的一个重要原因就是"道德和法律二途没有分业的组织和协作的缘故"。根据这种理解,吴氏主张创造"活法"、"动法",废止"死法"、"静法",将法律与"经济、宗教、教育各部分都联络起来",将旧习惯、旧观念"一概扫尽",由此扶助文化事业。他相信,各种学问联合起来,几十年之后中国的文化事业"自然不至有名无实了"。① 显然,吴氏此处采用了德国法学家柯勒"法的文化"的观点。②

研究法律的方法。吴经熊特别注重历史对于法律的作用,主张利用"过去人类的经验和阅历来改良现在的社会"。具体到法律史来说,吴氏认为,"凡一切法律,如他的性质是属于解放的都是合理的法律,如他的性质是属于压制或束缚的就是不合理的法律",人类要冲破教会专制、贵族专制、君王专制甚至法治专制而求得解放。要想冲突法治专制,就要"因地制宜",不可"泥古不化辜负了法律的本来命意"。他举美国法院对"自由"的解释为例。资本家大肆攻击关于"劳动者订定契约不得超过每天八小时工作的限度",说这与宪法赋予的自由权相违背。而法院却主张宪法对自由权的规定"是十八世纪的人物所订的",那时实业还不发达,资劳问题尚不明显,此时工作八小时以上却"容易使人困疲","与卫生大有妨碍,终究非社会的幸福","现代时代的情形和需要都为那订宪法的人物所梦想不到,所以十八世纪的自由的定义断乎不能适用于现在时代,因为个人所享的自由权当以不损及社会为限度"。吴氏认为这是"从法律的专制而得解放的一个佳例",这种解放是"法学和社会学结合而产生出来的"。他认为,纯粹的法治主义会有种种流弊,必须"用治社会学的手段去补救他",如此才能"使法律服务人类"而不会"使人类做了

---

① 吴经熊:《法律的基本概念》,《改造》1922 年第 4 卷第 6 期。
② 柯勒认为法应该为文化服务,法哲学应当是文化哲学的一部分。参见何勤华《西方法学史》,中国政法大学出版社 1996 年版,第 222 页。

法律的奴隶"。

吴氏把自己的观点称为"法律的动力学研究"。他认为中国当时正处于过渡时代,"自然贵动而不贵静,贵创作而不贵谨守",法学界应该注重解决"什么法律才配中国现在的情形"这个问题。由此,吴经熊提出"我们学者须要联合起来研究(中国)社会的情形的需要,待社会的情形和需要研究出来,就不难再想更正和补救的"。①

吴经熊根据他所接触到的欧美社会法学家的观点,分析了法律的标准和法律的目的,并提出要研究"活法"、"动法",强调历史、社会、政治、经济等其他社会科学与法学进行合作的必要。张君劢对吴氏的观点大加赞赏。他说,当时国内"号为法学大家者",也仅知就各国成文法加以比较,"其下焉者执一部日本六法全书而自比于法律专家,其上焉者,如王亮畴之译德民法为英文者,亦谨守成文法派之规矩而不敢逾越"。他认为,在社会改造的时代"非推本人心之隐微则不能寻绎新法理而立法界之新系统","欧战以还,公法界之革命者则有狄骥、拉司克(Laski)等等,私法界之革命者则有奥之孟格以及其他欲以社会主义之改造民商法者"。他深信吴经熊受"美之法学家庞氏(Pound)"、"德之施塔姆勒(Stammler)"、"法之奇尼(Geny)"之指导,必能"越脱成文法派之束缚而为法界开一新生面之旨"。②

通过以上分析可知,吴经熊最初接触美国社会法学的时候存在一种人有我无的紧迫感,迫不及待地表明中国也能接受社会法学思想。等到1922年对霍姆斯和施塔姆勒等人的学说有较深的认识后,他便开始法律的"动力学研究",思考法律公道的标准、法律的目的和作用以及研究法律的方法问题。他强调20世纪欧美法律的"理"与18、19世纪不同,实际上是强调法律与20世纪的社会相适应的问题。在他看来,法律的目的和作用在于人类社会本身,"活法"和"动法"的重要性远胜于"死法"和"静法",而研究法律应该兼顾历史、道德诸方面的因素。

---

① 吴经熊:《法律的基本概念》,《改造》1922年第4卷第6期。
② 张君劢:《法律的基本概念》"按语",《改造》1922年第4卷第6期。

二　吴经熊引介霍姆斯、庞德、施塔姆勒和卡多佐的学说

（一）在霍姆斯与施塔姆勒之间：寻找逻辑与知觉在法律上的平衡

柏林期间，吴经熊不但师从施塔姆勒，也接触到了法学家埃利希的观点，他打算将霍姆斯和施塔姆勒的法律思想糅合起来。大约在1923年初，他将尚未定稿的《霍姆斯大法官的法律哲学》(The Juristic Philosophy of Justice Holmes) 一文之一部分寄给霍姆斯过目，霍姆斯在回信中说很认同他的"哲学先见"，并称"很惊讶你从埃利希《法社会学的基础理论》中受益匪浅"，因为霍也认为埃利希对法学理论"贡献重大"。[①]1923年3月，吴经熊的《霍姆斯大法官的法律哲学》发表于《密歇根法律评论》。

吴氏首先指出"将法律局限于概念的狭小篱笆中犹如把宇宙分裂成各不相连的碎片，是与真正的哲学精神相违背的"，认识法律不能"仅仅诉诸理性而忽略感觉"，还应该重视"经验"之于法律的作用。他认为，施塔姆勒主要从概念上回答了"什么是法律"这一问题，而霍姆斯则置重于"法律的知觉"。施氏认为法律是"人类的意志"从而有别于自然现象，是"公共的意志"从而有别于个人意志，是"自授权威的"从而有别于习俗规范，是"神圣的"从而有别于专制权力，由此其法律的概念是"神圣的、自授权威的公共意志"。吴氏认为施氏所称法律是"抽象意义的法律"，具有"不可易移的稳定性"，是"永恒的或无时间界限的"，"它决不变动，是静止的"。他认为，尽管法律概念是一个纯粹的形式，但却为法律科学"提供了一根强有力的拐杖"，所以施氏的观点是"对霍姆斯法官的法律哲学的强有力的救济"。

不过，吴氏认为纯粹的理性主义存在一种危险，因为"它倾向于无视生活中正在跃动的脉搏"。"逻辑的真实"仅仅是现实世界的一部分，法律应该"与宇宙万物相连"。他推崇霍姆斯在具体的时空中观察法律的方法。他认为法律是在"持续不断地变化着、无休止地成长着……戴

[①] 孙伟：《吴经熊裁判集与霍姆斯通信集》，中国法制出版社2010年版，第85页。

上了不确定的面纱",应该通过"知觉洞察力"或"预先体验"来观察法律,所以"法律就是预测"。根据霍姆斯的观点,法律"是法庭上最可能认可或宣布的规则","是无需定义的",法律更趋向于一种心理学上的"直觉",主要关注未来的利益。人们不必"兴致盎然地研究已经存在的案件",而应该"聚焦于法院对未来产生的案件将要做什么的预测上"。更进一步说,法律的生命是"经验而非逻辑","一个时代为人们所感受到的需求、流行的道德与政治学说、习知或非习知的善良风俗,甚或法官与其同胞共有的偏见……都比三段论推理大得多"。按吴氏的理解,霍姆斯之论法律将知觉视为比概念更重要的东西,更注重心理、道德、政治、风俗等因素的作用,倾向于将法律视为一种"活水的源泉"。

吴氏感到"概念的一"与"知觉的多"有明显的冲突,他则试图找出二者之间"可能的联系",大有后来居上的用意。他认为,法律的知觉和概念只是法律的两个不同的方面,前者是"被感知到的法律",后者是"被构思出来的法律",二者都在指向一个"统一体"。他认为有些新康德主义者过于强调法律的概念而有些新黑格尔主义者又过于强调法律的感知。他宣称要"在一个更高的视点上""从整体上来研究法律",将感觉和知觉放在同等的位置上,达到二者的协作,成为"共同根基"的组成部分。所以,吴氏所理解的法"不仅是一个外在于观察的抽象统一体……而且是一种透明的有着差异的有机统一体","法律既是一又是多,既总是相同的,又永远不是相同的"。①

吴氏在文中旁征博引,欧美诸多法学家和社会学家的观点均在其中。施塔姆勒读到此文后给予了相当的尊重。该文发表两个月后,施氏针对此文在《密西根法律评论》上发表了一篇"最为慷慨善意的评论",称其看法与吴经熊一致,后来还将吴氏该文译成德文发表于德国国内。霍姆斯也来信对吴氏加以鼓励,他表示"很尊敬施塔姆勒",但希望吴不要过多地

---

① 吴经熊:《霍姆斯法官的法律哲学》,收录于吴经熊《法学论丛》(*Juridical Essays and Studies*),商务印书馆1928年版,第101—119页。

受到逻辑的影响而"远离日常事实"。①

前述李炘对施塔姆勒学说的介绍，与吴经熊约在同一时期。只是二者获知渠道与注重方面殊不相同，此不赘述。

(二) 认识庞德的法学说：稳固性与变动性的统一

1923年6月初，在柏林大学的研究即将到期，吴经熊很想继续从事研究工作，但卡勒基基金已不再向他提供奖学金。他把这件事情告诉了霍姆斯，霍姆斯旋即写信给哈佛大学法学院院长庞德，帮忙解决了这个问题。② 1923年秋，在霍姆斯和庞德等人的帮助下，吴经熊结束在柏林大学的研究工作后，便到美国哈佛大学法学院做研究，而指导者正是庞德本人。在为时一年的研究工作中，吴经熊与庞德交流频繁，他对庞德的社会法思想有了深入了解。1924年1月，吴氏写成《罗斯科·庞德的法律哲学》(The Juristic Philosophy of Roscoe Pound)一文，发表于《伊利诺法律评论》(Illinois Law Review)，庞德看后引吴为知己。③ 该文同时刊登于东吴《法学季刊》。

庞德法学说的哲学基础：实用主义。面对如何调和"稳定需求与变动需要之间的冲突"这个"法律中的永恒问题"，庞德的主张是"法必须稳定但不能静止"。吴氏对此理解为："坚固而稳定的社会秩序是人类进化不可或缺的条件，但与之相对的是，人类要进步就必须变革其法律"。关于如何才能使法的稳固性与变动性协调一致，庞德要求立法者、法官和法学教师要成为"社会工程师"，"经由对法律的巧妙处理……既可以维护社会秩序，同时也可以使法律适应社会进步"，只要法律根据现实生活的变化

---

① 孙伟：《吴经熊裁判集与霍姆斯通信集》，中国法制出版社2010年版，第91页。亦见于曾建元《跨越东与西：吴经熊的人与法律思想素描》，收录于许章润编《清华法学》(第四辑)，清华大学出版社2004年版，第83页。德文题名为"Das Erkenntnisproblem in der Rechtspholosophie"(《法哲学的认识问题》)，发表于Archiv fur die systematische Philosophie (1924)。参见郑志华《超越东西方的法哲学家》，浙江大学出版社2012年版，第161页。

② 孙伟：《吴经熊裁判集与霍姆斯通信集》，中国法制出版社2010年版，第90页。

③ 1926年吴经熊曾对陆鼎揆说："关于滂特老夫子的法律哲学的大概，我曾撰文一篇 The Juristic Philosophy of Roscoe Pound，登载《义利纳爱法律杂志》(Illinois Law Review)，滂氏念了那篇批评，颇引我为知己。"[美]罗斯科·庞德：《社会法理学论略》，陆鼎揆译，商务印书馆1926年版，吴序，第2页。本书对该文的翻译参照许章润编《法律哲学研究》(清华大学出版社2005年版)的译法。

"不断地被省察，不断地被修正"，便能达成目的。吴氏认为庞德"处处宣扬一种功利主义态度"，"和耶林一样憎恶概念法学，希求一种现实法学"，所以庞氏对法律稳定性与变动性问题的解决不在意"观念的逻辑适恰性而是看重其实际设计的可行性"。在庞德那里法律成了"满足人类欲望的有用工具"和"提升人类文明的杠杆"，法律价值的品评"不是由于其符合某种抽象的理念而是由于其能在具体实践中促进人类的福祉"。调和法律的稳定性和变动性靠的不是"一次逻辑论证"而是"法律专家在训练过的直觉的帮助下所执行的日常工作"。吴氏认为，庞德在法学上的功利主义态度与杜威的实用主义哲学"最为类似"，[①] 认为杜威实用主义哲学与庞德的关系，和德国马堡学派的新康德哲学与施塔姆勒的关系，以及法国社会连带主义思想与狄骥的关系，是一样的。

　　法律史的工程学解释。吴氏认为庞德是一个"彻头彻尾的工具主义者"，他不仅将法律视为工具，还将过去的法律理论"视为制造工具的材料"。按吴氏的观察，庞德之前的法律理论的历史可分为"法学上的唯心主义"和"法学上的唯物主义"。唯心主义采目的论的视角，又可分为法律的伦理学解释和政治学解释，前者强调权利观念的价值，后者强调个人的自我做主和自由的价值。唯物主义采机械论的视角，又可分为人种学生物学的解释和经济学解释，前二者注重地理环境和种族心理对法律发展的影响，后者断言法律的发展依赖于经济的发展。庞德通过"司法能动主义"来使用17至19世纪的法律史解释，剔除"任何可能导致政治宿命论和司法悲观主义的成分"，接受"可以生动人们创造活动和有意识地创生法律的成分"，他利用这些"材料"去"服务于有益的目标，适应新的环境"。在庞德的法律体系中，法学上的唯心主义和唯物主义各有其用，唯

[①] 关于何为实用主义，吴经熊引用了亚瑟·K. 罗杰斯（Arther K. Rogers）在《1800年以后的英美哲学》的一段话来说明："实用主义，经验地适用理智以解放运动，希求一个成长而非停顿的世界。思想非为既成事实的复本，而为社会进步的实际方法。此方法不仅使我们从蒙昧主义的不变理念中解放出来，也使我们从过去对新奇或毫无原则的自由的零星需求中解放出来。此乃一种理性进化的逻辑，对于环境中新事物持续不断地保持警惕而对过去并无不适当的屈从，新和旧之旧同时以有序而适度的方式相联系。"转引自吴经熊《罗斯科·庞德的法律哲学》，收录于吴经熊《法学论丛》（*Juridical Essays and Studies*）商务印书馆1928年版，第121页。

心主义"因其指引性故采取积极的原则"而唯物主义"因其限制性故采取消极的原则"。吴氏对于庞德的做法十分钦佩,褒扬庞德"最大的优点在于他知道如何摄取他人的思想",并称在庞德身上可以发现萨维尼、奥斯丁、耶林、萨莱耶、柯勒、施塔姆勒、霍姆斯和梅因等各国各派法学家的影响,而庞氏"那合理而稳健的主导性品质"使得这些相互冲突的观点能够维持平衡和统一。在吴氏看来,庞德所主张的法律史解释要考虑法律人、他们的工作环境和工作目的,所以其所谓法律的"工程学解释",要点有四:"一是强调人的创造性活动,二是将历史作为工作所用的资料,三是对问题涉及的地理环境、文化程度、特定民族的种族特性给予适当的考虑,四是采取目的论视角"。吴氏认为,评价法律的工程学解释是否恰当,要看这种解释"是否忠于它的原意","能否成为将来法律发展的安全可靠的导向"。关于是否忠于原意,吴氏将庞德的法律史解释与美国西北大学的威格莫尔的"行星系类比"解释相比较。威氏主张法律"是无数力量综合作用的结果"。吴氏认为庞德的解释除了拥有威氏"行星系解释具备的全部优点",还有明显地超越,"不但考虑了无数复杂的作用力的因素,而且兼顾了人类意志"。工程学解释可以使人发现"所有相应的法律制定的进化阶段",因而更能忠于原意。关于能否成为将来法律进化的安全导引,吴氏认为"很大程度上有赖于将来的工程师的能力与技术"。

庞德的社会利益理论。他认为庞德是在"探求法律在社会中的功用",法令的施行并非仅仅因为它是法令,而是"此时此地的社会利益要求它被施行",其重心"从自我为中心的法令移转到社会利益之上"。吴氏认为庞德对法律思想的变革"其重要性和剧烈性一点不逊于天文学上的哥白尼革命"。他认为,法官是遵循社会利益理论还是概论法学的导引,在实践中会产生很大的差别。遵循前者,法官使可以参照法律的目的有意识地调整法律;遵循后者则会过多信赖逻辑的干预。吴氏将法律视作一头蒙上了狮子皮的毛驴,"如果我们撤下法律的狮子皮,发现里面竟是一头毛驴,它应为我们服务而非使我们困惑或恐惧"。他认为,霍姆斯已经指出了这头毛驴应走的道路(即经验之路),施塔姆勒则指出了最终的目的地(即实质的公道),庞德则为毛驴开列了清单,指出途中应处理的各种各样的差使。庞德的"差使",便是各种社会利益。

吴氏认为庞德的社会利益理论来源于耶林,认为耶氏在其代表作《为权利而斗争》的要旨是"必须保护自己,并与一切专横、不公正的行为做斗争,以便维持公共秩序与和平",意在从社会的视角来看待个人权利,视个人权利为达到社会目的的一种手段。在吴氏看来,耶林的理论为庞德的社会利益理论铺平了道路,庞德同样站在社会的角度来考察权利,庞德会根据社会利益的要求而行使权利、限制权利或废除权利,"需要采取哪一种措施取决于该社会特定时期的具体情形"。吴氏认为,法律的作用在于防止任何权利在行使过程中的专断滥用,而其专断滥用与否的标准,庞德认为是"是否能以最低程度的利益牺牲确保利益的最大化"。由此,庞德提出了社会利益大纲,其社会利益包括六个方面:"(一)一般安全:平安,健康,和平与秩序,交换财产的安全,占有财产的安全;(二)社会制度安全:家庭,政治,宗教;(三)基本道德;(四)社会资源的保护:自然资源的使用与保护,受赡养者与残疾人的保护与教育,对罪犯的改造,经济上需要帮助者的保护;(五)一般进步:经济进步,政治进步,文化进步;(六)个人生活。"这些利益的价值"并非一旦确定便终生不变,而是随着时间和地域而变化的",而且强调一种并不意味着忽略他种。吴氏对社会利益理论有很高的评价,他说:"据我所知,作立法理论和司法判决的导引,现今还没有其他理论能像社会利益理论如此精妙、广博、稳妥",他认为社会利益理论"可以适用于一切情形和所有复杂的环境"。

按庞德的观点,"个人利益可以用社会利益加以表述",所以每一诉诸法庭的争议最终都涉及社会利益的权衡与平衡。由此,法官在面对诸如劳工赔偿之类的案件时应当采用"社会学的见解"而非推行"绝对合同自由的极端逻辑教条主义",以确保社会利益的维护;在面对涉及道德品质、个人行为或事业行为的合理性争端中,法官就应该采用"个别化的方式",注意"每一案件中的特殊因素",依靠"经过训练的直觉"对社会利益做出"更为精妙的平衡"。

在社会利益理论下,法官会不会以社会利益为理由而"恣意妄想"和会不会一切个人权利"毫无保留地屈服于模糊的不明确的社会利益",吴经熊进行了认真思考。他认为,无论如何使法律确定和明晰,法律的最终适用仍然需要"意念"和"想象"的空间,所以需要进行社会心理学的研究,把握每一时期的"公众观念",由公众观念来监督和评判法官和立法者。尽管意识到社会利益理论可能受到批评,吴氏仍然倾向于"以一种开放的视角来看待这个问题",认为从整体上说是"利大于弊的"。吴氏认为,庞德的社会利益理论与霍姆斯、施塔姆勒的观点"相一致",因为"健全的常识与纯正的逻辑不论其出发点和所采取的途径如何不同,最终必然归于相同的结论"。①

通过前述分析可知,吴经熊所理解的社会利益理论,其实仍然是一个如何站在社会角度导引权利的理论,绝不是要片面地取消权利。

(三) 卡多佐法学观之认识:社会法学的潮流

吴经熊在哈佛大学研究期满后,1924年6月经温哥华回到宁波老家,随后便受聘为东吴法学院教授。回国前夕,吴氏还通过霍姆斯的同事法兰克福大法官结识了另一位社会法学的倡导者卡多佐;② 回国不久,他便写了数篇论文探讨卡多佐的法学思想,分别是《读卡多佐〈法律的成长〉有感》(Casual Remarks on Reading Cardozo's "The Growth of the Law")和《卡多佐法官的法律哲学》(The Juristic Philosophy of Judge Cardozo)。

对于卡多佐《法律的成长》一书,吴氏有自己的理解,他认为卡多佐是在探寻"真正法官的灵魂中发生了什么",卡氏会认为"每一司法裁决都要求一种新的信念和评价",一个好的法官应该有一点"诗人的品质"才能"在相似物中做出精妙的选择"。吴氏认为,卡多佐在尽力把法哲学表现成"尘世俗事",并认为卡氏的观点"对霍姆斯法律预测论既坚持了原意,又有创新,并用让人容易理解的方式进行了详细阐述"。在吴氏认为"观察法律的预测是唯一明智的方法",卡多佐的法律预测具有"不同程度的确定性","一个法律是很稳定的还是令人怀疑的,取决于预测法庭

---

① 吴经熊:《罗斯·科庞德的法律哲学》,原载《伊利诺法律评论》1924年第1期。收录于吴经熊《法学论丛》(Juridical Essays and Studies)商务印书馆1928年版,第120—142页。亦见于东吴《法学季刊》1924年第1卷(1月)第8期和第9期(4月)。

② 孙伟:《吴经熊裁判集与霍姆斯通信集》,中国法制出版社2010年版,第101页。

第二章 社会法学基本框架的建立与初步发展

对某一案件予以裁判的相对确定程度"。关于法律的功能，吴氏认为卡多佐是试图把庞德提出的功利标准"纳入民族精神中"，从而把历史学派和社会学派综合起来。①

吴经熊在探讨卡多佐的法律哲学时谈到了法学的变革，体现了他对法学之潮流或趋势的认识。

> 当今，法学正经历着一场深刻的变革——这场变革的意义不亚于物理学领域中从机械物理学向电力物理学的变革。我们的法学正在经历一个转变：从机械法学（mechanical jurisprudence）到功能法学（functional jurisprudence），从静态法学（static jurisprudence）到动态法学（dynamic jurisprudence），从绝对法学（absolute jurisprudence）到相对法学（relativist jurisprudence），从概念法学（jurisprudence of conceptions）到现实主义法学（jurisprudence of realities），从个人主义法学（individualist jurisprudence）到社会法学（sociological jurisprudence）。这是一个极富意义、极具潜力的时代。尽管在这样的时代还存在着少数守旧派，但除了行将消失的抗议之外，他们已经没有任何反对声响。②

吴氏提到的社会法学，是一种与功能法学、动态法学、相对法学和现实主义法学相似的潮流或趋势，是一种对个人主义法学、机械法学、静态法学、绝对法学和概念法学的超越。此处，吴经熊已对社会法学的性质和特点做了大致的勾勒。他对法学的这种变革持支持立场，并将坚持个人主义法学、机械法学、静态法学、绝对法学和概念法学的法学家视为"少数守旧派"了。吴氏认为，美国法学家的普遍信念是要"努力使法律与道德相契合，使大量法律之外的事物成为法律质料"，以"创造性"代替过去

---

① 吴经熊：《读卡多佐〈法律的成长〉有感》（Casual Remarks on Reading Cardozo's "The Growth of the Law"）。该文当时并未发表，1928年收录于《法学论丛》。吴经熊：《法学论丛》（Juridical Essays and Studies）商务印书馆1928年版，第151—154页。

② 吴经熊：《卡多佐法官的法律哲学》（The Juristic Philosophy of Judge Cardozo），《法学季刊》1924年第2卷第2期。

的"法律悲观主义"。吴氏将他所处的时代称为"法哲学的文艺复兴时期",在这种时期"哲学家与法官合为一人的理想更容易实现",他认为卡多佐和霍姆斯一样,都是杰出的"哲学家法官"。①

关于卡多佐的学说,东吴学人丘汉平曾在1926年将卡氏著作"The Growth of the Law"的第二章翻译,以《法律之进化》为名,刊于《法学季刊》(第3卷第1期)。

(四)认识施塔姆勒:"国家之上有法,法之外有正义"

1925年,吴经熊写成《斯丹木拉之法律哲学及其批评者》(Stammler and His Critics),该文当时未在国内发表,而由施塔姆勒收入其著作《正法论》(The Theory of Justice)。吴经熊的学生丘汉平在1926年将该文翻译成中文,命名为《斯丹木拉之法律哲学及其批评者》,发表于《法学季刊》(第2卷第8期)。吴氏认为,施氏的法律哲学"非凿空之论",是为了"解决近代德国法律及经济生活之实在与切要问题"。按吴氏的理解,施氏在德国"畸形百出变态朕兆"的哲学界非难"唯我主义"、"唯物主义"和"帝国主义"而创"国家之上有法,法之外有正义"的新说,是一件了不起的事情,使法律哲学"冲破黑暗而达光明"。他说施氏和霍姆斯、惹尼、柯勒等"大思想家"一样,都是"欲用科学之方法建设良心之信仰",其哲学是"介乎实在(reality)与心(mind)之间"。吴氏将各方学说与施氏的法律哲学加以比较,试图以此探明其真意和地位。

在社会学者方面,韦伯认为社会科学受制于"目的与规范"故而事事基于主观,不能有"正确与客观",所以不能称之为科学。施氏则认为社会科学和自然科学一样,均受客观原则的支配,自然科学有因果律,社会科学也有"目的原则",而且二者都要受"接离原则"(即一命题不能同真伪)和"交换原则"(即一命题必须真或伪)所制。贡普洛维奇称赞施氏"先觉"到改造近代法理学的必要并创立了"具变动内容之自然法"的观点,但他只认为施氏对过去法律的批评方法仅仅是提出了问题,而非解决

---

① 吴经熊:《卡多佐法官的法律哲学》(The Juristic Philosophy of Judge Cardozo),《法学季刊》1924年第2卷第2期。

问题。依吴氏理解,贡氏之意是"理想不能以其内在价值判断之,应视其现实目的之程度定之"。吴氏认为贡氏同样没有解决何为现实目的的问题。"近代研究马克思主义之专家"沈可必虚(V. G. Simkhovitch)则认为施氏的经济思想对马克思的经济理论有很大影响。

在哲学家方面,韦来可斯基(G. W. Wielikowski)不同意施氏将法视为一种意志,认为施氏关于法的概念只注意了"自觉"的因素而忽略了"非自觉"的方面,没有注意到"本能及良心之势力"。吴氏认为,施氏的意志之说已经包含了"自觉"和"非自觉"的两方面,"韦氏剖分之,不亦徒劳乎?"排思德(Julius Binder)认为施氏关于法律即意志的定义"是经验的",施氏所说绝对公道不存在。吴氏认为,施氏所称意志不是特定的意志而是一般意志,"意志既非特定,其非经验的不喻自明";关于公道,不能因为制定法不能达绝对公道之理想而否认绝对公道理想的存在。保罗·奈拓(Paul Natorp)希望施氏保持其年青时代写《经济与法律》时的气概与态度,不过保罗偏向于感情方面。吴氏认为,施氏则"孜孜不倦其论理思想"。

在法学家方面,沙例义(Raymond Saleilles,萨莱耶)是宣传施氏"具变动内容之自然法"的得力分子,但他将自然法变为一种"感情"。吴氏认为,沙氏只是法学的功利主义者,其所言与施氏之论不相合。惹尼认为施氏在追求"未知主宰"。吴氏认为,惹尼的思想倾向于神秘及宗教方面,"实一宗教的法家","崇奉信仰甚于智识,信直觉甚于论理的思想",而施氏的公道观念"欲以吾人之思想,尽于智识范围之内",与惹尼的思想不相同。吴氏认为二者孰是孰非"在于吾人性情之倾向",不能妄下臆断。关于庞德与施氏法学思想的比较,吴氏着墨较多。吴氏认为施氏的法律哲学与社会学派的法律哲学殊途同归,"得同一之结果"。吴氏从五个方面对施庞二氏的观点进行比较。第一,对17、18世纪"理性论"的批评。施氏反对18世纪只要"人民心理以为有理性之公道观念"便可以立法的做法,认为该种思想和做法"与近世科学之公例相拮抗",必然会走向消亡。庞氏则认为17、18世纪的学说混淆了interest和legal right二词,认为interest"乃离法而独立",虽无法律也存在,而legal right则是法律赋予的利益,随法而生,前者只是受法律确认,后者却由法律限定范围。第二,对历史法学派的批评。施氏认为历史法学派所谓"民魂"(Folk-Spirit)具有浪漫主义兴味,而浪漫主义"箝制法律科学及实际法律已属长久,受毒之深更无论矣"。庞氏认为历史法学派"实受景象之幻觉",他认为对待法律历史应该"藉以往较现在",然"历史学派之解释纯为一块过去历史"。第三,对分析法学派的批评。施氏关注作为分析法学者的而不是作为社会法学者的耶林,施氏认为耶林将法视为"政治团体之势力",不能把握"目的概念"的正确意义,意义既误则其法律哲学"败也必矣"。庞氏关注奥斯丁的"法之命令说",他批评奥氏关于一国的"典律""条规""皆直接或间接出自最高权力主体"的观点,奥氏之法律观不过是以"国家或人民"去代替了"往昔之神权或自然"。该种思想重视法律的稳固甚于变动,甚至会否认法律的变动,一旦"昨日之法"不适用于"今日之社会",便只有"牵强解释条文以勉强符合时势"。第四,对唯物的解释法史的批评。施氏认为法并非仅仅存在于经济之上,社会经济反而是"法律所厘定之制度"。庞氏亦认为对于法律史的解释,伦理的解释比经济史的解释更为妥当。第五,对自由法运动的批评。施氏认为,自由法运动意在"否认制定法有绝对强制力",法官判决案件须以"诚良之心"为标准,视每一案件之情形而定判决。施氏认为此说虽不无道理,但"若绝对不许立法者利用制定条文……则未免咬文嚼义,限于呆板不顾事实之弊……法之效力未能收获良好酬报",他认为自由法运动应当"以必要为度,不为过分之推崇舆论"。庞德认为,现在和将来的"显明利益"将是"个人生活之社会利益",即个人的要求是社会必须要确认和维护的,法学家应"从严讨论后起之利益,加以智能之考虑,庶几良法美意,得臻成功",个人利益的完整也是社会的福利。通过比较,吴氏发现施氏的言论以"论理原则"为标准;而庞氏以"反动"、"影响"、"利益"、"关系现象"、"调和"、"发展"等词表其评论,其方法注重"需要"、"法律进化的客观原素及其连互关系"。他认为施庞二人"所用方法之结论,则各人方法之起点",施氏所谓"论理与心理学互相补阙",最后结果"非论理亦非心理,实另一物焉"。综合二氏之意,吴氏认为"欲尽知此一物也,必也知其所有关系之

182

物"，即研究法律非仅以法律为限，还应研究与法律相关的因素。[①]

在吸收霍姆斯、施塔姆勒、卡多佐等人观点的过程中，吴经熊实际上提出了兼顾法律的正义理想与社会的"日常事实"，法律的稳固性与变动性相统一的观点。吴氏置重的是社会利益，他所说的社会法学带有一种"功能的"、"动态的"、"相对的"和"现实主义的"意义。

若将吴经熊的引介与前述狄骥社会连带法学说相比较，可以发现施塔姆勒强调一种社会的理想，即法之外的"正义"，霍姆斯和卡多佐强调一种社会的日常事实，注重经验和知觉，庞德注重工具主义，注重社会利益；而社会连带法学说强调法的基础在于社会连带关系这种"社会事实"。讨论法律的理路虽然不同，但其意皆在社会，可谓殊途同归。

三 燕树棠、张志让、陆鼎揆对庞德社会法学说的译介

在吴经熊尚未回国的时候，已有对庞德的法学说有过零星介绍。最先介绍庞德学说的当数李炘，前已述及。不过，李炘只是将庞德在1912年提出的社会法学"六项纲领"泛泛地视为社会法学派的主张，而且他对庞德学说的传播很明显是经由日本法学家得来的。

除了李炘，北京大学的燕树棠也对庞德的观点进行了介绍。燕树棠（1891—1984），字召亭，河北定县人。燕树棠出生于书香世家，幼时酷爱学习，早年考入北洋大学法科。1914年从北洋大学毕业后，曾在北洋政府短暂供职，后通过官费考试，赴美留学。燕树棠先后进入哥伦比亚大学、哈佛大学和耶鲁大学学习法律，1920年获得耶鲁大学法学博士学位（J.S.D.），同年回国，受聘于北大，任法科教授。[②]

1923年，他将庞德提出的社会法学"六项纲领"称为"工程的解释"。他说：

[①] 吴经熊撰，丘汉平译：《斯丹木拉之法律哲学及其批评者》，《法学季刊》1926年第2卷第8期。

[②] 戴克中：《法学泰斗》，原载《珞珈》第139期，收入燕树棠《公道、自由与法》，清华大学出版社2006年版，第528—529页。

引介、诠释与运用

庞特氏视法学为社会工程学,必须藉有政治组织之社会之动作,安排人类之关系,以成就社会事业之一部分。所谓工程,意在方法、活动,不仅单纯之知识而已。现代之法家多有此种态度。庞特氏说明此项变更,列举六点:(一)研究法律及其制度学说在社会上所发生之效果;(二)用社会学的方法研究预备立法;(三)用社会学的方法研究法律史;(四)研究可以使法律发生实效之手段;(五)用公平合理之方法解决单独案件视为重要之点;(六)学理上研究法律意在促进法律目的成就之功效。此乃庞特氏所谓工程的解释也。①

按燕氏的理解,法学的研究重点不在于法律,而在于以"工程"的方法和活动,通过法律之于社会的作用来安排人类的各种关系,最终成就社会事业。社会才是其最后的归宿。至于研究法律制度在社会上的效果,用社会学方法研究预备立法和法律史,研究使法律发生实效的手段等,都是为了实现上述社会目的。

在社会法学的纲领之外,还有人专门探讨社会利益理论。关于社会利益理论,吴经熊在其《罗斯科·庞德的法律哲学》一文中论之甚详。几乎在吴经熊发表该论文的同时,张志让也介绍了庞德的社会利益理论。

张志让(1893—1978),号季龙,江苏武进人。1914 年,张氏从上海大同学院毕业后又在复旦公学就读,其间在课堂上听到王宠惠说起"美国大学各社会科学中以法律为最难读"。当时,美国大学承认复旦公学的课程,一般中国人认为外国大学要优于中国大学,加上家庭有能力支付其在美期间的学习费用,张氏便决心要赴美学习这门最难的学科。② 因此,张氏旋于 1915 年冬赴美留学,1920 年毕业于哥伦比亚大学法律系。从哥伦比亚大学毕业后,张志让又赴德国柏林大学研究法律。回国后,他相继在司法部、北京大学法律学系等处任职。

早在 1923 年 7 月,张志让已经意识到法律与社会公共利益的关系问

---

① 燕树棠:《评庞特〈法律史解释〉》,《国立北京大学社会科学季刊》1923 年第 2 卷第 1 期。
② 张志让:《张志让自传》,载《文史资料选辑》(第八十五辑),文史资料出版社 1983 年版,第 94—95 页。

题。他注意到希腊政府在该年2月颁布的具有特殊性质的农地法对社会利益的特别重视。为了改变希腊农民极端困苦的状况，希腊政府强迫收买私有土地，以供贫乏农民之用。张氏认为其政府"不过为大多数人的利益起见，不得不夺甲种人之地以授乙种人而已"。①

1924年1月，张志让详细地阐释了社会利益理论。他认为，社会与个人的利益问题是社会学法学派的首要原则。在他看来，法律上所说的权利后面，存在社会与个人的利益，法律承认这种利益，而后形成权利。也就是说，法律在前，权利在后；法律的作用在于协调社会和个人利益，而后产生权利。法律如何协调个人利益与社会利益如何协调呢？他认为，需要先搞清楚两个问题：社会为保全其存在计，有何种需要与需求应当受到法律的承认？个人利益可以被承认到何种程度，而仍不与社会的需要与要求相抵触？只要搞清楚了这两个问题，个人利益便能与社会利益并存，成为法律上的权利。由此，张志让认为，社会利益的研究"实为制定法律之前提"。按照他的理解，法律所承认的社会利益，应当包括六种，即"公众安宁"，"社会制度存在之担保"，"社会财源之保存"，"公众道德"，"公众进步"和"个人生命"。②

张氏还认为，衡量各种社会利益，必须遵守一个原则，即"满足最多之要求"，同时"使其他要求受至小之牺牲"。他认为，这种衡量容易随着立法界司法界人士的个人观念而变更，解决的办法在于法学家与其他社会科学家进行合作，由社会科学家以"经验和科学的方法"来研究社会的状况和利益的轻重，将所得的结果提供给法学家作采择。张氏注意到，美国法官卡多佐提议设立审法机关以及美国法律学校联合会设立法学研究所，都旨在促使法学家与其他社会科学家的合作。③

张志让论庞德的社会利益理论，从法律、利益和权利三者的关系出发，从社会利益的角度对法律上的权利进行了"社会式"的解释。各种社会利益的衡量，以及因这种衡量而产生的法学与其他社会科学的合作，成

---

① 张志让：《希腊激进性质之农地法》，《法律周刊》1923年第1期。
② 张志让：《社会学法学派之起源主义及批评》，《法律周刊》1924年第29期。
③ 同上。

为法学关注的重要问题。

上述诸人都是按自己的理解对庞德的学说进行介绍，最先完整译介庞德法学著作的是东吴学人陆鼎揆。陆鼎揆（1896—1940），字叙白，江苏无锡人。早年毕业于南洋公学预科，1917年入东吴法学院，1920年获法学士学位。[①] 后与吴经熊、陈霆锐一道前往密歇根大学留学，1921年获法律博士学位（J. D.）。

早在东吴法学院上学时期，陆鼎揆就读到过新黑格尔派法学家柯勒的《法律哲学》。[②] 吴经熊对欧美社会法学独有心得，张志让、燕树棠也对庞德学说颇有见解，陆鼎揆则直接翻译了庞德的著作"The Scope and Purpose of Sociological Jurisprudence"（庞德原著于1912年），命名为《社会法理学论略》，于1926年11月由商务印书馆出版。此为第一部庞德著作的中译本，该书后在1930年、1933年和1935年三次再版。

陆氏称庞德为"现代法学界泰斗"，认为庞德对于美国法学之功在于以"法学的哲理方法"矫正美国法学"偏重实际而忽视理想"之弊。他称庞氏《社会法理学论略》一书为"讨论近代法学思想惟一杰作"，希望读者阅后能够"知有所趋向"。关于庞德所称 Sociological Jurisprudence，陆氏译为"社会法理学"，并称直译为"社会学的法理学""殊欠雅训"。[③] 陆鼎揆所说的"社会法理学"，其义与当时学界所称"社会法学"大致相同，他使用这个概念主要是考虑到翻译上的"雅训"而已。

在陆鼎揆之前介绍庞德社会法学说者并不稀见，除了间接介绍之外，便只有英文原著。陶希圣回忆说，1924年他在上海商务印书馆编译所法制经济部工作时，经常编译的法律书中就有庞德的著作。[④] 然而间接的介绍和英文原著或多或少会限制庞德学说的传播。《社会法理学论略》一书的出现，对于研习社会法学的人来说是一大便利，对于庞德学说在中国的传

[①] 见于《东吴年刊（1920）》，第69页。陆鼎揆离世年份现有资料很少涉及。金雄白在其著作《汪政权的开场与收场》中注明陆鼎揆病逝于1940年。金雄白：《汪政权的开场与收场》，台北李敖出版社1984年版，第33章。

[②] [美]罗斯科·庞德：《社会法理学论略》，陆鼎揆译，商务印书馆1926年版，吴序。

[③] 同上书，译例。

[④] 陶希圣：《小编辑新希望》，台北《传记文学》1962年第1卷第3期。

第二章 社会法学基本框架的建立与初步发展

播也是一大促进。

陆鼎揆认为,社会法学的出现,与19世纪以来社会的变化有关。陆氏认为,随着社会日益复杂,法律不能不加以改变,如果法律一味泥古,便不足以应付社会的要求,从而导致"法与社会日趋而离遥,立法之本旨尽失矣"。而法律的改变又须同时注意其稳定性,否则将使人民"将无以措其手足"。陈氏认为,社会法学派的发生与19世纪以来社会生活的巨大变化密切相关。面对"迥异于昔"的社会生活,欧陆法家往往"浸淫于旧章","执往昔之陈典而以之御今",英美法家亦不敢对既有法律"轻有出入,稍随群俗",欧美法家多患"刻舟求剑、胶柱鼓瑟之病"。于是,有当世学者"思匡其患",社会法理学由是而兴。按陆氏的理解,社会法理学的要旨在于"求平",若因"默守章句"而失公平,是为本末倒置,法律家要"因法以求平"而不能"舍平以言法"。如何才能在法律中求得公平,在于"详审世变",具体做法是"以古就今而不以今就古","以法就人而不以人就法"。如此便能使"法之形"不常变而"法之用"无穷,"无往而不自适"。陆氏将社会法理学说视为"今世匡时之良药"。[①] 也就是说,面对新的社会情形,过去法学家对法律的处置已经显失公平,社会法学的主旨就在于求得实质的公平。

通过《社会法理学论略》一书,庞德所理解的社会法学在欧美发展的历程及其主要派别已经基本呈现。该书分上、中、下三编,上编包括"发端法理学之派别与其治学方法","分析学派","历史学派","哲理派","社会学派之发生——社会哲理派"几个部分;中编包括"社会功利派","新康德派","新黑格尔派","法兰西自然法则派之复活","经济史观"几个部分;下编包括"社会法理学","机械论时期——实证哲学派","生物学时期","心理学时期","大成统一时期"几个部分。

社会哲学派及其他各派与社会学派的异同点。庞德在此书中对过往的分析、历史、哲理法学派,社会哲学各派,法国自然法则派以及经济史观派的法学观一一考察。在他看来,19世纪的分析、历史、哲理各派已经处

[①] [美]罗斯科·庞德:《社会法理学论略》,陆鼎揆译,商务印书馆1926年版,自序。

于"衰亡之中",19世纪末以来伴随政治学、经济学和社会科学发达而产生的社会哲理各派产生于旧有分析、历史、哲理派。庞德认为社会哲理派之新康德派倾向于"哲理的与社会学的",社会功利派倾向于"分析的与社会学的",新黑格尔派倾向于"历史的和社会学的"。社会功利派的耶林等人以"功利派的法律哲学"推翻"专务空论之哲学",其贡献于法学最大者为舍法律之性质而言法律之社会目的,个人主义论被"推倒无余"。新康德派的施塔姆勒欲以"公平和理性"去救历史法学和分析法学"拘泥条文之弊",将法律与"道德是非"相连,以"社会理想"作为法律公平与否的权度。新黑格尔派的柯勒以法律为"民族文化的产生物",法律既要促进文化,又不至于成为"将来文化之障碍与压迫",所以作为文化现象之一的法律需要"时时修正"而"万不容其停止在一状态中"。因为社会哲理派和社会学派非常相似,其区别仅在于"原来的出发点"不同,所以庞德将社会哲理派的出现视为"社会学派之发生"。[①] 庞德亦对法国自然法则派和德国经济史观派作了考察。他认为,虽然社会哲理各派、法国自然法则派及经济史观派与社会学派都有相同之处,然而都是"对于社会法则之一时的见解",尤称经济史观的法学说"最为偏见"。[②]

社会法理学的主旨和特点。庞德承认社会法理学"迄于今盖犹在形成时期之中"。他认为,社会法理学"反映社会学诸派学说",因为社会学派别分歧,所以社会法理学也存在见解各异的诸派别,但不能以各派别见解互异之故而否认社会法学派的存在。社会法理学因为根据孔德实证哲学而产生,所以又被称作"实证派之哲理法学派",因为曾经历人类学和人种学时期,故又被称为"以人类学人种学为根据之法律学"。庞德认为社会法理学经历了"机械论时期与实证学时期"、"生物学时期"、"心理学时期",最终进入"大成统一时期",因在发展过程中社会法理未完"往往有偏向于社会科学之一部分,或侧重于一面的研究而抱持一种之解释",所以人们才会赋予其不同的称谓,他认为此前兴盛的每一个法学派别都有

---

① [美]罗斯科·庞德:《社会法理学论略》,陆鼎揆译,商务印书馆1926年版,第22、30、42、48、58页。

② 同上书,第72页。

此弊。①

"大成统一时期"的社会法理学所欲解决的问题是如何在"造法方面"、"解释与引用法律方面"更加注意"社会事情"。其要旨有六:

> 第一,应先研究由法律与法律原则所发生之实际的社会效果。……第二,为应以社会学的研究与法律的研究,二者相行并进,以为立法之预备。……第三,应研究何以能使法律条文发生实效之方法。……第四,最后吾人认以为达到法律之目的所必需者,为社会学的法律史。……第五,诉讼上之每一事件,皆应求为合理的公平的解决。……第六,上述诸端皆不过涉论其手段,至于本派之目标,则在使已努力者益为努力,务使法律所以设立之本旨,得以实践。②

即社会法理学欲将法律之"典章、原则、制度"视为社会现象加以比较研究,更就社会形态与社会进步的关系予以评论。庞德认为,与其他学派的法理学相比,社会法理学的特点有五:一是"着重于法律之作用而不着重于其抽象的内容";二是"视法律为社会制度之一,以为是固得以人类聪明睿智之努力,时时以改善之,且认寻觅促进此努力之最善方法为其惟一职志";三是"着重于法律所欲致力于社会目的方面而不着重于法律之力的方面";四是"主张律例应视为指导执法者使得达社会的公平之用,而鲜以呆板的范型看待";五是"其哲理观念殊为混杂,始属于积极哲学宗,及晚近则多附丽于社会哲学宗"。③

《社会法理学论略》一书的出现,使中国学界了解庞德的社会法学说更为便利。通过陆鼎揆的译述可以得知,社会法学派存在不少见解各异的派别,社会功利派重在法律的社会目的,新康德派重在社会理想,新黑格尔派重在法律对社会文化的促进,法国自然法则派和德国经济史观派亦对法律的社会方面有各自的见解。但是,他们有一个共同点,即注重法律的

---

① [美]罗斯科·庞德:《社会法理学论略》,陆鼎揆译,商务印书馆1926年版,第75—76页。
② 同上书,第109—110页。
③ 同上书,第111页。

社会方面，都意在求得实质上的公平而不是逻辑上的合理。尽管有社会学派、社会哲学派，或新康德派、新黑格尔派、社会功利派、自然法则派、经济史观派的分别，但是陆鼎揆将它们都纳入"社会法学派"的范畴之内。

四 施塔姆勒正法观与徐恭典、丘汉平等人对法律公道的探索

施塔姆勒的正法论在中国出现以后，引起了部分法学者的注意。徐恭典就是其中之一。

徐恭典（1892—1970），字敬五，江西玉县人。1913年入北京大学预科，1916年升入法律系本科，1919年考上庚款留学去美国西北大学学习法律。1922年获法学博士学位之后，转赴伦敦大学、柏林大学各攻读民法一年。1924年回国后，在北京政法大学教授法理学并担任教务长，同时在朝阳大学任教。

1924年，徐恭典试图梳理不同派别的法律观。他将法律的进化分"理性观的"、"历史观的"、"唯物观的"、"经验观的"和"社会观的"法律。理性观的法律说，认为法律生于"自然之理性"，主张人民各守法律是尽道德上的义务。徐氏认为理性观的法律说将法律与道德相混淆。历史观之法律说，认为法律本于历史上变迁之迹，"立法者随其表现而定为法律"。徐氏认为历史观的法律说将法律归因于某种"无知觉之物质"而未顾及"有思想之人类"，不适应20世纪"现在物质之进步、实业之发达和社会的需要"。唯物观的法律说认为，国家的发达和社会的进步"皆随外界物质而转移"，主张法律的进化依物质、经济而为限制。徐氏认为，唯物观的法律说"不知种种物质上的进化多出于人类之思想能力发明而建设之"。经验观的法律说认为，法律的基础在于"考察社会状态，凭藉归纳方法而求得原理"，强调"经验观察"，而法律的目的在于"保护存在之权利"。[①]

按徐氏的理解，社会观之法律见解认为"人类既不能离社会而生存，则相互依赖，势所必需，通工合作，宁牺牲个人之权利，以促使社会之公

[①] 徐恭典：《法律进化之概念》，《法律评论》1924年第65—69期。

益，适与小穆勒氏社会为个人幸福而生存之说相反"。他认为，持社会观之法律见解的有法国之豆奇氏（狄骥）、德国的卫勃氏（M. Weber，韦伯）、锡麦尔氏（Sunmel）和美国法学家彭氏（庞德）。

此派中近今最著者，为法国之豆奇氏（Duguit）认法律之产生在应社会之需要，非基于特高之意愿。盖公众社会之利益不存，个人之幸福难享。法律因而实现，并非出于所谓主权其基础在于社会职务。又曰：法律之所以存在者，原于人类在社会上之生活，不能不有社会上之相依，遂产社会上连带责任。其说风靡一时。卫勃氏（M. Weber）称法律为确定有限之规律，乃由于社会上关系之一定感觉而发生。锡麦尔氏（Sunmel）视法律由心理上相互作用而成，而法律所以有效，因于道德或利益之关系以实现。最近美国法学家彭氏（R. Pound）倡法律之工程见解说，以社会利益之观念替代权利之义，谓法律之能事，专于现存之物质上品物上之比较的有效范围内，减去冲突与消耗，以满足人类之欲望，研究法学者不过如工程师，时察其弊而补救之。①

徐氏对社会观的法律说颇为尊重。不过，他认为，社会观的法律说没有注意"社会公正之念"，尚需要施塔姆勒学说的补充。在他看来，法律的真谛在于"现今德国法学大家斯耽姆洛氏阐明之不可侵损自治之协意"。②

丘汉平则致力于施姆姆勒学说的翻译。丘汉平（1904—1990），字知行，福建海澄人（今属厦门）。1924 年毕业于上海暨南大学商科，1925 年获上海吴淞中国公学商科学士学位，1927 年获东吴大学法学院法学士学位。1928 年赴美学习法律，1929 年获美国乔治·华盛顿大学法学博士学位（S. J. D.）。③

丘汉平在翻译吴经熊的《斯丹木拉之法律哲学及其批评者》一文的过

---

① 徐恭典：《法律进化之概念》，《法律评论》1924 年第 65—69 期。
② 同上。
③ 王伟：《中国近代留美法学博士（1905—1950）》，上海人民出版社 2011 年版，第 86 页。

程中，似乎受到了启发。他在翻译完成后，便致力于了解施塔姆勒的正法说。1926年，他先是将美国宾夕法尼亚大学胡习克（Issac Husik）介绍施氏正法说的一篇文章翻译，命名为《舒丹木拉之法律哲学》，发表于《法学季刊》。他在译者按语中说到了翻译该文的缘由。他认为，吴经熊写的那篇关于施塔姆勒法律哲学的文章"趋重批评及比较方面"，恐怕"没有读过舒氏法律学说的人很难看得懂"。他所读到的施塔姆勒《正法论》一书是英译本，他看到了美国宾夕法尼亚大学胡习克教授的"绪论"，认为该论介绍正法论很适中。同时，他也读到了李炘的《思达木蘖法律学说大纲》，说："关于舒氏的学说大纲，北京朝阳大学有出版一本很薄的册子，著者是李炘先生，我也曾经约略看了一篇，内容怎样，恕我不在此叨叙了。"[①] 在丘氏看来，重新介绍施塔姆勒的正法论，非常有必要。而后，他又接着翻译施塔姆勒《正法论》一书的一部分，分别以《正法的概念》和《正法的问题》为名，载于《法学季刊》。

法学在于发现"正法"，"正法"即"公道的法律"。按丘氏的理解，法学可分为两种：专门的法学与理论的法学。专门的法学，其主旨在于贯通历史上的一般法制，把法律当作目的，若能把法文的内容和意义弄清楚，融会贯通一致，使成为有系统的次序，工作就完成了，其要义"不外重述已有的意志"。理论的法学，主旨在于以法律为达到人类目的的一种手段，要问某种法律是不是"一个正当的手段以达到正当的目的"。丘氏认为，专门的法学有一种"拘泥式的态度"，即把法制当作最后的目的，把法律看作主权命令，却忘记"法律是一种手段而已"。在这种态度下，法学会"限于局部而忘记大体"。在丘氏看来，专门的法学仅论其自身以内之内容，不能够参进社会经济，其结果是使法律"失去与社会各种智能生活的关系"。理论的法学与专门的法学相比，区别在于"考究路途的异殊"，即区别在于方法上。对于历史遗留下来的法律，专门法学以特定的法律本身当作一种目的，而理论法学"却视一切律文为达到目的的一种手段"，要探问法律这种"手段"的真实价值，得出一种"正当合理的批

---

① 丘汉平：《舒丹木拉法律哲学述要》，《法学季刊》1926年第3卷第2期。

评"。按丘氏的理解，施塔姆勒所谓"正法"就是"公道的法律"，理论的法学便是研究发现"公道"这种法律之根本原则的方法，然后由此原则加以推论，以应用于特定问题。①

怎样的法律才可称为"公道"？按丘氏的理解，不是每个外部规则有了法定的形式便有了公道的内容，因为有许多称为"法律"的规则，其内容却是不公道的。要论公道的概念，必须从法律的形式和内容两方面入手。从形式上说，一切制定法都想成为公道的法律，不论社会发展程度如何，趋向公道的思想总是人类社会生活中的"必要中心标准"，法律的进化在于"企求公道的实现"。从内容上说，基于不同的视角，法律会对公道有不同的理解，对公道的主要理解有"善意"、"平衡"、"良善品性和不偏的态度"、"良善道德"等。②施塔姆勒提出的判断法律是否公道的标准有四："第一，一个意志的内容不可受别个意志武断的支配；第二，法律的要求以那个负义务的人不丧失为他自己邻人的地位为限；第三，一个社会的分子，受了该社会法律的支配，就不得任意的被人排除；第四，法律赋给一个人的权利或权力，他的排除性以被排除的人仍能为他自己的邻人为限"。③此即丘汉平所说的"正法之四原则"。

1927年10月，另一名东吴学子张正学将施塔姆勒的四条正法的原则称为"正谊法中之四原则"，其意与丘氏相同。④

按丘汉平的理解，施塔姆勒的正法论最初也是产生于对"专门的法学"的批判。"专门的法学"把法律制度当成了最后的目的，以至于限于局部而忘记大体，不能够适应社会经济，使法律失去了与社会各种生活的关系。"理论的法学"则将法律视为达到目的的一种手段，注重的是社会的公道，这种社会公道来自于人类社会生活。由此可见，丘汉平所论正法，仍然着眼于法律与社会生活的适应性问题，其核心关怀是在于社会。

---

① 丘汉平：《正法的问题》，《法学季刊》1926年第2卷第7期。
② 详见丘汉平《正法的概念》，《法学季刊》1926年第2卷第7、8期和第3卷第1期。
③ 丘汉平：《舒丹木拉法律哲学要》，《法学季刊》1926年第3卷第2期。
④ 张正学：《舒丹木拉正谊法中之四原则》，《法学季刊》1927年第3卷第6期。亦刊于《东方杂志》1927年第24卷第8期。

五 域外其他社会法学说的译介

除了狄骥、施塔姆勒、庞德、霍姆斯、卡多佐之外，中国学界对域外的相关法律学说还有不少介绍，如耶林、埃利希、孔德、惹尼、萨莱耶、弗兰克以及日本法学家牧野英一、穗积重远的学说等。较集中介绍者，有王传璧对耶林"社会乐利主义"法学和许藻镕对牧野英一法律学说的介绍。

（一）王传璧对耶林"社会乐利主义"法学的介绍

王传璧，江苏无锡人，东吴法学院第二届毕业生，曾获该校"甲等荣誉"。1919年毕业后曾留学于密歇根大学，获该校法学硕士学位，后担任无锡旅沪同乡会的名誉法律顾问。[①]

1926年8月，王传璧在《法律评论》上发表《社会法学派袁龄氏学案》，将袁龄（耶林）归入社会法学派，对其"社会乐利主义"（社会功利主义）法学观加以介绍。

王氏认为，在耶林之前法学研究拘虚学理，不务实际，距法律的正鹄甚远；耶林则促使法学"改易趋向，注重人生实用问题"。在王氏看来，耶林不满德国历史法学派动辄"以罗马法相劫持"，认为其"不察法律之真诠"，结果不但没有找到"法律之本体"，反而"转滋理障之机"。所以，耶氏主张"法律的妙用专尚社会之实利，不贵邃奥之法理"。耶林认为法家的职志不仅仅在于观察"法律上递嬗之迹象"，还应熟审"法律之目的及趋向"，"谋所以因应之"，是"正义观念产生法律"而不是"法律产生正义观念"。王氏认为袁氏之说有"风行草偃之势"，此后法学家和法官"始知判断一事之是非要在独具手眼，觉察毫厘，反之吾心"，而不是依据前哲制订的条文辨析得失。[②]

关于耶林社会功利法学说的影响，王氏认为有二。其一，历史法学派

[①] 王传璧于1927年加入无锡旅沪同乡会，并担任该会法律顾问。《公布聘请王传璧、张桐大律师为名誉法律顾问函》，《无锡旅刊》1926年第117期；《新会员名录》，《无锡旅刊》1927年第120期。

[②] 王传璧：《社会法学派袁龄氏学案》，《法律评论》1926年第161期。

大都"由历史上先假定一原则",然后用推论的方法得到法律,随着时异境迁,原先假定的原则及由其产生的法律有可能"皆成糟粕",而耶林所标榜的"社会乐利主义"认为要求得法律的真谛,第一要"撇开罗马法或德国逻辑推论方法",第二要根据人类的实际情形"因而利之",其着重点在于探索法律与"人群"的关系,使法学家"放开眼光以审察法律蜕进之迹",而不再"墨守旧法,违反潮流,致正义观念未由发展"。其二,耶林主张法律宜以"人类全体之乐利为主","个人之利益为宾",改变了过去法学偏于"个人乐利主义"的趋向,个人利益不再被视为"神经不可侵犯"。其三,耶林的学说使刑法学界开始注意"犯罪者之性质",而不仅仅着眼于"犯罪行为之性质"。耶林主张刑罚为"不得已"之事,并非要将犯法者"置之死地而后快",刑罚要以"社会之乐利"为前提,"舍过去而重未来"。耶林的刑罚主观论经萨莱耶等法学家发扬,使刑法学理"为之一变"。其四,耶林之前,法学家"不出于哲,即出于史",其所论学理"未有确切之目的,如大海舟流,匪知所届",耶林主张以政府立法渐代习惯法,契合该时代的思潮,引起"举国希声附和"。①

王氏认为,耶林学说虽然影响甚大,然而"徒以实用之说相尚",对于法律之学理"未尝厝意",有"矫枉太过"之弊,称其为"贤者千虑之一失"。虽然耶林主张政府立法,与奥斯丁分析法派颇有相同之点,然其"社会乐利主义"法学说毕竟引起法学界的一大革命,所以,王氏将其归入社会法学派。王氏认为,在耶林的影响下,社会法学派"鉴于社会乐利之重要",也注重以政府手段厘定法律,此举并非就能明了"法律之真诠"。但王氏认为耶林的学说虽非"尽美醇善",仍在法律思想界"有伟大之价值","若斯人不出,行见欧美法学空疏晦涩,无复发荣滋长之机焉"。②

在王传璧之前,学界论述社会法学派的主张,常提及耶林对于改变法律观念的先驱作用,对耶林的学说多少有所论及。而王氏谈到耶林学说的影响,尤其是对刑法学界的影响,使学界能明了刑法相关的观念发生变化

---

① 王传璧:《社会法学派袁龄氏学案》,《法律评论》1926 年第 161 期。
② 同上。

的缘由。

(二) 许藻镕对牧野英一法学说的引介

许藻镕作为一名留日法科生,对日本社会法学的倡导者牧野英一的学说有不少介绍。1924年7月和8月,许藻镕在《法律评论》上对牧野英一的法学观念做了集中介绍。许氏回忆听牧野英一演讲的情形说:"法学博士牧野英一,东瀛之新进法学家也。其思想学说之纯洁高超,久已脍炙人口。本篇所述系博士关于刑法之演讲词,不佞虽为听讲之一人,然当时笔记既极简略,事后又复懒未整理,蹉跎至今,已历年所。兹聊将记忆所及,增补成篇,以供读者之参考云尔。"① 又说"吾在东京听牧野博士演讲,因多所感触,印象较深,虽事隔两年,犹能忆其梗概……。"② 可见,许氏对牧野英一的法学观颇有推崇之意。许氏主要关注牧野氏的刑事责任说、主权观念、刑罚观念和所有权观念。

调和个人与社会的刑事责任说。在牧野英一看来,刑事责任"乃预防实害之发生",对足以妨害社会安宁的一切不法行国均需排除,用以维持社会之经常状态,其着眼点在于未来。一般人对于刑事责任的观念常有报应主义和事实主义。报应主义,即刑事责任"是对于行为的报应,即凡为一定之不法行为,应受与其行为相当之报应";事实主义,即刑事责任"需视其行为所发生之实害而定"。而刑罚实则含有"扑灭犯罪"的目的,即主张与报应主义相对应的"目的主义",主张刑罚应视犯人之恶性而惩科者,即与事实主义相对应的"人格主义"。事实主义和报应主义只适用于过去那种"责任制度系反射和未分化之时代……至今之思想则非采用目的主义和人格主义不可也"。社会与个人"相依为命",但又常相冲突,所以社会的一切制度必设法使二者相调和。而有的学者强调社会与个人的冲突万不可避,若不偏重社会,则必偏重个人,由此而生一切制度以社会为本位和一切制度以个人为本位。以社会进化论视之,人类的制度"既不偏重社会一面,亦不偏重个人一面者也……就刑法表面以观,固有种种社会与个人利害冲突之规定,然刑罚之目的既在乎扑灭犯罪,而犯罪之结果不

---

① 许藻镕:《刑法之基础观念》,《法律评论》1924年第57期。
② 许藻镕:《不定期刑》,《法律评论》1924年第42期。

独社会被其危害而已，同时个人亦受不伸之侵害者，其不能认为仅以社会为本位也可知"。以社会为本位的刑法，"势必不问犯罪恶性之轻重，以严刑竣罚为维持社会安宁之要具，而超过必要的限度，侵害个人之利益也"。①

主权的无限性不能成立。若承认主权的无限性，那么一方面承认主权之无限性，而同时又容许行政裁判制度对于无限性之主权评其行动之当否，"岂非自相矛盾之举"。日本宪法第六十一条"竟明白容认行政裁判制度矣"，由此牧野认为主权无限性之主张已经失去依据了。行政裁判不是国家对于人民的"恩典"，而是随着"吾人欲求国民生活之圆满"而发达的，今后且将"日益发达"。所以，主权之无限性的主张不能成立。

社会意义上的所有权。在所有权方面，旧时学说将所有权视为"绝对支配物的权利"，论者认为其不但在适用上矛盾之处很多，也情致了权利的滥用。日本宪法第二十七条虽规定所有权不可侵的原则，但附以"除公益上之必要"的限制。牧野以日本大地震后灾民重建房屋产生的所有权问题为例，若法庭同意房屋所有人依据所有权绝对原则而不准借赁者建设房屋或请求拆毁已建之房屋，则"无数之赁借人必频于漂泊之境，欲继续其平生所经营之事业而不可得，而所有权人则奇货可居，将因需要之急切博非分之高利"，势必引起"莫大之骚扰"。论者认为，无论在社会方面抑或在法律方面，"岂得谓之公平与正当者乎？"所以，所有权绝对的观念与社会生活的现状"殊多不合"，对于今后社会生活之指导"亦极不完全也"。论者对其新的所有权观念阐述如下："依吾人之所见，所有权与其谓为权利，毋庸认为义务之为当也。换言之，所有权决非表示吾人得自由主张自己利益之范围，乃吾人处兹共同生活，在社会连带之关系上，所以履行为公共服务之一手段也。故主张所有权倘超过相当之程度，则为权利滥用。又所有人倘将所有权不当放置，则负放弃义务之责任。何也？所有人在社会连带的关系上，对于所有物负有合理的利用之任务也。由此以观，从来承认所有权只为权利之观念者，其谬误盖可推知。"② 论者进一步看到，所

---

① 许藻镕：《刑法之基础观念》，《法律评论》1924年第57期。
② 一诚、许藻镕：《法学上三个怀疑问题》，《法律评论》1924年第62期。

有权不仅要受到私法上制度的限制,还要受到行政法上制度的限制。所有权因公益而丧失了绝对性,却又增加了"社会的意义"。

"将犯人归纳于社会"的刑罚观。在日本,"微罪不检举"的观念由抵制到接受,起诉法定主义渐入"便宜主义"所替代,缓刑亦为微罪不检举制度的"变象"。论者从日本的实际情形得出结论说微罪不检举的发展不但没有使"法规失其威严",反而"为行为者开自新之路,举迁善之效"。不仅如此,"现今对于杀人之重大犯罪亦有容许为不起诉之处分者,其他尚何论焉"。所以,起诉便宜主义与过去"以刑罚为对于一定不法行为之制裁之观念",已经大相径庭。过去又有刑罚报应性之说,"核诸现在的刑事组织殊不适当","现今对于刑罚之观念,非根本的大加改造不可"。刑罚应考虑如何"将犯人归纳于社会之内,使其合于共同生活之同化方法","是故有犯罪之行为,未必一律均须课以刑罚","又依其犯罪后之情况,认为已无科刑之必要者则免予追诉,亦属当然之事也"。论者认为,刑罚应如是改变,是为了"社会的共同生活",是一种对社会利益的关怀,而非一些学者所说的起诉便宜主义和缓刑制度是一种国家的"恩惠特典"。由此,刑罚由威吓的作用转为保护的职能,"乃所以彻底其合理性也"。

在牧野英一看来,主权之无限性、所有权之绝对性与刑罚之报应性都是"权力之哲学",其主张的权力于特定历史时期有其作用。但人类需要"求社会之协作","使各员之权利互为有机的结合,同向共同的理想方面协力图进焉"。今后国家的基础职责应该作为"共同生活的指导者",非权力的主体而是"智与德之主体也"。所有权"非表示所有人任意行动之界限","乃所有人为他人为一般图贡献之手段也"。刑罚"亦并非表示对于侵害共同生活者所加之报应的威力","乃对于侵害者之行为负有不胜遗憾之意,同时应尊重行为人之人格,使与吾人共同生活相同化焉"。论者强调他的观点是因为看到权利思想走向极端而生,"今则权利滥用,既已势益加甚,自不得不更进一步,另以义务观念以定法律之解释也"。[①]

牧野英一论刑罚观念注重个人与社会的调和,主权的有限性以及所有

---

① 一诚、许藻镕:《法学上三个怀疑问题》,《法律评论》1924年第64期。

权观念的变化,是针对权利思想趋向极端而生。其意在于求得社会的协作和共同生活的维持,其中心关怀仍然是社会。此与前述欧美法学家的主旨是相同的。

六 学术创见:关于社会法学的独立思考

20世纪20年代,中国学界在社会法学方面的创见,主要是由吴经熊完成的。他在心理法学、法律多元论和法律三度论方面,提出了独到的见解。

(一) 心理法学方面的创见

正如陆鼎揆所译《社会法理学论略》中所述,社会法学本来存在一个心理学的阶段。吴经熊则打算沿着霍姆斯的思路对心理法学做进一步探讨。

1925年,吴经熊探讨了如何使用心理学方法研究法学的问题,试图建立"心理法学"。吴氏对其心理法学表述为"根据人性来解释法律现象,并试图将法学建基于心理学之上"。尽管有杜里舒(Driesch)等学者认为心理学存在许多问题,将法学建基于心理学之上"犹如将其立于沙砾之上",吴氏还是相信"真的心理学原则和理论"能够对一些法律问题进行解释。他主张法学家不必拘泥于特定心理学派系的观点方法,而"仅需根据自己的感觉去判断采用何种心理学理论"。吴氏认为自己的方法是与霍姆斯大法官一致的。吴氏认为用心理学研究法学需对心理学派的观点和方法做一些取舍,法律经常使用的是意志、意愿、故意、过失、动机、错误、目的等精神概念,行为主义心理学尽管"在研究动物行为方面非常有用",但不宜用于诠释法律现象,因为心理法学"决不能忽视人的心理"。在吴氏看来,心理法学的方法主要"依赖经验观察","内省和经验的观察"可以成为"建构心理法学的素材"。他进一步提出心理法学的任务是研究"法律与习惯"、"法律与公共精神"、"法律与心理学理论"、"法律与变动的人性"和"法律与心理学中无意识"这几者的关系。[①]

吴氏认为,他所主张的心理法学既有别于分析法学和法律哲学,也与庞德的社会法学存在区别。他说分析法学仅仅用逻辑方法分析法律的内容

---

① 吴经熊:《Problem and Method of Psychological Jurisprudence》(《心理法学的问题与方法》),《法学季刊》1925年第2卷第6期。

"而不去触及法律的真正来源",法律哲学则试图"根据某种确定的标准来评判法律制度",而心理法学则试图"用现代心理学的探照灯来研究并解释法律现象",把法律制度、法律判决和法律理论作为"质料",并努力展示这些"质料"背后起作用的心理因素或心理力量,它要做的仅仅是"通过与人类本性的关联中来揭示法律的真实来源"。吴氏认为心理法学是社会法学"一个不可或缺的基础",庞德"在其令人钦佩的《法律史解释》一书中已经充分利用了现代心理学",但庞德的社会法学注重"利益、需求、功能"而心理法学注重"性格、情感、习惯、情结等等","当庞德院长讨论稳定的需求和变化的需求时,心理法学会证明为何有这种需求"。[①] 言下之意,吴氏认为自己的心理法学既属于社会法学之一部,但又在庞德的观点基础上有所创新,独树一帜。

吴氏曾经对美国18世纪的法学家詹姆斯·威尔逊的法律思想进行过探讨。在他看来,威尔逊所主张的诸如"支持财产权、交易和购买安全神圣不可侵犯"、"生而平等自由"等观点"都属于他那个时代","随着时间的推移,已经变得过时和不真实了",但吴氏却非常赞赏其研究法律的方法:"威尔逊的方法是心理学和历史学的,他的气质是真实的,他的态度始终是实用主义的"。[②]

吴经熊的做法是想把现代心理学与法学结合起来研究法律现象,从而造成一种崭新的心理法学。他的心理法学观注重人性,强调法学家"自己的感觉"、"内省"和"经验的观察"。他的思路其实是霍姆斯法律经验论的发展。

(二)提出"法律多元论"的概念

吴经熊想要为世界法学率先提出"多元论法律哲学"的概念。1925年10月,吴经熊在《法学季刊》发表《法律之多元论》,明确提出了"多元论法律哲学"的概念。他称,法学家霍姆斯、庞德、卡多佐等人都趋向于多元论,但从没有法学家将其称为"一个正式的名字",所以要率先将其

[①] 吴经熊:《Problem and Method of Psychological Jurisprudence》(《心理法学的问题与方法》),《法学季刊》1925年第2卷第6期。

[②] 同上。

命名为"多元论法律哲学"。在吴氏看来，多元论主张"宇宙间一切现象，不能归诸一个总源，也不信可以用一个原则来说明这些现象"，而一元论则将"宇宙间之一切现象都归到一个总源，或者是说用一个原则可以说明宇宙间种种的现象"。吴氏认为，希腊哲学家 Empedocles、德国哲学家 Leibnitz、美国哲学家 William James 以及政治学家 Laski 都是主张多元论的。

具体到法律方面，法律之一元论将"法律宇宙中的现象都归到一个本源，或以一个原则来说明一切法律宇宙中的现象"，法律之多元论则与之相对。吴氏认为"大多数法律哲学家皆属于一元论这一派的"，他将法律一元论的法学家分为四派：以人性为出发点的自然派，认为法律就是命令的分析派，将民族灵魂视为法律来源的历史派和将经济视为法律之基础的法律唯物史观。吴氏认为，自然派以人性为法律的出发点已经不适合20世纪的状况，况且要研究复杂的人性应该用心理学的方法；分析派所说的命令"是从一个特定的本源发出来的"，即无上之尊权，如果有无上尊权的话，则国际法习惯法皆无立足之地；历史派所说民族灵魂则受到了"浪漫派拟人论"影响；法律的唯物史观视人类的历史就是经济史，把法律放在经济社会上面，经济是基础而法律是上层建筑，经济生活可操纵法律生活，吴氏认为"只有不明法律底蕴的人才讲得出，懂法律的人都说法律有独立的进化程序"，"法律进化的原因很多，比方伦理、心理、时代、环境在法律进化的程序上皆多少影响发生"。[①]

吴经熊提出的"法律多元论"概念，其实是对社会法学派学说在法律基本观念方面的观点，做了一个恰当的归纳和说明。当然，在吴氏看来，经济史观派的法学在法律多元论方面的观点，与自然、分析、历史诸派都是一样的。

（三）对霍姆斯法律经验论和法律预测论的发展：法律三度论

1927年1月，吴经熊在《法学季刊》上发表了"*The Three Dimensions of Law*"，在上海《商报》上发表了《法律三度论》，二者主要内容相同。

---

① 吴经熊：《法律之多元论》，《法学季刊》1925年第2卷第6期。关于法律一元论的观点亦见于吴经熊《法律之一元论》（*On Some of the Judical Monisms*），收录于吴经熊《法学论丛》（*Juridical Essays and Studies*）商务印书馆1928年版，第197—204页。

引介、诠释与运用

吴氏认为，抽象的法律属于本质的范围，并非存在于真实的世界；在真实的世界中，只有特殊、个别的法律。他提出每一个个别的法律都具有时间度、空间度和事实度。

时间度，即"所有的法律均存在于一定时间之中，具有时间的属性"。成文法可能会被时间吞食而丧失效力，它不仅可以被立法者的意志改变，也可以由于社会习惯而改变，甚至可以由社会大众的同意而改变。社会情形会随着时间的推移而变迁，法律应该随着时代的变化而变化。空间度（或称境界度），即"所有的法律均在一定的领域，或对一定的人民发生效力，没有一种法律的效力范围及普天之下而管辖权是毫无限制的"。法律必须考虑不同空间、不同地域的差异、不同人民及其风俗的差别。事实度，即"所有法律均与事实有关……每一法律均统制一定的事件或一类的情事"。法律的运用必须考虑到每一件事情的具体情况。法官应该充分发挥能动作用，把握相关法律事实，考虑制定法及其解释、先例、权威著作等各种因素，对如何判决做出预测。对事实度的强调，实际上包含了法官自由裁量、法官造法以求得实质公平的主张。[①]

吴氏认为，传统的法学是一种演绎的学科，而在"法律三度论"之下的法学则是一种归纳的学科。显然，吴经熊是沿着霍姆斯的法学思路在探讨"具体的法律"，他本人也承认法律三度论是从霍姆斯的"法律经验论"和"法律预测论"中发展而来。他在《法律三度论》中说："法律是一种预测，然而预测什么呢？此一问题，在许久以前，霍姆斯法官便已作回答，他说：'法律是法院在事实上将为何行为的预测。'当诉讼当事人至其法律顾问处去问：'基于这些事实的法律是什么？'斯意乃在询其法律顾问法院基于这些事实将作如何判决的意见。"[②]

吴经熊在心理法学、法律多元论和法律三度论的观点，究其本源，是在美国社会法学说的基础上发展起来的，如霍姆斯的法律经验论、法律预测论，庞德的社会法学说等等。在当时的法学界，中国学界对世界法学界

[①] 吴经熊："The Three Dimensions of Law"，《法学季刊》1927年第3卷第3期。亦见于氏著《法律三度论》，上海《商报》1927年元旦特刊。

[②] 同上。

的贡献不可谓多。而吴经熊在社会法学上的创见，可视为中国学界对美国甚至世界社会法学说的一个回应。

自吴经熊引介美国社会法学和施塔姆勒的法学说以来，中国学界对霍姆斯、庞德、卡多佐、施塔姆勒等人学说的译介，也是出于对过往的法律及相关观念不合于 19 世纪后半叶以来社会情形的思考。吴经熊之论 20 世纪的"理"与 18、19 世纪不同，丘汉平之论"专门的法学"之弊，徐恭典之论过往法律观不合于社会生活，王传璧论历史法学的"一知半解"，皆是如此。而其思考的问题，或为社会的"日常事实"，或为社会的理想，或为社会利益，或为社会目的，其最终指向仍是法律如何与社会相适应的问题。其意与稍早些时候中国学界引介社会连带法学说的考虑，殊途而同归。

第六节　社会法学思潮下关于法学基本问题的思考

一　对法学派别的认识

自从李炘提出社会法学派的说法以来，中国学界对法学派别的认识便逐渐在原有自然、哲学、分析、历史、比较法学派之类的认识基础上，增加了社会法学派。社会法学派成为各法学家关注的重点。

（一）燕树棠与"新学派"

李炘发表《社会法学派》之后不久，燕树棠便撰文探讨各派法学的优劣长短。在燕氏看来，自然法学派、分析法学派和历史法学派都已是明日黄花。1922 年 11 月，他在《国立北京大学社会科学季刊》上发表《权利之观念》一文，说自然法学派的天赋权利论、人权论和分析法学派的"法律之外无权利"的观点，只就是道德或法律立论，都只是个人主义的学说。[①] 1923 年，他在为北大师生介绍庞特氏（庞德）的《法律哲学绪论》（*An introduction to the philosophy of law*）一书时认为，19 世纪的历史、分析和"理学"三大学派的法律哲学，虽然都曾盛极一时，但在 20 世纪都已

---

① 燕树棠：《权利之观念》，《国立北京大学社会科学季刊》1922 年第 1 卷第 1 期。

经"几同于强弩之末"。① 1923 年 8 月，燕树棠在引介英国法学家费奥哥老道夫（Vinogradoff）的《历史法学》一书时就指出，历史法学派研究法学的方法"与现在新法学派之方法不同"，其为人诟病的地方在于"仅研究法学理想之变迁而已"。② 1924 年 5 月，燕树棠在《国立北京大学社会科学季刊》上发表《英美分析学派对于法学之最近贡献》一文。有学者谓这是燕树棠推崇分析法学派的表现。③ 其实，这是望文生义。燕氏在其文开始就承认法律的社会学派和社会哲学派的优势。他说："二三十年以来，讲法学者，社会学派与社会哲学派之势力虽日见扩大，然其他学派亦皆各有其造诣，仍不能一概蔑视也。"④ 言下之意，新学派已经蔚为大观，形成潮流，分析法学等其他学派仅仅是不能完全抹杀而已。直到 1930 年，燕树棠还说分析法学派是想靠"精密的分析和批评"，"以简单的法律公式解决一切的法律问题"。⑤ 言辞之间，颇有不满之意。

而对于所谓"新学派"，燕树棠则赞誉有加。燕树棠所谓新学派，包括社会哲学派和社会学派的法学家。社会哲学派是由"理学派"（哲学派）革新而来，该派巨子主要有德国的柯拉氏（柯勒）、斯丹模拉氏（施塔姆勒），法国的萨勒义氏（萨莱耶）等人。社会哲学派的共同点是，不能摆脱康德和黑智尔（黑格尔）两家哲学的羁绊。社会学派是 20 世纪才兴起的纯粹新学派，该派学者大都未脱康提氏（孔德）的影响。在新学派的法学巨子当中，燕树棠最推崇庞特氏（庞德）。他认为庞特氏"不受欧陆哲学思想之影响，亦不为英美分析学派所束缚，精通各种社会科学，以为法律为社会制度之一种，利用社会科学已成立之原则，说明法律之要基，发前人所未发，成为社会学派之领袖。"燕氏赞扬庞特氏是"现在最著名之

---

① 燕树棠：《评庞特〈法律哲学绪论〉》，《国立北京大学社会科学季刊》1923 年第 1 卷第 2 期。
② 同上。
③ 如李刚的《中国近代法政杂志与分析法学研究》（《政法论坛》2007 年第 6 期）和李平龙的《中国近代法理学学科史》（中山大学 2010 年未刊博士论文，第 99 页）就持此观点。
④ 燕树棠：《英美分析学派对于法学之最近贡献》，《国立北京大学社会科学季刊》1924 年第 2 卷第 3 期。该文亦发表于《法律周刊》1924 年第 51—52 期。
⑤ 燕树棠：《评郝福尔〈法律的基本概念〉；考古来〈法律关系〉》，《国立武汉大学社会科学季刊》1930 年第 1 卷第 1 期。

法学家", 更是"最新学派之首领"。① 除此之外, 燕氏提到的新学派法学家还有狄骥、日内 (Geny, 惹尼)、霞尔梦 (Charmont)、布楼 (Bulow)、爱尔赫氏 (Ehrlich, 埃利希)、魏格侔 (Wigmore, 威格摩尔)、耶律芮克 (Jellinek), 以及被称为现实主义法学家的佛兰克 (Frank)。新学派的法学家中, 除了庞德, 他还置重纪苓 (耶林)。燕氏认为"纪氏之法律学说为社会学说", 纪氏一出而"法律学说由个人主义学说逐渐变为社会学说矣", 称赞纪氏的社会学说为"二十世纪之模范"。② 他坚信, 社会哲学和社会学两大派, 将取代19世纪的分析、历史和"理学"三派而成为新的潮流。③

燕树棠说社会哲学派和社会学派, 是在法学研究的语境中。由此可知, 燕氏所谓新学派, 是指社会哲学法学派和社会法学派。在他看来, 这两派在法学上有一些共同的特点。其一, 法律的目的在于社会利益,"以最少之牺牲, 达到满足人类最多之欲望"。④ 其二, 不注重法律的裁判, 认为法律的制裁在于社会心理。⑤ 其三, 法学与政治学、道德学、经济学、心理学等其他社会科学有融会的必要。⑥

(二) 张志让与"社会学法学派"

1924年1月, 张志让系统论述了所谓"社会学法学派"。他认为, 自上古至19世纪末, 法律学说可分为哲学、历史、解析三大派, 而新近兴起的第四种学派则是社会学法学派。根据张氏的理解, 该派的"原则与主义"有四: 一为社会利益与个人利益之协调, 二为"重新审查法律所根据之原则是否与近世世界之状况不背", 三为进行"社会学之研究, 为立法

---

① 燕树棠:《评庞特〈法律哲学绪论〉》,《国立北京大学社会科学季刊》1923年第1卷第2期。
② 燕树棠:《权利之观念》,《国立北京大学社会科学季刊》1922年第1卷第1期。
③ 燕树棠:《评庞特〈法律哲学绪论〉》,《国立北京大学社会科学季刊》1923年第1卷第2期。
④ 燕树棠:《评庞特〈法律史解释〉》,《国立北京大学社会科学季刊》1923年第2卷第1期。
⑤ 燕树棠:《法律之制裁》,《国立北京大学社会科学季刊》1924年第2卷第2期。
⑥ 燕树棠:《评康芒斯〈资本主义之法律基础〉》,《国立北京大学社会科学季刊》1925年第3卷第2期。

之基础",四为"法官判案当随案情之异同而求判断之公允"。① 由此可知,张氏心目中社会学法学派的主张至少涵盖社会利益理论、法的社会学研究和法律的运行实效等方面的问题。

在张志让心目中,社会学法学之"世界谱系",至少由法国社会学家孔德（Comte）、德国法学家耶林（Jhering）、柯勒、施塔姆勒、法国法学家狄骥和美国法学家庞德、卡多佐的学说组成。② 他认为孔德、耶林、狄骥和庞德四人对社会学法学派最为重要。因为,社会学法学派"循流溯源,当自孔脱（孔德）始";③ 耶林的学说则是"社会学法学派最早开章明义之言";④ 狄骥和庞德则是社会学法学派两位集大成者。

在张氏看来,社会学法学派之所以迅速崛起,有两方面的原因。首要原因是原有各派的法学学说的"陈腐失用"。哲学派"以为法律乃所以表示吾人天然的性质"或"保护吾人之自由意志","每欲藉理想之力,以证现有社会制度与经济制度应行存在之理由,因以保全法律所规定之现状,其结果则法庭判决每在法律上为公允,而在事实上为失平"。历史派"对于法律性质之观念与哲学派同,皆以其为表示永久不变之原则","以旧有法律为足以代表自然法",因此专重"从历史上观念之发达与特定社会之习惯中所得之固有原则",不容破坏"无过错则无责任、契约自由"等原则,由此阻挠法律之改良。而解析派则认为"法律纯为管治者之命令,但将某种规定应用于某种之事实而已足,不必复问各案之特点,以致判案每患失平","即就契约一端而论,此派学者与法官皆牢守契约自由之原则,以为人皆能自谋其利益,无待国家之相助,及见保护工人订约之法律,则决然判决之为无效"。所以,张氏认为原有的哲学、历史和解析三派的法学学说都会阻挠法律的进步,不适应于时代的发展。该派兴起的第二个原因是"近世社会和经济之状态变更,因此有新需要发生"。"自经济革命以来,巨城四起,工人麕集,职业之分日细,资本之集日多,旧有法律,早

---

① 张志让:《社会学法学派之起源主义及批评》,《法律周刊》1924年第29期。
② 同上。
③ 张志让:《法儒孔脱在法学上之地位》,《法律周刊》1924年第37期。
④ 张志让:《社会学法学派之起源主义及批评》,《法律周刊》1924年第29期。

应重加审查，革故鼎新，不容再缓，故第四种学派乃应运而生"。①

对于当时世界上有部分法学家曾对社会学法学派提出质疑，张志让则一一反驳。法国法学家夏尔蒙（Charmont）对狄骥过于强调"社会利害相关"不置可否，认为社会利害相关的事实未必能发生有拘束力的法律规则，提出以"公平"来代替它。② 哥伦比亚大学法科主任斯通（Stone）质疑"社会学法学派有无定则或任何原则，可作研究法学之人或法官之准绳乎"，"其意盖谓此派学说只有消极价值而无积极程序"。张氏承认社会学法学在"利益究应如何衡量定价"方面，"至今未有具体解决方法"，但认为"学者对于此点早已见及，故有审法机关之提议，社会科学家研究各种利益之轻重，以供法界之采择"，"进行程序，固甚了然也"。③ 又有学者认为"社会要求之声有时不能代表其真实利益之所在，使法律而盲从此种社会之要求，则其结果将使之灭亡而后已"。张氏认为，社会学法学派学者早已"应之曰，社会之要求须经审查，定为无弊乃可得法律之承认，并非一切要求皆受同等待遇也"。④

张氏对社会学法学派的前途非常看好。他认为"社会学法学成效已著，他日造诣，正未可量"⑤；还说此派"虽属新创，然势力已甚蔓延，立法司法各方面皆已受其影响，继长增高，其未来正未可量……法律进步之道，其在斯乎"。⑥

张志让没有使用"社会法学派"而使用"社会学法学派"的指称，很有可能是因为将 sociological jurisprudence 直接按字面意义翻译而来。考其含义，二者所指基本相同。张氏关于社会学法学派的论述引起了不少人的关注。1924 年 8 月，《法律周刊》刊登了一位读者黄云章的来稿《论新旧法律哲学》。黄氏认为，社会法学派所发现的法律"与活泼泼的生活相依为用，趣味固甚深长也"。在黄氏来看，纯理主义"侵入法学界"而造成

---

① 张志让：《社会学法学派之起源主义及批评》，《法律周刊》1924 年第 28 期。
② 张志让：《夏尔蒙氏对于杜基学说之批评》，《法律周刊》1924 年第 53 期。
③ 张志让：《社会学法学派之起源主义及批评》，《法律周刊》1924 年第 29 期。
④ 同上。
⑤ 张志让：《法儒孔脱在法学上之地位》，《法律周刊》1924 年第 37 期。
⑥ 张志让：《社会学法学派之起源主义及批评》，《法律周刊》1924 年第 28 期。

自然法派和历史法派；到近代归纳和实验的研究方法出现，社会法学派才应运而生。他所理解的社会法学派主张"从实际生活中抽出法律及自由法运动"。①

（三）王凤瀛与社会学派和社会哲学派

王凤瀛（1896—?），又名王士洲，湖南湘潭人，1914 年毕业于江苏官立法政学堂。② 适逢上海东吴法科（即东吴法学院）初创，便于 1915 年入该校，1918 年成了该校首届毕业生。1921 年参加修订法律馆悬赏征文获得第三名，后进入修订法律馆任纂修。1923 年 11 月，因不满司法总长程克不顾馆务、擅动馆员而辞职。③ 1924 年 7 月，复被北洋政府任命为大理院民事庭推事。④ 1925 年 9 月，因病辞职。⑤

目前学界通常将王凤瀛和王士洲视为两人。研究东吴法学院的先贤通常征引 1936 年版《私立东吴大学法学院一览》和上海档案馆两处关于东吴法学院毕业生的资料，该两份资料对东吴法院第一届毕业的记载是"王士洲、杜秋声、陆聪祖、陈邦亮、陈叔耘、张尔云、马润卿"7 人。⑥ 1918 年 7 月 6 日，《申报》也对当时东吴法学院第一届毕业生进行了报道，其记载是"法科毕业者七人，马润卿、张尔云、陈叔耘、陈邦亮、杜学文、陆聪祖、王凤瀛"。⑦ 由此可知，王凤瀛和王士洲乃同一人。

王凤瀛认为，与注释派、自然法派、分析派、历史派等法学派相比，19 世纪后半叶以来兴起的社会哲学派和社会学派才是"法学之最近思潮"。

---

① 黄云章：《论新旧法律哲学》，《法律周刊》1924 年第 56 期。
② 《事由单：前江苏官立法政学堂别科毕业学员高光弟、学绅王凤瀛等禀送文凭请核转》，《江苏省公报》1914 年第 364 期。
③ 《修订法律馆员全部更动》，《申报》1923 年 11 月 10 日。11 月 29 日，程克批准了他的辞呈。见于《法界消息：司法总长程克呈准修订法律馆纂修王凤瀛恳请辞职应照准此令》，《法律评论》1923 年第 24 期。
④ 《法界消息：王凤瀛君将任大理院推事》，《法律评论》1924 年第 58 期。
⑤ 《临时执政令：署司法总长杨庶堪呈大理院推事王凤瀛因病恳请辞职应照准此令》，《法律评论》1925 年第 3 卷第 12 期。
⑥ 《私立东吴大学法学院一览》，张研、孙京主编：《民国史料丛刊》（第 1087 册），大象出版社 2009 年版，第 67 页。亦见于《东吴大学法学院历届毕业同学》，上海档案馆藏档案，档案号：Q245-1-322。
⑦ 《地方快信：苏州》，《申报》1918 年 7 月 6 日。

社会学派和社会哲学派兴起的原因。一是法律的研究方法。王氏认为,分析派和历史派分别将法律视为"主权者之命令"和"历史之产物",仅就已经制定之典章和已经发达之制度加以研究,而对于法律的目的和法律的效用独少阐发,"未能促进法律改良,不免有故步自封之弊。"二是法律观念。王氏认为,分析历史两派虽然对自然法派之追求理性法则大肆攻击,然其两派同样在求"一种绝对的永久的原理原则",以期"超出空间时间,放诸四海而皆准,行诸古今而无变",与自然派"相去几何"。三是社会发展。19世纪后半期以来,"自然科学日趋发达,物质文明突发进步,资本大家之专制,危险事业之勃兴",要求法学家不能再以19世纪的眼光观察新时代的法律,而分析历史两派"仍守自然法派个人主义之旧,契约自由漫无限制,权利滥用全无防范,皆与现代社会之潮流,不能吻合"。于是,社会哲学派和社会学派便由是而兴。①

对社会哲学派和社会学派之各派别的认识。王氏认为社会哲学派"批评现实法律,思索理想标准,从哲学中脱胎而来",可分为新康德派、新黑格尔、社会功利三派;社会学派则"滥觞于法儒刚德(孔德)",经历了实证学、生物学、心理学和综合统一时期。新康德派的代表者史德来(施塔姆勒)承受康德关于"法律为理性的和形式的"之观点,创立法律理念和法律概念之说。因为康德注重个人自由,施氏则注重社会利益,康德表明原则不易,施氏则表明内容会变化,一个时期有一个时期的理想标准。施氏的学说源自康德,又与康德背道而驰,所以称新康德派。新黑格尔派的代表者为柯莱(柯勒)继受黑格尔"法律不必问其是否正当,只须问其是否合理"的观点,主张"文化为法律基础,法律为文化现象,一社会有一社会之文化,不可强彼就此,亦未容轩此轾彼"。因黑格尔以单纯的演绎方法来说明文化发展为法律准则,柯勒"补正其失,主张实验的研究各社会文化之必要,倾向于比较法学,以救空疏演绎之弊",故曰新黑格尔派。社会功利派代表者伊耶陵(耶林)"一变英国式的功利主义而为德国式的社会功利主义",主张人生在于"自己之目的与他人之利益相结合,

---

① 王凤瀛:《各国法学思潮之变迁》,《法律评论》1924年第53期。

确保社会利益即所有维持个人幸福……故法律之目的在于社会利益,不能仅从个人着想。"① 在王氏看来,新康德派、新黑格尔派和社会功利派虽然各趋重于理性、文化或功利,但"以哲学原理欲使现实法律顺应社会情形则殊途同归……此所以同属于社会哲学派之下也"。

关于社会学派,王凤瀛认为之所以没有与社会哲学派"并为一科",是因为社会哲学派"以哲学为根柢"而社会学派"以社会为单位…社会学派之言曰:国家为社会之一形式,法律为社会之一现象,法律现象包括于社会现象之中,故法律学吸收于社会学之内。简言之,非就法律而论法律,乃就社会而论法律也"。按王氏的理解,社会学派在实证学时期,主张"根据物理学公例,以为法律现象与一般自然现象相同,社会集团之组织与运动应听其自然进化,不能以人为之力增损其间,主此说者如葛恩柏洛威(贡普洛维奇)是";在生物学时期,"以达尔文学说阐明法律,物竞天择,于生物然,于法律亦然,法律之任务为自然淘汰之指导,适者生存之助长,主此说者如奈司克(尼采)是";在心理学时期,"以社会现象之原因,不外心理力之作用,法律现象即为社会现象之一,故亦能以社会心理学推衍而论究之,主此说者如盖尔克(Gierk,祁克)、华德(Ward)、泰特(Torde)等均是";到19世纪末达于统一综合时期,"盖以法律学不能离社会而求独立,社会学亦能举一说而概全体,合并考察始能相得益彰,不致挂一漏万……注意群众利益,适合社会现状,如弱者保护主义、法官解放运动、无过失责任、处分权制限、契约自由之调和、权利滥用之制裁……其中代表此派,卓卓有声于时者,如法之窦基(狄骥)、德谟克、贾孟德(夏尔蒙)、祁尼(惹尼),美之华门(Holmes,霍姆斯)、薄恩特(庞德),均为此派健将。"②

社会哲学派和社会学派的特点。在王凤瀛看来,社会哲学派和社会学派"皆不满意于现实法律,欲以理想标准谋法律与社会之协调",可称为"客观的理想主义"或"实现的理想主义"。对于世界各国学者称之为"纯理哲学复活",或"自然法学中兴",王氏认为这些看法都"未加细究,不

---

① 王凤瀛:《各国法学思潮之变迁》,《法律评论》1924年第53期。
② 同上。

免误会"。在社会哲学派方面,施塔姆勒之于康德,柯勒之于黑格尔,耶林之于边沁"其间显有差池","彼等所主张,并非专务玄虚,不察实情",社会功利派也会"兼采分析方法",新黑格尔派"兼采历史方法",新康德派"以社会生活为法律对象,亦未尝离却实在,仅以纯理哲学尽其能事"。社会学派则"注目现在社会之状态,研究顺应适宜之法律,与18世纪自然法派尤属迥不相同"。王氏认为,两派总的特点是"虽树理性主义之旗帜,仍带唯实主义之色彩"。①

社会哲学派和社会学派的谱系与发展趋向。王氏认为,社会哲学派和社会学派以德法两国为最盛,"德为哲学之邦,法为新理想主义之国,故两派学说鼓动一时"。英国"分析派出生之地、荟萃之区,虽有历史派挑战,不能夺其盟主",故对德国两国所生"法之哲学"不屑一顾,视为"大陆废物",然而"近数十年,风气稍变",戴雪(Dicey)著《十九世纪之法律与舆论》和白露恩(Brouen)著《近代立法之潜在原则》"已含德国式的哲学臭味,非复完全英国式的分析气象",费罗葛拿特夫(Vinoglodoff)"于其《历史法学》中讨论社会主义,且有易帜拔帜之概矣"。美国本注重英国母法,视大陆法律哲学为"无意味名词",晚近以来"随着华门(霍姆斯)以高级法官采用哲学见解,薄恩特(庞德)以著名教授提倡社会法学,登高一呼,众山皆应,学者间情形迥异昔日,……一九〇九至一九一〇年,美国法律学校联合会提议编译大陆法律丛书及近代法律哲学丛书,均经先后议决,着手编订。不数年间,出版者已有数十种,大陆系与英美系渐见沟通,社会方法因之灌输法学家脑海,有滔滔不绝之势"。日本法学界"近来空气,亦已顿改旧观,牧野英一、穗积重远、笕克彦等均于新法学极深研几"。通过观察,王凤瀛认为,社会哲学派和社会学派的方法实乃法律发展的趋势,"各国法学演进时期虽迟早不同,而其趋向于社会方法则先后辉映,其揆一也"。②

(四)丘汉平对法律哲学之派别的认识

在丘氏看来,法律哲学若按国别分,以德国之"形而上学",意大利

---

① 王凤瀛:《各国法学思潮之变迁》,《法律评论》1924年第53期。
② 同上。

之"实证",法国之"社会学",美国之霍姆斯、庞德、卡佐的学说为最重要。若不以国域立论,则法律哲学最重要的只有三大派:新康德派,新黑格尔派,实证派,其中实证派包括的内容最广,其他诸多派别,大都被此三派吞并。在他看来,历史的法理学及人种的法理学"仅可辅助法律哲学,不能独成为派别";心理的法理学"从未成派,其学说只可为法律哲学之方法";生物学说"仅涵有比类及叙述之价值";目的论学说"被实证派吞并";理性法学派、伦理法学派等自然法观念"入于新康德派之范围";奥斯丁所倡法律命令说"仅可为表显立法者之意思,实无法律哲学之价值"。①

对于新康德派,丘氏认为该派的目的在于寻求一种方法以达到"在某时期之相对的公道",并拥护一种"形式原则",以作为人类行为不变的标准,此即"具变动内容之自然法"。如果一国的法律与此相痛,便"不可以为规范矣"。丘氏评价施氏之理论,说"斯氏之公道理论,平心言之,实使吾人起无穷之敬仰,其理论之雄伟精微,处处以论理构成,似为康德以后之第一精奥学说也,其说固有可议之处,然于攻击不合理之理论已绰绰有余裕,夫公道之概念固非斯氏独创,然以极精密之论理织成有条有理之系统学说,则斯氏一人而已矣"。②

对于新黑格尔派,丘氏将柯勒视为该派最得力之人。按丘氏的理解,柯勒将法律视为一种文化的现象,而文化又是为了增进人类的交通,所以法律是历史的、相对的,法律的进化"乃为贮满生活之经验的发展"。③

对于实证派,丘氏认为其起于孔德的经验哲学。按丘氏的理解,经验哲学即实证主义,谓"智识仅限于现象世界而已,须从自然科学之方法探究方克有济"。丘氏认为,实证哲学经过数位学者修饰润补之后,已成为"近代最有势力之学说"。他认为"社会学派健将"庞德也是当时实证派之"巨子"。④ 可见,丘汉平此时将社会法学派视为实

---

① 丘汉平:《现代法律哲学之三大派别》,《法学季刊》1926 年第 2 卷第 8 期。
② 同上。
③ 同上。
④ 同上。

证派之一分支。

（五）吴经熊对社会法学及其派别之认识

1926年10月，吴经熊在《法理学范围的重新界定》（*The Province of Jurisprudence Redetermined*）一文中探讨了社会法学的含义。吴氏认为法律的研究包括了六个部分，即"法律教义"、"法律历史"、"立法和司法的具体政策"、"法理学"、"历史法学"和"法哲学"，这六个部分仅仅存在"内在的区别"而"并不是生活在密不透风的小包间中"，社会法学便"由所有这些学说构成"。

在吴氏看来，分析法学派奥斯丁及其追随者霍兰（Holland）、格雷（John C. Gray）关于法理学的探讨，考克雷克（Kocourek）、威格摩尔（Wigmore）和庞德关于法律历史及法律与道德之关系的探讨，以及施塔姆勒等人对法哲学相关问题的探讨，都是社会法学的"工具"。法理学到19世纪始成为一门法学的专门学科，是分析法学派的奥斯丁第一次尝试认真地划定法理学的范围。奥斯丁所谓法理学"关注法的实际需要是什么而非法应当是什么，它关涉事物是好或坏时法必须是什么，而不是如果事物是好的，法必须是什么"，其法理学范围的概念"主导了整整一个世纪"。吴氏认为分析法学家所挑选的"法"、"法的渊源"、"行为"、"权利"、"个人"等法理学元素仅限于法律概念的部分，他们仅仅分析了"或多或少有些僵死的概念"。他认为还应该分析"法律鲜活的过程"，对人、物、行为、事件进行分析，尤其是对司法过程进行分析，他将"在内部通过改善分析方法，在外部将分析方法引入司法过程"的办法称为"新分析派"的办法。庞德关于"法律发展阶段的详细阐述"在历史法学领域是最有价值的贡献，促成西方法律体系"从成熟法向社会法"转变，在这个转变过程中"法律与道德以社会正义之名再次结合起来"。施塔姆勒则探讨法律与生活的关系，关注"法上之法"，对利益进行评价，并对法律的终极理想提供建议，他将法律视为"目的与手段这个结构复杂机体所不可分的联系点"。在吴氏看来，社会法学"可以被描述为实用主义的法哲学，它利用其他学说作为工具，包括法律的和非法律的"，上述分析法派、历史法派和哲学法派的学说都可以在社会法学中找到其位置。①

吴经熊在为陆鼎揆翻译的《社会法理学论略》一书作序时，谈到了他对世界上各法学派的分派问题。在他看来，20世纪的法学可分为新历史派、新哲学派和新分析派。新历史派就是社会学派，代表人物是埃利希、霍姆斯、萨莱耶、庞德和卡多佐。新哲学派的法学又分三派：新黑格尔派，代表人物是柯勒，新康德派，代表人物是施塔姆勒等人，新经院哲学派，代表人物是惹尼。新分析派的法学则"尚在酝酿之中"。按吴氏的说法，新分析派的主张是"根据新唯实论的逻辑，用科学方法来研究法律的现象，使法学变成一个真正的科学"，与旧分析法学派的不同在于是从事"实体上的分析"而不是"形式上的分析"。②他自称是新分析派的法学家。在吴氏看来，柯勒、施塔姆勒、惹尼不属于社会法学派。显然，吴经熊这里所说的社会法学派是狭义上的，与李炘的理解颇不相同。吴氏并不认为社会法学派"集法学之大成"，只表示"对这派有相当的敬意"。

（六）王传璧对社会法学派的认识

1926年1月，王传璧在《法学季刊》发表《近世法律思想之趋势》一文，对世界法学思潮的派别进行了梳理和考察。王氏认为，因"法律性质之不同"和"标榜主义之相殊"，近代法学可以分为三派：哲学派、历史派和分析派。哲学派又分为自然法派、纯粹学理派和社会哲学派，社会哲学派又派别分歧，复分为新黑格尔等派。王氏认为，哲学、历史和分析三派法学不是"涉于专横武断"，就是"流于离奇荒诞"，与法律的真谛"大相谬误"。对于分析法学派，王氏认为其"不特欲法官之服从其条例，且欲举立法界而束缚之，其结果使立法者规行矩步不敢越雷池一步，更何有心思运用之可能"，实有"越俎代庖之嫌"和"削足适履之诮"。历史派对过去、现代、未来法律之关系"置诸不问"，徒知"以经验造成条例……宁得谓为合理耶"。王氏认为哲学派"思想渊懿影响远大，洵非可一笔抹

---

① 吴经熊：《法理学范围的重新界定》（The Province of Jurisprudence Redetermined），《法学季刊》1926年第3卷第2期。
② 吴经熊：《〈社会法理学论略〉序》，载陆鼎揆《社会法理学论略》，商务印书馆1926年版。

杀",但往往流于"镜花水月,永难达到",对于社会事物用单纯的哲学方法"绝难解决"。王氏认为哲学、历史、分析三派各自偏于未来、过去和现在,到19世纪已经"呈零落残败之现象"。①

王氏认为,过去三派法学的衰落和19世纪末政治学、经济学和社会学等科学的快速进步"使欧美派法学家之思想大受影响",是社会法学派兴起的原因。王氏认为,社会法学派肇于德国历史法学派。一部分德国法学家在以历史方法研究罗马法的过程中悉数考察世界人种以为改革其法律的需要,由此形成比较人种学的研究,不久"迅演为社会学说",该派避开"何谓法律"的问题而专求"如何能增进国利民福",法律由"目的"变为"手段"。王氏认为美国法院的"社会解说"也是社会学派的重要组成部分。在王氏看来,法律既要有确定性,又须"适应潮流",美国最高法院对法律的解释权能够兼顾法律的两种属性。美国法院的解释包括文义解释、假定解释和"社会乐利解释"。文义解释是指按法律字句的通常意义作逻辑上的解释;假定解释是指不按条文的字义解释而"假定立法者别具一种意义"。社会乐利解释是"近二十年来最新之解释",即解释律文要根据社会情形,注重"群众乐利",不受呆板的文义所拘束,注重"自由之演绎",其妙用在于"一面保持固有之法律不必为条文上之变更,而一方与社会之福利不相抵牾"。王氏认为,美国法院常采"社会的解释","应社会之潮流,顺群众之趋向,以济法律之穷",或"弥补法律之罅隙"。王氏认为,社会学派以司法解释补充立法的不足,旨在解决法律的稳定性和社会适应性的问题,是"神其妙用"。他认为各国近世法律思想之趋势"亦不难于此窥见也"。②

可见,王传璧对社会法学派做了狭义的解释,社会哲学派并没有归入社会法学派而归入了旧有的哲学派。不过,从王氏对美国法院的所谓"社会乐利解释"来看,他还是多少受到了耶林社会功利派法学的影响。

(七)潘大道对社会学派的认识

潘大道(1888—1927),四川开县人(今属重庆),早年留学日本,入

---

① 王传璧:《近世法律思想之趋势》,《法学季刊》1926年第2卷第7期。
② 同上。

早稻田大学政治经济科。1911年回国后通过清廷学部的考试,被四川地方当局聘为四川法政专门学校教师。1918年春,任北京大学教授,1919年冬赴美国学习政治学。1922年归国后一度从政,后任北京法政大学教务长和上海法科大学校长。

1926年4月,《法政学报》刊载了潘大道在北京法政大学1925年暑假班上的演讲。依研究方法之不同,潘氏将近代以来的法学分为分析派、哲学派、历史派、比较派和社会学派。在他看来,分析派仅知分析现实的法律现象,其代表人物边沁、奥斯丁等只可称为"法术家"而非"法学家",哲学派不重法律的由来和现实观察而注重价值批判和法律学的目的,其缺点是不注意法律的"时间空间之别",历史派则将法律视为"民族精神的发现",认为民族心理才是法的本质,惯习、学说、判例和成文法不过是"民族法之发现状态",比较派视法律为"地理的人种的产物",其研究法律的方法是比较不同的法律制度,其缺点是过于执着于"法制的起源"而蔑视"今日之社会任务"。①

潘氏对社会学派着墨明显多于其他各派。在他看来,社会学派视法律为社会法则,视法律现象为社会现象,否认过去的法学在研究方法上"自足的态度",主张以社会学的方法研究法律学。他批评过去的法学家专注于法规,也批评审判人员"把法律当作机械"。他认为过去的法学家和法官没有注意"研究实际生活之法则","不考察与法律相关之各种社会现象,不了解且不愿意了解社会利益及社会目的","忘却法律是为人而造的,人不是为法律而造的"。基于这种批评,他提出社会学派的法学家以社会学的方法研究法律学,甚至"将法律学作为社会学之一部",主张"离开概念法学、论理法学而为目的法学、利益法学"。根据潘氏的理解,社会学派的法学与自由法运动相连,都起于"不满足从来立法及审判之事实"。潘氏自称是社会学派的"一个信徒"。②

潘氏还试图用社会学派的观点来分析中国问题。关于省宪问题,反对省宪的人之中有的认为"省宪即是联邦",中国是统一国家,实行联邦制

---

① 潘大道:《法律学》,《法政学报》1926年第5卷第3—4期。
② 同上。

便是分裂了，也有的人囿于"中华民国永远为统一共和国"的宪草条文，不知考察社会利益而予以"从宽解释"。关于"三一八惨案"，潘氏也认为应该从社会目的和社会利益出发解释"陆军军人"，以求得该案公正的裁判。有些"严正的法律专家"认为从社会目的和社会利益出发进行解释是"故意唱高调"。关于女子犯罪，潘氏认为法官常常刻板地认定"凡女子皆是弱者"、"凡男子皆是强者"，然后依据某一模型武断审判，导致"法律生活与事实生活全不一致"。潘氏认为这些法律家都只知死抱法规不放，"不懂"或"未曾留意"社会学派的法律学。①

（八）谢光第、一诚对英美社会法学兴起过程的考察

一诚，个人信息不详。1926 年 11 月，一诚将庞德 1925 年发表于美国《社会学年报》第一卷的《美国社会法学》一文译为中文，借此梳理美国社会法学的发展历程。

美国社会法学产生的背景。美国初采英国的习惯法，18 世纪欧陆自然法学思想输入以后直到 19 世纪末叶，美国的"法官、学士、律师"皆奉其为"法律思想之根本基础"。19 世纪，自然法学在欧洲式微，分析法学和历史法学在欧洲兴起，该法律思潮在 19 世纪 70 年代前后传入美国，并渐趋自然法学之上。19 世纪后半叶，分析、历史两派"在欧洲之势力亦即式微"，此时美国已经进入"工业社会"，亦需"社会的立法"，不过，此时美国法院常将社会的立法"斥为非宪的立法"。当时有一批法学者"常较裁判所为锐进"，"明知时会未至"，"辄复鼓起勇气，争先提倡，以促其发展"。②

美国社会法学的发展历程。19 世纪末，卫特（L. N. Ward）、毛尔（A. W. Small）先后将斯宾塞的社会学应用于法学方面，并致力于"法学与其他社会科学结合"，陆斯（E. A. Ross）则提出"社会统制论"，将法律制度视为"广义的社会管理之一部"。三人主张法学不能"离乎其他社会科学而独存"，为社会法学的兴起奠定了基础。一诚认为，欧洲社会法学输入美国"约在 1890 年前后"，其进步虽快，但"方针殊欠明确"。起

---

① 潘大道：《法律学》，《法政学报》1926 年第 5 卷第 3—4 期。
② 一诚：《美国社会法学发达史述要》，《法律评论》1926 年 176 期。

初盛行"有机的社会法学",主张将"社会有机论运用到法律秩序上"。后有柏登(S. M. Patten)等人主张将有机的社会法学"与法律历史的经济的解释相结合",亦有人将生物学的社会学与法学相结合,后有泰特(Tarde)的社会心理学研究"于社会法学影响甚巨"。一诚认为对美国社会法学贡献最多者"当推大理院推事霍伦斯氏"(霍姆斯,O. W. Holmes)。他说:"霍氏毅然舍去前世纪分析法学之旧套,确认法学非自主孤立之科学,乃由其机能的地位,依综合方法,将法学亦列入社会科学之一者,其识见之透达,大有造于斯学,非余子所能比拟也。"他认为该时代社会法学之有力者还有"今为社会法学派中指导的代表"恰图造(卡多佐),哈佛大学法理学教授庞德,威斯康星大学法学教育派奇(W. H. Page)。①

对美国社会法学的评析。他认为,美国社会法学之发达与美国的社会经济发展有关,美国"都市工业日盛,表里并进,驾乎农业之上","社会情形即变,法律自然变化,于是社会法学生焉"。在他看来,美国社会法学的特点有六:"一、探求法理及制度之社会的作用,殊为社会法学使命之极重要点;二、攻究社会学的立法作用,以补比较法暨联邦立法分析方法之不足,盖不仅须将制定法之论理的妥当性,比较其抽象的内容而已,更须进而对制定法之效果研究其社会的作用,故法官之裁判与判决亦俱与社会学之研究有重要之关系焉;三、以社会法学为研究法规之最有效的手段;四、促进裁判方法之改良;五、促成法律历史之社会学的研究;六、因社会法学之发达,连带发生司法部门改造之问题。"②

谢光第则注重介绍欧洲的社会法学思想对英美法的影响。他将庞德视为"社会法学派之泰斗"。谢氏认为,社会问题是现代社会极为重要的问题,法律学应当研究法律及司法对社会问题的干涉"可至何种程度"。在他看来,为解决社会问题,自由法运动成为必要之举。他认为自由法运动并非仅为欧陆诸国学界之事,英美法学界"亦达同一时运",并将庞德视

---

① 一诚:《美国社会法学发达史述要》,《法律评论》1926年第176期。
② 同上。

"指导此时运最有力之一人"。①

美国法制的特色与社会问题。谢氏认为美国法律出于裁判所（法院），因而民众常将法律不适于社会归咎于裁判所，故而美国出现改革司法制度的运动。在谢氏看来，法律社会化"偏乎全求"，英美与欧陆盖不能免。按谢氏的理解，法律社会化包括立法和司法两方面的问题，即"裁判所在裁判上应如何使法律与社会互相调和"。法律社会化的研究初起于欧洲，到20世纪20年代在美国要求裁判所社会化的呼声"视欧陆犹或过之"，而美国的个人主义权利思想"妨碍新思潮之发达"。谢氏注意到，庞德将法律社会化视为法律进化的"最高点"，以为该阶级的法律"以集合主义代个人主义"，以"保护社会利益"为使命。法律社会化"并非自然形成"，需要对其思想进行宣传以使一般民众、法学家及裁判所了解司法制度改革的"根本主义"。对旧有法律制度的批评，最初起于美国的经济学家、政治学家和社会学家，法学家后来才加入批评的行列，各方认为改革司法制度要对法律制度"从根本上加以研究"，首先要确定"法律的基本观念"，即"社会法学者问题之重要，远过于裁判官或司法制度等问题"。②

英美法的发达与社会思潮的影响。在谢氏看来，英美法在16、17世纪"终至不得不承认道德"，在18世纪"终至不得不承认商习惯法为国内法之一部分"，在20世纪"必至包容新经济学及社会学而加以改造"。英美法的传统将"法律之大部分"委诸不成文法，而此法律传统对"新道德之要求"、"商习惯法"、"新经济学和新社会学"有一种抗拒。谢氏认为这种抗拒源于自然法学说和历史法学说对英美法的强烈影响，致使法学家对英美法"尊重过当"而将其法理视为"法律学上万世不变之基本观念"，民众对裁判所的不满，其根本原因在于"十九世纪末叶判决例之固定"。在

---

① 谢光第：《社会问题与裁判所》，《法律评论》1927年第5卷第30、32期。1925年，谢光第曾专门探讨自由法运动。他将"自由法运动"视为"法律学之新思想"，认为自由法运动不是仅将法律视为"历史事实"，还要以"自由切实之眼光"观察现在社会，批评法律的社会作用，以求法律适合于"社会之实况"。谢氏认为对法律"固宜加以尊重"，更需要"批评之精神"而不能"流于盲从"。如此才能"树立新理想而明法律之真谛"，"阐明法律社会之进化精神"。谢光第：《意识的法律与无意识的法律》，《法律评论》1925年第90、91、93期。

② 谢光第：《社会问题与裁判所》，《法律评论》1927年第5卷第30、32期。

谢氏看来，美国法律之所以出现不能与社会一同进步以及"反社会态度"的问题，原因在其法律的传统要素之中，要改变它只能从裁判所出发，将道德因素、商习惯法因素和新社会学经济学因素输入传统，促使英美法律传统"因法律思想之变迁而发生变化"。即促使英美法的基本观念由"十九世纪标榜个人主义之正义"转向"现代之社会的正义"。①

法律社会化与裁判所的态度。伦理、哲学和政治上的思想影响及于法律者有六：一是所有权行使之限制，二是契约自由之限制，三是财产处分之限制，四是债权行使之限制，五是"原始时代无过失责任观念之再现"，六是家族对家长的法律地位如何，法律态度已有变更。这些情形与18、19两个世纪的法律思想"完全相反"，所以受到美国少数裁判所的反对。但是大势所趋，美国最高法院对此表示了认可，英美法的传统逐渐"自行救济其病根之处"，"社会的理想"与英美法个人主义的观念"渐渐互相融合"。②

法律社会化与英美法的基本观念。英美法在18、19两世纪因种种理由经种种变迁，形成"极端个人主义之法律"，欧陆法律亦然。按谢氏理解，英国在近三十年已有在立法上承认"集合主义思想"之倾向，而美国直到19世纪末仍为个人主义思想所支配。该时代美国的政治学、伦理学、经济学等科学已经废除了个人主义思想，另采"新正义标准"替代，法学由此相形见绌，引起了"一般之注意"。加上欧陆法学家承认"社会之正义"，与美国保守的法学界形成鲜明的对照。另外，在立法上已有"以新思想为基本者"，以裁判上也有"事实上本新思想以下之判决"，独法学界"不承认社会的正义之新思想"。个人主义的法律思想"以为法律的目的纯在个人利益之保障，至于社会利益不过国家或君主之个人利益"，"今后的法律思想"则认为个人利益同时也是社会利益，个人利益之所以受到保护是由于其在社会利益的范围之内。既然个人利益只有与社会利益一致时才受到保护，如果个人与社会利益相反时，法律的处理方法应是"除认为个人利益之受法律保护于社会方面有重大利益者外，不得主张其保护"。而美国

---

① 谢光第：《社会问题与裁判所》，《法律评论》1927年第5卷第30、32期。
② 同上。

第二章　社会法学基本框架的建立与初步发展

裁判所仍多守"社会利益的重要性无过于各人私权之保护"的旧训，谢氏视之为"美国社会法前途之一大障碍"。谢氏由此认为，法律上的根本问题不是"法官之罢免或司法制度之改良"，而在"开辟法律向社会化进行之大道"。

如何"开辟法律向社会化进行之大道"，谢氏认为需要研究五个方面的问题：

（一）何谓社会的正义（即吾人所谓代替个人的正义之法的正义）？（二）何谓社会的利益？（三）从前法律因保护个人利益而保全之社会利益，至何种程度？（四）在从前纯用于保护个人利益之手段方法以外，是否另有其他保护社会利益之新方法新手段？（五）法律制度及法律理论，其于社会之影响如何？①

谢氏认为研究这些问题既不能单靠裁判所，也不能单靠法学家，还需"实际上从事社会改良事业者"用其社会知识为资料协力相助。②

通过梳理上述诸人对法学派别尤其是社会法学派的认识可以发现，到20世纪20年代中期，社会法学派相较其他各派更适合当时的社会情形已经成为中国学界的共识。尽管不同的学者对于社会法学派兴起的原因解释不尽相同，对其具体法学观念的论述有所不同，对社会法学派所包含的域外法学家的范围也有不同的认识，复对社会法学派有诸如"社会法学派"、"社会学派"、"社会哲学派"、"社会学法学派"等不同的称谓，但是中国学界对社会法学派的认识存在一些共同点。比如，判断社会法学派的共同标准，是其对"社会"的注重，对个人主义法律学说的反对；对域外社会法学的倡导者大都指向美国的庞德、霍姆斯、卡多佐，德国的耶林、施塔姆勒、柯勒，法国的狄骥、惹尼、萨莱耶以及日本的牧野英一、穗积重远等人。此时，中国学界对社会法学派的起因、主要观点、在域外的代表人物、历史沿革和派别细分等方面，已经有了较清晰的认识。

---

① 谢光第：《社会问题与裁判所》，《法律评论》1927年第5卷第30、32期。
② 同上。

二 法律的本位问题

法律应采个人本位、社会本位还是国家本位，是近代中国许多法学家所考虑的问题。除了前述李炘及其他社会法学说的引介者之外，还有不少关于法律本位问题的思考。在社会法学得到法学界普遍认同的情形下，法律采社会本位成为大多数法学家的认识。按李炘的理解，法律采社会本位，就是法律社会化的意思。李炘的看法得到了许多法学家的认同。许藻镕也认为，法律社会化就是法律以社会为本位。

许藻镕认为，法律是人为的、进化的，故而法律有法律的本位，而且每一时代有该时代的法律本位。按其理解，法律本位是"当社会中心力设定或认定法律之时应认定之中心观念也……以他词言之，即法律之目的也"。法律本位是法律的中心观念，立法时对于某一问题应采什么"主义"和原则，都要依法律的本位而定。法律本位会随着时代的变迁而变化，而法律的内容亦会随之产生改革。他认为，19世纪的个人主义与进化论"已破绽矣"，继之而起的是社会主义和互助论，在20世纪新的文明形态下，急需探寻法律本位之何在。

依许氏所见，18世纪以前的法律都采义务本位。至于采取义务本位的原因，许氏解释说：

> 古代人民智识幼稚，自觉心薄弱，对于义务之压迫不知反抗，对于权利之观念亦不存在。有力者利用其愚拙，颁定种种义务本位之法规，藉以满足其私欲。此为义务本位成立之最大原因。况当时社会组织简单，中央权力薄弱，苟放任智识幼稚之人民主张其权利，则争端丛生。斯时既无强力之中心力以解决之，则社会上势必纷乱。此在古时社会组织之下不能不采取义务本位之又一原因也。①

及至18世纪，因社会组织完备、中央集权巩固，加上自由平等学说兴

---

① 许藻镕:《法律思想发达之一新倾向》,《法学会杂志》1922年第9期。

第二章 社会法学基本框架的建立与初步发展

起,法律本位产生对义务本位的"反动",遂改为权利本位。其结果导致"一切法规尽力保护权利",甚至法律之名称都加上权利色彩,如物权法、债权法等。法律观念与法学学说亦从权利本位出发,如"罪刑法定主义"、"所有权绝对主义"、"契约自由主义"、"法律为权利的规定"、"法律学为权利的学"、"法律为客观的权利"、"权利为主观的法律"等。因权利本位的法律有利于资产阶级,故又被称为"资产阶级的法律"。

在许氏看来,权利本位的法律虽然促进了产业的发达,但也同时造成了贫富悬殊。许氏认为,"今日社会上阶级争斗之剧烈亦不能不归咎于权利本位之法律也"。他认为,劳动者之同盟罢工、贫民之流离失所将是权利本位法律的"催命符",晚近社会学者杜尔凯姆(Durkheim)和波乔亚(Bourgeios)等人所提倡的"社会连带论"则是其"致命伤"。由是,法律由权利本位进入社会本位。[①]

许氏认为,法律的本位由个人转向社会,就是法律社会化,其主旨是由主要保护个人权利转向主要保护社会利益。在他看来,法律社会化包括的内容主要有"老幼者贫弱者之社会的保护法","以集合的契约为中心的劳动法"[②] 和"妇女参政权及普通选举之运动"等。法律社会化倾向对法律大原则的改动主要有:所有权之限制,契约自由之限制,权利滥用之限制,债权人或被害人之请求权完全满足之限制,无过失损害赔偿责任等。许氏希望中国修订法律时一定要注意"依此倾向而进行"。[③]

许藻镕提出上述观点是在北京政府参加华盛顿会议的背景下提出的。当时,撤废领事裁判权是各方议论的热点,他却担心中国的立法和司法达

[①] 许藻镕:《法律思想发达之一新倾向》,《法学会杂志》1922 年第 9 期。

[②] 1925 年,许藻镕专门撰文探讨劳动法问题。在许氏看来,19 世纪"一味保护财产权"的法律实际上造成了有产阶级的特殊文明,其所主张自由平等的原则并没有落实到劳动者身上,所以 20 世纪的法律对劳动者的保护"决难以单纯消极的态度谓尽其义务",必须"在公法上讲求积极的助长之法"。在公法上的助长之法包括"工厂法与健康保险法……暨劳动契约,工厂规则以及非契约所能左右之各种公益的规定"。许氏认为,劳动法的独立存在会对财产法造成冲击,在劳动法中劳动不得再作为一般商品对待,所以过去的所有权须受限制,契约须受束缚,所以法律的基点便由财产权转至劳动了。许藻镕:《法律之新基点:劳动》,《法律评论》1925 年第 111 期。

[③] 许藻镕:《今后我国立法界司法界努力之方向》,《学林》1922 年第 1 卷第 4 期。

不到各国的标准，各国"愿甘受我国恶法之支配及不良司法之处置乎"。①他对法律社会本位的探讨，着眼于该学说是欧美的趋势和世界的潮流，其间难免夹杂了一种人有我无的紧迫感和急切的现实考量。许氏本人承认法律的社会本位说是社会经济情形的产物，但基本没有注意中国的社会情形与欧美的异同。他倾向于认为，制定社会本位的法律能迅速改善中国的法律情形，使之与欧美各国趋同，从而有助于收回法权。

王凤瀛认为，20世纪的法律应该社会化，法律的本位应该由个人主义变为集合主义。法律以集合主义为本位，其意便是指以社会为本位。

王凤瀛注意到，19世纪末以来各种科学无不开一"新纪元"和"新境界"，法学亦受重大冲击。过去个人主义法学之弊病受到批评，甚至有人认为法律是人类社会发展的阻碍。此即各式社会主义学说对法学的冲击，尤其是无政府主义关于废除法律的观点。他认为，法律是"制治经世所必要之物"，无论如何不可废弃，即便在当时的苏俄，同样也制定了宪法、婚姻法、亲子法等法律。在他看来，要纠正过去法律之弊，需要法律本身有"重大之觉悟"。

王氏认为，晚近法律都受到法律思想变迁的影响。他认为，晚近以来不论在大陆法系还是在英美法系民法都出现了"革新的气象"。其原因有三。一是法律自身性质的变化。法律已经被认为是社会科学所研究的对象，理应社随社会之需要而生，随社会需要的变化而变化。在王氏看来，1804年的《拿破仑法典》、1865年的《意大利民法典》、1871年的《阿根廷民法典》，甚至1896年的《德意志民法典》和1907年《瑞士民法典》，虽然在不同程度上顺应了当时社会需要的变化，但在欧战以后多少都有"明日黄花"之意。王氏认为，欧战以来经济组织"顿呈异观，有为立法人所不及料者"，法律既为"社会之反射作用"，所以不得不起改革之论。二是社会经济状态的改变。王氏认为，19世纪法律以"私权巩固和契约自由"为基本观念，法律建筑于个人主义之上。虽然个人主义的法律在18世纪促进了社会经济的发展，但随着"工厂林立，私财增多"，社会上却

---

① 许藻镕:《今后我国立法界司法界努力之方向》,《学林》1922年第1卷第4期。

第二章　社会法学基本框架的建立与初步发展

出现了贫者愈贫富者愈富、社会经济状态"大失其平"的情况，阶级争斗由是而生。他认为，阶级悬殊、势相水火种下了"暴动的祸根"，成为社会的隐忧，这些都是个人主义"变本加厉"所致。所以，"今为时势所迫，不得不急图改良以谋人群乐利之道"。三是学者研究方法的改变。过往学者研究法律的方法不外乎分析的、历史的和哲学的三种，王氏认为在20世纪此三种方法都已不适应于时代。他认为此三派者虽然各立门户、互相递嬗，然而所抱宗旨如出一辙，都主张法律的绝对说，即皆欲"以一种方法求得永久不易之法律原则"，并设想这种原则可以"不拘时代、不拘地方、不拘民族皆有普通适用之效力"。而在20世纪，法律的研究方法"大变从来面目"，社会哲学派代之以兴。按王氏的理解，虽然社会哲学派"其间派别各异"，有社会功利派、新康德派、新黑格尔派之分，但是异流同源、朝宗于海，均以为法律无绝对可言，法律的各种政策及主义"皆为供给社会需要目的而生"，立法宜"适应于社会环境……研究一应当 Ought to be 之规则，不可拘拘［泥］于说明现在之法律"。王氏认为，法律"应与社会经济诸学合并研究，不能徒执一偏之见"，否则便会"固步自封，以与世俗相抗"，从前研究方法"为教条的信奉的"，现在的研究方法"为怀疑的批评的"。①

王凤瀛所谓欧美法律"革命的气象"，是指欧美法律本位的变化。对于20世纪法律本位的变化，他说：

> 从前法律以个人为本位，以为发达个人权利，即所以谋社会利益。现今法律以群众为本位，以为巩固社会利益，即所以保个人权利。……从前着眼于个人，故先个人而后群众。现今着眼于群众，故先群众而后个人。……两种主义，适相反对。大势所趋，则二十世纪民法可一言以蔽之曰：由个人主义一变而为集合主义而已。由此所生之法律思潮，则所谓法律之社会化也，所谓个人与全体之调和共存也，皆从此主义而出。是为二十世纪法界之异彩，诚予以吾人绝好研

---

① 王凤瀛：《二十世纪民法之趋势及吾国立法之方针》，《法学会杂志》1922年第8期。

究机会,可不熟思而深究之哉?①

由此可见,王凤瀛所说法律的社会本位,是要求法律不再以个人为中心,而要以"群众"为中心,注重个人与全体的共存。

王氏认为,在集合主义之下改变法律与社会的状况,有急进和缓和两派。急进派以为法律须以经济为基础,财产私有制度、资本独占制度、遗产继承制度都是社会改造的障碍物,必予以竭力攻击,从根本上解决。王氏认为急进派学说不过是"矜奇立异,徒程高远之幻想,不察实际之真谛"。缓和派主张"社会个人两利之道",即尊重社会却不抹却个人权利,保护个人仍不牺牲社会利益。王氏认为此说才比较"公正和平"。他认为,世界各国主张缓和的集合主义的法学家"不乏其人",其最显著者有美国的庞德、智利的阿尔哇列兹、德国的耶林、施塔姆勒、柯勒、法国的惹尼、日本的牧野英一、松本蒸治、穗积重远等,均为"主张法律演进之人,在法学界颇占势力,有睥睨一世之概"。②

谢镜蓉也认为法律应该社会化,采社会本位。谢镜蓉,个人信息不详。

他认为,法律社会化之语"世人耳熟矣",只恐世人不明其真义。在谢氏看来,法律社会化是指:"一方推翻数百年来之不干涉主义,一方以使匹夫匹妇各得其所为目标而救社会上弱者于倒悬,或称为社会政策的立法亦无不可。"这种现象绝非因经济变动而发生的"一时的现象",已在欧美有数十年的历史,至一战结束后"益奔腾澎湃",大凡关于私法制度的重要事项"咸有彻底改造之倾向"。契约自由的限制,绝对所有权的否认,劳工的救济,不法行为责任观念的变迁,家制和婚姻法规的变化,都是法律社会化的表现,法律社会化的最终目的是"谋实际上增进共同生活之安定与圆满"。他认为法律社会化是20世纪法律进化的趋势,中国民法应该谋求适应这种趋势。③

在他看来,人类共同生活状况变迁,所以法律也会随之变迁。立法的

---

① 王凤瀛:《二十世纪民法之趋势及吾国立法之方针》,《法学会杂志》1922年第8期。
② 同上。
③ 谢镜蓉:《民法社会化之倾向》,《法律评论》1925年第45期。

根本观念因此而有家族本位、个人本位、国家主义、国际主义和社会主义之别。18世纪以来，各国立法热衷于"极端之个人主义与自由竞争认"。随后贫富差距加大，19世纪后期各国立法的根本观念转向社会政策，旨在抵制富者而维护无产者和劳动阶级，以确保社会全体的利益。

谢氏认为，与社会政策的立法同时存在的还有社会主义的立法观念。社会主义派别众多，其共同点是主张破坏"现有的资本制度"，排斥"私有财产制度"，废止"私营事业"，谢氏认为以社会主义为根本的立法观念反于人类所有欲和支配欲的"本性"，很难"持久不弊"。[①]

潘大道则视以社会本位的法律是"社会觉醒的法律"，是法的理想之所在。在潘大道看来，个人觉醒是指"个人自觉地意识其存在及价值"。他认为欧洲政治革命是个人在政治上觉醒的表现，个人的觉醒致使宪法、刑法和民法都以保护个人的自由和权利为宗旨。社会觉醒是指"社会自觉地意识其存在及价值"。个人觉醒是"我的个性之发现"，社会觉醒是"我的共性之发现"，社会觉醒又可分为"民族的觉醒或国民的觉醒"和"无产阶级的觉醒"。

潘氏认为，社会风潮的变化使旨在"调整个人与个人之关系"的民法不再是国家的基本法，而"调整国家与个人之关系"的法律风头正盛。一方面，原有的法律体系正在发生改变。资本家与劳动者的契约自由"已经变异"。无产阶级"风起"使"社会协动论"兴起，资产阶级以"社会政策"缓和劳资矛盾，为社会共同利益而活动。另一方面，许多人不满足这种办法，试图"起而革命……做根本改变，废除私有财产和自由竞争，使资产阶级永不翻身"。

他认为，在社会觉醒的风潮下，各国"通有的"法律现象有六。其一，劳动保护立法，如工场法、劳动保险法、年金法等，旨在"改良劳动者的社会待遇"。其二，助长行政的立法，如关于交通事业之类，关于全体社会福利者由国家自营，旨在"不让少数资本家专利"。其三，权利滥用之制限，个人行使权利不再"自由"和"不受限制"，"如今是为社会利

[①] 谢镜蓉：《立法之根本观念》，《法律评论》1926年第3卷第52期。

益而承认个人权利",所以个人权利之行使不能超过一定限度,否则不受法律保护,如所有权、土地使用与征收权等。其四,契约自由之限制,视公共秩序和善良风俗为"法律的根本精神"。其五,责任的规定不限于过失责任,意在保护大工厂时期承受较高风险的劳动者。其六,刑法由事实主义转至人格主义,个人主义的刑法对犯罪的制裁不考虑犯罪者的动机和社会环境因素,单就犯罪的事实施以刑罚,晚近的刑罚"已不是个人主义的思想,早走到社会防卫一条中上去了"。①

潘氏认为,不论是新立法还是旧法律的新解释,都是"本于社会觉醒之精神"而生。关于旧法律之新解释,主要是指欧洲的自由法运动。自由法运动的主张者主张解释法律"不必探求立法者的本意","只应考虑社会的利益",潘氏认为以新精神解释旧法律的方法是值得肯定的。

在他看来,法律发展的趋势就是从义务本位发展到权利本位,再发展社会本位。义务本位只着眼于强者所代表的团体,把个人"没有放在眼中"。权利本位的法律只着眼于个人,而没有"把个人的周围放在眼里"。在潘氏看来,权利本位的法律对于伸张个人在文化史上的地位有其功绩,但在新时代下已经"不能满足人类之理想"。他认为法律是文化的反映,文化已经进化到社会觉醒时代,社会觉醒时代需要的是以社会为本位的法律。以社会为本位的法律才是"法律之理想",这种理想要求个人视社会为"各个人自己的扩大"而不是"某强者的代表",个人要"为社会而负担义务","为社会而行使权利"。潘氏将以社会为本位的法律称作"社会化的法律"和"道德化的法律"。②

通过以上分析可知,20世纪20年代的许多法学家已经将法律以社会为本位当成了一种法律发展的必然趋势,法律采取社会本位成为一种当然之事。

三 法学的研究方法问题

关于法学的研究方法,社会法学的引介者如李炘、吴经熊、燕树棠等

---

① 潘大道:《从个人觉醒到社会觉醒的法律》,《国闻周报》1926年第3卷第32期。
② 潘大道:《法律之理想》,《国闻周报》1926年第3卷第41期。

第二章　社会法学基本框架的建立与初步发展

人多有论及，大抵主张法学与其他社会科学相结合。东吴学人王凤瀛则着力探讨如何以社会学研究的方法来研究法学。

王凤瀛认为，中国法学之所以缺乏系统研究并倾向于墨守旧习，都是由于欠缺研究法学的方法造成的。王氏认为，随着社会经济剧烈变迁，西方法学以英国法、罗马法为金科玉律的时代已经过去了。晚近则是"社会法学派声浪，遂甚嚣尘上，崭露头角于二十世纪之法学界之讲坛"。王氏思考的是"对于世界潮流，何以顺受而应付之"。他认为，如果没有适当的研究方法，法律"非流于盲从，即失于胶执"。在他看来，自古以来，中国的法律书中探讨研究方法的"洵为渺不可得"，所以他欲为人先，研究法学之方法，以之为"探求真理之门径"与"贡献社会不可少之工具"。①

按他的理解，晚近以前法学研究经历了宗教方法、注释方法、哲学方法、历史方法和分析方法几个时代。在宗教法学时代，学者依据宗教的观念考察法律原理，以为"神所命即法所寄"。注释法时代，学者以罗马法为圭臬，所用方法只求望文生义，不能推陈出新。18世纪以来又推崇哲学方法，学界认定必有一种原理原则可作为判断法律是否良善的标准，以哲学理论求法律的神髓，霍布斯、卢梭、康德、黑格尔均属此派。此后又兴起历史方法和分析方法。历史方法重在探讨法律之沿革及兴废，从而求得"法理之精华"，孟德斯鸠、萨维尼、梅因等人便是如此。分析方法主张"剖法律之组织及成分，发现其共同之要素"，奥斯丁是其主要代表人物。王氏认为，宗教方法和注释方法"仅存遗蜕，不切实用，当可置诸不论不议之列"。哲学方法在18世纪有其道理，但王氏称其"骛高远理论，不察实际情状"，采用这种方法会导致"法律之基础时时动摇，必致凌乱无序"。历史、分析两种方法注重实在，能矫哲学方法虚想妄断之弊，但分析派固执于法律为主权者的命令，历史派拘泥于法律为历史的产物，已经引起了学者的诘难。历史与分析两种方法都被批评为和哲学方法一样，都偏执于一种方法，执着于追求所谓"绝对的永久不易之法律"。②

---

① 王凤瀛：《说研究法律之方法》，东吴《法学季刊》1924年第1卷第8期。
② 同上。

229

引介、诠释与运用

因为近代以来哲学、分析、历史三种方法的共同弱点,"遂不能臻于完善之域",所以社会方法便应运而生。王氏认为,法学研究的社会方法并没有太长的历史,是各国学者"最近之发明"。在王氏看来,采用社会方法研究法学,全世界已经不乏其人,其中有许多较知名的法学家。"德之 Jhering, Stammler, Kohler, 法之 Follie, Charmont, Duguit, Demogue, 智利之 Alvarez, 美之 Pound, 日之牧野英一等, 均卓卓有声于时者也"。[1]

对于法学研究的社会方法,王氏认为其"对于以前三种方法,取其长而舍其短,去其偏而求其全",言辞之间彼有赞意。他认为社会方法与"旧方法"最大的不同之处有二。一是"以理论之推衍,谋实际之调和",即法律理想与社会现实相结合。

> 采社会方法者,以为研究法律,但知说明现在法律之如何及既往法律之如何不能毕其事而竟其功,必也研究法律之应当如何。此其为说,似乎偏于理想一面,故有人谓其类于十八世纪之自然法学派称为意象主义者。然细考其主说根据,注重现在社会之状态,研究顺应适宜之法律,与十八世纪纯粹自然派绝不相同。试读斯宾塞近代法国法律哲学序文,即可略知梗概。其言曰现在法国之最新法学派,往往视为意象主义之一种,实则对于实验主义尚无深闭固拒之见,虽树理性主义之旗帜,仍带唯实主义 Realism 之色彩。斯氏之说诚足以表明现在社会法学派之精神,盖彼等欲以理想之法律,求合社会之趋势。其理想非主观的意象主义,而为客观的意象主义。虽课于虚,不离乎实,兼归纳演绎之方法而有之,非专驰于玄虚也。是故学者当知耶林之功利主义,非即边沁之功利主义,什坦姆列尔(施塔姆勒,Stammler)、库勒(柯勒,Kohler)之理性主义,非即康德黑格尔之理性主义,否则失之毫厘,谬之千里,抹却社会方法之真谛矣![2]

二是"以社会之单社为研究之对象",即不再单纯注重个人权利,而

---

[1] 王凤瀛:《说研究法律之方法》,东吴《法学季刊》1924年第1卷第8期。
[2] 同上。

置重于社会的利益。

>旧方法之目的,均欲发现一种绝对的法律。……夫社会为变动不居之物,法律亦无亘古不变之理。彼主张历史及分析方法者亦未尝不知法律为社会之反照,社会为进化之有机体。然究其极,仍不外一种绝对法律之信奉,与哲学方法之目的无异。社会方法则反是,并不假定一种绝对法律,以社会现象为着手基础从而明其变化及适应,以为研究法理之方法。例如契约自由之原则能否保持社会之均衡?过失责任之主义能否巩固社会之利益?余如财产之处分、权利之行使,在在与社会互相关连。盖近时自然科学日见发达,资本大家之专制、危险事业之勃兴,非能以十九世纪眼光判断二十世纪之法律。法律之任务,所以应社会之需要。昔日研究法学,从法律本身为出发点,以为察往知来即能应付无穷。今日研究法律,以社会单社为着眼点,以为因时制宜方可攸往咸宜。质言之,则昔日方法就法律而论法律,今日方法则就社会而论法律也。①

王氏之意,认定法学研究的社会方法是 20 世纪的独到方法,旨在"调和理想实际而允执厥中者也"。既已对古往今来的法学研究方法做了梳理与判断,他便认定中国法学研究当采用社会的方法,"吾侪研究法学何去何从?就上述各项论点观之,可知所所决择矣。"王氏看到,社会连带、社会互助之说兴起,致使建筑于个人主义基础上之法律"几有土崩瓦解之势",国内有些研究法学之人"震其主义之新奇","疑其方法之不适当",担心其学说"若施于中国,无异无病呻吟"。他则认为"不足虑",认为社会连带和社会互助之说早在 18 世纪就已有端倪,现今学者不过是"布衍之而阐明之",该学说主张"谋社会幸福即所以保个人安宁,……谋个人权利即所以期社会发达"。王氏同时也认为,在社会连带和社会互助主义影响下采用社会方法的法学"权衡于社会与个人之间,谋适宜之解决,并

---

① 王凤瀛:《说研究法律之方法》,东吴《法学季刊》1924 年第 1 卷第 8 期。

非个人权利可以全置不顾也"。①

不难看出，王凤瀛所谓社会学的研究方法，重在社会而非个人，注意理想与现实的结合，指向法律与社会的适应，谋求社会和个人之间的平衡。从他列举的各国采用社会学研究方法的名单上看，该部分法学家即是社会法学在各国的有力提倡者。

四 解释和运用法律的方法

如何解释和运用法律，是在司法过程中必须面对的问题。自民国初年以来，中国学界已经接触到主张自由地解释和运用法律的自由法说。20世纪20年代初，李炘更是将其列入社会法学派的范畴。各学者在引介域外社会法学说的过程中，对自由法学说不乏介绍。20世纪20年代中期，王凤瀛和许藻镕再度对自由法说进行详细阐释。

王凤瀛认为，自由法运动"始创于法，继行于德，今又盛唱于日本"，其学说最初由来于法国法学家祁尼（Geny，惹尼）的《解释方法论》。王氏对自由法说的理解是：

> 法官审理案件时，遇有无规定者，应斟酌习惯、传说、判例及学说等以为判断。其取舍之自由权无所限制，依其个人见识，自由的且科学的以求解决方法。何谓自由的？即不牵制于外界势力。何谓科学的？即不流入于一己擅断。法官依此科学方法，创设一种法则以补现行法律所未备，而示法律生活之准绳。惟所谓自由亦非漫无标准，标准为何？在乎人类之理性、事物之性质及补助法律之科学，旁考博稽，于是乎裁判之正义与实利始能实现。②

王氏看到，自由法说一出，褒贬各不乏人。反对者认为该说妨害法律的确实性，并容易造成法官的专断。赞成者认为该说可补法律之不备，也没有妨害法律的确实性，因为法律的确实分为"静的确实和动的确实"，

---

① 王凤瀛：《说研究法律之方法》，东吴《法学季刊》1924 年第 1 卷第 8 期。
② 王凤瀛：《自由法运动》，《法律评论》1924 年第 48 期。

静的确实在于"巩固法律之基础",而动的确实在于"保持法律之公平"。王氏认为,"自由法,并非超出于法律之外,实用运用于法律之中,不过对于法律确实,置重于动的作用,非泥守于静的作用而已"。至于说容易导致法官擅断,王氏认为也不会发生,因为法官擅断与否,在于人而不在于法。法律不可能毫无缺陷,法官在运用法律时弥缝这种缺陷会有不同探索,是其自由,与"迂回曲折,巧立名目"完全不同,自由法说仅仅是承认法官有"补充法律之权能"而已。①

据王氏观察,自由法运动主要兴起于法、德、日等成文法国家,英美等国则势力不大。他认为这是由于英美诸国的法官"虽有先例拘束,尚有活动余地",而法典国的法官"拘守于法文字句及形式论理……按诸实际情形不能推行无阻",所以不得不倡导自由法运动,以求"法官之解放"。对于自由法运动兴起的时代背景,王氏说:

> 自由法说起于社会法学时代。从前治法学者多沿注释派之旧,寻章摘句,尽其能事;近则思想一变,以国家为社会之一种形式,法律为社会之一种现象。法规者,不过法官之一般的指针,示其大纲,略其细目。法官于运用之际,宜于法规之外为科学的自由探究。盖社会进步,日新月异,以旧法律适用于新生活必多扞格难通之处,所以通便济穷者,端赖解释之自由。昔日解释方法就法律论法律,今日解释方法则就社会而论法律。此社会学派之通说,而自由法说即产生于此。
>
> 由此观之,自由法说之目的有二:一则救济成文法典之严正,一则顺应社会潮流之趋势。此自由法说所以不起于英美而起于大陆,不起于分析学派历史学派时代而起于社会学派时代也。②

王氏认为,既然现实法律无法做到"网罗无遗",社会情状不能"固定不动",自由法学说便有其存在的价值。更从立法实际上说,瑞士民法典第一条第二项关于法官自行立法的规定,都是自由法说在法律条文上的

---

① 王凤瀛:《自由法运动》,《法律评论》1924年第48期。
② 同上。

体现。因此，王氏认定自由法说是"采用成文法典之必需要求"，"社会法学派时代之当然结果"，不应视其为"矜奇炫异之论"。他认为，现实法律往往不能与社会文化相适合，救济之道不外两端：或改订法律以应社会要求，或解释法律使与文化相调和。改订法律"手续繁重"，所以，最好采用"解释自由"的方法。①

关于自由法学的运用，王凤瀛认为有两点要注意。其一，自由法"以律无明文规定为前提"，若法律已有规定，法官便有"适用之责而无变更之权"，不可妨害法律的安定性。其二，自由法要以科学方法为基础，就客观事实深思熟虑而后"无偏无颇"、"适合社会情状"，不允许法官"以喜怒为取舍"、"以爱恨为予夺"而走向擅断。②

许藻镕也认为自由法说是世界司法界的趋势。许氏认为，近代以来在司法方面的总体趋势是"从成法主义到自由法主义"。司法部门对法律的适用离不开对法律的解释。成法主义要求解释法律"须依据法典，分剖连络其文字，以之为基础构成法的理论，以判断一切人事，至其于实际之利害如何，均不顾及也"。但是社会情形一旦发生较大变迁，成法主义的解释便不能适应，自由法主义遂生。许氏所谓自由法主义，是指"脱离传统思想，适应当代之社会实际情况，自由独立适用法律"。③ 他认为自由法主义能够"救济成法不能顺应社会实际情状之弊"。对于自由法主义，他如是理解。

> 自由法说唱于1899年法国之间尼氏（惹尼），以其主张法律解释之自由，故人皆目之为自由法运动。其动机在欲救济成法之解释，因拘于文字不能适应于实际生活之弊。故成法有不适应于社会生活之情状者，审判官有斟酌社会之情况变更成法之权限，此不啻认审判官有立法权也。自由法说之优点在审判官有自由解释成法之权，而其被人非难者亦在斯点。盖在法律第一要衡平适当，第二要确实安定。在自

---

① 王凤瀛：《自由法运动》，《法律评论》1924 年第 48 期。
② 同上。
③ 季垚：《自由法说》，《法律评论》1927 年第 203 期。

234

第二章 社会法学基本框架的建立与初步发展

由法说,以其认审判官有斟酌社会实际情况变更成法之权限,故对于法律之衡平适当性可无问题。惟因审判官随时变更其判例,卒使人民无所率从,此未免无视法律之确实安定性。①

自由法学予人最大的口实是破坏法律的确定安宁性。许氏对于各方之于自由法学的非难从四个方面加以驳斥。第一,自由法说"乃于一定理想之下行之",决非蔑视法律的确定安宁性。第二,法律的确定安宁不能脱离衡平妥当性而独立存在,不能为了确定安宁而牺牲衡平妥当。第三,一定的法律依自由解释得出的处理办法虽然与过去不同,但在"现代之事情及思想"之下,一定的法律会有一定的解释,其逻辑的必然性并不影响法律的确定安宁。第四,主张法律确定安宁性之人"均系在从来法律上享有不当利益之人",社会上的强者欲超越公平妥当而主张确定安宁,其意在"不正当地拥护自己之利益"。② 他认为法的衡平适当性是比确实安定性更为根本的性质,法的确实安定性即便丧失,人民也仅仅是"无所率从",而法的衡平适当性丧失"则失其为法之功用"。成法具有衡平适当性最好,若成法没有,则"吾人不适用之可也"。在许氏看来,自由法说关于法律的解释与适用有两种办法。一是"成法之解释须带有弹力性",即以今日的思想解释过去的法典,从而确定法典的规定如何适用。二是对于新事件"认审判官之条理适用"(法律的自由探求),即探明法典制定者当时的用意,今日按照该用意而定法条的适用范围。许氏对于自由法说的"利益衡平"和"社会顺应"十分赞同,言辞间大有希望中国司法官采用此方法之意。③

由上可见,在解释和运用法律时采取自由法学的方法,意在救注释法学"成法解释"之弊,其目的是在法典不能适应社会情形的状况下,通过自由和科学的解释使法律与社会相适合。在王许等人看来,自由法学既能够注重法律的"动态",也不会侵害法律的"静态",即确实安定性,是解

---

① 许藻镕:《今后我国立法界司法界努力之方向》,《学林》1922 年第 1 卷第 4 期。
② 季垚:《自由法说》,《法律评论》1927 年第 203 期。
③ 许藻镕:《今后我国立法界司法界努力之方向》,《学林》1922 年第 1 卷第 4 期。

释和运用法律的最佳方法。王凤瀛还明确地表示自由法学产生于社会法学时代,是社会法学派的"通说"。

五 各部门法观念的变化

在社会法学的影响下,民法、刑法、宪法等各部门法会受到相应的影响,还出现了社会法。学界在引介域外社会法学说时,对此不乏介绍。

法律思潮的变化,首先体现在民法上面,由《拿破仑法典》所确立的所有权绝对、契约自由和过失责任民法三大原则受到了质疑和挑战。

较早注意法律思潮对民法之影响的是许藻镕。在许藻镕看来,法律社会化对法律原则的改动主要体现在民法上,大略为所有权的限制、契约自由的限制、权利滥用的限制、债权人或被害人的请求权完全满足之限制、无过失赔偿责任。[①] 1922年,李炘认为牧野英一、志田钾太郎等人关于契约限制、权利滥用之禁止、无过失损害赔偿责任等方面的主张是法律社会化思潮的体现。[②] 同年,陈霆锐探讨了新思潮下契约、财产权等观念的变化。他反对个人主义法律之下的契约不考虑缔约当事人及社会情形,倡导地方政府与经营公共事业之公司所订立的"集合式契约",即不仅考虑到缔约双方的利益,同时注意公众的利益;在财产方面,他主张只有"责任既尽",社会或国家才能对财产给予保护,如果财产所有者"故意延息不履行其义务或履行之而未善",国家可以加以干涉。[③]

方孝岳在1923年出版的《大陆近代法律思想小史》(下册)中认为,团结主义之下民事上的自由不再是主体的权利,而是一种义务,需要"负一种社会责任"。契约不再仅仅是"双方"的事情,契约"在法律解释上已经算是继续增多的原素,以构成社会目的",一些可以产生与契约同等法律效果的法律行为也认可为契约。在责任方面,主观责任渐为客观责任所代替,意外危险的存在和客观损害的事实逐渐成为责任归属的新倾向。在所有权方面,财产所有权不再具有绝对性,财产权"已经社会化……已

[①] 许藻镕:《今后我国立法界司法界努力之方向》,《学林》1922年第1卷第4期。
[②] 李炘:《社会法学派》,朝阳大学出版部1925年版,第5—7页。
[③] 陈霆锐:《自由契约财产权新论》,《法学季刊》1922年第1卷第4—5期。

不是财产主的主体权利，而变成财产所有者的一种社会职务"，所有者对于其财产不能像过往一样"有不使用之权、不享受之权及不处置之权"，或以遗嘱任意处置其财产，而必须使用其财产"增加公共的富力……满足社会的需要……以扶助扩张这社会互赖"。在家族法上，倾向于"渐完全推翻那法典（《拿破仑法典》）所定的两种家族的区别，并减少合法家族所受法律上的束缚及家族内的主权（即父权或家长权）"。① 1923 年，燕树棠亦质疑"无过错即无赔偿责任"的责任观，认为"公共安宁上之社会利益"才是侵权责任的最终依据，过错主义和危险主义应该并行不悖，各有其适用范围。②

1924 年，谢镜蓉认为，契约自由的限制、绝对所有权的否认、不法行为责任观念的变迁以及家制和婚姻法规的变化，都是法律社会化的表现。③ 1926 年，一诚也注意到欧美和日本在民法方面做了不少调整，所有权的绝对性受到否定，契约自由受到限制，公序良俗更加受到重视。④ 1927 年，谢光第旨出，过去民法上的"大原理"，即所谓所有权之绝对性、契约之自由以及主观责任三大基本观念，已经逐渐受限制，其限制且有日趋加重的倾向。在赔偿责任方便，从前纯以故意或过失为基础，今则所谓无过失责任率实际上已有相当势力，推其极，民事责任或将以土地收用法损害赔偿之原理支配之，亦未可知。现在德意志、奥地利所行"对冤罪者之损害赔偿"，亦系由此无过失责任论之观念而来。"凡此种种新倾向，殆无一非出于社会连带思想之观念者"。⑤ 同年，吴振源⑥认为，法律要注意契约的社会性，以免导致"弱者毫无法律上之保障，一唯强者之命是从"，从而导致"经济沦为破产，社会阶级间之斗争益烈"。⑦

---

① 方孝岳：《大陆近代法律思想小史》（下册），商务印书馆 1923 年版，第 29、93、107、120、148 页。
② 燕树棠：《过错主义可否为侵权责任之唯一根本原则?》，《国立北京大学社会科学季刊》1923 年第 1 卷第 2 期。
③ 谢镜蓉：《民法社会化之倾向》，《法律评论》1924 年第 45 期。
④ 一诚：《法律与社会正义》，《法律评论》1926 年第 164 期。
⑤ 谢光第：《欧美刑政革新运动现状之一斑》，《法律评论》1927 年第 4 卷第 48—49 期。
⑥ 吴振源，字晓峰，安徽休宁人。1925 年毕业于朝阳大学，后赴日本明治大学学习法律。
⑦ 吴振源：《契约之社会性与法律》，《法律评论》1927 年第 5 卷第 11 期。

其次是在刑法上，刑罚的报复主义渐为社会防卫主义取代，事实主义被人格主义所取代。

1922年，李炘藉由牧野英一认识到，刑罚应该注重"社会防卫"的功能，只有对恶性犯人"重刑科之"同时对善性犯人有"执行犹豫之宣告"，才能"使恶者有所征而善者有所劝，使社会处罚犯罪之目的更得一层彻底的进步"。① 1923年，燕树棠指出，刑事责任之担负应该由外界客观标准逐渐变为犯罪人心理上主观的标准，而关于刑事责任发生的原因，他将犯罪视为一种"社会反常之动作"，认为刑罚宜采用"疗治主义"而不宜使用报复主义。② 1925年，陈应机认定，只要有一定的犯罪事实便要加以刑罚的报应主义，自19世纪以来逐渐失势，他主张一种功利主义的刑罚观，即认为法律"应为社会而设"，刑罚的目的在于"预防违犯法规者"而不是报应。③ 1926年，王传璧看到，耶林的社会功利说使刑法学界开始注意"犯罪者之性质"，而不仅仅着眼于"犯罪行为之性质"，刑罚被视为"不得已"之事，并非要将犯法者"置之死地而后快"，刑罚要以"社会之乐利"为前提，"舍过去而重未来"。④ 1926年，潘大道认为晚近的刑罚"已不是个人主义的思想，早走到社会防卫一条中上去了"，主张对犯罪的制裁要兼顾考虑犯罪者的动机和社会环境因素，而不单就犯罪的事实施以刑罚。⑤ 1927年，谢光第亦认为在社会连带思想影响下刑法原理已经发展为"预防主义"（或称"社会防卫主义"），惩罚犯罪要权衡社会因素与犯人性格，因而有"执行犹豫"、"少年审判厅"等制度，对于"反社会性较大之犯人"也是为了社会防卫的目的而加以刑罚。⑥

再次，在宪法上，宪法的立法精神开始注重社会利益。

1924年，陈昌荪认为，现代宪法因受民主主义和社会主义的影响，在政治上由代议政治趋于直接民主政治，在经济上宪法由保护个人特殊利益

---

① 李炘：《社会法学派》，朝阳大学出版部1925年版，第26页。
② 燕树棠：《刑事责任问题》，《国立北京大学社会科学季刊》1923年第1卷第4期。
③ 陈应机：《刑罚之时代的变迁》，《法律评论》1925年第87—89期。
④ 王传璧：《社会法学派袁龄氏学案》，《法律评论》1926年第161期。
⑤ 潘大道：《从个人觉醒到社会觉醒的法律》，《国闻周报》1926年第3卷第32期。
⑥ 谢光第：《欧美刑政革新运动现状之一斑》，《法律评论》1927年第4卷48—49期。

趋于注重社会一般利益。过去的宪法注重个人特殊利益的保护,结果导致"今日富者田连阡陌,贫者地无立锥",经济之权操于少数富豪之手,大多数人"饥无以得食,寒无以得衣",故而社会主义"非常澎湃"。各国立法家有鉴于此,将宪法的立法精神改为"注重社会之一般利益","如女子之解放、阶级之破坏、所有权之限制、劳动者之保护、重要企业之公营、不动财产之共有,皆为各国新宪法所规定"。① 1927 年,王世杰在《比较宪法》一书中主张,为了"社会全体之进化",国家不但要对个人自由"于不妨害他人自由界限以内便不应侵犯而应给以保护",还须对人民负有积极的义务,如"供给最小限度的教育或工作之类",即国家不但要保障个人消极的基本权利还要保障个人积极的基本权利,即"受益权"。② 依王世杰之意,他所主张的消极基本权利和受益权都应该体现在宪法之中。

最后是社会法的创立。

1924 年,陈俊三对社会法的概念解释说:"社会法者,盖所以调剂各阶级间之利害关系,补救自由平等两原理之偏畸,以立全体社会公允中正之法律。换言之,限制财力等强者之过度横暴,同时增进经济上弱者之人格,以图全体关系之圆满与生活之向上者也。"在他看来,劳动法和社会法都是社会连带主义在法律上的表现,二者本质相似,只是范围广狭不同,劳动法是解决劳动问题的法律,以处理劳资关系为限,社会法则是解决社会问题的法律,与社会安宁、社会福利有关的问题均在其调整范围之内。陈氏认为,一般学者只求劳动问题之解决实属"顾一漏百",劳动问题之解决离不开对一切社会问题的考虑。③

1924 年 3 月,《法律评论》杂志披露了英国工党赢得大选将独力组阁的消息,根据工党的竞选纲领,该刊认为工党执政后"社会化的法律将渐次实现于英国"。从该消息对英国工党纲领的记载中,不难窥见编者对"社会化的法律"之理解,其要点包括:对失业者及其家属生计的照料,对失业青年的教育训练,施行"举国皆工"计划,对农民的扶助,对富豪

---

① 陈昌蓐:《现代宪法之趋势》,《法政学报》1924 年第 3 卷第 5 期。
② 王世杰:《比较宪法》(上册),商务印书馆 1927 年版,第 123、126 页。
③ 陈俊三:《新理想主义与社会连带主义在法律上之新表现》,《法律评论》1924 年第 59 期。

征收累进性质的"国债偿还税",对劳动者给予"较厚之保障",对儿童、老人、寡妇、病者的保护,男女在政治上的平等。① 显然,此"社会化的法律"属于陈俊三所说的社会法。同年,薛长炘认为,一战以后欧洲最大的社会问题仍是劳工问题,战前劳资差别虽大但劳工阶级"生活尚有余",战后百业凋敝,劳工终日劳作仍不能维持其生活,故罢工潮流此起彼伏,甚至劳工较少之国亦然如此。各国政治家、法律"欲谋弭患之策",故而兴起劳工保护之说,对劳工保护筹划详尽,一反保护资本主义而保护劳动者主义,实乃深恐"风潮扩大,收束不易,国家在经济上蒙不测之害"。②

1924 年 7 月,何世桢在《法学季刊》发表《劳动法规草案大纲》一文。在何氏看来,劳动法的立法之意在于"调剂工人与资本家之冲突,以免经济状态之纷扰"。劳动法在欧美发展之初重在"工人损失之赔偿及抚恤规则",何氏认为直到 20 世纪 20 年代劳动法"犹在幼稚时代",将来中国制定的劳动法要注意本国的社会经济状况,不能"攘取他人之法以为法"。按何氏的理解,劳动法大致包含以下几个方面:第一,为公共利益计,可以限制一部分契约自由,因工人与雇主地位悬殊,为防止雇主以契约自由之名与工人订立严苛的劳动契约,劳动法要保障劳动契约不偏向于雇主,并在契约文义不明了的情况下做有利于工人方面的解释;第二,为了防范工人受到虐待,劳动法要规定工人的待遇;第三,劳动法要规定工人权利,保障工人可与雇主交换意见,并规定工人可以分得红利;第四,设立仲裁所处理劳资争执,以避免罢工风潮;第五,为人道计,为民族计,保护幼工女工的身体健全;第六,确立抚恤规则,对于工厂中意外事件的责任不应由工人负担。何氏以条文列举的方式将劳动法所应注意之点一一列明,声称要为立法者提供劳动立法的建议。③ 1926 年,潘大道也注意到,工场法、劳动保险法、年金法等劳动保护法成为各国"通有的"法律。④

---

① 《外国法制新闻:工党执政后社会化的法律将渐次实现于英国》,《法律评论》1924 年第 33、34 合期。
② 薛长炘:《论保护劳工之法律》,《法律周刊》1924 年第 42 期。
③ 何世桢:《劳动法规草案大纲》,《法学季刊》1924 年第 2 卷第 1 期。
④ 潘大道:《从个人觉醒到社会觉醒的法律》,《国闻周报》1926 年第 3 卷第 32 期。

第二章 社会法学基本框架的建立与初步发展

1927年8月,胡长清①探讨社会法制问题。他认为,社会法制实质上多指社会法或劳动法,社会法和劳动法二者"主要内容固属共通,然两者观念则非同一"。劳动法是指"关于劳动之法律";社会法是指"以社会政策或社会改良为内容之法律"。胡氏认为,社会法包含的内容比劳动法更为广泛,不过在该时代"社会改良之根本问题多属劳动问题,关于劳动之法律又多本于社会政策的见地为之",所以劳动法与社会法"实质上以互相一致为本则"。②

何为社会问题,胡氏认为有三层含义:一是在现代经济下直接从事生产的劳动者处于命运悲惨的地位,而少数资本家享受"不当之富";二是劳资两阶级的联系"反于正义";三是劳动阶级自觉地组织力量以图改善地位。胡氏认为,如将这种力量"任意放置",将会"大有害于社会",所以主张国家要努力解决社会问题。在胡氏看来,社会问题与劳动问题几乎没有区别。社会问题的解决有纯资本主义、纯社会主义和社会政策三种办法,纯资本主义办法主张维护现在的经济组织,极力压制一切反抗现在组织的运动,纯社会主义主张以革命手段推翻"现在秩序之根本",社会政策办法主张修正现有秩序以图劳资阶级关系的缓和。胡氏赞成维持现有秩序,并进行合法的改良,以便"最大限度最短时间图社会全体之发达及多数者幸福与正义之实现"。在胡氏看来,社会政策包括两方面:一是通过公益独占事业的公营化和对遗产等"大所得"课以重税的办法使"不劳所得缩小",二是通过最低赁银制度、工厂法、劳动保护法、社会保险和其他制度"保障最低生活"。③

由上可知,20世纪20年代中期,中国学界对法律思潮的变化之于法律的影响,有较清晰的认识。民法方面,有绝对所有权的限制、契约自由的限制、权利滥用的限制、债权人或被害人的请求权完全满足之限制、无过失赔偿责任;刑法方面,社会防卫主义成为刑法的新观点;宪法方面,

---

① 胡长清(1900—1988),字次威,四川万县人(今属重庆)。1923年毕业于朝阳大学,次年受朝阳大学资助赴日本明治大学专攻刑法学,1926年学成回国。
② 胡长清:《社会法制概论》,《法律评论》1927年第5卷第9期。
③ 同上。

宪法开始注重社会化,其立法精神开始注重社会利益;以劳动法为代表的社会法出现。

六 对中国法律问题的思考

面对世界各国法律社会化的趋势,中国法律是否也需要采取社会本位,实现法律社会化,成了学界关注的一个重要问题。虽然大多数学者认为法律社会化是必然之趋势,但仍有少数人未表示赞同,朝阳大学吴昆吾便是其中之一。

吴昆吾(1888—?),四川铜梁人(今属重庆)。1913年赴法国巴黎大学留学,是稽勋局第二期官费生。后转赴瑞士留学,1919年获日内瓦大学法学博士学位。[①] 吴氏认为中国法学家在探讨法律时"陈义过高"。他说:

> 国家与社会之进步均逐渐而至,不可以跃等也。法律虽可导社会于进化,然与社会程度相悬过甚,则法非良法矣。中国以农立国,工商业极其幼稚,与欧美相较,不知其差若干级也。自海通以来,他国工业品之输入实为中国一大漏洞。欲图强必先图富,欲图富必先塞漏洞,欲塞漏洞必振兴工商业,欲振兴工商业,必奖励资本主义,因时制宜,舍此莫由。设使将来实业发达与欧美不相上下,则反对资本主义必为彼时救国之良法。然此时则未可也。[②]

在吴氏看来,中国法律应该首先注重奖励资本主义,鼓励工商业的发展,至于如何防范资本主义法律的弊端,还为时尚早。吴昆吾提出此看法是在1924年,而在两年前关于修订民法应采何种立法方针的讨论中,一部分人的观点与其颇为类同。1922年,修订法律馆正在计划重新修订民律草案。关于将要起草的民律草案应该采用个人主义还是集合主义的立法方

[①] 《各科系教员姓名略历一览表》,载《朝阳大学概览》,朝阳大学出版部1929年版,第53页。亦可见于王伟《中国近代留洋法学博士考(1905—1950)》,上海人民出版社2011年版,第339页。

[②] 吴昆吾:《论中国今日法学家之过》,《法律评论》1924年第53期。

针，学界出现了不同的声音。集合主义是王凤瀛提出的说法。在他看来，法律以集合主义为本位，即是以社会为本位，与法律社会化为同一含义，前已述及。①

当时有人认为，中国民法应该采用个人主义，谓中国还不需要集合主义。

> 中国社会经济情状与各国不同。各国自十八世纪以来企业勃兴、商务发展，法律奖励自由竞争，复多设方法以督促之，于是造成有产阶级与无产阶级之争斗，现今立法例不能不加以修正，为补偏救弊之计。理也，亦势也。中国则尚未脱离农业时代，手工制度未曾废弃，工厂制度尚在萌芽。从实业方便观察，非但不能媲美欧美，且不足以抗衡日本。于此正宜设为条教，藉资鼓励，何能率意盲从，加以遏制？果以最新法理施于中国，恐保护则不足，摧残则有余，无病呻吟毋亦可以乎？更有进者，吾国自共和告成以后，民法法典迄未颁布。关于民事部分大抵斟酌向来习惯，参照各国条例以为判断，初未有采用个人主义之标准，惟其然也，权利保护未见周密，义务履行辄生困难，信用坠地，狡诈成风。坐令有财者不敢斥其余积，供社会之需要，无力者不得借助他人谋技能之发展。商业凋敝，百废莫举。是非采用个人主义之失策，正因不能实行个人主义之结果。今一旦……取集合主义，不仅与社会情形不合，亦非立法政府所宜出此。总之，法律须宜民宜俗，施行乃可大可久。罔审国情，徒染欧化，不揣其本而齐其末，只见其枘凿不通耳。即日现代法律必以社会经济为基本观念，是则法律之改造，须与社会之经济为先决问题。中国经济组织即不同于他邦，何必强此就彼，重累吾民？②

在这些人看来，中国的经济状况与欧美日本存在巨大的差别，如果民法采用集合主义，将更加打击中国的经济，个人主义不但不必加以限制，

---

① 王凤瀛：《二十世纪民法之趋势及吾国立法之方针》，《法学会杂志》1922年第8期。
② 同上。

反而应该大力提倡。

方孝岳则从另一个角度思考此问题。虽然他是社会法学的引介者,但并没有当然地认为中国法律应该立即采社会本位,主张法律社会化。在他看来,自由、契约、负责(责任)、财产、人格和家族等法学上的重要观念构成了社会组织的本位和基础。如果那些观念不改变,本位也不会改变,而一旦那些观念不正确,就会成为人类社会的致命伤。方氏认为,当时的中国连欧洲18、19世纪的个人主义"都还不配说",遑论其他。他认为,欧洲即便在个人主义时期,也总是着眼于全人类的幸福,个人主义的失败是由于"方法上的错误"。而中国的社会"直到现在仍是以宗法的家族为本位"。他说:

> 家族中的主权过分扩张是不待说的,即便政治上经济上的组织也是为家族思想所支配。一切企业的心理固明明是个人主义,然细细推求,实多是根据家族幸福上发出的。①

方氏认为,中国的这些情形是因为有关自由、契约、责任、财产、人格和家族的那些观念不正确。他主张要先纠正这些观念,从而变换我们的"本位",实现"关于伦理的实质上的大改造"。② 由此可见,方孝岳虽然主张法律应该采社会本位,但他认为中国法律在当时采用社会本位,时机还不成熟。

另一种观点主张中国民法应该采用集合主义。这些人提出了采用集合主义的两条理由:其一,集合主义"合于世界潮流"且能"促进社会之进步"。他们认为"二十世纪法律界别开生面,学者间既已发挥推敲不遗余力矣,各国立法例亦浸浸有改进方向之势,虽如英国以保守闻者,亦已独辟蹊径,不能墨守旧规",如果中国修订民法仍然以个人主义作为法律的基础,"不亦买椟还珠乎"。其二,民法采集合主义有助于收回领事裁判权。他们认为,华盛顿会议已经议决将要派遣由各国组织的委员团来华考

---

① 方孝岳:《大陆近代法律思想小史》(下册),商务印书馆1923年版,序言第1—2页。
② 同上书,序言第3页。

查司法，以为撤回领事裁判权之张本。如果中国法律"以二十世纪之制作仍带十九世纪之彩色，稗贩陈编，袭故蹈常，恐贻人口实，不啻自绝其收回法权之希望"。① 自清末以来，收回法权便是法界人士的夙愿，这个宏大的愿望使采用集合主义显得更为重要。

关于这个问题，李炘和许藻镕认为中国修订民法应该采用集合主义而不应采个人主义。1922年，李炘就对中国过去的民法商法草案仍然采用权利本位表示不满，认为中国修订民法应该与社会本位的立法趋势相符。② 许藻镕则极力主张中国的立法要顺应法律社会化的趋势，以确保撤废领事裁判权的实现。③

王凤瀛认为，民法的修订应该采取集合主义。他认为，集合主义的根本目的是要"调节个人与群众的冲突"，是要法律变为"调和阶级之缓冲国"。王氏所言"群众"，乃指"多数人之集合"。他认为，欧美法学界早就认定"法律为一种手段，非一种目的"，中国的立法应该顺应这种趋势。对于"保守者"所说的中国经济情状与欧美日本不同因而不必"削足适履"的问题，王凤瀛说：

> 惟以之论数十年前之中国则可，以之论近十年之中国则情形微有不同。近来大规模工厂相继设立，论其对外贸易，故不足与各国相颉顽，然多财善贾、资产集中、美国托辣斯之恶魔侵入中国已见其朕［征］兆，社会阶级已渐趋不平等地位。而在上者向持放任主义，资本家又不知调协方法。于是一般劳动界，奔走呼号，群起反抗，同盟罢工，日甚一日。上海、广东等处商业荟萃，爆发尤速，往往一波未平一波又起，既如苏州一隅之地，此例亦殊不少。此等现象，昭昭在人耳目间，非可以双手掩尽。苟由极端认定个人主义予以严重保障，置公益于不顾，恐非所以应世变而策久远。④

---

① 王凤瀛：《二十世纪民法之趋势及吾国立法之方针》，《法学会杂志》1922年第8期。
② 李炘：《社会法学派》，朝阳大学出版部1925年版，第8页。
③ 许藻镕：《今后我国立法界司法界努力之方向》，《学林》1922年第1卷第4期。
④ 王凤瀛：《二十世纪民法之趋势及吾国立法之方针》，《法学会杂志》1922年第8期。

引介、诠释与运用

基于对中国社会情状的这种认识，王凤瀛主张即将修订的民法，对资本家"不能偏护"，对劳动者"不宜有所嫉视"。他认为，只有如此，才能"双方均平，……正以谋共利之道、协进之方"，采用集合主义的民法不会"摧残实业使资本家独受苛遇"。王凤瀛还认为，中国过去的法律对私权与资产保护不周，不是因为法律没有采用个人主义，他认为该问题与"法律是否周密"、"法官能否尽职"密切相关的。① 在他看来，民法采取集合主义，对社会和个人都有好处。

> 在群众方面，得恃相当保护，不受无理压迫，饱食暖衣，安居乐业，生计可以无忧，人格因之增高，所谓衣食足而知荣辱者也。在个人方面，虽于权利稍有羁束，然无形之中保全实多。群众无觊觎攘夺之心，社会抑不平之气，各得其分，相安无事，何致遭罢工之挟制，暗受巨大之损失。塞翁失马，安知非福，不能以近利而忘远忧也。至于国家，则个人、社会保持好感，通力合作，不分界域，直接以发达社会事业，间接以增进国家经济，如影随形，可期而待。②

所以，王氏认为，中国修订民法"值此新思潮奔腾澎湃之秋，不妨采用最新法理以为标准"，如此才能使"前世纪各国所种恶因不再移植我国……是亦群众心理所期望者也"。③

20 世纪 20 年代前期，还出现了关于中国是否需要劳动法的争论。1924 年，朝阳大学郁嶷在《朝阳大学旬刊》上发表《中西社会问题之差异及其原因》。他认为，中国情形与各国不同，保护劳工"尚非目前急务"，因为中国"自古以农立国，数千年来故辙相寻，均未离农业时代，劳资感情尚见融洽，贫富阶级亦非确定"，所以无须"效法欧西，徒增繁扰"。④ 随后，薛长炘在《法律周刊》上发表《论保护劳工之法律》，予以

---
① 王凤瀛：《二十世纪民法之趋势及吾国立法之方针》，《法学会杂志》1922 年第 8 期。
② 同上。
③ 同上。
④ 郁嶷：《中西社会问题之差异及其原因》，《朝阳大学旬刊》1924 年第 2 卷第 19 期。

第二章　社会法学基本框架的建立与初步发展

反驳。薛氏认为，欧战以后欧洲最大的社会问题仍是劳工问题，中国处此潮流，应该"内察本国情形，外瞻各国趋势"，以确定对劳工保护的态度。他认为，中国虽然刚刚进入工商时代，但是"近来投资工商业者日益增多，将来之劳资阶级已成"，与其等到纠纷发生之际"始筹缓和之方"，不如事先准备，至工商业发达之日才不至于"利权外溢"。薛氏认为，中国"顺从世界潮流较为有利无弊"，如果保护劳工的法律规定完密，则劳工"投身斯业必更踊跃"，对工商业前途有益。劳工保护问题纵非目前"急务"，但也不可忽视。所以，他主张保护劳工的法律"宜早颁布"，并主张劳动法律"宜颁单行法而不要规定在民法之内"，而其主要内容至少包含"规定最低工资、限制劳工时间、规定工人年龄、规定劳工之娱乐"，如此才能"防患于未然"。[①]

后来，朝阳大学胡长清指出，工厂法和劳动保护法"占社会法最重要之部分"，而在中国"于量于质均极幼稚"。在他看来，当时北京政府虽有一部分劳动法规，但未付诸施行，且关于劳动时间的规定较长，未能起到社会法制应有的作用。他认为，在未来的社会立法中应使相关经费由"不劳寄食阶级及无益于生产奢侈者负担之"，以收"保护劳动之效"。[②]

20世纪20年代以来，社会法学在中国得到了初步发展，与清末民初的零星介绍大为不同。其重要原因是北大法科、朝阳大学、东吴法学院和北京法政大学等一批现代法学学术中心的形成。

从学说的域外渊源上看，中国学界所引介的社会法学，在域外也有派别之分。作为一种舶来的知识，社会法学在域外既有国别之分，也有派别之分。从国别上说，社会法学派之大要者，在德国有耶林、施塔姆勒、柯勒、埃利希等，在法国有狄骥、萨莱耶、惹尼等，在美国有霍姆斯、庞德、卡多佐等，在日本有穗积重远、牧野英一、志田钾太郎等人。从派别之分野上说，社会法学派是一个较松散的派别。自孟德斯鸠导源之后，该派发展大略又可分为两大派：一为社会哲学派，其下又有社会功利派、新康德派、新黑格尔派；一为社会学派，自孔德开始，相继有机械学与实证

[①] 薛长炘：《论保护劳工之法律》，《法律周刊》1924年第42期。
[②] 胡长清：《社会法制概论》，《法律评论》1927年第5卷第9期。

学派、生物学派、心理学派和综合统一派。另外，域外各家社会法学说彼此存在紧密的联系，甚至与旧有的分析、历史、哲学派也有关系。整个情形呈现出较复杂的状态。中国学者对社会法学不同支派、不同学者之学说的引介有轻重主次之分，从中可知中国社会法学的东西方渊源何在。1927年以前中国学界对社会法学的引介，可做一简要分析。

表2-1　　1917—1927年间对域外社会法学知识的引介情况一览表

中国学者	主要引介的域外学说	备注
周鲠生	社会连带说	《狄骥之法学评》（《太平洋》1917年第1卷第5期）；《法律》（商务印书馆1923年版）
陈启修	自由法学说、柯勒法律文化说	《护法及弄法之法理学的意义》（《北京大学月刊》1919年第2期）
方孝岳	社会连带说	《大陆近代法律思想小史》（上、下）（商务印书馆1921年、1923年版）
梁仁杰	社会连带说	《拿破仑法典以后私法之普通变迁》（《法律评论》1923年第1—12期）
李炘	庞德社会法学说、施塔姆勒正法观、穗积重远、牧野英一、志田钾太郎的社会法学说	《社会法学派》（朝阳大学出版部1925年版）；《思达木蘖法律学说大纲》（朝阳大学出版部1923年版）等
王世杰	社会连带说	《比较宪法》（商务印书馆1927年版）；《财产权性质之新义》（《国立北京大学社会科学季刊》1923年第2卷第1期）
许藻镕	社会连带说、牧野英一的社会法学说、自由法说	《现行私有财产制度的基础观念和他将来的趋势》（《法学会杂志》1921年第1期）；《法律思想发达之一倾向》（《法学会杂志》1922年第9期）；《刑法之基础观念》（《法律评论》1924年第57期）；《法学上三个怀疑问题》（《法律评论》1924年第62—64期）；《自由法说》（《法律评论》1927年第203期）等
燕树棠	庞德社会法学说、社会连带法学说	《评庞特〈法律史解释〉》（《国立北京大学社会科学季刊》1923年第2卷第1期）；《财产观念之变迁》（《国立北京大学社会科学季刊》1925年第3卷第3期）等
张志让	庞德社会法学说、狄骥社会利害相关与社会团结（社会连带说）、孔德职务与义务观	《社会学法学派之起源主义及批评》（《法律周刊》1924年第28—29期）；《法儒杜基之法律哲学》（《法律周刊》1924年第44—50期）；《法儒孔脱在法学上之地位》（《法律周刊》1924年第37期）等

第二章　社会法学基本框架的建立与初步发展

续表

中国学者	主要引介的域外学说	备注
吴经熊	霍姆斯法律经验论、法律预测说，施塔姆勒正法观，庞德社会法学说，卡多佐社会法学说	《法律的基本概念》（《改造》1922 年第 4 卷第 6 期）；《霍姆斯法官的法律哲学》（原载《密歇根法律评论》1923 年第 3 期）；《罗斯科·庞德的法律哲学》（《法学季刊》1924 年第 1 卷第 8—9 期）；《读卡多佐〈法律的成长〉有感》（收录于《法学论丛》，商务印书馆 1928 年版）；《卡多佐法官的法律哲学》（《法学季刊》1924 年第 2 卷第 2 期）；《斯丹木拉之法律哲学及其批评者》（《法学季刊》1926 年第 2 卷第 8 期）
王凤瀛	庞德社会法学说、自由法说、耶林社会功利说、施塔姆勒和柯勒的学说	《二十世纪民法之趋势及吾国立法之方针》（《法学会杂志》1922 年第 8 期）；《自由法运动》（《法律评论》1922 年第 48 期）；《说研究法律之方法》（《法学季刊》1924 年第 1 卷第 8 期）；《各国法学思潮之变迁》（《法律评论》1924 年第 53 期）
陈霆锐	社会相互论（社会连带说）	《自由契约财产权新论》（《法学季刊》1922 年第 1 卷第 4—5 期）》
丘汉平	施塔姆勒正法观、卡多佐社会法学说	《正法的问题》（《法学季刊》1926 年第 2 卷第 7 期）；《正法的概念》（《法学季刊》1926 年第 2 卷第 7—8 期，第 3 卷第 1 期）；《舒丹木拉法律哲学述要》（《法学季刊》1926 年第 3 卷第 2 期）；《法律的意义》（《法学季刊》1926 年第 3 卷第 1 期）
陆鼎揆	庞德社会法学说	《社会法理学论略》（商务印书馆 1926 年版）
王传璧	袁龄氏社会乐利说（耶林社会功利说）	《近世法律思想之趋势》（《法学季刊》1926 年第 2 卷第 7 期）；《社会法学派袁龄氏学案》（《法律评论》1926 年第 161 期）
陈俊三	社会连带说	《法律思想之发达》（《法律评论》1924 年第 49—54 期）；《新理想主义与社会连带主义在法律上之新表现》（《法律评论》1924 年第 59—61 期）
陈应机	社会连带说	《社会连带原理与其他诸原理之比较》（《法律评论》1924 年第 55—56 期）
徐恭典	施塔姆勒正法观、狄骥社会连带说	《法律进化之概念》（《法律评论》1924 年第 65—69 期）
潘大道	社会协动论（社会连带说）	《从个人觉醒到社会觉醒的法律》（《国闻周报》1926 年第 3 卷第 32 期）
谢光第	社会连带说、庞德社会法说、自由法说	《欧美刑政改革运动现状之一斑》（《法律评论》1927 年第 4 卷第 48—49 期）；《社会问题与裁判所》（《法律评论》1927 年第 5 卷第 30、32 期）；《意识的法律与无意识的法律》（《法律评论》1925 年第 90、91、93 期）
一诚	自由法说、庞德社会法说	《法律与社会正义》（《法律评论》1926 年第 164 期）；《美国社会法学发达史述要》（《法律评论》1926 年第 176 期）

引介、诠释与运用

就上表所示，狄骥社会连带法学说被引介 13 次，庞德的社会法学说被引介 8 次，自由法学说被引介 5 次，施塔姆勒的正法观被引介 5 次，柯勒法律文化观被引介 2 次，卡多佐的社会法学说被引介 2 次，牧野英一的社会法学说被引介 2 次，耶林、穗积重远、志田钾太郎、孔德的学说分别被引介 1 次。虽然表中所列举的引介次数，不能揭示某些方面的问题，但是，从中可以略知中国学界的偏好。在 1917 年至 1927 年间较受中国学界欢迎的域外社会法学说是狄骥的社会连带法学说、庞德的社会法学说、施塔姆勒的正法观以及由法国惹尼等人开创的自由法学说，其中又以狄骥和庞德的学说为最。曾在商务印书馆编译所法制经济部工作的陶希圣回忆说，1924 年商务印书馆的编辑们从上海东方图书馆借出的外文法律书主要有"法国的社会连带学说的狄骥、美国社会法学大家滂德、英国历史法学家梅因和德国日耳曼法学家籍尔克他们的著作"。① 北京大学所办《社会科学季刊》辟有"学术书籍之绍介与批评"专栏，在社会法学方面专门对狄骥和庞德的著作有介绍。② 可见狄骥和庞德的学说受到法界的青睐不假。

观察中国学界的引介特点，可以发现，翻译和介绍在中国社会法学的早期发展过程中占有重要权分。1917 年至 1927 年间，中国学者对社会法学的大部分译介都是间接转述，对域外社会法学论著原文翻译的只占少数。直接翻译域外的社会法学论著主要有：1923 年方孝岳所译《大陆近代法律思想小史》，1923 年梁仁杰译狄骥的《拿破仑法典以后私法之普通变迁》，1926 年陆鼎揆译庞德的《社会法理学论略》，1926 年一诚翻译庞德的论文《美国社会法学》。另外，穗积重远《法理学大纲》一书的某些章节也被翻译成中文：1924 年，王材固翻译穗积重远《法理学大纲》第八章

---

① 陶希圣：《小编辑新希望》，台北《传记文学》1962 年第 1 卷第 3 期。
② 王世杰：Traite de Droit Constitutionnel (I-III); La Theorie Generale de l'Etat 法国波尔多 Bordeaux 大学狄骥 Duguit 教授著（共三册，于 1921—1923 年陆续出版，巴黎 Fontemoine 书店发行，价共法币七十五佛郎）(《国立北京大学社会科学季刊》1923 年第 2 卷第 1 期）；燕树棠：Interpretation of Legal History 美国哈佛大学 Harvard University 法学教授庞特氏 Pound 著（全书一册，共一百七十一页，一千九百二十三年纽约马克米兰公司 Macmillan Company 发行）(《国立北京大学社会科学季刊》1923 年第 2 卷第 1 期）；钱端升：Leon Duguit: Traite de Droit Constitutionnel (再版，卷四卷五）（九三七，七〇三页一九二四年，一九二五年出版，巴黎 Boccard 发行，价法币三十五，四十法郎）(《国立北京大学社会科学季刊》1925 年第 4 卷第一二期）。

《法律之进化》(《法律评论》1924年第2卷第16期);① 1926年,罗瑶翻译该书第一章《法理学之意义》和第二章《法理学之分派》(《法政学报》1926年第5卷第1—4期)。② 除此之外,尚有末弘严太郎的论文《法官与社会思想》被译为中文。③

从译介主体上看,中国学者的留学背景与其译介倾向有较密切的关系。先就社会法学的主要译介人之留学背景做一考察。

表2-2　　1917—1927年间社会法学主要译介人留学背景一览表④

译介者	留学国别与学校
周鲠生	1906年至1911年留学于日本早稻田大学政治经济科,1913年至1917年在英国爱丁堡大学留学,获政治经济学硕士,1917年至1920年在法国巴黎大学留学,获法学博士学位
陈启修	1917年毕业于日本东京帝国大学法科
方孝岳	1922年至1924年在日本东京帝国大学法科学习
梁仁杰	1920年获法国巴黎大学法学博士学位
李炘	1920年前后在日本明治大学法科学习
王世杰	1920年获法国巴黎大学法学博士学位
许藻镕	1922年至1923年左右在日本东京帝国大学学习
燕树棠	1915年至1920年先后在哥伦比亚大学、哈佛大学和耶鲁大学学习法律,1920年获美国耶鲁大学法学博士学位
张志让	1920年毕业于哥伦比亚大学法律系,毕业后曾在德国柏林大学短暂学习
吴经熊	1921年获美国密歇根大学法律博士学位,后相继在法国巴黎大学、德国柏林大学和美国哈佛大学从事研究工作
陈霆锐	1921年获美国密歇根大学法律博士学位
丘汉平	1929年获美国国家大学法学博士学位
陆鼎揆	1921年获美国密歇根大学法律博士学位
王传璧	曾在美国密歇根大学留学,获硕士学位

---

① 王材固:《法律之进化》,《法律评论》1924年第2卷第16期。
② 罗瑶:《法理学之意义》1926年第5卷第1—2期;《法理学之分派》,《法政学报》1926年第5卷第3—4期。
③ [日]末弘严太郎:《法官与社会思想》,荷衣译,《晨报副刊》1927年3月8日。
④ 本表根据王伟《中国近代留洋法学博士考(1905—1950)》(上海人民出版社2011年版)、《朝阳学院概览》(朝阳大学出版部1933年版)、《私立东吴大学法学院一览》[张研、孙京主编:《民国史料丛刊》(第1087册),大象出版社2009年版]、《国立北京大学廿周年纪念册》(北京大学出版社1917年版)等资料编成。

续表

译介者	留学国别与学校
徐恭典	1922年获美国西北大学法学博士学位,后在法国巴黎大学、德国柏林大学攻读民法学各一年
潘大道	早年入日本早稻田大学政治经济科,1919年至1922年留美学习政治学

就社会法学的主要译介者而言,具备留美背景的有燕树棠、张志让、吴经熊、陈霆锐、丘汉平、陆鼎揆、王传璧、徐恭典、潘大道9人,具备留日背景的有陈启修、方孝岳、李炘、许藻镕、潘大道5人,具备留欧背景的有周鲠生、王世杰、梁仁杰、张志让、吴经熊、徐恭典6人,其中吴经熊、徐恭典、周鲠生、张志让等人有多国留学经验。结合上表可知,具备留美背景的学者倾向于重点译介庞德等人的学说,留学法国的学者通常重点关注狄骥的社会连带说,而留日学者则相对注重牧野英一、穗积重远、志田钾太郎等日本法学家的学说。当然,这也仅就大致倾向而言,因为域外学者之间互相亦有了解和交流,中国学者也并非仅仅局限于留学所在国的学说。

再从译介者所处的学校分析,亦可见各有侧重。在北京大学,王世杰、周鲠生等人在法律学系具有重要影响力,又深得蔡元培器重,他们同在1920年博士毕业于法国巴黎大学,对狄骥学说本来就有偏爱。而留学美国和日本者亦不乏其人,前者如燕树棠,后者如陈启修。所以,北京大学的学者对社会法学的译介偏好于狄骥的社会连带法学说,同时兼顾美国庞德的社会法学和日本法学家的法学说。东吴法学院的留美学人占绝对优势,故而对庞德的社会法学说译介最为得力。先驱者吴经熊等人又将美国与欧洲学说相结合,所以该校学人又能兼顾欧陆学说,而对日本法界的动向则较少措意。朝阳大学、北京法政大学与日本法学界的直接联系要大大多于与欧美学界的联系。1929年以前,朝阳大学一共公派了16名留学生,其中12名都派往日本。[①] 另据杨昂考查,朝阳大学还为部分学生提供了自费赴日留学的途径。[②] 北京法政大学在1927年以前仅派出2名留学生,均

[①] 《资派留学生一览表》,载朝阳大学编《朝阳大学概览》,朝阳大学出版部1929年版,第23—24页。

[②] 杨昂:《学风、世变与民国法学:朝阳大学研究(1912—1946)》,中国人民大学2005年未刊博士论文,第58页。

前往日本留学。① 因与日本的密切联系，朝阳大学、北京法政大学的学人便倾向于日本法学家牧野英一、穗积重远等人的社会法学说，同时也能借由日本学界或自行了解欧美学说。

从20世纪20年代前中期中国学界对社会法学的引介及其思考中还可以发现，中国学人对域外不同派别社会法学说的引介，其意皆在将社会置于法律的中心地位。其思路都是出于对19世纪中叶以前的个人主义法律不能适应该时代社会的思考，进而探索法律应该做怎样的变化以适应该时代的社会的问题，由此形成一套在国家主权、个人权利、自由、财产所有权、契约、责任等方面的新观念，又衍生出关于法律的自由解释与运用、法学与其他知识相结合的一系列知识。因派别不同，各家学说所强调的或为社会的"日常事实"，或为社会的理想，或为社会利益，或为社会目的，但其核心都在于法律的社会目的，以及法律如何与社会相适应的问题。

经过20世纪20年代前中期的引介、诠释与思考，中国学界对社会法学的相关问题开始有了较全面的认识。社会法学在中国日渐变得清晰。

---

① 《国立北平大学一览》，张研、孙燕京编：《民国史料丛刊》（第1064册），大象出版社2009年版，第66—67页。

第三章 社会法学的扩散与发展

1927年以前，就全国范围内的法学研究而言，法学研究主要集中在北京和上海两个中心。在南方的法学教育机构主要是上海的东吴法学院，在北方主要是北京的北京大学、朝阳大学和北京法政大学，另外修订法律馆也常常有法学家参与学术研究活动。从主要法学期刊来看，在上海有东吴法学院主办的《法学季刊》，在北京则有《法律评论》、《法政学报》、《国立北京大学社会科学季刊》、《法律周刊》等。若将南北相比较，北方明显居于法学研究的中心地位。然而，1926年至1928年期间发生的一系列变动，使南北法学教育与研究的格局易势。与之相伴随，社会法学的引介与传播的范围也在不断扩大，并呈现出新的特点。

第一节 北方学人南下与法学研究的新格局

一 北京政局的变化与北方学人南迁

民国以来，虽然北京政局难称稳定，但入主北京的各派势力对知识界还是相对尊重。其间有几场军阀战争波及北京，但北京城内均未发生较大战事，学界人士的生命安全并未受到直接威胁，其日常生活也没有受到太大影响。北京学人拥有相对宽松的政治环境，所以教育、学术能够稳中有进。然而，1926年至1927年间，北京政局发生了不同寻常的变化。

第一，北京再次面临大战的威胁。从1926年起，占据北京的冯玉祥国民军与奉系及直系军队在北京周围陈列大军，双方时常发生军事冲突，战火逐渐蔓延城内。自1900年八国联军之役以后，相对太平的北京城再次面临激烈巷战的威胁。战争威胁给北京城内的一般百姓带来了不安甚至恐慌，知识分子亦不例外。《现代评论》描述当时的情形说："不到下午六七点钟，平日的繁华街市都已灯消火息，来往的人们一个个慌慌张张地，好像大祸就在目前一般。"① 《国闻周报》亦报道当时"环围北京之军队，不下十数万。而一出城门，招兵旗帜，犹随处可见"②。当时正在北京的梁启超也感叹："天下大乱之时，今天谁也料不到明天的事，只好随遇而安罢了。"③ 顾颉刚后来也回忆说："北京长日处于恐怖的空气之中：上午看飞机投弹，晚上则饱听炮声，……每天飞机来到时，大家只觉得死神在自己的头上盘旋不去。……普通铺户都是'清理帐户'，饭店酒馆又是'修理炉灶'，阔气一点的铺子则是'铁门有电'，比阴历元旦的歇业还要整齐。"④ 当时一般百姓和知识分子的心理，由此可见一斑。

第二，"三·一八"惨案对知识界的冲击。除了一般性的战争威胁之外，"三·一八"惨案也对知识分子的心理产生了不小的冲击。1926年3月18日，以学生为主的群体前往总统府向段祺瑞政府请愿，抗议日军炮击天津大沽口，总统府卫队向请愿队伍开枪，死伤多人。此举开创了民国以来总统卫队直接枪杀请愿群众的先例，对北京知识分子群体来说有极大的震撼。北京大学教授周作人称，"三·一八"惨案开启了"对知识阶级的恐怖时代"。⑤ 事后，段祺瑞政府认为这次事件是由各大学校长所煽动，遂下令通缉中俄大学校长徐谦、北京大学教授李大钊、北京中法大学校长李煜瀛、北京女子师范大学校长易培基、北京大学教务长顾兆熊。⑥ 知识界一时人心惶惶。

第三，奉系对北京知识界的高压政策和对知识分子的屠杀。1926年4月，奉军进入北京。奉系对知识界采取了更为严酷的高压政策。4月26日，奉军以"赤化"为名枪杀了《京报》总编辑邵飘萍；8月5日，又以

---

① 文：《北京人的生活》，《现代评论》1926年第69期。
② 政之：《北方今后将永无宁日》，《国闻周报》1926年第3卷第18期。
③ 丁文江、赵丰田编：《梁启超年谱长编》，上海人民出版社2009年版，第689页。
④ 顾颉刚：《古史辨》（第一册），上海古籍出版社1982年版，第102页。
⑤ 陈平原、夏晓虹编：《北大旧事》，生活·读书·新知三联书店1998年版，第406页。
⑥ 《本馆要电》，《申报》1926年3月20日。

引介、诠释与运用

通敌为名处决《社会日报》经理林白水。奉军又派出大量军警搜查北京各大高校，捉拿"赤化"。奉军的所作所为加剧了知识界的恐慌。有媒体评论当时的情形说："近数日来，北京社会忽然表现一种恐慌的景象。尤其知识阶级的人士，无论是在教育界或不在教育界的，无论是教员或学生，更无论是所谓赤化或非赤化的，大家都像有大祸临头似的，表示十分不安的状态。"① 另有人对当时的混乱情形进行了描述："我们只看见今天甲司令部捕去学生，明天乙机关传押新闻记者，后天丙军事人员架去学校校长……这些捕人的事，究竟为的甚么理由，依着那个责任当局的命令，经过了那种法定手续，莫说小百姓不明白，似乎连所谓内阁也不知道。"② 在这种情形下，北京学人不敢随便发表言论，因为"在现今恐怖状态的城圈里一开口便有吃枪子的危险"。③ 北大教育家张慰慈把当时北京的局面称为"法国革命时代的 Reign of terror（恐怖统治）"。④ 1927年4月，奉军又以"赤化"为名处决了北京大学教授李大钊，以参与国民党的活动为名杀害北京大学教育系主任高仁山。此举更使北京学人感到人人自危，不得不另谋出路。

与北京的恐怖相比，南方各地的情形却相对宽松，上海、江浙、广州、厦门等地在政治氛围、经济环境等方面可以为学人提供基本的外部条件，而这些条件在北京已经无法达到了。于是，向南转移成了北京学人较为现实的选择。

自1926年3、4月起，便不断有学人南迁。1926年8月，有媒体称北京学界"会叫会跳的分子，都匆匆忙忙离开了北京，这样一来，北京的教育界，愈成了黄昏景象"。⑤ 9月，《大公报》对北京各大学教员的南迁进行了报道："各校教员最近又纷纷离京，如北大哲学教授张颐，已应厦大之聘，法大教务长潘大道，已应上海法科大学之聘，均于昨日离京，师大

---

① 文：《北京的恐怖》，《现代评论》1926年第73期。
② 纯：《北京政府与恐怖状态》，《现代评论》1926年第81期。
③ 纯：《时局与言论界》，《现代评论》1926年第92期。
④ 中国社会科学院近代史研究所编：《胡适来往书信选》（上册），中华书局1979年版，第421页。
⑤ 慎予：《蔡元培与北大》，《国闻周报》1926年第3卷第29期。

第三章　社会法学的扩散与发展

代理校长汪懋祖,已应东南大学之聘,不日离京。其余纷纷南下者尚多,大约以上海、广东、南京、厦门四处为归宿。而成都大学所聘亦复不少,成大教务长吴永权,在北京所聘原任国立九校教授如李璜、曹四勿等计十余人,亦经陆续出京。"① 朱希祖之子朱翰回忆说,北大许多教授选择了离京,留下来的也"大多销声匿迹,深自韬晦"。② 周作人回忆说,当时"北大教授星散,多数南行,只剩若干肯冒点险的留在北京"。③《现代评论》认为那是一个"人人南下"的时代。④ 各大学离京的教员太多,已经动摇了北京各大学的基础,早在1926年9月,就有人担心教员大量离京会导致"将来即令教育经费有着,恐不免有教授缺人之数矣"。⑤ 由此可见,北京学人南下之势不可谓不大。

对于此次北京学人的南迁,已有研究偏重于文史学人方面,对于法界人士之去向及其对中国法学的影响,目前的认识尚不明晰。欲探讨此问题,首先应对该时代法学院的布局有一大致了解。

二　法学院布局的变化与南下法律学人的选择

北洋时期,各种公私大学不可谓少,到1926年底时已达80余所,⑥其中相当一部分大学设有法学院;另有公私立法政专门学校25所⑦。就法学之学术研究而言,1927年以前要数北京大学、朝阳大学、北京法政大学和东吴法学院较为出色,已如前述。

南京国民政府成立以后,教育部对法学院进行了一些调整。1929年,国民政府颁布《大学组织法》和《大学规程》,规定"大学分文、理、法、工、商、医各学院……大学法学院或独立学院法科,分法律、政治、经济

---

① 《国立九校教授纷纷出京》,《大公报》1926年9月16日。
② 陈平原、夏晓红:《北大旧事》,生活·读书·新知三联书店1998年版,第135页。
③ 同上书,第406页。
④ 宇文:《打倒智识阶级》,《现代评论》1927年第116期。
⑤ 《国立九校教授纷纷出京》,《大公报》1926年9月16日。
⑥ 蔡元培:《十五年来我国大学教育之进步》,中国蔡元培研究会编:《蔡元培全集》(第5卷),浙江教育出版社1997年版,第411—412页。
⑦ 中国第二历史档案馆编:《中华民国史档案资料汇编》第三辑教育,江苏古籍出版社1991年版,第199—203页。

三学系，但得专设法律学系，……大学或独立学院之有文学院或文科而不设法学院或法科，及设法学院或法科而专设法律学系者，得设政治、经济二学系于文学院或文科"。① 后教育部又要求各地公私法政专门学校"一律自十八年度起停止招生，办至现有学生毕业时结束"。② 于是，各省的法政专门学校便与其他专门学校合并而组成大学，重新向教育部注册。1932年以后，国民政府倾向于限制文法科的发展，规定各大学及专门的法学院"如有办理不善者，现令停止招生或取销立案，分年结束。嗣后遇有请设文法等科者，除边远省分［份］为养成法官及教师，准设文法等科外，一律饬令暂不设置"。③

经过数年的整合、调整，到1936年，全国共有大学法学院（或法律系）32个，详见表3-1。

单就1928年前后的情形而言，北大、朝阳、法大三个法学院已是元气大伤，当时最受关注的法学院当数东吴法学院以及中央大学、武汉大学、中山大学等几所国立大学法学院。所以，从理论上说，这些法学院便是北京法律学人南下的最佳目的地。

当时南下的法律学人数量较多，因受资料所限，不可能一一考订，只能就其主要代表予以考察。就其大要而言，北京法律学人主要奔向中央大学、武汉大学和东吴法学院，详见表3-2。

不少学人在北京期间就是学界、政界双栖，南下的法律学人之中，除了进入南方各高校以外，还有人直接进入国民政府工作，如林彬后来成为立法院的第一届立法委员，王世杰、燕树棠、胡长清等人都参加过政府工作，王世杰后来长期处于政界。不少来自北京的法律学人已经名扬法界，他们的到来充实了中央大学、武汉大学等南方各校法学院的师资力量，同时也影响到后起法学新秀的去向选择。政治中心之南移已是既成事实，地处南方的中央大学、武汉大学、中山大学同样具有不小的吸引力，因而一

---

① 中国第二历史档案馆编：《中华民国史档案资料汇编》第五辑第一篇教育（一），江苏古籍出版社1991年版，第171、175页。

② 《教育部成立二年来的工作概况》（1930年），中国第二历史档案馆编：《中华民国史档案资料汇编》第五辑第一篇教育（一），江苏古籍出版社1991年版，第129页。

③ 教育部参事处编：《教育法令汇编》（第1册），商务印书馆1936年版，第142页。

第三章 社会法学的扩散与发展

表 3-1　1936 年全国公私立大学（学院）法学院（法律系）设置情况一览表①

国立大学	私立大学
中央大学法学院：法律、政治、经济； 北平大学法商学院：法律、政治、经济、商学； 北京大学法学院：法律、政治、经济，法科研究所暂缓招生； 清华大学法学院：政治、经济，法科研究所暂缓招生； 武汉大学法学院：法律、政治、经济，设置法科研究所经济部； 中山大学法学院：法律、政治、经济； 四川大学法学院：法律、政治、经济； 国立独立学院 广东法科学院：法律、政治。	复旦大学法学院：法律、政治、经济； 大夏大学法学院：法律、政治、经济； 武昌中华大学文学院：法律（令将法律系按年停办）； 厦门大学法学院：法律、商业、政经； 广东国民大学法学院：法律、政治、经济； 广州大学法学院：法律、政治、经济。
省立大学 河南大学法学院：法律、政治、经济，法学院俟政治、经济两系结束后停办； 山西大学法学院：法律、政治、经济； 云南大学文法学院：法律、政治、经济、教育； 东北大学法学院：政治、经济、边政； 省立独立学院 河北法商学院：法律、政治、经济； 甘肃学院：法律； 新疆学院：法律。	私立独立学院 上海法学院：法律、政经、商业专修； 上海法政学院：法律、政治、经济； 正风文学院：法律、政经、商学； 中国公学：法律、经济； 中国学院：法律、政治、经济； 朝阳学院：法律、政治、经济、边政； 北平民国学院：法律、政治、经济； 福建学院：法律、政治、经济（法科已令停办结束，法律系本年暂准招生）。

1936 年编《全国公私立大学、独立学院、专科学校一览表》所示院校尚不完全，除此之外还有教会学校东吴法学院、震旦大学法学院、燕京大学法学院。既未设有法学院，也未设有法律系，而在文学院之下设立政治经济系的，本表未计在内。

表 3-2　1926—1928 年间北京部分法律学人南迁一览表②

姓名	南迁前原属学校	迁往学校
王世杰	北京大学（法律系主任）	武汉大学
周鲠生	北京大学	中央大学，武汉大学
燕树棠	北京大学	武汉大学
张志让	北京大学	东吴法学院，复旦大学

---

① 根据《全国公私立大学、独立学院、专科学校一览表》(1936) 编成，中国第二历史档案馆编：《中华民国史档案资料汇编》第五辑第一篇教育（一），江苏古籍出版社 1991 年版，第 300—323 页。

② 本表根据《国立中央大学一览》(1931 年)、《国立武汉大学一览》(1930 年)、《朝阳学院概览》(1933 年)、上海档案馆藏《东吴大学法学院》档案等相关资料编成。

259

续表

姓名	南迁前原属学校	迁往学校
梁仁杰	北京大学	中央大学，东吴法学院
夏勤	朝阳大学（教务长），北京法政大学，北京大学	中央大学
吴昆吾	朝阳大学，北京法政大学	中央大学
胡长清	朝阳大学	中央大学
刘镇中	北京大学，北京法政大学	中央大学
潘大道	北京法政大学（教务长）	上海法科大学

批法学新锐选择了在南方诸校发展。例如，薛祀光 1928 年从日本九州帝国大学博士毕业后入中山大学法学院，阮毅成 1931 年巴黎大学硕士毕业后选择了中央大学法学院，章渊若 1930 年巴黎大学毕业后亦入中央大学法学院，芝加哥大学法学博士梅汝璈入武汉大学法学院，东吴法学院毕业生孙晓楼 1929 年在美国西北大学获法学博士学位后亦返东吴法学院任教。法学研究的关键在于法学者，优秀法学者倾向于选择南方，已经说明法学研究的格局在悄然改变。

三 法学刊物格局的变化

法学研究另一个重要因素是法学交流的平台——法学刊物。20 世纪 20 年代前期，享有盛名的法学刊物主要是朝阳大学《法律评论》，东吴法学院《法学季刊》，北京法政大学《法政学报》，北京大学《社会科学季刊》以及修订法律馆所办《法律周刊》，自无可疑。因受经费和政治的影响，《法律周刊》、《法政学报》先后停办，北京大学《社会科学季刊》亦暂时停止运行。东吴法学院《法学季刊》未受经费和政治变动的冲击，照常运行。1931 年由季刊改为双月刊，更名为《法学杂志》，中英文分开刊行。

1926 年以来，随着教育经费日益紧张[①]和北京的政治环境日趋压抑，《法政学报》只得停办。1927 年，张作霖部下刘哲自任教育总长，将北京国立九校合并成为京师大学校，北京法政大学和北大法科为京师大学校法

[①] 1926 年秋季开学的时候，北京法政大学竟然"积欠电话电灯公司数近万余元"，以至于电话电灯公司打算"撤线断绝水火交通"。《国立各校近况》，《晨报》1926 年 9 月 30 日。

科。1928年6月,国民革命军进逼北京,奉系北京政府解体。南京政府初仿德国实行大学区制度,欲在京师大学校的基础上建设一所国立中华大学。9月,南京政府又将国立中华大学改为国立北平大学,下设文、理、法、工、医、艺术、师范等学院,并管理河北、热河及平津两地的大学事务。① 11月,国立北平大学成立。因北京大学师生极力反对北大并入北平大学,后来得以复校,北平大学法学院便独由原北京法政大学所剩余之班底组成。创立之初的北平大学法学院打算创办一个法学刊物,以接续《法政学报》,其计划是由教员主办一个《法学院季刊》,由学生主办一个《法律周刊》,以"阐发法律、政治、经济之学术"。② 然而,《法学院季刊》一直没有办成,《法律周刊》又"昙花一现",直到1933年才创办《法学专刊》。③

北京大学亦面临与北京法政大学相似的情形。1926年暑假间,北大则因无力支付自来水费,险些被切断水源。④ 再加上,政治形势叵测,许多教授离京,北大遂于该年暂停《社会科学季刊》的运作,直到1929年才恢复运行。⑤

朝阳大学《法律评论》兼重法学学术与司法实践,随着政治中心南移,该刊地处北方、远离司法中枢,有可能再也无法引领司法实践。另外,《法律评论》的作者群大半南去,使该刊难以为继。该刊之盛名大半由于"创刊伊始,特约编辑不下十数,且多属法界硕彦",但是北京的政治形势使这些"法界硕彦""泰半他去",所以该刊"不期中落而中落"。⑥ 为了防止这种情形出现,1928年年初,《法律评论》宣布在北平停刊,并在国民政府法制局长王世杰和最高法院庭长夏勤的帮助下迁往南京发行,由当时已入中央大学任教的原朝阳学人胡长清任主编。直到1933年10月,

---

① 李书华:《国立北平大学工作报告:民国十七年十一月至十八年七月》。原稿已经看不清出版时间,故暂且存疑。
② 国立北平大学编:《国立北平大学一览》(1929年),第49—51页。
③ 白鹏飞:《法学专刊发刊辞》,《国立北平大学学报》1933年第1卷第2期。
④ 文:《教育经费到底怎么样》,《现代评论》1926年第88期。
⑤ 《北大社会科学季刊委员会征文启事》,《北京大学日刊》1929年8月15日。
⑥ 次威(胡长清):《卷首语》,《法律评论》1928年第5卷第26期。

才迁回北平出版。①

进入南京政府时期以后，继起的法学刊物则大大增多，使法学研究出现了新动向。具体情形详见下表。

表 3-3　　　　1927—1937 年中国新办法学刊物一览表②

刊名	创办方（创办人）	创办时间（年）	创办地点
《法学新报》	东北法学研究会	1927	沈阳
《国立中央大学法律系季刊》	中央大学	1928	南京
《社会科学论丛》	中山大学	1928	广州
《上海法科大学月刊》	上海法科大学	1928	上海
《法令月刊》	吴县律师公会	1929	江苏
《国立中央大学社会科学季刊》	中央大学	1930	南京
《法律月刊》	北平中国大学	1930	北平
《朝大季刊》	朝阳大学	1930	北平
《朝阳杂志》	朝阳大学	1930	北平
《国立中央大学法学院季刊》	中央大学	1930	南京
《国立武汉大学社会科学季刊》	武汉大学	1930	武汉
《法学丛刊》	中华民国律师协会	1930	南京
《中华法学杂志》	中华法学研究社	1930	南京
《立法专刊》	立法院秘书处	1930	南京
《法令周刊》	郭卫	1930	上海
《法学季刊》	南京三五法学社	1930	南京
《法专特刊》	重庆法政专门学校	1930	重庆
《现代法学》	郭卫	1931	上海
《上海法学院季刊》	上海法学院	1933	上海
《法轨》	复旦大学	1933	上海
《法政季刊》	上海法政学院	1933	上海
《法学专刊》	北平大学	1933	北平
《东吴法声》	东吴法学院	1933	上海

---

① 该信息可见于《法律评论》1933 年第 11 卷第 11 期。
② 另外尚有许多刊物对法学方面较为重视，如《清华周刊》、《清华学报》、《南开大学周刊》、《东北大学周刊》、《安徽大学月刊》、《时代公论》等。

第三章 社会法学的扩散与发展

续表

刊名	创办方（创办人）	创办时间（年）	创办地点
《法治周报》	司法行政部法官训练所	1933	南京
《政法与经济》	大夏大学	1934	上海
《社会科学丛刊》	中央大学	1934	南京
《法政半月刊》	上海法政学院	1934	上海
《法学月刊》	上海持志学院	1934	上海
《法治旬刊》	法治旬刊社	1934	南京
《法令周报》	郭卫	1935	上海
《法声半月刊》	广东法科学院	1935	广州
《民钟季刊》	广东国民大学	1935	广州
《当代法学》	厦门大学	1936	厦门
《社会科学》	广州大学	1936	广州
《山东法学季刊》	中华民国法学会山东分会	1937	济南
《山西大学法学院季刊》	山西大学	1937	太原

通过上表可以发现，1927年以后在上海、南京等地创立的法学刊物要远多于北京。随着大学创办学术刊物风气的扩散，许多大学创办了学术刊物，有的还办有专门的法学刊物。学术刊物是学术研究和学术交流的重要平台，最直接反映学术研究的状况。从数量上看，上海、南京、广州等地比较集中，南方各地的数量已多于北京。从质量上看，南方《中华法学杂志》等刊物也迅速崛起。

《中华法学杂志》始创于1930年9月，其主编则是时任司法院参事的谢冠生，撰稿人包括胡汉民、王宠惠、吴尚鹰、傅秉常、李文范、苏希洵、徐恭典、胡文炳、黄右昌、史尚宽、梅汝璈、居正以及国民政府的法国法律顾问宝道等人。从这一系列重要人物的名单不难窥见该刊的政治影响力及学术水准。1936年9月，《中华法学杂志》被认定为中华民国法学会的会刊，成为"同人贡献心得，并藉以与会外交换意见之媒介"，[①] 撰稿者大都是国内知名法学家和较有影响力的学人，如张知本、焦易堂、王作宾、孙科、杨幼炯、阮毅成、刘陆民、梁鋆立等人。该刊因地处政治中

---

① 洪兰友：《本刊之使命》，《中华法学杂志》1936年新第1卷第1期。

心，与权力中枢关系密切，得到政府支持，并汇聚一批国内优秀的法学家，逐渐取得了与朝阳《法律评论》、东吴《法学季刊》（《法学杂志》）对等，甚至更高的学术地位。中国法学研究呈现"百花齐放"的态势。

就南北法学而言，20世纪30年代初，北方学界略为安宁以后，燕树棠等一批法学精英返回北平，北京大学等校又招徕一批新生力量，《法律评论》亦回迁北平，北平法学界逐渐恢复元气。此时，南方中央大学、武汉大学、中山大学之法学已经取得相当程度的发展，又环绕于政治中心，汇集了一大批法学精英，《中华法学杂志》等刊物已在法学界取得较高的认同度。上海的东吴法学院亦在继续发展，《法学杂志》仍是中国最重要的法学刊物之一。由此看来，1927年以后数年，南北彼长此消之间，南方在法学院、法学者、法学刊物方面，无论质与量，都不弱于北方，甚至优于北方。

法学研究格局的变化，使社会法学在全国范围内广泛传播。

第二节　社会法学的新发展

法学院格局的改变和法学刊物的扩展，带来了社会法学的进一步传播。除了北大法科、朝阳大学、东吴法学院之外，后来兴起的中央大学、中山大学、武汉大学法学院以及北平大学、上海法科大学等，都成了传播社会法学的重要平台。一大批研究社会法学的法界新人也相继兴起，较知名的有北京大学的张映南，朝阳大学的彭时、彭汝龙、李景禧，东吴法学院的孙晓楼、凌其翰、何世桢，中央大学的章渊若、阮毅成、汪新民，中山大学的薛祀光、余群宗、朱显祯，武汉大学的梅汝璈，北平大学的陈任生等。

20世纪20年代前期，学界对域外社会法学说虽然不乏了解，但除对狄骥、庞德的少数著述以及穗积重远著作之片断有少量翻译以外，其他多为间接介绍。进入南京国民政府时期以后，学界对域外社会法学说的直接翻译和间接介绍都大为增加。

一　域外社会法学说的译介

学界对域外社会法学论著的译介主要有三个方面。在美国方面，译介以庞德、霍姆斯、卡多佐的学说为主。虽然霍姆斯、庞德、卡多佐等人都是社会法学的有力提倡者，但是霍姆斯、卡多佐先后担任联邦大法官一职，未留下太多论著，庞德则在哈佛大学任职，著作等身，故而国内学界多喜欢翻译庞德的论著。在欧洲方面，则以译介狄骥的学说为主。在日本方面，穗积重远、牧野英一等法学家论著的译介亦占有重要地位。

（一）牧野英一、穗积重远等人社会法学说之译介

自清末以来，日本就是中国学界了解世界法学趋势的一条重要渠道。20世纪以来，日本法学家穗积陈重开创了法律与社会之关系的研究，后又有穗积重远、牧野英一等人将其发扬光大。到20世纪20年代左右，欧美的社会法学思想已在日本广泛传播，其代表著作至少有穗积重远的《法理学大纲》、牧野英一的《法律上之进化与进步》、《法律之矛盾与调和》等。20世纪20年代前期，中国学者在论法律问题，参考穗积重远、牧野英一等人的论著并不少见。然而，除了对二氏著作的零星翻译以外，一直未出现其整本著作的中译本。1928年至1937年间，中国学界对日本社会法学说的译介较前大为增加，并出现了穗积重远、牧野英一、高柳贤三、穗积陈重等人论著的中译本，其大略如表3-4所示。

表3-4　1928年—1937年间中国学界对日本社会法学论说的译述

序号	论著题目	出版信息	原著者	译者
1	关于法之起源的"私立公权化"之作用	《法学新报》第2期	穗积陈重	愚笙
2	新法学派之勃兴波及商法之影响	《法学新报》第2期	志田钾太郎	不详
3	法律之社会化	《法学新报》第3、4、6期	牧野英一	愚笙
4	法律思想之特征	《法学新报》第7期	鹈泽总明	愚笙
5	法律与实生活	《法学新报》第8期	横田秀雄	不详
6	自然科学与法律	《法学新报》第8期	牧野英一	愚笙
7	法的社会的效用	《法学新报》第10期	穗积八束	化一

续表

序号	论著题目	出版信息	原著者	译者
8	刑罚之时代的变迁	《法学新报》第 17 期	楷桥渡	愚笙
9	正义思想与仁爱思想之对立	《法学新报》1928 年第 20 期	高木友三郎	化一
10	裁判与社会平和	《法学新报》1928 年第 21 期	松永义雄	化一
11	法律与裁判的关系	《法学新报》1928 年第 22—26 期	山本龟市	愚笙
12	由礼仪之法律化至法律之礼仪化	《法学新报》1928 年第 23 期	佐伯复堂	甄泰
13	法律之本质	《法学新报》1928 年第 28 期	穗积重远	愚笙
14	法律之内容	《法学新报》1928 年第 29 期	穗积重远	羌笛
15	法律思想之发展	《法学新报》1928 年第 29 期	牧野英一	愚笙
16	法律的方法与社会学的方法	《法学新报》1928 年第 49—51 期	牧野英一	拙夫
17	私法之社会的倾向	《法学新报》1928 年第 61 期	牧野英一	羌笛
18	私权之物质化	《法学新报》1928 年第 65 期	牧野英一	拙夫
19	法理学大纲	商务印书馆 1928 年版	穗积重远	李鹤鸣
20	法律上之进化与进步	商务印书馆 1929 年版	牧野英一	朱广文
21	法律进化论（第一册）	商务印书馆 1929 年版	穗积陈重	黄尊三
22	法理学大纲	上海会文堂译书局 1930 年版	穗积重远	欧阳豁
23	法律进化论（第二册）	商务印书馆 1930 年版	穗积陈重	萨孟武、陶汇曾
24	刑法社会主义理论	《法律评论》1931 年第 390 期	坂本英雄	陈士诚
25	礼与法律	《社会科学论丛》1931 年第 3 卷第 1 期	穗积陈重	朱显祯
26	法律哲学原理	上海大东书局 1932 年版	高柳贤三	汪翰章
27	法律之矛盾与调和	春秋书店 1932 年版	牧野英一	张蔚然
28	法律进化之法则	《现代月刊》1932 年第 2 卷第 1—2 期	牧野英一	张蔚然
29	法律之社会化	《新时代半月刊》1932 年第 3 卷第 6 期至第 4 卷第 2 期	牧野英一	龙翼云
30	论民事责任与刑事责任之分化及刑法之基础观念	《法律评论》1932 年第 9 卷第 45 期	牧野英一	张蔚然
31	刑事政策与劳动问题	《法律评论》1932 年第 10 卷第 11 期	牧野英一	张蔚然
32	法律思想之发展	《法治周报》1933 年第 1 卷第 25—26 期	牧野英一	张蔚然
33	法律之社会化	《法治周报》1933 年第 1 卷第 27—28 期	牧野英一	吴宇经

第三章 社会法学的扩散与发展

续表

序号	论著题目	出版信息	原著者	译者
34	二十世纪之刑法思想与制度	《法律评论》1933年第518—520期	牧野英一	李述文
35	法之概念	《法学丛刊》1933年第2卷第3期	中岛重	唐演
36	法之起源及发达	《法学丛刊》1933年第2卷第5期	中岛重	易庵
37	法律进化论（合订本）	商务印书馆1934年版	穗积陈重	黄尊三、萨孟武、陶汇曾、易家钺
38	现代之法律问题及法律上之新理想主义	《安徽大学月刊》1934年第1卷第7期	牧野英一	聂辉扬
39	法理学之方法及其沿革	《法律评论》1935年第585期	中岛重	张蔚然
40	社会学对于法律及法学的影响	《商职月刊》1937年第3卷第5期	广滨嘉雄	蓉
41	法律哲学原理	商务印书馆1937年版	三谷隆正	徐文波

上述译介涉及社会法学派的主张、法律社会化的意义及其在民刑法上的表现、法律与其他社会因素之关系、研究法律的方法等方面，同时又对欧美社会法学说有间接的述介，涵盖内容极广。所译学说之中，又以牧野英一、穗积重远二氏的学说影响中国学界，较其他诸人更为明显。

较早集中译介日本最新社会法学说的是《法学新报》。《法学新报》由东北法学研究会所办，创于1927年10月。该刊在学术上具有明显的日本倾向，对日本学说的译介远超欧美学说。东北法学研究会对日本法界关注十分密切，还偶请日本法界名流来做学术报告，上述《法律与实生活》便是日本大审院庭长横田秀雄博士在东北法学研究会所做的演讲。译者不以真名示人，今限于资料，已难以得知"愚笙"、"羌笛"、"拙夫"、"化一"到底所指何人。从其译文中知，该刊特别关心的法学人物是牧野英一和穗积重远等人。经查，第28、29期所载《法律之本质》、《法律之内容》，实为穗积重远《法理学大纲》一书第九章和第十章之译文；所载牧野英一诸文，亦与其《法律上之进化与进步》之主旨相符。

穗积重远（1883—1951），1908年东京帝国大学法学部毕业后任该校

267

讲师。1912年留学欧美，1916年回国后任东京帝国大学法学教授，后成为日本民法学的权威。穗积重远所著《法理学大纲》成书于1917年，是根据他在东京帝国大学法理学讲座的讲义编成。该书中译本最早出现于1928年，当时试图将之汉译者，至少有留日学生李鹤鸣和欧阳谿两人。前者译本于1928年11月由商务印书馆出版，后者译本于1930年8月由上海法学编译社出版。

穗积重远之《法理学大纲》本为讨论法理学，而其中论述社会法学说比比皆是，如关于法律研究的社会学方法、关于社会法学派的主旨、关于法律的内容、关于法律的本位等。兹做一简单梳理。

关于法学的研究方法，他对社会学的方法持肯定态度。在穗积重远看来，鲍恩特（庞德）所谓"社会法学六纲领"就是法律研究的社会学方法。对此，他的理解是：

（一）研究法律制度及法律学说所及于实际社会之结果——例如，关于成文法之各种规定及其学说之各种主张，则研究如此规定或主张于社会有何利益？又研究其如为反对之规定或主张于社会有何损害？或须就法规的社会现象作统计学的调查。

（二）关于立法准备之社会的研究——从来之立法准备，以内外法制之分析的比较研究为主。然惟用法律自身之比较研究，尚不充分，故法律之社会作用之比较研究，更为重要。

（三）研究使法规发生实效之手段——法规之要，在于施行。然法律施行方法之学问的研究，为从来法律学所无，苟缺乏此种研究，不仅不能达成各法规当面之社会目的，且不能保障法律全体之目的。

（四）社会学的法律史学——法制史不当如从前之惟法规史为限。法律学史亦不当以学说史或方法史为满足。必须注重研究其法规或学说与当时社会状态、经济状态之关系，即以社会史为主也。

（五）对于各种事件作有理而且正当之解决——社会法学者，谓从前法学为挽救法规之论理而牺牲其适用之平衡。结局，法规惟成为裁判官之一般的指南针,而裁判官得于法规以外,借科学的自由研究,"发现"基于事物本性之法律。是即所谓"自由法说",此主张之一部分,已经瑞士新民法第一条采用。

(六)法律目的之有实效的成就——是即社会法学之终极目的,前述五项之研究,不过为此终极目的之手段。①

对于庞德的"社会法学六纲领",中国学界并不陌生,早在1922年李炘就作过介绍,燕树棠等人亦有引介。

穗积重远认为,就法理学的研究而言,不能仅以社会学方法为满足。在他看来,法学有"现实法学"和法理学之分。"现实法学"研究各种法律现象,所以需要使用社会学的方法,而且仅用社会学的方法足矣。而法理学则需要兼用社会学的方法和哲学、分析、比较等其他方法,才能很好地研究法律的"静态"和"动态","若惟用其一,尚不能完成法律学"。②在法理学的研究上,他认为社会学派专注于社会学方法尚有失偏颇,欲有改进之意。

关于社会学派和社会哲学派的认识,穗积氏将社会哲学派归入哲学派,将社会学派视为与分析、历史、哲学三派并立的一派。不过,他认为社会学派和社会哲学派有共通之处,即社会学派的哲学观"其主要者有社会哲学派及实用主义派"。在他看来,社会学派的特点在四:"第一,较之法律之抽象的内容,尤注重法规之作用;第二,视法律为人类智力所能改良之社会制度,而以助长并指导此种智力为其任务;第三,较之法律之制裁,尤注重法律在社会上之目的;第四,不视法规为一定不变之规范,而视为引导于社会上正当之结果之指南针";而社会哲学派的主旨则是"求现实法之'理想的方面与持久的方面'"。③

关于法律的内容,他认为法律的内容应与社会情形相一致。当下情形"社会生活日益复杂,而社会政策之必要渐形显著,则集合主义代个人主

---

① [日]穗积重远:《法理学大纲》,李鹤鸣译,商务印书馆1928年版,第82—84页。
② 同上书,第6页。
③ 同上书,第9—13页。

义而兴，自由放任主义废而国家干涉主义行"，于是法律作为社会生活规范的"真面目"遂以发挥，法律便由个人本位转于社会本位。他将法律内容由专重个人到注重社会的趋势称为"法律之社会化"。法律社会化的表现，一方面是"老幼者与贫穷者之社会的保护法，及以'集合契约'为中心之劳动法等，皆成为此新倾向之重要活动方向"。另一方面"旧日法律上之大原则，亦受不少之变更及限制"。旧日法律原则的限制，主要有七："（一）财产权行使之限制——禁止权利之反社会的滥用；（二）契约自由之限制；（三）处分权之限制；（四）处分权之限制；（五）无过失损害赔偿责任——对于被雇者行为之雇主责任；（六）从来观察上认为共有物或无主物者，则作为公有物；（七）保护关于一家属所存在之社会利益"。[①] 穗积所言旧有法律原则的变更，显然以民法原则的改变为主，而立法的新倾向，当指社会立法。

关于法律的本位方面，他认为法律之所以强制实行义务及拥护权利，并非以强制义务和拥护权利为目的，只是为达到最后目的的手段而已。所谓最后目的，是"社会生活利益之保护与促进"。既然为了"最后目的"，法律便既不能以义务为本位，也不能也权利为本位，必须以社会本位"方能有理想之法律"。他认为，在个人不自觉的时代，法律为义务本位，在个人自觉时代，法律以权利为本位，在社会自觉时代，法律须以社会为本位。在他看来，现世社会"第三期已肇其端"，所以"今日法律之解释，自当为社会本位；今日法律之适用，亦当为社会本位；今日之立法，亦当为社会本位"。[②]

与穗积重远一样，牧野英一也是日本法学界之赫赫有声者。牧野英一（1878—1970），1899年考入东京帝国大学。1907年任东京帝国大学副教授，1910年至1913年留学英、德、法三国，回国后任东京帝国大学教授。自1909年开始，他便以日本刑法典为中心，提出新派刑法理论。牧野英一强调法律的社会化，要求强化社会立法，注重法官对法律的自由适用，反对刑罚的报应主义和客观主义，主张目的刑、教育刑和主观主义的刑罚理

---

① ［日］穗积重远：《法理学大纲》，李鹤鸣译，商务印书馆1928年版，第135—136页。
② 同上书，第161页。

第三章 社会法学的扩散与发展

论。牧野英一著述等身,二三十年代中国学界予以翻译的有《法律上之进化与进步》和《法律之矛盾与调和》。

《法律上之进化与进步》一书由朱广文翻译,1929年1月由商务印书馆出版。朱广文时为东北满洲里法院的法官。经查,朱广文曾于1925年在江苏丹徒担任地方审判厅法官,1927年2月调往东北满洲里法院。朱广文是否与东北法学研究会及其《法学新报》有关,尚不得知,暂且存疑。朱氏径直将牧野英一归属于"社会法学派"。在译本"弁言"中,他谈到了他对社会法学派的理解。他说:"二十世纪之法律学乃社会法学派所占据之舞台。世界历史自进入二十世纪时,社会上经济上均由根本的发生变动。欧战以还,情形日益剧烈。是以各方面均另辟蹊径筹对策,而社会法学派则系自法律的方面筹其对策者也,此即所谓法律界之新思潮是。此项思潮,起自欧西,延及东亚,奔腾澎湃,方且继长增高而靡有已。……社会法学派虽支派多歧,而其标榜社会之点则皆属从同,其归结处在于置重共同生活之圆满,与平等、博爱之观念既不背驰,与民生主义之论旨复相契合,则此学派在我国,其具有重要之意义更属不言而喻,窃意于立法、适用两方面皆无异于饥者之于食矣。"① 在他看来,社会法学派得以成为一派的原因在于都在"标榜社会之点",且以"共同生活之圆满"为目的。

牧野英一置重"法律社会化"的主张,认为"法律之进化常在于使法律社会化也"。② 按他的理解,法律社会化是指现代法制的一种变化,此前以个人自由为"第一位",以权利为"基本",而后现代法制则需注重社会方面,"此项新趋势,吾人称为法律之社会化焉"。法律社会化是比法律个人化、权利化"更大的原则",在新的法制下个人化和权利化"系要常因社会化而被制限者也"。③ 其具体表现有二:一是立法方面注重社会的立法,一是法律的适用上,宜顺应自由法运动的趋势而运用法律,借以维持

---

① [日]牧野英一:《法律上之进化与进步》,朱广文译,商务印书馆1929年版,弁言。
② 同上书,第78页。
③ 同上。

法律的生命。① 再具体到部门法上，即是民法上契约自由、无过失责任等原则必须受到限制，权利思想同时也应有义务的性质，刑法上的报应主义应由社会防卫主义替代。②

不过，牧野氏明确表示，法律的进步应以个人的自由为基础，法律社会化与法律的个人化、权利化并不冲突。因为，法律社会化一方面"限制从来之法律的特权阶级"，另一方面其结局"乃使社会上一切他之个人地位均行上升"，具体说来就是，法律社会化"系法律由富者而贫者、由资本家而劳动者、由男而女、由父而子扩大之也"。法律社会化之所以会发生，是由于法律从近代到现代的进化过程中"于个人化的意义过于注重，因是其社会化的意义殆被忘却"，为了求得"思想之中正"方主张法律社会化，绝非"舍去个人本位之思想"。在他看来，法律社会化虽然使个人的自由"受许多之束缚"，但同时个人的自由亦因"得许多之保护焉"，法律社会化的最终目的是达到"共同生活之圆满之意也"。③ 值得注意的是，中国学界虽重视牧野氏的学说，但其关于法律社会化之不与个人化、权利化相冲突的观点，在中国却并未被强调。

除穗积重远、牧野英一二氏以外，尚有高柳贤三、穗积陈重等人的学说在中国有影响，兹不一一详述。

（二）欧美社会法学说的译介

就欧美社会法学说而言，最受欢迎的是狄骥和庞德。1928年以前，狄骥的公法和私法学说都有论著被翻译成中文，前者如1913年唐树森翻译狄骥的《宪法论》（命名《法国宪政通诠》），后者如方孝岳1923年出版的《大陆近代法律思想小史》（下册）（其第一部分即为《〈拿破仑法典〉以来私法的普通变迁》）。至于对狄骥学说的介绍和运用，数量更多。1928年至1937年期间，学界继续对狄骥的社会连带公法私法学说进行翻译和介绍，详见表3-5。

---

① ［日］牧野英一：《法律上之进化与进步》，朱广文译，商务印书馆1929年版，第87页。
② 同上书，第90、95页。
③ 同上书，第16、81—83页。

第三章 社会法学的扩散与发展

表 3 – 5　　　　1928—1937 年间中国学界对狄骥论著的译述

论著题目	出版信息	原著者	译者
Leon Duguit 的法律思想	《社会科学论丛》1929 年第 1 卷第 6 期		薛祀光
狄骥氏的私法革新论	《东方杂志》1929 年第 26 卷第 18 期		章渊若
狄骥氏的法律哲学	《国立中央大学社会科学季刊》1930 年第 1 卷第 1 期		杨悦礼
狄骥对于现代法学的贡献	政法论丛（论文集），时代公论社 1932 年版		阮毅成
狄骥的著作及其学说	《法学杂志》1932 年第 6 卷第 1 期	[法] 鲍那尔	凌其翰
公法的变迁	商务印书馆 1933 年版	狄骥	徐砥平
狄骥学说的核心	《不忘》1933 年第 1 卷第 12 期		陈宗熙
私法变迁论	《安徽大学月刊》1934 年第 1 卷第 7 期（《社会科学论丛》1934 年第 1 卷第 4 期）	狄骥	范清江（范扬）
拿破仑法典以来私法的普通变迁	上海会文堂新记书局 1935 年版	狄骥	徐砥平

在上述译著者中，章渊若、阮毅成、徐砥平有留法经历，凌其翰留学比利时，范扬和薛祀光曾留学于日本。而翻译庞德、霍姆斯、卡多佐之学说者，大都具有留美经历，且相当一部分为东吴法学院的毕业生，如曾毓钊、郁挺、姚启铭、丘瑞曲、盛森璇均为东吴法学院 1931 届毕业生，费青为该校 1929 届毕业生，梁鋆立为该校 1926 届毕业生。1928—1937 年间，学界对庞德、霍姆斯、卡多佐等美国法学家的社会法学说的译介如表 3 – 6 所示。

表 3 – 6　　　　1928—1937 年间中国学界对庞德、霍姆斯、卡多佐等
美国社会法学说的译介

论著题目	出版信息	原著者	译者
法学肄言	商务印书馆 1928 年版	庞德	雷沛鸿
法学史	商务印书馆 1931 年版	庞德	雷宾南（雷沛鸿）
法律之目的	《法学季刊》1931 年第 5 卷第 8 期	庞德	曾毓钊
裁判论	《法学杂志》1931 年第 5 卷第 1 期	卡多佐	郁挺、姚启铭
法律之途径	《法学杂志》1931 年第 5 卷第 2 期	霍姆斯	丘瑞曲
英美普通法之精神	《法学杂志》1932 年第 5 卷第 4—6 期	庞德	盛森璇
法律哲学之功用	《民族杂志》1933 年第 1 卷第 5 期	庞德	孙浩宣

续表

论著题目	出版信息	原著者	译者
经济之法律史观	《法律评论》1935年第603—605期	庞德	炼百
滂德法律哲学述评	《新民》1935年第1卷第2期	格罗斯孟	陈恩成等
滂恩教授对于现代法学之贡献	《东方杂志》1935年第32卷第16号	梁鋆立	
晚近美国法律理论的发展	《国立中央大学社会科学丛刊》1935年第1卷第3期和第2卷第1期	何义均	
法律哲学现状	上海法学编译社1935年版	霍金	费青
the Mind of Justice Holmes（霍姆斯大法官的心智）	China Law Review, 1935	吴经熊	
法律不灭论	《法学杂志》1937年第10卷第1期	庞德	陈晓
法学家庞德的思想和工作	《法学杂志》1937年第10卷第2期	周碧钗	

上述论著中，费青所译霍金（William Ernest Hocking）之《法律哲学现状》一书，是由庞德与霍金在哈佛大学联合开设的国家哲学与法律哲学联合研讨课的讲义，① 能够充分反应庞德的思想学说，故仍列于此。

狄骥的法学说以社会连带学说为基础，以社会职务说考察国家和个人的行为，形成其独特的公法学说和私法学说，由此在主权观念、自由、责任、契约、财产等基本法律观念上造成极大影响。20世纪20年代前期，学界已对狄氏学说之大要有过较详细的阐述，已在前文述及，兹不赘述。

雷沛鸿所翻译庞德的《法学肄言》和《法学史》两书，分别为An Introduction to the Philosophy of Law（1922）和Interpretations of Legal History（1923）两书的译文。雷沛鸿（1888—1967），字宾南，广西南宁人，1914年赴美游学工读，后相继在欧柏林大学、哈佛大学学习政治学、教育学和法律哲学，获得文科硕士学位。庞德自1910年起便任职于哈佛大学法学院，因此至少可以推测雷氏对庞德的学说有相当的了解。雷氏在1926年便开始着手翻译《法学肄言》一书，因时任广西省教育厅厅长，公务繁忙，只能在"公余之暇"从事翻译，"以两载之时光，三易厥稿，始溃有成"。②《法学史》一书，雷氏自1930年春起便受商务印书馆委托翻

---

① ［美］霍金：《法律哲学现状》，费青译，上海法学编译社1935年版，原著者序言。
② ［美］庞德：《法学肄言》，雷沛鸿译，商务印书馆1928年版，译者序。

译，遂一面讲学于中央大学和无锡民众教育院，一面翻译，于1931年11月译成。①

按吴经熊的说法，庞德的社会法学说在《社会法理学论略》一书中大体已经展示，他说"庞德氏著作虽多，而他的立足点始终没有大更动，所以念闻本书（《社会法理学论略》），就可略知庞氏的趋向了"。② 在《法学肄言》和《法学史》两书中，庞德关于社会法学的研究方法、目的论以及对社会哲学派和社会学派的看法，与《社会法理学论略》一书无异。不过，《社会法理学论略》著于1911年至1912年间，而《法学肄言》和《法学史》两书，庞德分别著于1922年和1923年，其间观点虽无大波折，亦有小变动。

在《社会法理学论略》一书中，庞德并没有过多探讨法律与道德之关系问题。在《法学肄言》中，庞德认为，社会法学视角下的法律与道德具有密切的联系，至少在裁决、法院造法和法律诠释方面具有"接触点"。在裁决过程中，法官会有"良心的主张"，这种"良心的主张"会使法律与道德相结合。在法院造法的过程中，法律与道德再度结合。法官常会遇到案件的性质异于平常，不能应用现行法规以求解决的情况，他们只有"自出心裁而为判决"，造成法律的新例。法院造法的产生"一小半由于新生的事变"，"其大半"由于法院不能援引成例，只有"自出心裁"创立新例。"自出心裁"亦实现了法律与道德的结合。在法律的诠释过程中，法官需要"就现行道德观念"选出最适用于现实的解释，这种现实解释"揆之原意又不至于互相违反"，如此便得出"诚实的诠释"。若新发生的社会问题"为立法人所未虑及"，法院只能以"集体的良心……自立新例以图救济"。这种"假借诠释"须考试现行的道德观念，同样实现了法律与道德的结合。③

在《法学史》一书中，庞德对社会法学的要点略有修改。他在1912年提出的社会法学纲领有六条，此时则增加了一条："在使用英语的国家

---

① [美]庞德：《法学史》，雷宾南（沛鸿）译，商务印书馆1931年版，译者序。
② [美]庞德：《社会法理学论略》，陆鼎揆译，商务印书馆1926年版，吴序。
③ [美]庞德：《法学肄言》，雷沛鸿译，商务印书馆1928年版，第23—26页。

中，须有司法部之设立。"① 庞氏之所以有这样的提法，与他对社会法学特性与所要研究问题的认识有关。

在他看来，社会法学应有五个特性。其一，法学应有"功能的趣向"，即基于实用主义"搜讨及估量法律制度及在活动中之法律原则的社会效实，……不但研究书本上之法律，而且研究在行为中之法律，并进一步探寻两种法律怎样相异及为什么至于相异，极力研究法令在社会中之运行情景及其在社会中所生效果，并仔细比较他们的实际应用"。② 其二，法学与立法"决不能以截然划清的界线而分离，而两者又各须受命于政治的及社会的伦理"，即注重法律与道德的相关性。社会法学派在哲学方面与社会哲学派趋同，社会哲理派之各支派都有将法律屈属于伦理的倾向，社会功利派谓法律的"终局"在于保证利益，在利益的规定和评价中必须"向伦理学请求向导的原理"，新康德派以法律为求取"直道"之道，"直道"亦是一种"道德的理想"，新黑格尔派则将法学与伦理二者均隶属于文明之下。③ 其三，立法和司法上"预防直道的运动"。"预防直道"，即在立法上作"先事预防之举措"，在司法上设立"各处法律顾问局"及其他措施，使人民可以借此"询知自己的权利"，预防"做错事而徒呼负负"。④ 其四，执法趋于个别化。其五，法学应与其他社会科学协作，"要求社会科学全体会员的全国动员与分工合作"，就法学自身立论，则要求"所有其他社会科学务须与法学成为伙计"，若不如此，无论法律在表面上"如何合于名理"，都只是"武断"，"除适用于抽象理论外，更无别用"。⑤

庞德认为，社会法学要注重五个方面的问题之研究。其一，"利益的计值"，为求取各种利益，先需对各种利益进行概括、分类，再为之"计值"。自耶林出，新兴各派倡导多种利益计值的方法。社会功利派耶林等以"法律的终局"（即法律的目的）作为计值的准规，新康德派施塔姆勒等以"当时当地的社会理想"为标准，新黑格尔派柯勒等人的计值方法比

---

① ［美］庞德：《法学史》，雷宾南（沛鸿）译，商务印书馆1931年版，第34页。
② 同上书，第56页。
③ 同上书，第59页。
④ 同上书，第63页。
⑤ 同上书，第64、66页。

照"能维持与增进文明"的限度,社会连带主义派狄骥则只认利益之"集团的取求",其计值标准是"使社会生产效力能增加至于最高限度"。社会法学则须研究一个更为完善妥当的利益计值方法。① 其二,法律与行政的关系。法律的主要问题之一是如何纠正法律运用的"概括趋势"和"个别化趋势"分别走向极端的问题。其三,法律行为生效的有限性。其四,搜查社会事实的方法。按庞氏之意,"立法者在未立法前,审判员在未下判决前,法家在未构思法律戒令前,亟须得到社会事实"。要得到社会事实,必须依赖社会事实的搜查。庞德认为美国搜查社会事实的机构过于缺乏,主张设立司法部,以担负起搜查社会事实的责任。依其所见,司法部在搜查社会事实方面应注意:"考察本国法律制度的功用;考察法律的应用与施行;搜讨凡有关于失出或失入的判决案及其所以致此之理由;留心于新发生事物及心究所以应付此项新生事变的善法;分析各项立法,而研究孰能完成所求达之目的及何故不能,因之对于立法者今后所有立法与执法者今后所有行法,庶几能有所忠告。"② 由此不难理解庞德为何要在社会法学的纲领中要求英美法国家增设司法部。其五,法典编纂。在英语国家判例法最大的弱点在于"法律的形式",由此难免使法律"缺乏确定性"。庞氏认为判例方法有时会导致工作至多、费时不少以及法律的混乱现象,主张美国也应注意法典编纂问题。③

域外社会法学的译本增加,使中国学界了解社会法学更为便利,促进了社会法学在中国的传播。

二 社会法学研究的扩散及其特点

随着法学研究平台的扩展,学界对社会法学的传播更为广泛。就数量而言,可谓汗牛充栋。就传播媒介而言,对社会法学的论述可见于大多数法学期刊。究其内容,与20世纪20年代前期相比较,多有重复之处。然不能谓这种重复毫无意义,至少从传播主体上说,社会法学思想已经扩散

---

① [美]庞德:《法学史》,雷宾南(沛鸿)译,商务印书馆1931年版,第71页。
② 同上书,第80、83、87页。
③ 同上书,第88页。

到全国法学界。今就其大要作一梳理。

（一）关于社会法学之派别的认识

1928年至1937年间，探讨社会法学派之主张者为数不少，其主要者详见表3-7。

表3-7　　　　　1928—1937年社会法学之派别研究一览表

篇名	出版信息	作者
近世法律哲学之派别趋势	《东方杂志》1929年第26卷第1期	何世桢
法理学史概论	上海法学书社1929年版	王传璧
法之顺应社会性	《社会科学论丛》1929年第1卷第8期	余群宗
社会法理学概论	《大夏月刊》1929年第2期	田鹤鸣
社会法学派对于最近法学之影响	《中央大学半月刊》1930年第1卷第13期	汪新民
法律哲学概要	《俭德储蓄会会刊》1930年第1期	何世桢
由遗嘱问题谈到社会法学派	《法学季刊》1930年第4卷第4期	徐家齐
近代法律思想变迁之趋势	《现代法学》1931年第1卷第1期	丁元普
法理学与近代法律变迁之趋向	《南开大学周刊》1931年第110期	维华
现代法学	上海新月书店1932年版	梅汝璈
法理学之学派及其研究方法	《中华周刊》1932年第432期	龚子华
答评张映南先生的社会法学的理论	《清华周刊》第38卷第12期	张映南
从个人法到社会法：法律哲学的新动向	《东方杂志》1933年第30卷第5期	陈任生
近世各国立法之趋势	《法政季刊》1933年第1卷第1期	章渊若
法律观念之演进及其诠释	《国立中央大学社会科学丛刊》1934年第1卷第1期	赵之远
法学思潮之展望	《法轨》1934年第1卷第2期	丁元普
现代法律思想	《法轨》1934年第2卷第1期	金兰荪
社会法律学派之形成及其发展	《法轨》1934年第2卷第1期	萧邦承
社会法理学派述评	《民钟季刊》1936年第2期	丘彬和
二十世纪法学思潮之动向	《东方杂志》1936年第33卷第22期	倪克宽

上述各学者对社会法学之派别的认识，颇为雷同，仍然在不断"介绍"社会法学派，其认识未见超出李炘、陆鼎揆、吴经熊等人的范围。兹列举东吴法学院何世桢、中山大学余群宗、中央大学汪新民、复旦大学萧邦承、武汉大学梅汝璈等人的观点。

第三章　社会法学的扩散与发展

何世桢认为社会法学派出现的原因是"社会生活自有它的目的",如果法律是"个人的",那就"太把社会生活的目的抹杀了"。他认为社会法学派最大的特点,就是视法律为"社会化的"而不是"以个人为单位",并由此认定"世界上就没有永久不变的法律,一时一地都有分别的"。关于社会法学派之下的支派,他将"社会化的功利主义学者"(即社会功利派)、新康德派、新黑格尔派都视为社会法学派的支派。至于法律的运用与解释,则主张"社会化的解释",认为"照社会化的解释,各种新发生的问题,都可拿已成的法律用解释的方法来救济"。[①]

余群宗认为,近世法学的新倾向以及由此产生的新派别,都是应法顺应社会的要求而生。在余氏看来,赫克等人主张的利益法学、埃利希等人主张的自由法学、施塔姆勒主张的"正法学"都属于社会法学,皆意在使法适应社会的要求。他所谓社会法学,虽有不同派别和主张,但都是为了对抗概念法学而起。概念法学"由法之论理构成,作出法之概念,以适应各个之情状……"其法的概念往往由法的规定抽象而来,须以法律文句为基础,故常被反对者称之为"文字法学"。社会法学则认为概念法学无论如何不能网罗一切法律现象,从而使法律问题都得到适当的解决,主张法律的解释和适用"不能不顾虑社会之事情,顺利社会之要求"。余氏认为,若将社会法学运用于实在法,法官"在有制定法之规定时不能不适用之,决不可下反对之判决,一旦遇着无制定法之规定时,制定法以外还有法,故法官应先探求此法,根据之以下判决"。[②]

汪新民对社会法学派之起因和特色的认识,与何世桢如出一辙,认为社会法学派是因法律要注意社会目的而产生,主张"没有永久不变的法律"。汪氏注重社会法学派对法学的影响,即以目的法学、利益法学代替概念法学、论理法学,法律观念由个人主义进于"社会主义"、由放任主义进于干涉主义、由义务本位进于权利本位再进于社会本位,社会法学要求"一切法律的执行都要以社会的利益为前提"。而社会法学对法学的具体影响有七:一是财产权之限制,二是契约自由之限制,三是处分

[①] 何世桢:《近世法律哲学之派别趋势》,《东方杂志》1929年第26卷第1期。
[②] 余群宗:《法之顺应社会性》,《社会科学论丛》1929年第2卷第8期。

279

权之限制，四是债权人或被害人请求权完全满足之限制，五是无过失损害赔偿责任的出现，六是从来无主物共有物归公，七是对父权和夫权之限制。①

萧邦承认为，社会法律学派的本旨就在于调和人与人之间的冲突，以维持社会一般的公平。社会哲学派是社会法律学的先导，其功用在于使法律思想从个人本位中脱离出来，并转移到社会本位方面，从而促成社会法律学的发生。他关于社会法律学派的要领、特点和发展阶段，都采用庞德的观点，兹不赘述。在他看来，社会法律学在法律的观念和法律的应用方面都有新的趋势。从法律的观念上说，"以前的法学对于法律的观念都是以个人为出发点，现在的法学却渐渐以社会为出发点了；以前的法学认法律处分万能，现在的法学却认有效的法律处分为有限"；从法律的应用上说，由笼统的应用趋向于个别的应用，不再只靠一些普遍的原理原则用机械式的逻辑推理来解决一切，而应具"个别化的意味"，使每个案件都得到公平的实际效果，同时注重"预防主义"，使社会上的损害和犯罪自然减少。②

武汉大学梅汝璈对社会法律学之派别的认识，与庞德和穗积重远的观点无异。他认为，社会法律学的发展趋势表现在三个方面，在法学本身的研究方面"由分析的研究而趋向机能的研究，由自满的态度而趋向于合作的态度"，在法律的应用方面"由笼统的应用而趋向于个别的应用，由事后的救济而趋向于事前的预防"，在法律的观念方面，"由个人为出发点趋向以社会为出发点"，"由视法律处分为万能"趋向于"认有效的法律处分为有限"。③

北京大学张映南、上海法政学院丁元普，以及王传璧、金兰荪、赵之远等人都不同程度对社会法学说进行了介绍。

（二）法律社会化的探索

1928至1937年间，中国学界对法律社会化之研究大略情况如表3－8所示。

---

① 汪新民：《社会法学派对于最近法学之影响》，《中央大学半月刊》1930年第1卷第13期。
② 萧邦承：《社会法律学派之形成及其发展》，《法轨》1934年第2卷第1期。
③ 梅汝璈：《现代法学》，上海新月书店1932年版，第140—141页。

第三章 社会法学的扩散与发展

表 3-8　　　　　　1928—1937 年法律社会化研究一览表

篇名	出版信息	作者
法律之社会化	《东北大学周刊》1928 年第 47—48 期	黄炳言
法律社会化与社会法律化	《法律评论》1928 年第 6 卷第 3 期	百友
法律之社会化	《上海法科大学月刊》1928 年第 1 期	张宗绍
社会化的法律	《政法与经济》1934 年第 3 期	梦鸣
法律之社会化	《法律月刊》1930 年第 1 卷第 3 期	宋兆兴
二十五年来中国之司法	《中华法学杂志》1930 年第 1 卷第 1 期	王宠惠
法律社会化论	《法学季刊》1931 年第 4 卷第 7 期	郑保华
社会化之法律	《光华半月刊》1932 年第 5 期	苏哲
法律演进之社会化	《上海法学院季刊》1933 年创刊号	第三
近世各国立法之趋势	《法政季刊》1933 年第 1 卷第 1 期	章渊若
现代法制概论	商务印书馆 1934 年版	章渊若
立法与司法的社会化	《复旦学报》1935 年第 1 期	周新民
法律本位论	《法律评论》1936 年第 13 卷第 16 期	彭汝龙
法律社会化之途径	《经世》1937 年第 1 卷第 6 期	孙晓楼
法治进化论	《东方杂志》1937 年第 34 卷第 9 号	丘汉平

到 1928 年，法律社会化之说已为学界所熟知，而仍有不少人对其含义进行探讨。1928 年 6 月，《东北大学周刊》刊载黄炳言的《法律之社会化》一文。黄氏认为，法律的社会化便是法律要以社会为本位。过去的个人主义学说只注重法律而很少注意到道德的作用，待社会哲学派兴起以后，法学家才认识到"个人之社会连带关系"是社会成立的基础，法律与道德渐形接近。在他看来，19 世纪是"法治"的世纪，其特点是法律以权利为本位，而权利本位的法律"皆出于个人主义权利思想之结果"。法律之所以要以社会为本位，是"今日之社会问题"使然。法律的社会化表现在几个方面："扩充行政权之范围，所有权限制，契约自由限制，法律行为解释以诚实为基础，限制权利滥用，权利不行使之限制，原因责任之发生，刑法由事实主义趋向于保护主义"，在法律的解释和适用上主张自由地解释与运用法律。[①]

[①] 黄炳言：《法律之社会化》，《东北大学周刊》1928 年第 47—48 期。

1928年10月，百友认为，法律社会化不仅仅在于法律"与人民打成一片"，其真义在于废除个人本位和阶级本位的法律，而代之以社会为本位的法律。由此才能在现代社会消除法律与社会之间的隔阂。在他看来，法律的社会化要注意法律中的道德因素，使道德的效用假法律以施行，否则社会"恐呈衰势"。[1]

1928年12月，张宗绍认为，法律之社会化即是法制的制定应随社会的需要而变化，欲使中国达于"治"，只有依靠法律的社会化。在他看来，法律之社会化是现代社会的政治和经济问题使然，要想达成新政治和新经济"非法律不能解决"。就经济问题而言，私有制度使土地日益集中，贫富分化扩大，以至于"危险思想遍于国人"；劳工问题亦须借法律保护工人的权益，才能"和衷共济，不至于发生冲突"；人口方面，因"生产者少消费者多"，故而需要法律限制婚龄，以发展生产。就政治问题而言，法律应规定女子有参政权、考试权才算合于社会化。按张氏的理解，法律之社会化首要表现在民法方面，即民法在继承问题上应规定女子与男子拥有相同的继承权，出嫁后同样拥有继承权，妻应该成为具有完全民事行为能力的人，另须规定无过失损害赔偿责任。[2] 陈昌寿亦认为20世纪以来的法律以社会为本位是一种新潮流，中国法律应该遵循这种新潮流而不能"一成不易"。[3] 袁宗汉亦认为，法律应当随时间和空间的变化而变化。就时间性而言，法律应该合于潮流，适于人民的需要。在他看来，就世界潮流而言，各国法律已经趋重社会情形，法律保护的对象已由某一特殊阶级而变为全体人民，就中国而言，当时"南北统一"，所以"非法律社会化不能求正义而适人民的需要"。[4]

1930年，王宠惠也承认"欧战以后社会本位代个人主义，各国新订法制皆权利趋于社会化，契约趋于集合化，流风所播，我国亦不免"。[5] 1931

---

[1] 百友：《法律社会化与社会法律化》，《法律评论》1928年第6卷第3期。
[2] 张宗绍：《法律之社会化》，《上海法科大学月刊》1928年第1期。
[3] 陈昌寿：《法律之时间性与空间性》，《上海法科大学月刊》1928年第1期。
[4] 袁宗汉：《法律之时间性与空间性》，《上海法科大学月刊》1928年第1期。
[5] 王宠惠：《二十五年来中国之司法》，《中华法学杂志》1930年第1卷第1期。

年1月，郑保华亦论法律社会化问题。他认为，法律之社会化能够"消除贫富阶级"，从而能使"社会间所呈不安险恶之状一举而廓清"。在他看来，法律社会化要求法律由义务本位、权利本位进至社会本位，从而有利于社会共同利益。①

1934年4月，梦鸣在《政法与经济》一文中谈到他对法律社会化的理解。他认为，20世纪的法学均以社会关系为其中心不同于18、19世纪之个人中心。19世纪的法律，建筑在个人主义的根本基础之上。法律的社会化便是废除个人本位、阶级本位、权利本位而代之以社会本位。社会化法律之实施在于财产及所有权之限制，契约自由的限制，土地问题的限制，劳工的保护，男女平等之尊重，刑法的改革。如何研究社会化的法学呢？他的主张是研究法律和法律原则发生的实际效果。②

1935年，严荫武认为，法律社会化就是以整个社会全体的利益为基本指导原理，他认定不社会化的法律决非良好的法律。③ 孙晓楼则认为，法律社会化是指法律适应社会的需要，法律能顾及社会现实中最大多数人的利益。在他看来，要使法律社会化有四条途径：第一，使大多数人民要有通晓法律的机会，有运用法律的方便；第二，注意法律的通俗性；第三，诉讼手续简便；第四，培养社会化的司法人才，不要相信法律万能，也不能忽视人治的作用。④

（三）对宪法、民法、刑法的社会化以及社会立法新趋势的研究

关于宪法之社会化，学界关注不多。中央大学章渊若对此有不少探讨。1929年，他在《东方杂志》上刊文《近时世界宪法的新趋势》，认为欧战后各国的新宪法已经逐渐摆脱以个人主义为中心的状态，向着所谓民族主义、民权主义和民生主义的方向前进。⑤ 章氏将欧洲新宪法中对民族主权、人民权利的强调以及关于私有观念更新、劳动保护、社会生活的改善、资本节制和土地所有权限制等方面的规定与三民主义相对应起来，似

---

① 郑保华：《法律社会化论》，《法学季刊》1931年第4卷第7期。
② 梦鸣：《社会化的法律》，《政法与经济》1934年第3期。
③ 严荫武：《法律社会化》，《广播周报》1935年第25期。
④ 孙晓楼：《法律社会化之途径》，《经世》1937年第1卷第6期。
⑤ 章渊若：《近时世界宪法的新趋势》，《东方杂志》1929年第26卷第4期。

283

乎欧洲宪法的一切进步都不出三民主义的框架，不免牵强附会，但他对近世宪法之于个人主义的反思却有清醒的认识。1932年，他进一步指出，现代立宪精神已经发生转变，已不再是"空洞政权的保障"，而注重于"实际经济生活之保育"，政府的目的已非"管人"而在于"理事政府职务"，不仅需要消极地外抗强权、内维治安，还要"积极地对于人民衣食住行种种生活上之需要尽其切实的役务"。① 汪缉熙则将现代宪法的趋势理解为人民自由权利的限制和"社会权利"的兴起。② 在民法之社会化方面，学界所论包括民事权利的限制、无过失损害赔偿责任的运用、契约自由的限制以及所有权的限制等方面；在刑法方面则论及刑法观念的变化及其在刑法制度上的表现；在社会立法方面主要趋重于劳动立法的基础观念及其运用。详见表3-9。

表3-9　　　1928—1937年对宪法、民法、刑法的社会化以及
社会立法新趋势的研究一览表

篇名	出版信息	作者
近时世界宪法的新趋势	《东方杂志》1929年第26卷第4期	章渊若
现代宪法之社会化	《法学杂志》1932年第5卷第6期	章渊若
现代世界宪法之新趋势	《法轨》1934年第2卷第1期	汪缉熙
五十年以来法兰西民法之变迁	《中央大学法律系季刊》1928年第1期	梁仁杰
近代继承法之变迁	《新朝大》1929年第1—10期	王嘉增
社会本位时代下的所有权	《法学季刊》（南京三五法学社）1929年第1期	张秉肃
无过失损害赔偿责任论	《中央大学法学院季刊》1930年第1卷第1期	夏勤
所有权包含义务论	《法学丛刊》1930年第1期	刘陆民
所有权之社会化	《新时代》1930年第1卷第4期	李祖荫
所有权之社会化	《国立中央大学社会科学季刊》1930年第1卷第1期	汪新民
现代私法之进化	《厦大周刊》1930年第228期	柯凌汉
各国立法例中对于所有权观念变迁的研究	《三民半月刊》1930年第4卷第3期	石戈

---

① 章渊若：《现代宪法之社会化》，《法学杂志》1932年第5卷第6期。
② 汪缉熙：《现代世界宪法之新趋势》，《法轨》1934年第2卷第1期。

续表

篇名	出版信息	作者
近代私法学之改造	《中央大学法学院季刊》1930年第1卷第2—3期	章渊若
世界民法思潮的新趋势	《法律评论》1930年第7卷第35—38期	彭时
损害赔偿理论之研究	《中华法学杂志》1930年第1卷第4期	李文范
所有权观念之变迁与所有权立法之趋势	《中华法学杂志》1930年第1卷第2期	苏希洵
所有权的基本问题	《国立武汉大学社会科学季刊》1930年第1卷第4期	吴学义
论权利之滥用	《法律评论》1930年第7卷第36期	刘志阳
法人观念之变迁及其立法之趋势	《中华法学杂志》1931年第2卷第2期	徐恭典
所有权之今昔观	《中华法学杂志》1931年第2卷第6期	王宠惠
唯实主义民法学	《中央大学法学院季刊》1931年第1卷第4期	阮毅成
欧洲民法法典运动及其精神	《法令周刊》1932年第118期	朱志奋
现行民法之社会化	《新时代半月刊》1932年第3卷第5期	聂辉扬
契约自由及其限制	《法律评论》1933年第10卷第27—28期	阮毅成
契约自由原则确立的必然性及其必然的转化	《法学专刊》1934年第2期	陈任生
无过失损害赔偿责任史的考察	《法律评论》1934年第545期	萧素彬
私法公法化之趋势	《法政半月刊》1934年第1卷第1期	朱隐青
契约法之研究	《法轨》1934年第2卷第1期	郭继泰
个人的继承法与社会的继承法	《法律评论》1936年第13卷第35期	萧素彬
权利妨害与权利滥用	《国立武汉大学社会科学季刊》1936年第7卷第1期	吴学义
所有权观念之转变	《中华法学杂志》1937年新第1卷第7期	吴芳亭
刑罚的目的	《法学新报》1928年第28期	不详
社会现象与犯罪	《法学新报》1928年第44期	不详
罪刑法定主义及其最近之趋势	《社会科学论丛》1929年第1卷第8期	胡恭先
刑事政策之思潮	《社会科学论丛》1929年第1卷第9期	胡恭先
现代刑法之基本观念	《国立武汉大学社会科学季刊》1930年第1卷第1期	葛扬焕
犯罪原因学说概论	《法学季刊》1930年第4卷第4期	陈文藻
犯罪原因及其预防	《法律月刊》1930年第2期	云阶
犯罪社会性之新表现	《大公报》1930年5月23日	不详
刑事政策的科学化	《法学季刊》1930年第4卷第5期	陈文藻

续表

篇名	出版信息	作者
德意志刑法学界新旧两派之论争及其批评	《社会科学论丛》1930年第2卷第8—9期	胡恭先
欧洲最近之行刑思潮	《法律评论》1931年第8卷第13—14期合刊	李述文
刑罚理论上之变迁	《社会科学论丛》1931年第3卷第4、6期	胡恭先
犯罪之社会的研究	《社会科学论丛》1931年第3卷第8—9期	薛华汊
犯罪之社会的研究	《法轨》1933年第1期	张钰
刑罚权的沿革和作用	《法轨》1933年第1期	姜文
教育刑主义概观	《法律评论》1933年第10卷第52期	蔡枢衡
刑事责任理论的检讨	《法学丛刊》1933年第2卷第2期	许鹏飞
刑事社会学派之社会的根据与社会的意义	《法学专刊》1934年第2期	黄得中
刑法之主观主义	《时代公论》1934年第102—103期	史尚宽
各国刑事立法之新动向	《北平周报》1934年第86期	时锋
新刑法之理论的基础	《国立武汉大学社会科学季刊》1935年第5卷第1期	蒋思道
刑法文化	《新建设》1935年第2卷第7—8期	蔚庭
现代刑法上犯罪故意与责任能力标准之探讨	《法轨》1935年第2卷第2期	李开棣
罪刑法定主义检讨	《国立北京大学社会科学季刊》1935年第5卷第4期	蔡枢衡
社会法制：住宅问题之立法的解决	《法律评论》1928年第6卷第2期	吴振源
劳动法的两个倾向	《新生命》1929年第2卷第5期	敬如
劳动契约法论	《社会科学论丛》1929年第1卷第6期	史太璞
一九二九年世界各国的新劳工法	《东方杂志》1929年第26卷第21期	黄卓
劳动法之根本观念	《法学新报》1929年第74—78期	拙夫
中国之劳工法	《社会学刊》1929年第1卷第2期	祝世康
中国社会立法起源及其发展之步骤	《社会问题季刊》1930年第1卷第1—2期	林东海
温情主义与劳动立法	《法律评论》1930年第7卷第47期	黄享
英国之社会问题与社会立法	《东方杂志》1930年第27卷第10号	章渊若
劳动法之思想的背景	《北大学生》1931年第1卷第3期	白鹏飞
近世劳工法之新趋势	《大夏周报》1931年第103期	陈宗城
团体协约之比较研究	《法学季刊》（南京三五法学社）1931年第1卷第2号	王宠惠
劳动立法论	《法学杂志》1931年第5卷第1期	孙晓楼

续表

篇名	出版信息	作者
劳动问题与现代立法之趋势	《劳动季刊》1931年第1卷第1期	章渊若
社会立法概述	《社会科学论丛》1931年第3卷第8—9期	余群宗
工会法之演进	《法学杂志》1931年第5卷第2—3期	孙晓楼
社会立法幼稚的中国如何消弭今后工潮	《法律评论》1932年第10卷第5期	陈振鹭
工会法演讲	《法学杂志》1932年第5卷第3期	孙晓楼
劳动立法之理论基础	《法学杂志》1933年第6卷第3期（《法学杂志》第6卷第3期为劳动法专号）	丘汉平
近代劳动立法之新趋势	《法学杂志》1933年第6卷第3期	孙晓楼
近世劳工法之特质	《中华法学杂志》1933年第3卷第3期	陈宗城
团体协约之法律的构成	《政治季刊》1934年第1卷第2期	吴振源
劳动立法中的工作时间问题	《大夏月刊》1934年第3卷第1期	陈兴华
劳动问题与劳动法	《法轨》1934年第2期	萧邦承
如何才是适当的劳动立法	《法律评论》1934年第12卷第2期	陈振鹭
团体协约法概论	《法律评论》1934年第12卷第7—10期	陆季蕃
社会立法	《政治评论》1935年第156—157期	黄公觉
社会法之现代性	《法律评论》1936年第13卷第31期	陆季蕃
劳动法之理想	《法律评论》1936年第13卷第38期	张蔚然
社会法之发生及其演变	《法律评论》1936年第13卷第15期	陆季蕃
社会立法之发生及发展	《中华法学杂志》1936年新第1卷第4期	张定夫
社会法意义之商榷	《法律评论》1936年第13卷第36、38期	陆季蕃
社会法在现代法制体系中之地位	《法律评论》1936年第13卷第19期	陆季蕃
社会法的基础观念	《法学杂志》1937年第9卷第6期	李景禧

（四）研究法律的方法、运用法律的方法

法学界在介绍社会法学派的过程中，对法律研究的社会学方法不乏阐释，而社会学界对法律的社会学研究方法则较少见。1930年，《社会学杂志》刊出《法律的社会学》一文，探讨以社会学研究法律的问题。该文认为，法律制度应该以社会学研究为基础，因为法律是为社会而设的。以社会学研究法律问题，包括立法的社会化，即以社会学原理来支配立法；司法的社会化，即以社会学的原理来解释法律；执法的社会化，即执法人员应受社会的拘束，由社会学的原理定其执法的标准；研计社会的法理学，便应以社会学的原理来讨论法理的意义。①

关于法律的解释与运用,中山大学朱显祯认为,法律的解释和运用不必"专尚论理之完全",必须顾虑"法律之目的,实际上之必要",所以需要运用"论理学上、经济学上、社会学上、法律学上及其他种种方面"的知识去观察社会生活与法律,做出适合社会实际生活的"实质的解释",从而使法律与实际生活"互相调和而不发生隔离背驰之弊"。②金兰荪则认为,当法无明文规定时裁判官应该采取积极态度,根据案件情况及当时的社会状况,从立法者角度创设新原则进行裁判。他认为裁判官立法和自由法说不会导致法律不安定和裁判官之失职,反而会使制定法的运用更加有效。③

其他相关研究见表3-10。

表3-10　　1928—1937年对法律研究方法和法律运用方法的研究

篇名	出版信息	作者	备注
法律的社会学	《社会学杂志》1930年第3卷第4期	不详	
论Durkheim的社会学研究法	《社会科学论丛》1930年第2卷第1期	何思敬	
法官与法律发展之关系	《法学季刊》1930年第4卷第5—6期	钱清廉	
法律解释论	《社会科学论丛》1930年第2卷第8、9期合刊	朱显祯	
新法学的方法论	《现代月刊》1931年第1卷第3期	孙心波	
法学研究方法之商榷	《朝阳杂志》1932年第1期	彭时	
裁判官与立法	《法轨》1933年第1期	金兰荪	
法律学与法律之解释及其适用	《法律评论》1934年第12卷第3—5期	彭时	
法官之自由与责任	《法学杂志》1935年第8卷第4期	燕树棠	
社会学对于法律及法学的影响	《商职月刊》1937年第3卷第5期	蓉	

(五) 法律与其他社会因素的关系

法律与其他社会因素的关系,是社会法学的一个重要问题。1928年,孙晓楼就认真思考了法律与其他诸种社会因素的关系。他赞同庞德所说"法律宜稳固而不宜呆板"的观点,认为欲把握法律与社会之间的关系,

---

① 《法律的社会学》,作者不详,《社会学杂志》1930年第3卷第4期。
② 朱显祯:《法律解释论》,《社会科学论丛》1930年第2卷第8、9期合刊。
③ 金兰荪:《裁判官与立法》,《法轨》1933年第1期。

需要考虑法律与社会道德、社会思想、社会经济、社会常态、"社会之气候"、"社会之土地"六方面的关系。① 单论法律与道德之关系，燕树棠的观点具有代表性。

燕树棠认为，法律与道德的关系问题是法学上的主要问题之一，20世纪以来欧美法学家对此产生了激烈的争论。社会学派和社会哲学派的法学家们"到了现在认识得比较清楚了"，这些法学家在研究法律的根本原则时，"不太注意法律的性质而多考求法律的目的或宗旨"，"关于法律与道德的关系，也渐抛弃旧日狭隘的见解，而把法律和道德都认为是支配社会的各种力量大问题中的问题"。从历史方面考察，法律在幼稚时期与宗教、道德混同不分；在严格法律时期法律与道德分离；在自然法发达时期"道德侵入法律，法律与道德于是又有混同的状态"；在法律成熟时期，立法盛行，法律与道德又呈现分离状态。分析学派坚持的主张是法律与道德是分离的。他认为分析学派的主张"实际上不能成立"，因为法学家、法官和立法家，虽然应该区别道德和法律，但决不能完全不注意"道德和道德学"。不论谁来完成立法的任务，都"不能不承认道德的原则以为指导"。从哲学方面来看，个人主义的学说在19世纪末已经渐渐衰微，社会主义的学说日渐兴盛。社会主义的学说是以社会人类的互助为基础，重视社会的利益，"满足人类的欲望这一句话就为思想界常常称道的口头禅"。所以，法律也就不被视为一种独立的制度，而被认为"要与别的社会制度合作"，才能达到"以最小限度的牺牲而达到满足人类欲望最大限度"的目的。在这种思潮下，法学界多主张"法律是道德范围以内的问题"。就分析方面而言，法律不可能与道德完全没有关系，它们之间至少有三个接触点。其一为法院立法。无论怎样改良法典，在实行的时候总是需要法院临时的补充。而法院立法的自由远小于立法机关，但这种立法"需要道德理想的指示"。其二为法律的解释。分析学派的主张意在限制法官道德观念的运用，贯彻机械逻辑的解释。但是法官在援用法律时总会遇到"按法律的文意是否得到圆满解决"的问题，如认为不

---

① 孙晓楼：《社会进化与法律》，《上海法科大学月刊》1928年第1期。

能，但会推求几个解释的"真义"和"真正价值"。法官关于"圆满"、"真义"和"真正价值"的判断，就有着道德的指引。其三为法律的适用。将法律做为机械的手段加以适用事实上为不可能之事，法官无论如何都有"自由判断的余地"。法官在自由判断中会有"是非曲直的情感"和"道德上的判断"。燕氏看到，事实上法官判断的自由不但没有受到限制，反而有扩充的趋势。无论如何，法官都会有自由判断的余地，而其判断总会"推求几个解释的真义和真正的价值"，法官的判断根本上说包括了运用其道德的判断。这种自由的判断不但没有被限制，反而有扩充范围的趋势。①

法律与其他社会因素之关系的相关论说，见表3－11。

表3－11 1928—1937年对法律与道德、经济等社会因素之关系的部分探讨

篇名	出版信息	作者
社会进化与法律	《上海法科大学月刊》1928年第1期	孙晓楼
礼与法	《法律评论》1929年第6卷第27期	胡长清
法律之伦理的意义	《法学新报》1929年第94期	毅公
法律与道德	《法学新报》1929年第101—102期	诚哉
法律与道德的关系	《国立武汉大学社会科学季刊》1930年第1卷第1期	燕树棠
论法律与经济之关系	《法政周刊》1931年第2卷第4期	陈葆仁
论法律道德	《法令周刊》1932年第105期	平午
公道与法律	《清华周刊》1932年第38卷第7—8期	燕树棠
今昔法律的道德观	《法学杂志》1932年第6卷第2期	孙晓楼
怎样调节法律与国民感情	《时代公论》1933年第52号	阮毅成
法与道德分化之由来及其趋势	《安徽大学月刊》1933年第1卷第4、7期	胡恭先
法律与正义	《法轨》1933年第1期	江镇三
法律和道德之关系	《法轨》1935年第2卷第2期	穆家瑞
法律与社会	《明耻》1935年第1卷第8期	季福生
礼治与法治	《国立武汉大学社会科学季刊》1935年第6卷第1期	赵凤喈
法律与道德	《法学论丛》1936年第2期	钟焕新

从表3－6至表3－10所示的研究主体和译载刊物来看，1928年至

---

① 燕树棠：《法律与道德的关系》，《国立武汉大学社会科学季刊》1930年第1卷第1期。

1937年对社会法学的研究，已经蔓延全国。研究社会法学的中心，除了北大法学院、朝阳大学、东吴法学院之外，中央大学、中山大学和武汉大学法学院也变得日趋重要。此间各地学者对社会法学的认识，与20世纪20年代前期的学者相比较，多有雷同之处，这正说明中国学界对社会法学的认识已经趋于稳定。学界对现代法学的进一步探索便在社会法学的基础上进行。社会法学说成为名副其实的"热点"。

三 自成一派的努力

中国学界对社会法学的理解，不可谓只有引介，没有创新。前述吴经熊关于心理法学、法律多元论和法律三度说的创见，就可谓中国学界对社会法学理论的创新与发展。吴经熊与庞德、霍姆斯、惹尼、施塔姆勒等当时欧美最有影响力的几位法学家有交往，并有对施塔姆勒和霍姆斯的学说进行调和，以创造新观点之意。而吴经熊留洋回国后所处的位置，以及回国后的学术研究，使其有可能对中国法学产生较大影响。

1924年吴经熊回国以后，任教于东吴法学院。1927年，东吴大学打算将法学院的管理层"本地化"，于是任命吴经熊为院长。吴经熊刚刚一上任，一位美国学者就赞扬他是"熟练掌握各个法律体系的大师"，认为"他丰富的学识、卓越的社会工作以及广泛的社会关系都是东吴法学院构筑其卓著声名的宝贵财富"，并称"从未见过比他更适合做比较法学院院长的人"。[①] 东吴法学院经过兰金和刘伯穆时期的发展，已经声名远扬，与朝阳大学并称"北朝阳、南东吴"。吴经熊院长时期，东吴法学院继续发展，东吴法学院的盛名反过来也使吴经熊的学说得到更广泛的关注。

1927年元旦，在同学陈霆锐和同事董康的推荐下，吴经熊被江苏省政府任命为上海公共租界临时法院民事法庭推事。4月，他又就任东吴法学院院长。东吴法学院的学生担心此后吴经熊忙于司法工作会减少法学创作，希望吴氏能在短期内多写些法学论文。吴氏便应学生请求，在一年多

---

① Manley O. Hudson, *Address at the Inaugural Exercises & President's Report to the Board of Trustees*. 转引自康雅信《中国比较法学院》，见于《美国学者论中国法律传统》，清华大学出版社2004年版，第595页。

时间里写出数篇法学论文,连同此前已经发表的部分法学论文,编成其个人法学论文集《法学论丛》。① 该论文集于 1928 年 9 月由上海商务印书馆出版。《法学论丛》共收录了吴经熊自 1921 年以来所写的 20 篇法学论文。共分四组:第一组,"建设性的论文"9 篇,分别是《法律三度论》、《法理学之范围新论》、《司法过程中的科学方法》、《裁判中之"不得不"逻辑》、《心理法学的问题与方法》、《霍姆斯法官的法律哲学》(德文)、《国际法的方法:关于法理批判的论文》(法文),《成文国际法》(法文)和《自然法》(法文);第二组,"评论性的论文"7 篇,分别是《霍姆斯法官的法律哲学》、《罗斯科·庞德的法律哲学》、《卡多佐法官的法律哲学》、《读卡多佐〈法律的成长〉后的几点评论》、《施塔姆勒及其批评者》、《詹姆斯·威尔逊的法律理论》、《关于几种法律一元论的观点》;第三组,"中国法的研究论文"2 篇,分别是《来自中国古代法典及其他中国法律及法观念资源的阅读材料》、《中国民法的渊源》;第四组:"作者观点的讨论与合作论文"2 篇,分别是《施塔姆勒:关于法律哲学的问题与方法》、《卡多佐:法律的意义(〈法律的成长〉摘录)》。其中多数文章涉及社会法学问题的探讨。该书出版后,引起各方积极反响。美国西北大学法学院院长威格莫尔读到此论文集后,也在《伊利诺法律评论》上为本书撰写书评,并称"作为一名法律哲学家,该作者现在站在前列。……遗憾的是,我们自己的法律作家达不到同样的自信和挥洒自如"②。

也正因为《法学论丛》一书展现出来的才华吸引了美国法学界,该书出版不出数月,美国西北大学法学院和哈佛大学法学院都邀请他去做法学讲座。这在当时的中国学界是绝无仅有的,后来成为东吴法学院教务长的盛振为说"吴经熊是中国受聘哈佛任教的第一人,又是继剑桥大学霍沃恩教授和国际法院彼特曼法官之后担任西北大学罗森泰讲座教授的第三人"。③

---

① John C. H. Wu, *Juridical Essays and Studies*, The Commercial Press, 1928, Preface, p. 1.
② Illinois Law Review, 1929. 转引自吴经熊《超越东西方》,周伟驰译,社会科学文献出版社 2002 年版,第 138 页。
③ 盛振为:《法学院概况及本年大事记》,《东吴大学年刊(1930)》,转引自孙伟《吴经熊与近代中国法制》,中国法制出版社 2010 年版,第 42 页。

第三章 社会法学的扩散与发展

吴经熊在国外赢得盛名的同时，国内学界也给予极高评价。东吴法院1927届毕业生高维廉直认吴经熊的《法学论丛》使中国的法学思想在世界法学上"跃居领袖之地位矣"。[①] 高氏受业于吴经熊，此番评价虽不免个人感情色彩，但也能一定程度上反映吴经熊的法学思想在法学界的地位。

早在1926年，吴经熊在为陆鼎揆所译《社会法理学论略》所写序言中称自己的学说属于"新分析派"，而且还说该派在世界上"还没有强有力的代表"。1930年，东吴法学院1925届毕业生端木恺认为，吴经熊就是新分析派的一个重要代表人物，并将吴氏1928年9月出版的《法学论丛》视为新分析派的作品。他说："自从去年吴教授的《法学论丛》出版以来，已引起全球法学界的注意，这不特是沉寂已久的中国法律思想上的一大转机，并且是世界法律思想上的一大革命。"[②] 他认为，吴经熊的思想虽然"还不能说成熟"，但吴氏对法学的态度已经表明他"绝对主张这一派"。按端木恺的理解，新分析派的基本主张是"用科学的方法来研究法律的现象，使法学变成一个真正的科学"。在端氏看来，当时社会学派已经取代哲学、历史、分析三派，正处于全盛时代，而他和吴经熊主张的新分析派正在酝酿之中。

关于新分析派与旧分析派的关系，端木恺强调新分析派"究竟不是分析派"，并非英国正统分析派法学家奥斯丁传下来的统系。因为奥斯丁所代表的分析派只是从事"形式上的分析"，而新分析派欲从事"实体上的分析"，即"不单就法律的条文与原则方面纂其统系，把法律的变化完全看做既往的法律现象之产物，而要比较社会的、经济的与心理的状态，搜求每一法律变化的社会原因及作用"。在端氏看来，之所以要将新学派命名为"新分析派"，是由于他们与奥斯丁一样，都主张法律不能离开现实的内容，都注重法律的科学性。新分析派更不满意奥斯丁分析派的地方在于，旧分析派"太偏重于法律的概念部分"，而没有注意研究"法律的进化"和"裁判的程序"。[③]

---

① 高维廉：《中国法学思想之国际地位》，《法学季刊》1930年第4卷第3期。
② 端木恺：《中国新分析派法学简述》，《法学季刊》1930年第4卷第5期。
③ 同上。

引介、诠释与运用

关于新分析派与社会学派的关系,端木氏认为新分析派法学"可以说是从社会法学脱化而来",虽然分析派和历史派过去"互相水火",但新分析派和有新历史派之称的社会学派并不是互相冲突的;相反,新分析派"直接社会学派之后","受了社会学派很大的影响,所以与社会学派的关系非常密切"。他甚至称,新分析派"在没有长成之前,就放在社会派之内为一支脉,亦未尝不同,至少他不曾与社会学派处于相对的地位"。[①]

端木氏认为,新分析派在社会学派基础之上有所改进。其一,对法律的动与静之关系的认识与处理。在他看来,研究法律的"动性",完全是社会学派的主张。他说社会学派"只看见各种单独的法律,至于法律,他们却没有看见过",大法学家如庞德也不能回答"什么是法律"的问题,霍姆斯也只能得出"法律即预测"的看法;而新分析派则以"法律即预测"的格言为出发点,从时间、效力范围和事实的争点三方面确定了法律的"线度",把时间、范围与事实组织成为"法律的化合元素",从而在法律预测论的基础上又注重法律各个因素之间"互相联络互相牵制的关系"。端木氏此点当然是采纳了吴经熊的观点。端木恺认为,新分析派与社会学派不同的地方就在于新分析派更注重"关系的系统",也就更能使法律成为一种"科学",社会法学派的代表人物庞德说"法律要稳定,但不能静止",吴经熊则说"法律是动的,但是我们要在它演进的程序中,找出关系的系统"。其二,如何才能使法律动静并重。庞德认为,动静之间的权衡"都可归于社会的利害",而社会的利害也没有绝对标准,需视时间与地方的情形决定,"在政治安定的时候,人民的自由便是社会利害的要点,在战争时代,社会秩序便要放在个人的自由之上了;在文明进步国家,所需要的是公共道德的建设与社会制度的保障,在落后国家便要鼓励改良,遇事求新"。新分析派认为,社会的利害之确定"未免太予法官以反复的机会了","吴经熊教授是要拿人性来解释法律"。按端木恺的说法,法律的稳定性依赖于社会的心理,任何时代的法律或法律观念"实视舆论的趋势而定"。他认为用社会心理来解释法律"要比社会的利害说得通点"。社

---

① 端木恺:《中国新分析派法学简述》,《法学季刊》1930年第4卷第5期。

会学派也经历了心理学的发展阶段，但端木恺认为社会学派注重的是"利害、需要、功能"，而新分析派所讲的心理学在于意识而非行为，注重"内在的素质、情绪、习惯、集合等等"。①

端木恺关于新分析派的认识来自于吴经熊，他说"愚随德生先生（吴经熊）游，凡二年有奇，日亲谈吐，故获略知大概"。他将吴经熊的法律思想标明为"中国新分析派法学"，是因为"德生博士致力法学改造，已近十年，且揭新分析之帜，奋勇直前，以其学派之名题吾文，从其志，亦所以略明法学之趋向也"。②

端木恺此文出后，另一位学者孙渠继续论说中国新分析派法学。在孙氏看来，新分析派法学以常人的角度观之，表现为"法律之本体在于人民之间，而法律之形式存于条文之上，官吏采民间之法以制条文之法，故人民可以不知条文之法而自不违者以此"；法律合于"共守之秩序"则"虽不知法而法仍在"，不合于此秩序则"虽知法而法仍虚也"；法律"惟能使社会各种利益得公平完满之调节"，才是"至善之法"。孙氏认为，新分析派法学的哲学观视宇宙本体为"延绵不已之演化"且为"整个的动体"。由此哲学基础观察社会，则在社会中"各个人相互影响"，"宗教制度、法律制度、道德制度及一切社会制度，相互影响"，法律与社会"为不可分离解决问题"。③

孙渠认为，吴经熊提出的法律三度论是新分析派的法理基础。在他看来，历史派偏重"时"之一度，社会派偏重"空"之一度，分析派偏重"事实"一度，能够"统三派而熔冶一炉，舍新分析派谁属耶！"依孙氏之意，新分析派大有超越此前所有学派之意。不过，他也承认，新分析派法学的主要工作是在辨别"已存法律之常态与变态"，并"应用常态之下种种三度，构成种种法律之因果关系"，以"预言"法律。④可见，孙氏认为新分析派与霍姆斯"法律即预测"有共同之处。

---

① 端木恺：《中国新分析派法学简述》，《法学季刊》1930年第4卷第5期。
② 同上。
③ 同上。
④ 同上。

引介、诠释与运用

关于如何应用"三度",孙氏认为新分析派的分析工作有三:"一、分析在研究中各种法律,各有效时代以内,整个社会中各部分社会之思想及制度之内容,取同去异,以得各种法律之时代特性;二、分析在研究中各种法律,各有效地域以内,一部分社会中各时代思想及制度之内容,取同去异,以得各种法律之地域特性;三、分析在研究中各种法律,与其所裁制之事实的对象,使合于一法律,有一法律标点之条件"。除此之外,还需要"不得不"逻辑的方法辅佐法律三度说的运用。"不得不"逻辑是社会学派关于在司法审判中如何达到公平正义的方法,最早是由吴经熊引介到中国。按孙氏的理解,所谓"不得不"逻辑是指"在某时代、某地域,对于某法律标点,不得不有某法律,否则将有何种不良结果,或不良影响随之,则于无标准中,可得一种标准"。①

关于中国新分析派法学的渊源,孙渠以为应以吴经熊为代表。孙氏虽承认近代法学"自西方输入",但认为新分析派的见解可求于中国古代各家学说。他认为新分析派的观点在中国是有思想基础的,认为"间有片断之见解不乏独到之处,岂可没也……且学理之积成,非一朝一夕之功……中国原有新分析派之基础,虽浅非无,而尤非凿枘不相容者",如果再能从西方"移植于后",则"繁昌可知矣"。在他看来,儒家之"礼"与新分析派之"法"非常相似,一方面"构成法律之三度,融合于整个社会自体之深化程序中,是为法律之动的本体",另一方面"演化程序之中,变不失常(时),异不失地(地),分不失统(法律标点),此关系之系统,即法律之静的形式"。法家之"法","为官府颁布成文之法,君主可以自由立法亦可自由废之,不由民议,法律与社会同为固定,排除一切主观之伦理,专凭客观之法律,根本反对尚贤,且不容有用智之余地"。在孙氏看来,法家之"法""去新分析派之法远甚",但其功在于确定法律有客观标准。孙氏认为,儒家"有法律本体之动观,无法律形式之静观",而法家与之相反,若将二者"熔铸一炉",则新分析派的要素具备。基于这种认识,孙渠认为,新分析派法学,既可以说是"舶来之新说",也可以说

---

① 端木恺:《中国新分析派法学简述》,《法学季刊》1930 年第 4 卷第 5 期。

第三章 社会法学的扩散与发展

是"古学之复兴"。① 孙渠所论新分析派法学与儒法两家学说的关系，恰当与否姑且不论。他将源于社会学派的新分析派法学与中国固有思想相连结附会，已经显示中国学者之论外来社会法学说，仍然离不开固有文化的影响。

高维廉认为吴经熊开创的法学思想"有数点异于通常之法理学"。其一，在立场上，视法律为"宇宙一部分之表现"，所以欲对法律的运用及其与人生的关系"加以联络做整个的考察"。其二，在方法上，绝不"迷信一件工具而遍取各家学说以互相联络运用之"，"如斯丹木拉之逻辑，滂特之实验，阿尔姆氏之内觉及经验等，及分析法，历史法，心理学法以及各种科学方法"皆成为研究法律的工具。其三，在目标上，认为法律自身的研究与解决"为人生之研究与解决之一道"。高氏认为，"三十年来我国法学既有如许进步，则将来进展，尤无限量"，而对于西方法学，则疑其"根本有错"。他认为中国的礼教重义务但养成了退缩的风尚，西法重实用但缺乏高尚的目标，希望融合中西，选长弃短，"调和而支配之"以造成"一新文化之新法律"。②

吴经熊的法律三度说影响远不止于此，还对不少法学家造成了影响，甚至影响及于立法院院长胡汉民，此待后文提及。刘承汉、季福生、叶利新等法学者亦接受并运用了法律三度论的观点。③ 最值一提的是吴经熊的学生陈振旸，他在吴氏法律三度论的基础上提出了所谓"法律四度说"。

陈振旸，东吴法学院1935届毕业生。他从何谓法律入手，认为自然法学派、玄学法学派（哲学法学派）、历史法学派和分析法学派都只知使用"学究式之绎演方法"研究法律，其共同的最大弱点在于都在主张"概念的法学"，对现实社会毫无意义，缺乏实在的价值。只有社会法学派注重事实与归纳，"不重抽象之内容而重实际之作用，唯归纳法是尚"，使法律观"由空泛到具体"。他认为社会法学派法学家提出法律只是一种预言的

---

① 孙渠：《续中国新分析派法学简述》，《法学季刊》1930年第4卷第6期。
② 高维廉：《中国法学思想之国际地位》，《法学季刊》1930年1月。
③ 刘承汉：《现行法与民生主义》，《现代法学》1931年第1卷第7—9期；季福生：《法律与社会》，《明耻》1935年第1卷第8期；叶利新：《法律与民生主义的关系》，《民钟季刊》1937年第3卷第1期。

297

观点十分精辟，并知吴经熊的法律三度论，实乃法律即预言之说的发展。①

关于法律四度说思想的来源，陈振暘说："十载以前，吾师吴德生博士尝作法律三度说一文，意谓法律之为物，不可与事实、时间、空间须臾或离也。春雷一声，振聋聩发，斯说对法律之涵义可谓一针见血，而示吾人以何谓'法律即预测'之迷津。至近代法律科学之进为归纳的科学者，该文则更与有力焉。本文之作，亦以吾师之说为蓝本，推论而已，特于三度之外，再增一度，而名曰：法律四度说。"② 陈氏所谓法律四度说，是在吴经熊"时间、空间、事实"三度之外，另增加了"因人性"。因人性，"非曰'礼不下庶人，刑不上大夫'而使法律之效力因人而异"，而是注重"徒法不能以自行"，即不单重视"治法"，同时重视"治人"的作用。在陈氏看来，即便有同时、同地之同一事实，法官"上下其间"，亦可产生不同的判决，即产生不同的法律效果。虽然一切学理、习惯、法条等因素可以限制法官思想的自由，但是法官对这些学理、习惯和法条的理解力与认识力又各不相同，所以对同一事实会产生"特异之可能"。因此，法律活动的限制在于法律须恃人而运用，法官思想认识的不同使法律不具有"绝对真切性"。在陈氏看来，人是"灵性之物"，法条之所以具有弹力性，也是因为法律的因人性，弹力大小操于法官之手。由此，他认为，虽然欧美法官并无立法之责，但实际上法官却在不断地修正法律，"一切判例并非仅为发现，而含创造性"。③

陈氏将法律四度说与法律三度说进行了比较，认为若依三度论，则"大前提是法条，小前提是事实，结论是法律"，若依四度论，则"大前提是法条、法律原理、法官的人生观、法律哲学等等，小前提是事实，法院结论是法律"。④

陈振暘的法律四度论虽从吴经熊的法律三度论发展而来，并明显地受到美国法学家弗兰克和卡多佐的影响，但其论较吴氏更为详细周到，颇有

---

① 陈振暘：《法律四度说》，《法学杂志》1935 年第 8 卷第 1 期。
② 同上。
③ 同上。
④ 同上。

青出于蓝而胜于蓝之势。

第三节　总结性思考:张知本及其《社会法律学》

考查民国时期的法学著作,论法理学、法律哲学者实属不多,最多者为域外学人著作的译本,其大要已前述。偶有时人出版数本法学论文集,已属难得,如吴经熊的《法学论丛》(Juridical Essays and Studies,商务印书馆1928年版)、《法律哲学研究》(商务印书馆1933年版)、《法学文选》(上海会文堂新记书局1935年版)、《法律之艺术》(The Art of Law and Other Essays Juridical and Literary,商务印书馆1936年版),许藻镕的《法学论文集》(朝阳学院出版部1931年版),阮毅成的《政法论丛》(南京时代公论社1932年版)、《毅成论法选集》(正中书局1936年版),章渊若的《章力生政法论文集》(商务印书馆1936年版)等。1928年以来,国内学界从法理角度审视社会法学的专著,大略仅有如王传璧的《法理学史》(上海法学书社1929年版)、梅汝璈的《现代法学》(上海新月书店1932年版)、丁元普的《法律思想史》(上海法学编译社1932年版)、张知本的《社会法律学》(商务印书馆1931年版)等有限几种。然考其内容,当数张知本的《社会法律学》一书最为系统周到且具创造性,该书也是中国第一本以"社会法律学"命名的专著。1936年,正在日本仙台帝国大学留学的李景禧就说"(在中国)社会法的专著只有张知本先生的《社会法律学》一册"。[①] 李氏之意,张知本此书在中国的社会法学研究中占有重要地位。

张知本(1881—1976),字怀九,湖北江陵人。1900年,赴日留学,入日本法政大学学习法律,1905年学成回国。后游走于学界与政界之间,曾任湖北军政府司法部长,江汉大学校长,私立中华大学教授,湖北法科大学校长。"九·一八"事变以后,被选为国民党中央执行委员会候补委员。

---

① 李景禧:《社会法的基础观念》,《法学杂志》1937年第9卷第6期。

1931年9月，张知本《社会法律学》出版，该书曾被当今部分学者视为中国法社会学开始的标志。[①] 其间之误解自不待言，不过《社会法律学》和此前中国学界的论著相比，对社会法学的理解系统全面又有独到之处，颇能展现该时学界对社会法学的理解水平。

一 对社会法律学的定义、派别、发生原因及其重要性的认识

1. 什么是社会法律学

在张知本看来，社会法律学与一般法律学一样，都以法律现象为研究对象，其特别之处在于研究方法和研究目的。在研究方法上，一般法律学"专用法律学之方法从事于法律之研究"，惟注意于法律本身的内容，要么如自然法学派"替法律建立纯理论之根据"，以为法律具有某种"永世不变之性质"，要么如分析法学派"从现实法而为分析的研究"，以为法律属于"主权者之命令"，要么如历史法学派"从历史上探究已往之成规"，以为法律是"根据于民族心理而来"，其共同缺点是"只知形成法律之一般概念而不知探讨法律之实在价值"。社会学的方法则着眼于"社会之实际的人类生活及其变迁状况"，其所言法律不局限于单纯的法规，而扩大至"形成社会现象之法律"，进而探讨法律的"实在价值"，专在研究"适合于社会实际生活之法则"，以备立法者之采择。

在法律目的上，自然法学派、分析法学派、历史法学派等一般法律学都以"保持固有之法律精神"为目的，其精神"仅在拥护个人自由之权利"。社会法律学则对于趋向极端、妨碍社会共同利益的个人利益予以限制，其目的在于"企图调和社会上之人类间利害冲突，以增进多数人类生活上所要求之最大利益"。

由此，张氏得出社会法律学的定义："社会法律学者，即以形成社会现象之法律为对象，用社会学之方法，探讨法律之实在价值，以冀调和人

[①] 侯猛便持此观点。见氏撰《中国法律社会学的知识建构和学术转型》，《云南大学学报》（法学版）2004年第3期。

类利害冲突，增进多数人利益之学问也。"①

在张氏看来，社会法律学之所以会发生，是由于个人主义的法律导致了严重的社会问题。张氏认为，自然法律学、历史法律学、分析法律学产生并助长了个人自由主义法律，个人自由主义法律将财产所有权神圣化，亦视一切契约行为完全自由。有产者便可以依赖法律的力量"尽情发挥彼等之资本能力以扩充巨大之财富"，无产者之"数"则无限增大，造成一小部分人"席丰履厚"，"不劳而获"，大多数人陷于贫乏的境地，由此而衍生犯罪和疾病问题。在张知本看来，犯罪源于"经济上或政治上的阶级斗争"，个人自由主义法律使越来越多人陷于贫困境地，因而犯罪越来越多且累犯者日众；个人自由主义法律亦致使社会出现越来越多"文明病"（结核病，精神病等）。张氏认为，在这种社会情形下不独一般贫乏者遭受不幸，有产者"亦未见其有幸"。当时学者有鉴于此，乃主张"本于利益社会之目的"、"以社会学之方法"从事法律研究，注意于法律与社会实际生活的联系，以改善社会状况。社会法律学由是产生。②

2. 社会法律学与个人主义、社会主义法律观念的不同

张氏认为，现在法学界存在两种极端对立的思潮，一为个人主义法律观念，一为社会主义法律观念。个人主义法律观念以法律为保护个人权利的工具，最终使少数富有者"得以本其既得之财产所有权尽量发展其自私自利之欲，而不顾及贫者之利益"。社会主义法律观念以法律为阶级压迫的工具，主张贫者为了解放压迫需要扩大阶级斗争的范围，"以消泄其敌视富有者之忿怒"。张氏认为这两种法律观念助长了"今日世界各国之贫富斗争"。他认为法律的目的"当然以调和全体人类之利益为主"，如果扬此抑彼，就会违背法律的社会目的，只有社会法律学才基于社会的目的而从事法律研究。

他认为社会法律学的研究在当时世界之法学界"尚未登峰造极"，不过自德国耶林格（耶林）提倡"利益法学"以来，社会法律学已为全世界法学者所注意，法国法学家杜基（狄骥）关于社会连带论的论著是"社会

---

① 张知本：《社会法律学》，上海法学编译社1931年版，第3页。
② 同上书，第8页。

法律学最有名之著作"。他认为社会法律学也蔓延到了日本,"最近日本法学界亦多注意及此"。他认为中国讲求社会法律学已经迫在眉睫,因为"社会上之骚扰已达极点",人民生活多有"不安",要求得"安之之道",只能从法律问题入手。而中国许多学者"仍多固守向来之传统学说以冀维持旧势力者之特权",或"提倡趋于极端之新说以冀扩大一般穷苦者之斗争",最终全体社会成员必然"同受其祸"。他看到,中国已有不少法学家对社会法律学"渐有注意",希望借由其著作"引起法学同人对于社会法律学研究之兴趣"。①

张知本对社会法律学的论说,特别强调该说与社会主义法律观念不同。其原因一则出于法理上的论证,二则可能与他国民党要员的身份有关。在当时国共对抗的背景下,张氏对于所谓"极端之新说"自然不会赞同。

3. 社会法律学的派别

张氏认为,在社会法律学形成学问的形态以前,已经有社会哲学派作为"先导",并对社会法律学产生了不小的影响。按张氏的理解,社会哲学派是从19世纪的个人本位思想中脱离出来,移转至社会本位方面而形成的,其法律观念成为后起的社会法律学"得与时代相适应的根本思想"。社会哲学派又分社会功利派、新康德派和新黑智儿派,其代表人物分别为耶林、施塔姆勒和柯勒。耶林的"利益法学""已启后来由个人本位移至社会本位之端",但其专以社会利益为法律之基础,未脱"理性哲学之范围"。施塔姆勒谓法律之自由"以社会为标准而不以个人为标准",其对社会的注重"已有二十世纪式之新倾向",然其说以"内部意志"为法律基础,抹杀了"人类外部之社会经济条件"。柯勒将法律视为"文化现象",以"民族文化"为法律的基础,并主张用"归纳的实验方法"进行法学研究,但其偏重于"过去文化",不能充分说明未来文化与法律的关系,致使法学"固执过去之法律观念"而"排斥新兴之法律观念"。② 张氏认为社会哲学各派之立论偏重理想,试图以此理想为标准形成现实的法律,社

---

① 张知本:《社会法律学》,上海法学编译社1931年版,自序。
② 同上书,第15、17、18页。

第三章 社会法学的扩散与发展

会法律学则偏重实际，欲以"人类之实际标准"形成现实的法律。张氏认为，虽然社会哲学派和社会法律学都着眼于"社会全体利益"，但前者以"纯粹的理想"为法律的基础，后者以"人类之实际现象"为法律的基础。①

马克思派法律学，张氏称之为"唯物派法律学"，被归入社会法律学之一派。张氏对唯物派法律学"以经济的条件为法律之唯一基础"并注重"人类的努力"表示赞同，但对其阶级斗争的观点，则认为"与社会法律学之目的相背"，因为法律"固不宜拥护资产阶级一阶级之利益，亦不宜拥护无产阶级一阶级之利益"，社会是"人类全体之社会"而不是"某一阶级之社会"，法律应顾及"全体人类"之利益。②

按张氏的理解，社会法律学之派别，除前述唯物派之外，尚有机械学派、生物学派、心理学派和综合统一派，此与陆鼎揆、王传璧等先行法学家之观点无异，只是张知本对各阶段社会法律学的理解与前略有不同。关于机械学派社会法律学，张氏认为起源于孔德，代表人物是斯宾塞和贡普洛维奇。斯宾塞既属于生物学派，又是机械学派的"有名者"，此前中国学者论社会法律学通常认为斯宾塞是生物学派的代表人物。斯氏的机械学派社会法律学主张法律是"社会势力互相冲突之自然结果"，解决冲突的方法唯有"改善法律以保持利益的均衡"，即法律为"调和阶级斗争"而发生和发展。③ 张氏认为贡普洛维奇的社会法律学和斯宾塞一样，其理论基础也建立在"阶级势力斗争上"，贡氏学说主张作为制定法律的支配阶级"为维持自身安全起见"，应"顾及社会利益"，法律的目的便在于"调和阶级间之冲突"。张氏认为其学说一面"谓法律为人类阶级斗争之结果"，一面"谓阶级斗争为自然法则而非人类之努力"，"未免自相矛盾"。④

张氏所理解的生物学派社会法律学是将达尔文生物进化论思想应用于法律学而产生的，其主要主张有三：一为"法律保护社会优者说"，二为"法律保护社会劣者说"，三为"法律保护人类全体说"。张氏认为只有第

① 张知本：《社会法律学》，上海法学编译社1931年版，第13页。
② 同上书，第35—36页。
③ 同上书，第21页。
④ 同上书，第23页。

三说较为妥当，法律保护"优者"会造成"残忍悲惨之社会"，保护"劣者"亦与"人类平等之原则"不合。在张氏看来，人类社会各个人的生存要求"惟有在社会全体共同生存之中始能得到满足"，而社会全体的共同生存"惟有在法律拥护之下始能实现"，所以法律是"维持社会全体生存之工具"。因生物学派社会法律学注重"民族"和"人种"的势力，张氏又称其为"人种学的法律学"。张氏认为人种学的法律学重视民族的势力而忽略了作为"人类生活基础之经济的势力"，"其于法律之真实本质，必终难阐明也"。①

心理学派社会法律学"以人类之心理的势力"为法律的基础，并以此说明法律现象的本质。张氏认为该说主张拥护社会各阶级的利益，意在使法律社会化，所以"不能不予以赞同"，但认为其过于注重精神而忽视物质。②

张氏认为，综合统一派社会法律学的代表人物巴恩特（庞德），在法律研究方法和法律目的观方面有独到的见解。庞德关于法律研究方法的观点，张氏的理解与陆鼎揆、王传璧等人的理解无异。在法律目的方面，张氏认为，法律目的会因时代不同而有差异。在原始法时代，法律的目的在于"维持社会和平"；在严格法时代，法律的目的在于"巩固国家主权"；在自然法及衡平法时代，法律的目的"渐渐趋于自由化"；在法律成熟时代，法律最主要的目的在于"拥护财产私有权及契约自由"；在19世纪末以后的法律社会化时代，"集团主义"代个人主义而起，法律的目的在于"保护社会利益而限制个人极端之自由"。③

二　对社会法律学法律观的认识

1. 法律的经济基础

在张氏看来，社会法律学主张法律的发生和发展"完全基于社会经济关系"，而非基于"自然"、"神意"、"君主命令"、"民族意思"、"人民意

---

① 张知本：《社会法律学》，上海法学编译社1931年版，第24—25页。
② 同上书，第29页。
③ 同上书，第33页。

思"、"社会心理"等精神因素。张氏认为，法律虽然基于社会经济，但它本身有固定化的倾向，"在相当期内即须离开经济基础而保持其独立之生命"，并反作用于经济，成为经济发展的"桎梏"，"阻止社会之进化"。待法律限制经济发展至"卑劣生活亦至不能支持"时，便会"本于维持生命之要求而改革法律"，法律仍须适应新的经济要求而作相当的修正，与经济的发展"以俱进者焉"。法律虽然基于社会经济，但法律并非仅由经济关系"自然"变化而来，其间有"莫大之人为努力"参与，人类亦不能"随意自由地"制造法律，仍需依据社会的经济要求而定。在张氏看来，地理亦为"物质"之一，地理关系影响及于法律"仍非单纯之地理关系"，"乃由经济关系所支配之地理关系"。①

2. 法律的社会目的

法律的社会目的，即"法律为达到社会全体利益之目的而规律人类行动之谓"。在这种观点之下的法律是"对于人类所要求之种种利益尽量予以保护增进之一种社会规范"。张氏认为，过去的法学家和立法者多注意法律的"自足性"，只知法律的静态，而不知法律对于社会的目的，不知法律"别有一种动态"。张氏认为法律社会目的论的理论基础是狄骥所说的社会连带论。人类原本在社会中有相互依赖的关系，因社会中的生活资料有限，冲突在所难免，社会相互依赖的关系不能再维持，人类各群（各阶级）为了自身的生存目的会展开"斗争"，最终"双方同受莫大之牺牲"。法律则能调和各阶级的利益，使强者"不至侵害弱者之利益"，弱者"亦不到侵害强者之利益"，从而防止这种"斗争"，维持人类社会的相互依赖关系。由此，人类社会的全体利益得以维持，法律的任务"尽矣"，法律的目的"亦即完成"。②

至于何为社会利益，张氏采纳了庞德的社会利益说，将社会利益分为一般的安全、社会制度的安定、自然力的利用及保存、一般道德的维持、促进文化的发展和维持个人生活六项。此点吴经熊等人已有论及，张氏进一步对各项社会利益的关系做了说明。在他看来，第六项"个人生活之维

---

① 张知本：《社会法律学》，上海法学编译社1931年版，第42—45页。
② 同上书，第47页。

持"才是社会利益的中心,第三项"自然力之利用及保存"、第四项"一般道德之维持"都是助长第六项实现的手段,第一项"一般之安全"、第二项"社会制度之安定"、第五项"促进文化之发展"是第六项实现后"应有之结果"。在张氏看来,欲求个人生活的维持,有两个前提:一是限制私人占有社会富源以满足一己之无限欲望,二是禁止个人间的"残忍剥削"而罔顾他人的生死存亡。如果法律能够增进第三项利益,私人"即不能独占社会之富源";如果法律能够增进第四项利益,个人间的残忍剥削"即可消灭"。社会上缺少独占富源的个人,又少残忍剥削的恶行,各个人的生活"自可赖以维持",所以第三、四项而是实现第六项利益的手段。各个人的生活得以维持,则"人类生存于社会之唯一目的即已达到",社会一般的安全、社会制度的安定和社会文化的发展自可"顺利进行",所以第一、二、五项是实现第六项后"应有之结果"。张知本认为,社会法律学所言法律的社会目的,"如用中国国民党党义说明之,即可谓系民生主义之立法",因为民生主义"首先即在解决社会之各个人生活,而其所主张之实现方法,一曰平均权,一曰节制资本,此种主义其目的乃是真正为谋社会之利益,而非专为拥护个人之权利"。他深信如果"能据此以立法","则法律即成为以社会利益为目的之法律矣"。[①] 张知本将社会法律学的社会目的观与三民主义的立法精神等同起来,"平均地权"和"节制资本"的党义便与社会法律学的内涵在"以社会利益为目的"方面取得了一致性。张知本有此认识,除了学理方面的相通性以外,还与他作为国民党元老的身份有关。不过,立法院院长胡汉民对社会利益的理解,却隐去了"个人生活之维持"的表述。

3. 法律的权利否定

在张氏看来,社会法律学既主张法律的目的在谋社会利益,所以一方面"须轻视个人之权利",另一方面"须注意社会之道德"。张氏认为,个人主义的法律拥护个人权利趋于极端,不顾及社会利益,最终只有少数人有人权而多数人的人权"被少数人之人权所剥夺"。他推崇孔德、狄骥的

---

① 张知本:《社会法律学》,上海法学编译社1931年版,第50—53页。

"权利否定说"。孔德欲以义务本位思想代替权利本位思想,认为个人在社会上只有"履行义务之权利",绝没有"履行义务之权利以外之权利"。张氏认为这种主张是"社会法律学之基本原理"。[1] 张氏认为狄骥的权利否定说与孔德"不谋而合",视狄骥为"社会法律学者中之较有权威者"。他认为狄骥的法律思想基于两点而提出:一是认为社会中的人类具有连带的关系,二是认为法律须随社会之变化而变化,才能与人类的社会生活相适应。根据张氏的理解,在公法方面狄骥否认国家主权是一种权利,否认天赋人权,主张从义务方面言主权,应以"助长公益事业之公的实力观念"代替"公的权力观念",国家对个人也不再止于消极地"不侵害其权利",而应积极地"经营特种公益事业"。在私法方面狄骥否认过往"在不妨害他人之范围内的自由"和"对所有物的绝对支配权",欲以"社会的作用力"代替过去的自由权和所有权,即主张"自由权所有权皆惟有在营社会的作用之下方有存在之余地",自由权和所有权"只是负担社会义务之手段而不是个人权利之目的"。张氏认为,只有自由权和所有权解释为个人履行义务的手段,才能与"人类在社会连带关系中共同生活的实际情形"不相背驰,即人类在社会上没有任何权利,只有服从社会规律而履行社会职务的义务。在张氏看来,法律的权利本位就是个人本位,法律的进化是由义务本位进至权利本位,再返回到义务本位的,不过"现代所谓义务本位"与过去的义务本位不同,因其义务在于"履行社会职责的义务",所以又称"社会本位"。[2] 虽然张氏对"现代的义务本位"做了社会职务式的解释,但个人权利和个人利益在其眼中已经具有了某种非正当性,他说如果权利"不为社会利益而行使",则法律不应予以保护。[3]

4. 法律与道德的一致性

张知本认为,一般法学家过于强调法律与道德的种种不同,而社会法律学则注重法律与道德的一致性。在他看来,法律和道德仅有形式上的区别,前者有立法的形式,后者无立法的形式,而两者实有许多相同之处,

---

[1] 张知本:《社会法律学》,上海法学编译社1931年版,第55—56页。
[2] 同上书,第57—60页。
[3] 同上书,第63页。

如二者对人类行为及心理所发生的作用具有一致性，都是人类在一定社会经济条件下"基于保持其共同生活之意思而设定之社会规则"，二者皆是"规律人类履行社会义务之法则"，二者的目的都在于"维持人类社会实际生活之秩序"且都具有强制性。① 张氏认为，现在法律中关于"公共秩序"和"善良风俗"的规定，实为要求一种新道德，新道德中的公共秩序是指"适合于人类全体生活之秩序"，善良风俗是指"适合于人类全体生活之风俗"。②

5. 法律的强制性何在

张氏认为社会法律学上所言法律的强制性，既不是分析派所说的属于"主权者"，也不是唯物派法学者所说的属于"支配阶级"，而是属于"全体人类所组织之社会"，社会法律学所主张的强制力是"社会力"，即"人民之力量"。社会力的表现可以是"舆论之攻击"，使统治者知所警惕，也可以是"革命的爆发"，以摧毁统治者。由此，法律便不能被统治者"任意左右"。③

6. 法律的保守性与进化性

张氏认为，法律本为调和各阶级利益避免冲突而生，而随着社会经济的发展，必然会出现两种趋势。一方面强者阶级可以借法律维持其特权，由此形成法律的保守性，另一方面弱者阶级有新的法律要求，由此产生法律的进化性。法律的进化可以通过"强者阶级承认新法律要求"和"弱者阶级夺取政权后自订新法律"两条途径实现，前者为和平妥协，后者为革命争取。社会法律学便要求得法律的保守性和进化性的平衡，使法律的进化通过和平妥协的方法进行。④

7. 裁判上立法的正当

张氏认为一般法律学谨守"三权分立"学说，属于司法机关的法官只能机械地运用法律而不能"为法规以外之判决，蹈立法之嫌"。而法官仅

---

① 张知本：《社会法律学》，上海法学编译社1931年版，第64—66页。
② 同上书，第71页。
③ 同上书，第76页。
④ 同上书，第80—81页。

司法律的运用已经"不能适应社会上之要求",若法官没有"补充法律的权能",但在法律对于社会情形"全无规定或规定不全"时,将会产生"莫大之困难"。张氏认为欧洲"自由法说"便认为"法规无缺陷是不可期之事",故主张法官可以"不依向来之论理的定型以解释法律",而通过"自由的见解"以解释法律,即该说主张在法律不能应用时,法官具有补充法律的能力。张氏认为法官自由地变更法律是一种法律在实际应用上的"进化",并不损害"法律本身之尊严";也不损害法律的"确实性",因为同一事情在不同时代会有不同的解决方法,对某事情的解决不在于以同一事项有某种"定型"的方式,而在于"达到公平解决之结果"。① 关于自由法说,张知本认为:"多数社会法律学者有自由法说之主张"。②

三 社会法律学与社会进化及现代法律的关系

在张知本看来,社会进化与法律的关系也是社会法律学研究的范畴。他认为,法律的进化与社会经济发展有莫大之关系,在原始社会、古代社会、封建社会、市民社会都有与之相适应的法律,在20世纪亦有与其相适应的法律。关于20世纪社会的情形,张氏认为,一方是"有产者之财富集中",一方是"无产者之数量增大",人类社会共同生活"在经济上失其均衡",且此种不均衡"已达极点",富者"高车驷马,锦衣玉食,穷奢极欲",贫者"衣不蔽体,食不果腹,居不能避风雨,凄凉悲惨之状比比皆是"。张氏认为,这个社会情形的首要解决之道在于"法律之改良",现代的社会问题即"法律问题",现代的社会运动即"法律改良运动"。③

究竟应该如何改良法律,才能解决"今日之社会问题",张氏根据社会法律学的观点提出了"今日应有之立法"的四项建议。其一,限制个人所有权。张氏之意,极端拥护个人所有权的法律造成了社会上的贫富悬殊,所以改良法律要从限制个人所有权入手。他不同意完全废止私有制,主张通过立法实现"大企业与独占事业之国营"、"土地私有权之限制"和

----

① 张知本:《社会法律学》,上海法学编译社1931年版,第85页。
② 同上书,第83页。
③ 同上书,第122页。

"财产所有权使用之限制"。① 其二，限制契约自由。张氏主张对契约自由必须有一种"例外的规定"，即一般的法律行为"不专因契约之缔结而发生效力"，契约要发生效力必须"无背于社会利益或当事者一方之生活情况"，如"以赌博为目的而赁租房屋"、"以超过一定工作时间而雇佣劳动者"等契约，虽已取得当事人之间的同意，在法律上仍认定契约为无效。限制契约自由的用意在于"企图满足社会多数人之利益"，即使牺牲个人自由"亦在所不计"，如此才能达到法律之社会的目的。② 其三，限制相续权（继承权）。张氏认为"财产相续"纯是有产者阶级的财产问题，与无产阶级无关，在极端拥护私有财产的制度下"相续权利"与"财产所有权"、"契约自由"成为各国私法最重要的原则。张氏认为，旧有私法的"强制统一相续制"、"强制均分制"和"遗言自由制"都会造成弊害，如贫富不能调和，增长奢风，促成人类堕落，报偿不公，奴隶人类精神等。③ 关于相续权的改革有四种意见：相续权完全否认说，限制遗产相续额说，限制相续人范围说和征收相续税说。张氏认为，第一种观点不可采用，可以从第二至四种主张中择一或兼采二者行之，由此可以限制相续权的行使而减少其弊害。④ 其四，设定社会保险制度。张氏认为，社会保险制度可以缓解被救济者的困境和危险。他认为社会保险制度应包括伤害保险、疾病保险（妇人生育在内）、养老及房产保险、孤寡保险和失业保险，社会保险基金可以劳动者和弱者需要救济时给予扶助，从而实现法律之社会的目的。⑤

在张知本看来，社会法律学要研究现代法律社会化的趋势何在。他认为以往的法律已经成为"阻碍社会进化之桎梏"和"制造贫富不均之酵母"，为求贫富两阶级利益的调和，各国出现了"社会政策之立法"，现代法律呈现"社会化"的趋势。在张氏看来，法律"社会化"有两方面的表现：一为"旧法律部门之改良"，如宪法、民法、刑法的改良，二为"新

---

① 张知本：《社会法律学》，上海法学编译社1931年版，第123页。
② 同上书，第130页。
③ 同上书，第131—133页。
④ 同上书，第135页。
⑤ 同上书，第136、138页。

法律部门之创设",如劳动法、土地法等。① 据张氏观察,宪法的改良主要表现在"选举权之扩张""共同生活之维持"两方面。选举权之扩张主要指"无产者参与立法""无产者合组政府"等方面,共同生活之维持是指宪法注重经济上的自由平等,限制"极端自由"的个人权利,保护劳动阶级和增进贫民教育。② 民法的改良表现在"解释之扩张""禁止权利滥用""限制契约自由""赔偿责任之变迁"和相续制度上废除宗祧相续及缩小相续权的范围等方面。③ 刑法的改良表现在由"客观主义""应报刑主义""犯罪主义"渐趋于"主观主义""保护刑主义""犯人主义"。④ 在新法律部门的创设上,现代法律出现了劳动法和土地法。劳动法主要倾向"童工女工之保护""劳动时间之缩短""休息时间之规定""最低工资率之规定""劳动保险"和承认劳动阶级同盟罢工、抵货运动⑤、团体契约、争议调解等团体行动。⑥ 土地法有苏俄的"土地全部公有之立法"和其他国家的"土地一部公有之立法"及"重课土地累进税之立法"。⑦

第四节 社会学界对社会法学的研究

一 以社会学方法研究法律问题的实践:严景耀对犯罪问题的研究

20世纪20、30年代,中国已经具有一批受过专门训练并以教授、研究社会学为职业的社会学者,如孙本文、朱友渔、陶孟和、李景汉、陈达、吴泽霖、言心哲、杨开道、潘光旦、吴文藻、吴景超、严景耀、许仕廉等人;亦出现了一批社会学刊物和社会学专著,前者如1922年创刊的

---

① 张知本:《社会法律学》,上海法学编译社1931年版,第142页。
② 同上书,第143页。
③ 同上书,第154页。
④ 同上书,第164页。
⑤ 按张知本的理解,抵货运动是以损害资本家之货物为抵制资本家之方法的运动。
⑥ 张知本:《社会法律学》,上海法学编译社1931年版,第174页。
⑦ 同上书,第180页。

《社会学杂志》、1927年创办的《社会学界》、1929年创办的《社会学刊》,后者的典型代表是孙本文在1929—1930年间组织编写的"社会学丛书"十五本;[①] 另有1922年发起的"中国社会学会"、1928年发起的"东南社会学会"和1929年发起的"中国社会学社"等研究机构。[②] 社会学界研究了许多社会问题,以严景耀最重犯罪问题的研究。

严景耀(1905—1976),浙江余姚人,1924年入燕京大学,主修社会学。1928年毕业后留校任助教。1930年任中央研究院社会研究所研究助理,后赴美国芝加哥大学留学,1934年获该校社会学博士学位。此间,他发表了一系列以社会学方法研究犯罪问题的研究成果,主要有:《北京犯罪之社会分析》(《社会学界》1928年第2期),A Study of Crime in Peping (Publication of the Department of Sociology and Social Work, Yenching University, 1929),《中国监狱问题》(《社会学界》1929年第3期),《北平监狱教诲与教育》(《社会学界》1930年第4期),《原始社会中的犯罪与刑罚》(《社会学界》1936年第9期),另有其留美期间的博士论文《中国的犯罪问题与社会变迁的关系》(其主要内容原载于American Journal of Sociology, Vol. XI, No. 3, 1934, 1986年译为中文)。

严景耀从事犯罪的社会学研究,与其师王文豹有直接关系。1927年,北京政府司法部监狱司司长王文豹在燕京大学社会学系开设监狱学一课。在王文豹的指导和鼓励下,严景耀涉足犯罪学和监狱学研究。据严氏称,当时想收集中国犯罪的材料"简直不可能",因为北洋政府司法部的《刑事统计表》仅仅是"官场文件","里面的统计有许多不完备的地方",于是他便在王文豹的支持下于1927年在北京第一监狱"住了三个多月",仔

---

① 该丛书由世界书局出版,分别是《社会学的领域》(孙本文)、《社会的文化基础》(孙本文)、《社会的心理基础》(潘菽)、《社会的经济基础》(寿勉成)、《社会的生物基础》(吴景超)、《社会的地理基础》(黄国璋)、《社会组织》(吴景超)、《社会变迁》(孙本文)、《社会进化》(黄凌霜)、《社会约制》(吴泽霖)、《农村社会学》(杨开道)、《都市社会学》(吴景超)、《社会学史纲》(李剑华)、《社会研究法》(杨开道)、《人类起源》(游嘉德)。

② 参见阎明《一门学科与一个时代:中国社会学史》,清华大学出版社2010年版;杨雅彬《近代中国社会学》(上),中国社会科学出版社2001年版;郑杭生、李迎生《二十世纪中国的社会学》,党建读物出版社1999年版。

细研究犯罪问题。①

严景耀以社会学的方法研究犯罪问题,对犯罪与社会及文化之间的关系、中国犯罪的统计、犯罪的原因、救济和预防犯罪的方法等方面有独到的认识。

犯罪与社会及文化之间的关系。从法学上看,犯罪问题是刑法学的研究对象。严氏则强调犯罪不仅仅是一个法律问题,更是一个社会问题。他认为犯罪是一种有害于社会的行为,预防和取缔犯罪就是"保持社会的安宁,亦即是加速社会的进步"。从法律上说,破坏刑法就是犯罪,是一种"不应为而为,应为而不为"。在他看来,对犯罪的观察"决不能专从法律上驻足,而丢开社会的观点",因为法律本身也是社会生活的一种状态。从社会的角度看,犯罪是"一个团体的人群信以为对于社会有害的行为,而且该团体有能力去实行所信的而制裁之。"② 严氏认为,要真正弄懂犯罪,一方面要从文化方面来观察,另一方面又要注意犯罪与社会变迁的关系,即懂得该时代的"知识、信仰、艺术、道德、法律、习俗"等因素,并能以社会观点去研究犯罪形成的过程。③

中国犯罪的统计。1927年,严景耀最初只统计了北京的犯罪情况。其后3年间,他先后调查了12个省的犯罪情况。通过调查和分析,他对犯罪的人数、犯人地域分布、性别分布、犯罪与年龄的关系、犯罪的类型、犯罪的季节因素、犯罪地点与犯人的住所等方面进行了详细研究。④

犯罪的原因。严景耀反对"不问犯罪的原因,只计犯罪的轻重,而采用一报还一报的复仇主义来处置犯人"的方法,主张先从社会变迁和文化冲突中探索犯罪的原因,然后再共同商榷处置犯人的方法。1928年,他在《北京犯罪之社会分析》一文中认为,水旱灾、贫民生活简陋、政治纷乱、战争频仍、生存竞争日益剧烈、气候、家庭教育和职业教育缺乏、社会制裁力薄弱、监狱处置不当以及个人性格等等,都是犯罪发生的原因。⑤

---

① 民进中央宣传部编:《严景耀论文集》,开明出版社1995年版,第2页。
② 同上书,第1—2页。
③ 严景耀:《中国的犯罪问题与社会变迁的关系》,北京大学出版社1986年版,第3页。
④ 民进中央宣传部编:《严景耀论文集》,开明出版社1995年版,第3—29页。
⑤ 同上书,第35—37页。

1934年，他进一步解释说，犯罪原因可归结为三点："一、社会变迁引起新旧法律观点与道德规范的矛盾，多少人由于在急剧的社会变化中失去方向，不辨是非，不谙法律而犯法；二、犯法成为谋生存的惟一出路；三、社会制约失效和社会解体所引起的必然结果。"[①]

犯罪救济和预防犯罪的方法。根据大量的个案研究，严氏提出了对已犯罪者的救济方法和杜绝犯罪的预防方法。严氏认为，救济已犯罪者，是为了使他们"不致流为习惯犯与职业犯"。其办法分三个步骤：一、监内处理。在犯人入狱后"用个案方法研究其犯罪原因，察其个人性格，探访其在社会上所处之环境"，等到明了情况后，再视情况加以处理，极力训练补救，使其将来能够适合社会环境；二、出监后的保护。要专设机关，对出狱犯人加以指导和保护，"循其所长而为之介绍职业，并为之改变以前恶劣环境，至其能完全安居乐业而后已"；三、施行不定期刑。严氏认为刑罚的目的在于"感化与防卫"，所以刑罚的轻重应以犯人恶性之浅深为标准。但犯是需要多久才能被"感化"，法庭难以预先判断，便需要监狱把握酌量伸缩刑期长短之权。[②]严氏认为，杜绝犯罪的发生才能真正使社会永远安宁。他提出的方法有十四条："一、发达实业，开辟富源，同时使失业贫民多有谋生之路；二、设职业介绍所及贫民借本处，为日暮途穷无处投奔者设法；三、利用科学方法，发展农业，并借以避免水旱之灾；四、改良救贫事业，培植社会服务专家，且须组织精密，于适当时机，给贫民以必要之援助，排除以慈善为名的滥施衣食，杜绝养成惰民的机会；五、设立乡村信用合作社，提倡合作运动；六、发展平民教育，公民教育及职业教育，使人民有专门技能，易于适应环境；七、提倡医病储金，灾害保险，老废救护及贫儿保护；八、改良政治，停止战争，促进和平，减少苛税及发展效能；九、提倡卫生，改良贫民生活，减少疾病；十、加高工价，使与物价并增；十一、提倡宗教生活，使人人得精神上的修养，具高尚的理想、坚毅的信仰、深厚的热忱及百折不回的勇气，一方面不致完全被恶劣环境支配而淘汰，使绝望而灰心，一方面借以制恶劣

[①] 严景耀：《中国的犯罪问题与社会变迁的关系》，北京大学出版社1986年版，第9页。
[②] 民进中央宣传部编：《严景耀论文集》，开明出版社1995年版，第41—42页。

个性，培养坚健人格；十二、发展儿童的社会化的人格，使心身发达，适应一生环境而为有用的国民；十三、组织精良警察，使充满忠诚的观念，富于自己牺牲的精神，能奋不顾身，搜查犯罪，且须有科学的专门训练，而无欠薪积弊，则人民虽有犯罪动机，亦不敢轻易尝试；十四、养成民众健全的法律观念，使有尊重正义、除恶务尽的精神，不独使自知尊重国家法纪，即他人有干犯的，亦认为社会的痛苦，与己身有密切关系，立刻告诉告发，以迅速的手段，辅警察的不及，则不但犯人不敢在正义面前任意犯禁，并且使之无寸隙可乘，故其效力较警察及审判机关更大。"①

通过对严景耀以社会学方法研究犯罪问题的简要梳理，可知严氏之论犯罪问题，并非置重法律条文，而完全基于社会学的立场论犯罪问题。严氏的做法，初衷是为探求和解决犯罪这一社会问题。倘若越过社会学与法学之学科壁垒，其做法也可称之为对社会法学研究方法的具体运用，对于社会法学在中国的发展，具有重要意义。

二 孙本文关于"法理社会学"的思考

孙本文则对法律的社会控制有所研究。孙本文（1891—1979），字时哲，江苏吴江县人。1918年毕业于北京大学哲学系，1921年先后赴美国伊利诺大学、哥伦比亚大学和纽约大学留学，1925年获纽约大学社会学博士学位。在孙本文之前，社会学家吴泽霖曾就"社会约制"进行研究。社会约制，其意与社会控制基本相同，都与 Social Control 相对应。② 吴泽霖探讨社会约制，并没有注重到法律因素在社会约制中的作用。吴孙两人都注重社会控制对人类幸福的重要作用。

1935年，孙本文出版了《社会学原理》一书。孙本文将社会控制的工具分为"无意的社会控制工具"和"有意的社会控制工具"。无意的社会控制工具包括时尚、习尚和风俗、谣言、舆论；有意的社会控制工具包括政府与法律、道德、宗教和教育等。在他看来，法律是"人类社会控制个

---

① 民进中央宣传部编：《严景耀论文集》，开明出版社1995年版，第43—44页。
② 吴泽霖：《社会约制》，世界书局1930年版，第8页。

人行为的主要工具之一", 政府则是"执行法律的机关", 政治与法律的作用从消极方面而言即为社会约束, 从积极方面而言则是"提倡个人合作, 维持社会秩序, 以促进社会幸福"。法律与政府只能限制个人外表的行为, 要达到社会控制还需要以道德、宗教、教育等因素"以补法律之穷"。[①] 孙本文对法律之于社会控制的作用虽然着墨不多, 但其意与庞德在1942年发表的《通过法律的社会控制》一文所表露的意思却如出一辙。[②] 孙本文在1935年提出此观点, 此时庞德该文尚未问世。庞德的学说本来就受到社会学的影响, 再加上在其早期的"社会工程学"等学说中已露社会控制论的端倪, 所以庞德与孙本文在社会控制上的观点有相似之处, 便不足为怪。

在《社会学原理》一书中, 孙本文试图对社会学进行分类, 其中出现了一个名为"法理社会学"的分支。他将社会学分为四大类型: 理论社会学、应用社会学、历史社会学和社会学方法论。理论社会学又分普通社会学和特殊社会学, 特殊社会学又分四种: 地理社会学、生物社会学、心理社会学和文化社会学。按孙氏的理解, 文化社会学又包括政治社会学、经济社会学、宗教社会学、艺术社会学和法理社会学。所谓法理社会学, 是指"研究法理现象与其他社会现象的关系"。[③] 就目前所知, 此为中国学界第一次对法理社会学(或法律社会学, 社会法理学, 社会法学等)进行学科体系之安置的思考。在孙本文之前, 中国学界曾出现过两次"法律社会学"的称谓。第一次是1926年, 陆鼎揆在翻译《社会法理学论略》一书中使用了一次"法律社会学"的说法, 但此"法律社会学"是指"欲以经济学说明一切法律的经验……欲以实证哲学的态度建立一种定命的自然法则", "经济的法律观即是也"。[④] 第二次是1935年1月, 张蔚然在翻译日本法学家中岛重的《法理学之方法及其沿革》一文时, 将法的社会学研究称为"法律社会学"。其意已与当代学界颇类, 然未对该词做进一步

---

① 孙本文:《社会学原理》, 商务印书馆1935年版, 第533页。
② 吴玉章:《评庞德的社会控制论思想》,《法学杂志》1988年第3期。
③ 孙本文:《社会学原理》, 商务印书馆1935年版, 第98页。
④ [美] 罗斯科·庞德:《社会法理学论略》, 陆鼎揆译, 商务印书馆1926年版, 第79页。

第三章 社会法学的扩散与发展

解释。①

社会学在中国的发展不但为社会法学的发展提供了知识基础，也直接参与了犯罪等少数问题的研究。更重要的是，社会学家孙本文试图对法理社会学在社会学学科体系中进行安放，使社会法学显露出学科化的一丝端倪。

南京国民政府成立以来，随着中央大学、中山大学、武汉大学等校的法学院兴起，以及法律学人的南迁和法学刊物的增加，社会法学的影响由京沪逐渐扩展至全国各地。从知识的域外渊源和传播渠道上说，学界对域外社会法学论著的译述快速增长，穗积重远、牧野英一等日系学者是输入社会法学的一条重要渠道，但庞德、卡多佐、霍姆斯、狄骥等欧美学者的思想成为中国社会法学的主要来源。从传播特点来看，学界对于社会法学已经有了清晰的认识，各学者对于社会法学说呈现出了某种陈陈相因的迹象。这也表明学界对社会法学的认识趋于稳定。有少数学者试图在社会法学理论上有所创新，如吴经熊、端木恺、孙渠等人提出"中国新分析法学派"，试图在世界社会法学的潮流中自成一派。

在法学界之外，尚有社会学界亦对社会法学相关问题进行探讨，以社会学方法探讨法律问题的研究实践已经出现。而且，社会法学已被个别学者纳入社会学的学科框架之中，此为社会法学学科化的早期思考。

---

① [日]中岛重：《法理学之方法及其沿革》，张蔚然译，《法律评论》1935年第585期。

第四章　社会法学对法律教育及立法的影响

学界对社会法学的认可，本身就包含着改善中国的现实法律、法律教育和法学研究的主观愿望。社会法学思想来自域外，它产生于欧美和日本的特定社会情形中，其间夹杂了域外法学家对该时代的法律与社会的理解与期望。中国的多数法学家认定，它是法律发展的必然趋势，是法学演进不可避免的方向。在这种情形下，社会法学在中国广泛传播，不可能只是纸上谈兵，必然在法律教育和立法实践等方面产生影响。

第一节　社会法学与法律教育

目前已有个别学者注意到社会法学可能渗透到了近代法理学的教学中。① 事实上，社会法学对法律教育的影响不止于此。

一　体制的安排：政治学、经济学、社会学等非法学科目之于法学课程

社会法学要求法学与其他社会科学相合作，因此，在法科课程中安排政治学、经济学、社会学等课程，其精神与社会法学是相符合的。中国近代早期的几个学制多少都将法学课程与其他非法学课程放在了一起。

第一次明确法学在教育体制中的地位，是《钦定京师大学堂章程》中

---

① 张丽清：《20世纪西方社会法学在中国本土的变革：以庞德的社会法学为例》，《华东师范大学学报》（哲学社会科学版）2005年7月。

第四章 社会法学对法律教育及立法的影响

关于大学堂政治科的规定。1902年，管学大臣张百熙拟定的《钦定京师大学堂章程》，将大学堂分为大学院、大学专门分科、大学预备科，另设仕学馆和师范馆。大学专门分科共有七科，政治科第一、文学科第二、格致科第三、农业科第四、工艺科第五、商务科第六、医术科第七，其中政治科下有政治学和法律学两目。大学预备科之政科开设有十三类课程：伦理第一，经学第二，诸子第三，词章第四，算学第五，中外史学第六，中外舆地第七，外国文第八，物理第九，名学第十，法学第十一，理财学第十二，体操第十三。其中法学第十一教授"法学通论"，在第二和第三年开设。仕学馆所学的法学课程有：第一年，刑法总论、分论；第二年，刑事诉讼法、民事诉讼法、法制史；第三年，罗马法、德意志法、日本法、英吉利法、法兰西法。师范馆不开设法学课程。[①] 该章程在中国第一次确立了大学分科制度，法学教育被正式纳入了学制。此学制常被称为"壬寅学制"。

"壬寅学制"并没有被真正执行，一年多以后它被新学制所替代。1904年年初，清廷又颁布了《奏定学堂章程》，是为"癸卯学制"。《奏定学堂章程》中有《大学堂章程》，规定大学分八科，在张百熙方案的基础上增加经学科居第一，政法科为第二，其下设政治门和法律门。法律门的课程有主课11门，法律原理学（《章程》中有注："日本名法理学，可暂行斟酌采用，仍应自编纂"）、大清律例要义、中国历代刑律考、中国古今历代法制考、泰西各国法制比较、各国宪法、各国民法及民事诉讼法、各国刑法及刑事诉讼法、各国商法、交涉法、泰西各国法；补助课3门，各国行政机关学、全国人民财用学、国家财政学。[②] 1910年法政科大学成立，基本完全照此学制设置课程。在此学制中，法律门的课程安排不仅有法学类课程，还包括了数门经济类课程。

在大学法科教育之外，朝廷对法政学堂的课程也有规定。最先开办的法政学堂是直隶法政学堂和京师法政学堂。1905年设立的直隶法政学堂分

---

① 《钦定京师大学堂章程》，全国图书馆文献缩微复制中心编：《中国近代教育史料汇编》（晚清卷第1册），全国图书馆文献缩微复制中心2006年版，第49—77页。

② 《奏定学堂章程》，全国图书馆文献缩微复制中心编：《中国近代教育史料汇编》（晚清卷第1册），全国图书馆文献缩微复制中心2006年版，第479—480页。

正科和预科,预科的法学课程只有法学通论一门,正科则开设大清律例、大清会典、交涉约章、政治学、宪法、行政法、刑法、民法、商法、国际公法、国际私法、刑事诉讼法、民事诉讼法、裁判所构成法、应用经济、财政学、警察学、监狱学、统计学、中外通商史、东文东语和学习裁判。①直隶法政学堂并未区别政治门和法律门,故而政治学和法学课程仍然放在一起,另有经济学的课程,该设计其实是将法律、政治、经济的课程融合为一炉。1907年设立的京师法政学堂,预科也只有法学通论一门法学课程,正科分政治门和法律门,共同开设人伦道德、皇朝掌故、大清律例、政治学、政治史、宪法、行政法、民法、刑法、体操、商法、国际公法、国际私法、理财学、社会学、外交史、统计学、日本语、英语、民事诉讼法、刑事诉讼法、监狱学、体操、财政史、中国法制史、外国法制史。②在法学、政治学、经济学之外,又增加了社会学课程。另有隶属于修订法律馆的京师法律学堂开办于1906年,其三年的课程为:大清律例及唐明律、现行法制与历代法制沿革、法学通论、经济通论、国法学、罗马法、刑法、民法、宪法、商法、民事诉讼法、刑事诉讼法、裁判所编制法、国际公法、诉讼实习、行政法、监狱法、大清公司律、国际私法、财经通论、大清破产律、外国文、体操、卒业论文。③可知,京师法律学堂在法学课程之外,另有经济学科目。1910年12月,京师法政学堂进行了改革,其中最主要的是将法政学堂原来的政治、法律两门改为政治、法律、经济三门。④直隶法政学堂、京师法政学堂等校的课程设置,逐渐为各地方法政学堂所模仿。⑤由上可知,清末法政学堂中的法律教育与政治学、经济学甚至社会学密切相连。

民国以降,政府对法政学堂的规定有小变化而无大更改。1912年11月,政府颁布的《法政专门学校规程》中规定法政专门学校法律科的课程设置应包括:宪法、行政法、罗马法、刑法、民法、商法、破产法、刑事

---

① 《直隶总督袁奏拟定法政学堂章程规则(附章程)》,《东方杂志》1906年第9期。
② 《学部奏筹设京师法政学堂酌拟章程折(附章程)》,《东方杂志》1907年第11期。
③ 《京师法律学堂章程》,《东方杂志》1906年第10期。
④ 《学部奏改法政学堂章程折》,《学部奏咨辑要》1910年11月19日。
⑤ 王健:《中国近代的法律教育》,中国政法大学出版社2001年版,第268页。

第四章 社会法学对法律教育及立法的影响

诉讼法、民事诉讼法、国际公法、国际私法、外国语12门必修课和刑事政策、法制史、比较法制史、财政学、法理学5门选修课。① 经济类课程财政学是法律科的选修课。1913年1月，政府颁布了《大学规程》，该规程对大学法科法律学门之课程的规定如下："宪法，行政法，刑法，民法，商法，破产法，刑事诉讼法，民事诉讼法，国际私法，罗马法，法制史，法理学，经济学，英吉利法、德意志法、法兰西法选择一种，比较法制史，刑事政策，国法学，财政学。"② 其中，比较法制史、刑事政策、国法学、财政学为选修科目。私立大学也须照《大学规程》的规定设置。经济学成为大学法律学门的必修课。1912年至1913年间政府对教育的一系列规定，又常称"壬子•癸丑学制"。此规程虽然没有明确将政治学、社会学纳入学制中，但经济学课程却纳入其中。

分析清末民初对大学和法政学校法学课程的设计可以发现，其课程设置基本上完全照搬日本的做法。而日本的法律和法律教育在20世纪初又受到德国的明显影响，"在取消领事裁判权和欧洲大战爆发当中一个阶段里，德国法律科学在日本，占有显明的优势"。③ 在德国等大陆法系国家，他们"对Droit这个字义的解释，因为受到哲学派的影响，不是专指法律，他们于法律的意义之外，包含有理想的公正意义在内，其意义非常广泛，所以他们的法律教育制度，因为法律和政治、经济的关系非常密切，遂不免放在一起研究了。"④

清末民初，社会法学思想在中国的传播还十分有限，制度的设计者们不太可能根据社会法学思想自觉地意识到非法学课程对于法学课程的作用。清末民初对法律教育课程的设计，更多的是出于对日本制度的模仿，但此举客观上却与社会法学关于法学开放的精神相符合。不过，这种误打误撞究竟有多少实效，令人不无怀疑。孙晓楼曾警告国内办法律教育的人

---

① 《法政专门学校规程》（1912年11月），蔡鸿源：《民国法规集成》（第27册），黄山书社1999年版，第98页。
② 《大学规程》（1913年1月），蔡鸿源：《民国法规集成》（第27册），黄山书社1999年版，第58—59页。
③ ［日］高柳健藏撰，赵颐年译：《日本之法律教育》，《法学杂志》1935年第7卷第2期。
④ 孙晓楼：《法律教育》，商务印书馆1935年版，第48页。

"不要认为设了社会学的必修课便算了事"。① 他虽然针对社会学立论,其理同样可用于清末民初法学课程中关于政治学、经济学课程的规定。

事实上,教育管理部门对大学课程的设置只有一个基本的规定,且民初政局变化过于频繁,教育部很难对大学施以有效地控制和管理,大学具有不小的自主权,可以根据实际需要添设课程。当时设有法律系的大学只有北京大学、北洋大学和山西大学等少数几个。以北京大学法律学系为例,1917年至1924年间其课程就在不断更改。从1917年的课程表来看,法律系已经将经济学、政治学、社会学纳入课表中。② 到1923年,法律学系一直开设的政治学课程取消,经济学和社会学课程保留。③ 这表明北大法律学系教授会对于政治学、经济学、社会学等非法学科目在法律教育中之作用,其认识尚不稳定。北京大学法律学系还较早开设了"法律哲学"课程。1920年,随着留美法学博士燕树棠的进入,北大法律学系增设了一门选修课"法律哲学",授课人燕树棠。④ 从燕氏在1922年以后公开发表的多篇论文来看,他对社会学派和社会哲学派的法学思想了解颇多,可以合理推测燕树棠在"法律哲学"的课堂上会讲到社会学派和社会哲学派的法学思想。此当为大学课堂上较早讲授社会法学思想。

1922年11月,北洋政府以大总统令的形式公布了《学校系统改革案》,是为"壬戌学制"。该学制与1917年的《修订大学令》对于中国大学的发展具有重要意义,因为该二法令允许只设一科的学校办为大学。此规定使中国大学的数量在随后数年间快速增长。该学制对大学教育的另一个重要影响,是取消了预科制度并采美制而用选科制度。还规定大学和专门学校的课程可依具体实际情况制定,然后送教育部核定。⑤ 这就意味着大学和各法政专门学校对法律课程的自主设置从此具有了合法性。次年,

---

① 孙晓楼:《法律教育》,商务印书馆1935年版,第28页。
② 1917—1918年课程表,见于朱有瓛编《中国近代学制史料》(第3辑下册),华东师范大学出版社1992年版,第105页。
③ 《法律学系课程指导书》,《北京大学日刊》1923年9月19日。
④ 北京大学法律学系1919—1920年课程表,北京大学档案馆,档案号:BD1919029。
⑤ 《大总统公布学校系统令》(1922年11月1日),《中华民国史档案资料汇编》第三辑教育,江苏古籍出版社1991年版,第105页。

第四章 社会法学对法律教育及立法的影响

北大法律学系率先垂范，增设"社会立法论"一科。① 当时北大法律学系的骨干王世杰、周鲠生、燕树棠等人都对欧美社会法学的影响有相当了解，虽然从当年起直至1925年"社会立法论"一课都无人教授，但从法科教授会的设计初衷来看，明显是受到了社会法学思想的影响。1924年，北京民国大学法律学系同样设有"社会立法论"一科，有无授课者不详。②

南京国民政府成立后，亦对法律教育的课程做了一番规定。管理法律教育的除了教育部，还另有司法院，编制法学课程、管理法科学生毕业生证书等事务成为司法院的职责。1929年11月，司法院出台了《司法院监督国立大学法律科规程》，该规程要求大学法律系必须将以下课程设为必修课：三民主义、宪法、民法及商事法、刑法、民事诉讼法、刑事诉讼法、法院组织法、行政法、国际公法、国际私法、政治学、经济学、社会学、社会法，这些必修课的授课时间须占所有授课时间的三分之二以上，私立大学亦须照此执行。③ 和民初的规定相比，政府直接规定政治学、经济学、社会学须为法律系的必修课。当时学界对社会法的研究已经形成风气，加之社会立法又被视为实现民生主义的必然要求，所以社会法也被定为法律系的必修课。

二 社会法学在具体教学中的体现

在没有学科化之前，社会法学的知识形态是一种法律思想、一种法学研究方法。由此，它在法律教育中的体现便不只限于某一门课程。传播社会法学最集中的，当数法理学和法律哲学课程。法理学课程之名，早在清末就有，不过其讲授的内容却随学界对法学认识的变化而变动。清末民初之法理学的课程，多因袭当时的日本法学书籍，对社会法学鲜有涉及。随着社会法学在中国的广泛传播，法理学、法律哲学课程逐渐增加了社会法学派的学说。另外，在宪法、民法、刑法各科的教学中，同样不免社会法

---

① 《法律学系课程指导书》，《北京大学日刊》1923年9月19日。
② 《北京民国大学学则概要》，孙京、张研编：《民国史料丛刊》（1061册），大象出版社2009年版，第121页。
③ 《司法院监督国立大学法律科规程》，《行政院公报》1929年第102期。

学的影响。

先看法理学和法律哲学课程设置的情况。到 20 世纪 30 年代，不少法律学系已经设有法理学和法律哲学的课程，其大要者如表 3-12 所示。

表 3-12　　20 世纪 30 年代各大学法律学系法理学、法律哲学课程开设情况表（部分）

学校	年份	课程名	授课人	主要内容	备注
北京大学	1935	法理学	燕树棠	主要讲述西洋法学家之派别及其学说异同之点，法律思想之变迁，法律之基本观念	《国立北京大学一览（1935）》
武汉大学	1931	法律哲学	梅汝璈	本课程之目的在使学生略知法律哲学之大意，并对于现实法制发生哲学研究之兴趣。全学程分为下列四部分讲授：（一）法律哲学之意义与内容；（二）法律哲学之历史及派别；（三）私法上各种重要制度之哲学基础；（四公法上各种重要制度之哲学基础）参考书：柯勒的 philosophy of Law	《国立武汉大学一览（1931 年）》
中央大学	1931	法理学	不详	本学程讲述法理学之意义，法理学之派别，法律之本质，法律之内容，法律之形式，法律之本位，法律之进化	《国立中央大学法学院概况（1931）》
	1931	法律哲学		本学程讲授法律哲学之概念，法律哲学之沿革，比较法律哲学概要，法律哲学对于立法之影响，法律哲学对于司法之影响，法律哲学对于政治之影响，法律哲学之新趋势及吾人对于法律真意应有之了解	《国立中央大学法学院概况（1931）》
东吴法学院	1936	法理学	吴经熊	本课程参考书为花兰姆斯所著之《英美法总论》及吴教授所著《法学论丛》，并讲授各家之学说，法理学之范围、方法、意义、起源、目的等。由学生笔记之	《私立东吴大学法学院一览（1936）》
		法律哲学	吴经熊	本学程参考书为贝罗海姆氏所著《世界法律哲学》，讲述各派之特点及其理想、沿革、渊源等	《私立东吴大学法学院一览（1936）》
朝阳学院	1933	法理学	程光铭		《朝阳学院概览（1933）》

324

续表

学校	年份	课程名	授课人	主要内容	备注
中山大学	1935	法理学	不详		《国立中山大学现状（1935年）》
复旦大学	1936	法理学、法律哲学	不详		《国立复旦大学一览（1936年）》
四川大学	1937	法律哲学	刘雅声	研究法律之根本原理，使学生对于法律之本质、内容、形式及其进化有深切了解，内容分十二章，首述法律哲学之意义及其派别，次及法律之进化，本质，内容，形式及本位等诸问题	《国立四川大学一览（1937）》
厦门大学	1934	法理学	不详		《厦门大学一览（1933—1934）》
北京民国大学	1933	法理学	不详		《私立北平民国大学一览（1933）》
北平大学	1935	法律哲学	陈任生	说明法律之起原及其哲理	《国立北平大学一览（1935）》
北平中国学院	1934	法理学	不详	本一贯之原理，用分析综合之方法说明群法之旨趣，并略述欧陆及英美法学家之派别源流，以为研究近代法律哲学之预备	《私立中国学院概览》
上海法学院	1935	法理学、法律思想史	不详		《上海法学院一览（1935年）》

通过上表可以发现，有些教授法理学、法律哲学的教师本身就是社会法学在中国的有力提倡者，如北大燕树棠、东吴法学院吴经熊、武汉大学梅汝璈和北平大学陈任生。他们教授法理学和法律哲学，自然离不了对社会法学的鼓吹。还有少数学校以"法学通论"代替"法理学"。1930年，中山大学法律学系开设有"法学通论"课程。主要讲授的内容有："绪论：法学通论之目的，法则之观念，法学与法术，法律之语义，法学之分科，法学与社会思潮，法学之变迁，法学之研究方法。本论：国家：个人社会

及国家之互相关系，国家之观念，国家与地方自治团体，国家之分类，国家之活动，国家之成立与消灭。法：法之观念，法与其他之规范的法则之关系（法与道德，宗教，礼仪之关系），法之渊源，法之类别，法之效力，法之解释，法之适用，法之成立与消灭。权利及义务：法律上之权利及义务，权利之分类，义务之观念，义务本位、权利本位及社会本位，义务之分类，权利义务之得丧及其变更。法之系统：主要的公法系统（宪法，行政法，刑法，国际公法，诉讼法），主要的私法系统（民法，商法，国际私法）。"① 该课对法学与社会思潮、法学之研究方法、法律的社会本位等问题的探讨，也会涉及社会法学知识的探讨。

　　社会法学思想并非仅仅体现在法理学、法律哲学课程中，也会穿插在宪法、民法、刑法等课程的教学中，此为各校的一般情况，此不赘述。除此之外，部分学校还会开设一些具有鲜明社会法学特色的课程。比如，1930年中山大学法律学系开设了一门名为"责任之社会学的研究"的课程，其主要内容有："导说：至今学者之研究，本研究之目的；责任之定义及其分类；命题：社会如何设定，何种力量或何种观念表象使社会判断责任（本科讲义之内容与方案均照巴黎大学社会学教授 Paul Tauconnet 进行）。"② 1931年，中央大学法学院开设"近代立法问题"，主要内容是："本学程分总论各论两部讲授：前部总论近代立法之客观事实基础，法律精神之转变，公法学之改造，私法学之改造，以及近代各国法制演进之概况；后部分论宪法，行政法，刑法，民法，社会立法上诸问题，述评各种新学说，并陈述近各国立法之趋势，以示吾国今后法制创建之途径。"③

　　事实上，在20世纪30年代，不论教授何种法学课程，标榜社会法学派已经成为法学教师的时髦。1935年，有媒体评论朝阳学院教民法的曾志时教授说："他并不象一般挂羊头卖狗肉的教授，自命为社会法学派，他

---

① 《国立中山大学一览（1930年）》，孙燕京、张研主编：《民国史料丛刊》（1097册），大象出版社2009年版，第184—185页。
② 同上书，第186页。
③ 《国立中央大学法学院概况（1931）》，孙燕京、张研主编：《民国史料丛刊》（1082册），大象出版社2009年版，第401页。

只说对于法典的注释,应该侧重弱者的利益的保护,是法学者的任务。"①可知,有许多教员都喜欢"自命为社会法学派"。陶希圣1931年在中央大学教授亲属法时也喜好用社会法学思想去解读亲属法,他告诉学生说:"社会法律学就要解剖社会制度,使你们将来在司法实务上,有意识的活用法条以适应历史传统及社会习惯。……我说到法条的活用,就是希望你们将来有意识的把死法律变做活法律。"② 社会法学对一般法学课程教学的影响,由此可见一斑。

三 关于培养何种法律人才的思考

1934年年初,东吴法学院教务长孙晓楼发起了一起关于法律教育的讨论,参加讨论的法学者多数来自东吴法学院、北京大学和中央大学。其中大部分参加讨论的文章发表于《法学杂志》第7卷第2期和第3期。这次讨论的重点是法律教育要培养什么样的法律人才以及如何培养的问题,另有不少人论述域外的法律教育情况。

阮毅成认为,当时中国的法律教育多数为"条文主义"。中国法律系所教授的"完全偏重于本国现行的法典及一切法令条文",教学时间多耗费在"现行法律条文的文字解释"之上,对于理论法学的教学过于欠缺,以至于许多学生会认为"理论无用"。坊间出版的法律书,也多以解释条文的方法编成。各地举行的考试,也考条文成风。

在他看来,如此教学,只能培养"念得懂本国条文文字"的学生,这些学生对"世界立法有何新改革,有何新思潮"将一无所知。这样的法律学生有几点劣势:一是谨愿,只知墨守成文,不知活用;二是偏倚,"除条文外不知尚有其他法律学问";三是保守,对现行条文"不知善恶,惟知遵守";四是疑结,只知现行条文,而不知"新发生之事实、思潮……毫无吸取进步的可能"。

在他看来,要谋改正需从几方面入手:一是希望国民政府"将三民主义的精髓融合到法律条文中去",使学生知道法律还有"一最高的思想原

---

① 《谈谈朝大的专任教授》,《北平大学新闻周刊》1935年第3卷第4期。
② 陶希圣:《中大一学期》,台北《传记文学》1962年第1卷第5期。

则";二是法律系学生应该选读"政治、经济理论成分较多的功课,如政治思想、经济思想";三是各法学院应该增加法律理论的科目,如法理学、法律哲学、法律思想史;四是对于法学课程,教师应该注意在条文文字解释之外"告以立法精神、法典的理论体系、各国立法例比较及最近思潮",不可将整个时间都荒废在咬文嚼字和重述复论之中。①

萨孟武认为,中国法律系的学生"只知道本国的法律条文而不知道外国的法律学说",也不了解"中国过去历史(法律史、政治史、经济史)的演进,现代社会的情形"。他认为,法律学校培养的人才须有三种学识,一是本国的现行制度,二是本国的社会情形,三是各国的新制度和新思潮。他认为,中国法律学校需要多开设讲中国政治和经济的课程;中国的教学,"高中程度太浅",以至于还需要到大学"添设重复的功课";他在法律课堂上用外文、用外国课本,单单讲授外国的法律,以至于学生"不是读科学,而是读外国文了"。②

北大的燕树棠认为,法律教育的目的在于"训练社会服务的人才",而不在于"造就个人谋生的能力"。因而,法律教育不应该只以传授法学知识为能事。他说,从事法律教育的人应该承认"现代的法律是支配社会主要的工具而不能机械地使用,尤其是现代社会状况正在急剧变化的时候,法律更不能机械的使用",法律教育需要在专门知识之外"尚须有别种的东西以为调剂"。他把这种东西称为"法律头脑"。法律头脑包含四个方面的意思:须要有社会的常识;须要有剖辨的能力;须要有远大的理想;须要有历史的眼光。在燕氏看来,要训练"法律的头脑",就需要"在可能范围之内尽量的扩充普通知识之训练,尤其是社会科学之训练"。要实现这种目的,燕氏的想法是:"必须将现在各学校法律学系之功课加以变更",像民法、刑法、民事诉讼法、刑事诉讼法等"成本大套"的法律功课"应该减少",政治学、经济学、社会学、政治思想史、经济思想史以及伦理、心理、逻辑、哲学等社会科学的功课"应该与法律并重,作为必修的科目,以便使学生对于整个的社会,全部的人生问题,得到相当

---

① 阮毅成:《条文主义的法律教育》,《时代公论》1934 年第 3 卷第 7 期。
② 萨孟武:《从法律系的条文教育说到中国的大学》,《时代公论》1934 年第 3 卷第 10 期。

的认识"。①

吴经熊对燕树棠的看法极表赞同，说"燕树棠先生在他的《法律教育之目的》一文中说得再妙不过的，他说法律教育的目的就在养成法律头脑……我对于燕先生的主张是完全赞同的"。吴经熊认为燕树棠对"远大的理想"和"历史的眼光"之讨论"语焉不详"。关于远大的理想，吴氏认为便是人生的理想。在他看来，法律教育有三种目的：求实用，满足求知欲，对于人生的总价值的促进。法律是实际和理想的会合点，只有明白了法律的目的，才能明白什么是"法理"。在吴氏看来，法理"不是从天上掉下来的，只能在法律和人生的关系里面去找"，因为人生的理想"也就是法律的理想"。在法律教育中，应该时刻使他们注意到人生理想的问题：人生的理想何在，对于实现人生的理想法律的贡献何在，法律在种种所以促进人生理想的工具中处于什么地位，如何与其他工具"分工合作"。关于历史的眼光，吴氏之意在于要注意法律的相对性，"法律是和时代相对的"，要能理解"从前的法律"主张法律绝对性和普遍有效性的时代性，而"现今的社会"已经不同于"从前"，所以解释法律也应当以社会的情形为前提，对同一个法律的概念"因时代的不同，尽可有不同的解释"。所以吴氏主张在法律教育中要教会学生用"社会历史的方法"去研究法律，如此才算具有"法律头脑"。②

而在丘汉平看来，适当的法律人才须具备五项条件："一、要认识时代的精神及时代的倾向；二、要了解法律的旨趣及现行法的文义；三、须熟谙审判方法及应用心理学；四、须熟知人情世故及社会的复杂组织；五、须有道德的涵养并能舍弃小己。"为此，他对法律教育的主张是：一要"研究历史，尤其要注重从某一时代转移到另一时代的如何过渡及其因此所生的社会效果"；二要注重研究审判心理学，他认为此点中国的法律学校多不注意，"不免引为遗憾"；三要使学生"读些社会学及现代物质文明史等，叫他于现代社会认识清楚才好"；四要增添"伦理学、法律道德、

---

① 燕树棠：《法律教育之目的》，《法学杂志》1934年第7卷第2期。
② 吴经熊：《法律教育与法律头脑》，《法令周刊》1935年第239期。

名法家传记、人生哲学"之类的课程。①

杨兆龙认为当时的法律课程应该扩充范围,扩充范围又分法律本身科目的增加和补助科目的增加。关于法律本身科目,应该增加"关于法律演化及其现代趋势的课程"、比较法学、关于法律理论的课程、法律伦理、"关于几种必需的特殊法律之课程,如商标法、特许法、农业法、公用法等"、法律临案实习。关于补助科目,要增加中文、外国文、法律拉丁和中国方言等工具科目和哲学、论理学、心理学、伦理学、社会学、政治学、经济学、中外文化史等关系科目。为了能够有充足的时间学习这些科目,他还建议将法科的学制延长到6年。②

此次法律教育讨论的组织者孙晓楼随后写成《法律教育》一书,对法律教育的改进方法做了充分探讨。

关于何谓法律人才,孙晓楼认为要具备三个条件:要有法律的学问,须有法律的道德,要有社会的常识。法律学问又分三个层面,其一是认识法律,其二是运用法律,其三还要"于运用法律之外,应当知道哪种法律是适应现实的时代和社会,并且如何可使法律现代化、社会化";法律的道德是指"守正不阿的精神"和"牺牲小己的精神";社会常识是指"人情",即法律有事实性、空间性、时间性"皆不过是引起学者注意到事实环境和时代罢了,不要钻在牛角尖里求法律的真理,而忘了法律的本身是一个合于金饭碗生、社会性、事实性的许多常识的结晶呢"。③ 孙晓楼说法律教育的目的,仍可见吴经熊关于法律三度论的影响。

如何才能使法律教育达成培养法律人才的目的,他认为法律的教育和研究"绝不可以闭关自守,专就法律来研究法律,应当由社会人事的各方面来推求法律之所以然"。他赞同美国法学家威格莫尔关于法学家什么都应该学的观点和吴经熊关于法学应该开放化的观点,主张研究法律的学生"至少于法律学以外的各种学科,都有些相当的涉猎,其中比较最重要的,要推经济学、心理学、论理学哲学、历史学、生物学、人类学、伦理学、

---

① 丘汉平:《法律教育与现代》,《法学杂志》1934 年第 7 卷第 2 期。
② 杨兆龙:《中国法律教育之弱点及其补救之方略》,《法学杂志》1934 年第 7 卷第 2 期。
③ 孙晓楼:《法律教育》,商务印书馆 1935 年版,第 12—13 页。

社会学、政治学几门"。① 除此之外，还在增设法律伦理学，会计常识，法理学、法律哲学、立法原理、法律方法论等理论法学课程。② 关于法律系学生为何要学习这些科目，孙晓楼多处以庞德、卡多佐、穗积重远、吴经熊等社会法学的提倡者之观点来予以说明，由此可见，孙晓楼关于法律教育之设想，受到社会法学的强烈影响。

除了改变课程设置以外，他还主张法律学校对法律的研究要注意最新的研究方法。在他看来，过往的分析、历史、哲学各派的研究方法是"偏于理论的、狭义的和分析的"，"自从社会法学派崛起以后，法律的研究方法形成一大转变，好像有倾向于实际的、广义的、功用的研究的趋势"。③ 对于社会法学派的方法，他说"我们研究法律最不可墨守成规，专偏重理论的、分析的、狭义的研究，应当扩大范围，从切于实在的、广义的、功用的方法来研究，那么我敢相信将来于法律学上一定有多少的成功和贡献"。④

第二节　社会法学与国民政府的立法

社会法学在立法方面至少有两方面的要求：一是立法应以社会为本位，使法律社会化；二是为了达到法律社会化的目的，做社会学的研究以为立法之准备。社会法学对国民政府立法的影响主要体现在社会本位方面。

法律之社会化，提出了法律的社会适应性问题，其核心是法律的社会目的。法律社会化要求法律以社会为本位，即以社会为归宿，注重社会利益。要如何立法才能符合法律社会化的要求，不少学者给出了答案，其中以张知本的看法最具代表性。他认为应该从两方面入手，一是旧法律部门的改良，如宪法上要注重选举权的扩张和共同生活的维持等，民法上要禁止权利滥用、限制契约自由、废除宗祧继承和缩小继承权等，刑法上要由

---

① 孙晓楼：《法律教育》，商务印书馆1935年版，第18页。
② 同上书，第32页。
③ 同上书，第43页。
④ 同上书，第46页。

客观主义、应报刑主义、犯罪主义渐趋于主观主义、保护刑主义、犯人主义等；二是新法律部门的创设，如劳动法和土地法。①

关于为立法而做社会学的研究，国民政府吸收了前人的成果。清末和北洋时期，当时的修律者为了使法律能与民情风俗相适，曾分别对各地的民事习惯进行过调查。有人还将民初调查所得的民事习惯整理出版，该事业甚至得到了北洋政府的支持；② 20世纪20年代修订法律馆对民事习惯的调查结果也陆续刊登于《法律评论》杂志。虽然民事习惯调查并没有使清末的立法更具有社会适应性，北洋政府改订民法的期望亦未达成，③但其做法至少在表面上是符合社会法学的主张的。不过，社会法学要求一切法律的手段和方法最终都是为了"使法律目的确实有效"，从一点上说又不能认为清末和北洋时期的民事调查活动与社会法学的要求完全一致。国民政府在此方面所做的努力，主要是对北洋时期民事习惯调查成果的整理，1930年整理完成。④因立法者有通过法律达到变革社会的意图，复有国民党党义的影响，认为中国的习惯"坏的多好的少"，许多习惯被视为"不合党义违背潮流"，⑤所以为立法而做的调查对立法的作用并不明显。

一　社会本位的基调：国民党党义与社会法学思想的共通点

（一）为立法定下社会本位的基调：从孙中山到胡汉民、戴季陶

首先观察孙中山的观点。根据前人的研究，孙中山早期受到天赋人权学说的影响，关注个体的自由、平等和民主，希望通过个体充分行使权利来达到整个国家的民主和繁荣，其思想颇带个人主义的兴味；但是，随着

---

① 张知本：《社会法律学》，上海法学编译社1931年版，第142页。
② 施沛生、鲍荫轩编：《中国民事习惯大全》，上海广益书局1924年版。大总统黎元洪、修订法律馆总裁江庸、法权讨论委员会总裁张耀曾、安徽省省长许世英都为该书题词或写序。
③ 《大清民律草案》确立了近代西方民法的权利本位原则、契约自由原则、过失责任原则和所有权保护原则，对法律之社会化思潮则较少措意。"民律二草"则以《大清民律草案》为蓝本，参照各国最新法例进行了一些修改，对契约自由等事项有所限制，但最终没能履行正常的立法程序，胎死腹中。朱勇：《中国民法近代化研究》，中国政法大学出版社2006年版，第86、152页。
④ 南京国民政府司法行政部编：《民商事习惯调查报告录》，司法行政部印行1930年版。
⑤ 谢徵孚编：《胡汉民先生文集》，台北：中国国民党中央委员会党史委员会1978年版，第848页；胡长清：《民法之基础观念》，《法律评论》1929年第7卷第1期。

第四章 社会法学对法律教育及立法的影响

政治形势的发展，孙中山在有系统地提出三民主义时，便从天赋人权说的推崇者变成了批判者，个人主义渐为集体主义所代替，自由和平等被赋予新的解释。① 孙中山对自由、平等相关概念的新认识，在其三民主义学说中表露无遗。孙中山认为，自由和民权不是一回事，自由是"在一个团体中能够活动，来去自如"，是与"放荡不羁"相似的意思。自由在欧洲重要是因为欧洲中世纪"君主专制发展到了极点，……欧洲人民在那种专制政体下所受的痛苦……比之中国历朝人民所受专制的痛苦还要更厉害"，所以欧洲人要奋力争自由。而在中国自秦代以后"历朝政治大都对于人民取宽大态度，人民纳了粮之外几乎与官吏没有关系，……人民不管谁来做皇帝，只要纳粮便算尽了人民的责任，政府只要人民纳粮便不去理会他们别的事，其余都是听人民自生自灭，由此可见，中国人民直接并没有受过很大的专制痛苦，只有受间接的痛苦"。所以，中国人去争自由是"人云亦云"，是由于对民权和自由"没有彻底了解"。不但不必去争自由，他还认为中国的个人"自由太多"，所以才是"一片散沙"，"没有团体，没有抵抗力"。他认为，自由"万不可再用到个人上去，要用到国家上去"，只要国家"能够行动自由"，"中国便是强盛的国家，要这样做去，便要大家牺牲自由"。② 关于平等，孙中山认为法国革命时所讲的平等是"天赋到人类的"，而实际上人类"天生就不平等"，真正平等的道理是"始初起点的地位平等，后来各人根据天赋的聪明才力自己去造就"。只有人人"以服务为目的，而不以夺取为目的"，每个人根据自己的聪明才力去服务，"人之服务道德心发达，必可使之成为平等了"。③ 甚至在其遗嘱中也一再强调他从事革命是为了"中国之自由平等"。④

孙中山的着眼点是民族和社会的全体，而非个人。他说三民主义是一

---

① 刘俊科:《"个人主义"、"集体主义"：孙中山人权观的本位选择》，《孙中山宋庆龄研究动态》2005 年第 3 期。
② 中山大学历史学系编:《孙中山全集》（第九卷），中华书局 1986 年版，第 272、275、281—282 页。
③ 同上书，第 299 页。
④ 荣孟源主编:《中国国民党历次代表大会及中央全会资料》（上册），光明日报出版社 1985 年版，第 79 页。

种"救国主义"。民族是"国族",是一个由"王道自然力而结成的团体",民族主义是为了挽救民族的危亡并复兴民族;民权主义反对所谓"天赋人权",注重全体人民的"保"和"养";民生主义是指"社会的生存、国民的生计、群众的生命",它所要解决的最大问题是"社会问题"。[①]由此不难发现,至少在三民主义成形以后,孙中山对个人主义下的自由、平等并不赞同,其集体主义倾向比较明显。

再看胡汉民的认识。孙中山逝世后,胡汉民成为国民党内阐述三民主义最重要的人物。1928年,他出版了《三民主义的连环性》一书,据目前所知这是孙中山逝世后研究三民主义的第一本专著。

胡汉民提出了三民主义连环性理论。他提出了一个革命的目标——帝国主义,他所说的帝国主义表现为军国主义、"寡头政治或虚伪的和阶级的民主政治"以及资本主义,其基点是个人主义。对于这三种"反革命势力"的危害,他说:"帝国主义的内心,完全是个人主义中支配欲之扩大。所谓支配,就是把自己的欲望压他倒他人的欲望,自己的权力压倒他人的权力,自己的生存压倒他人的生存。这种支配欲最易活动的处所,无过于政治社会和经济社会,……到了近代,支配欲的表现便更充实的组织化,其裹挟一个国家或民族的力量结晶起来,便是帝国主义、资本主义、官僚主义这三个东西。"[②]他认为,帝国主义是"反革命势力连环之结晶",而三民主义是"近代几百年来革命的总结晶",所以要用"连环的三民主义"来打破连环的反革命势力。[③]他认为,三民主义的第一个基点是"从民族出发的,不是从个人出发的",第二个基点是"求生存",合起来就是"求以民族为单位的生存,而不是求以个人为单位的团体或民族或国家的生存"。[④]解决民族、民权和民生三个问题是连环的,从一个主义看,其他两个主义都是手段,"民族主义是目的,民权主义和民生主义是手段",因为"一个民族的力量是靠两个条件发生的,一个是政治的力量,一个是经济的力

[①] 中山大学历史学系编:《孙中山全集》(第九卷),中华书局1986年版,第186、189、241、1255、355页。
[②] 胡汉民:《三民主义的连环性》,民智书局1928年版,第1—2页。
[③] 同上书,第12、27页。
[④] 同上书,第28页。

量"，在政治上"民权的力量大了，就是民族的力量大了"，民权主义是充实民族力量的一个必要手段；在经济上，只有"全民族人人的衣食住行各项需要满足，没有大富和大贫的区别，只有人人各依其聪明才力之没而为社会分工的区别，人人为社会分工而服务，则这样的民族必定是世界经济效能最大的民族"。① 胡氏的理想，是要通过三民主义"终底于世界大同"。②

在胡汉民看来，个人主义是与帝国主义这种"反革命势力"相连的思想，是在摒弃与打倒之列，而民族的生存是其强调的重中之重。他曾说："个人之无权任意处置其自己之生命财产或利益，犹之人体上的一指一臂不能任其本身的意思而处置自己，何况一指一臂本身无独立之意思可言，更足以喻个人之于社会，离开社会整个的公共利益和目的，不应更有任何违反社会的意思和行为。"③ 由此可见，胡氏有一种明显的民族或社会的整体倾向，个人的独立人格和独立意志在他看来意义不大。

国民党的另一位理论家戴传贤④的主张亦值得关注。1925年，戴氏提出了"社会连带责任主义"。他认为，孔子主张的是"以发达民生为目的，以智、仁、勇为道德基础的社会连带责任主义"。孔子的理论是一种"民生哲学"，《中庸》是其哲学的"原理论"，《大学》是"方法论"，孔子主张的"格物致知诚意正心修身齐家治国平天下"是"以客观的认识为基础的主知主义"。修齐治平之间存在三重连带责任，一是"个人对家和家对个人，个人对国国对个人，个人对世界世界对个人"，二是"家对国国对家，家对世界世界对家"，三是"国对世界世界对国"。基于这三重连带责任，戴氏认为"一切民生的意义，只为个人利益而不顾家国天下的利益，只顾一家的利益而不顾国与天下的利益和只顾一国而不顾天下的利益，这一种自私自利的行为都是反乎人类共存的真义。"⑤ 戴氏认为，孙中山继承了孔子的"以发达民生为目的，以智仁勇为道德基础的社会连带责任主义的孔子的政治思想"，"用革命的工夫把埋没了几千年的社会连带责任主

---

① 胡汉民：《三民主义的连环性》，民智书局1928年版，第34页。
② 同上书，第40页。
③ 胡汉民：《革命理论与革命工作》，民智书局1932年版，第788页。
④ 即戴季陶，早年曾在日本法政大学留学，1928年10月至1948年6月任考试院院长。
⑤ 戴季陶：《孙文主义之哲学的基础》，民智书局1925年版，第46、49页。

义，在青天白日旗下重新发挥光大起来"。① 根据戴氏的社会连带责任主义说，个人、家、国、世界之间存在一种等差和递进的关系，个人的地位不但不能和国相比，甚至比家还更靠后。

孙中山逝世后，国民党一届三中全会正式确立了孙中山学说"至高无上"的地位，从此国民党的一切主张在意识形态上皆以三民主义学说为主旨，② 立法也不例外。从孙中山及其理论继承者的观点来看，作为立法之最高原则的国民党党义对个人主义多持摒弃态度，对民族、社会、国家这种整体性概念则多表赞同。

（二）社会法学思想与国民党相关理论的共通之处

第一，二者都是基于社会问题而提出的。三民主义尤其是民生主义的产生，是有鉴于资本主义国家已经出现的社会问题而提出的。1906年，孙中山在东京《民报》创刊周年庆祝大会上解释三民主义时说，当时世界最强的英国虽然"财富多于前代不止数千倍"，但却不免贫富极度悬殊的社会问题，并预言"社会革命，欧美是决不能免的"，所以为了避免将来中国"到这步田地"，才要讲民生主义。③ 孙中山曾说"世界潮流已经到了解决社会问题的时期"。④ 社会法学便同样起源于解决资本主义社会问题的需要。李炘认为个人自由主义的法律导致资本家势力大增，以至于"垄断商品独占政治"，最终法律不得不以社会为本位。⑤ 许藻镕认为个人主义特色的法律既促进了产业的发展，也导致了巨大的贫富差距和劳资双方的冲突争斗，所以才有法律社会化的主张。⑥ 张志让认为，因为19世纪中叶以来欧洲出现了"劳工人数日增、阶级之冲突"之类的社会问题，社会法学派才应运而生。⑦ 其他类似看法数不胜数。此为二者共通点之一。

第二，二者都反对天赋人权说。孙中山的民权主义反对天赋人权说。

---

① 戴季陶：《孙文主义之哲学的基础》，民智书局1925年版，第47、51页。
② 荣孟源主编：《中国国民党历次代表大会及中央全会资料》（上册），光明日报出版社1985年版，第81页。
③ 中山大学历史学系编：《孙中山全集》（第一卷），中华书局1986年版，第323页。
④ 中山大学历史学系编：《孙中山全集》（第九卷），中华书局1986年版，第359页。
⑤ 李炘：《社会法学派》，朝阳大学出版部1925年版，第5页。
⑥ 许藻镕：《今后我国立法界司法界努力之方向》，《学林》1922年第1卷第4期。
⑦ 张志让：《十九世纪中世界上新旧两大主义之嬗替》，《法律周刊》1924年第35期。

第四章　社会法学对法律教育及立法的影响

孙中山说："《民约论》中立论的根据是说人民的权利是生而自由平等的，各人都有天赋的权利，不过人民后来把天赋的权利放弃罢了。但就历史上进化的道理说，民权不是天生出来的，是时势和潮流所造就出来的。"① 而基于天赋人权的个人主义法律也是社会法学所反对的。在社会法学家看来，天赋人权学说只是自然法学派的旧说，早已不符合社会发展的需要。社会法学的主要提倡者之一狄骥在公法方面反对天赋人权说。狄骥在中国的推崇者王世杰认为，天赋人权说只是对权利的一种"偏于个人主义"的旧解释。② 许藻镕也将主张天赋权利说的法学归入个人法派，属于不符潮流的范围。③ 燕树棠也对自然法学派的权利天赋说表示异议。④ 社会法学派对天赋权利之批评比比皆是。此为二者共通点之二。

第三，二者都多少受到社会有机体说的影响。胡汉民曾把个人与社会的关系比喻为四肢与身体的关系，个人成为社会的附庸，重社会而轻个人。⑤ 英国社会学家斯宾塞便是将以生物学运用到社会学上来解释社会问题。社会法学与社会有机体说有较密切的关系。按照庞德的说法，社会法学发展的第二阶段是生物学时期，法学受到生物学理论的影响，社会法学由此产生了一个名为"有机体论派"的支派。社会法学的有机体论派是一种"纯理的哲理派而以生物社会学之口吻出之"，主张在保证"最大限度之自由个人一律平等"的同时，又与能"社会有机体之最大限度之自由实力与利益"并行不悖。⑥ 此为二者共通点之三。

第四，二者都一定程度上受社会连带学说的影响。戴季陶的社会连带责任主义并非单纯孔子《大学》和《中庸》所包含之思想的复兴，实为中西思想的混合物。从其理论之命名和其内容来看，"社会连带责任主义"与法国社会学者莱昂·波尔乔亚和杜尔凯姆的社会连带主义学说都非常相似。法国的社会连带学说认为社会中的个人因为共同的需求、不同的分

---

① 中山大学历史学系编：《孙中山全集》（第九卷），中华书局1986年版，第264页。
② 王世杰：《比较宪法》（上册），商务印书馆1927年版，第123页。
③ 许藻镕：《法律思想发达之一新倾向》，《法学会杂志》1922年第9期。
④ 燕树棠：《权利之观念》，《国立北京大学社会科学季刊》1922年第1卷第1期。
⑤ 胡汉民：《革命理论与革命工作》，民智书局1932年版，第788页。
⑥ ［美］罗斯科·庞德：《社会法理学论略》，陆鼎揆译，商务印书馆1926年版，第95页。

业，因为时间和空间的关系，而形成一种相互连带的关系，这种关系是一种事实。①而社会连带学说是社会法学的重要哲学基础之一，并直接促成了狄骥的社会法学说。此为二者共通点之四。

国民党的相关理论与社会法学思想有相通之处，使在具体各法的制订过程中采用最新法律思想成为可能。

二　国民党党义和社会法学思想共同影响下的立法指导原则

随着北伐的胜利，全国进入了所谓"训政"时期，建设新的法律体系提上了国民党的日程。1928年8月，蒋介石主持的国民党二届五中全会通过了《训政时期约法案》、《训政开始应否设立五院案》等重要文件，决定设立包括立法院在内的五院。②8月30日，国民党中央执行委员会第163次常务会议提出要从速制定各种法律，以便实行。③10月3日，第172次常务会议通过了《中华民国国民政府组织法》，该法对立法院的性质、组织机构、立法职责、立法程序和立法委员的产生方式等作了规定，明确规定立法院是训政时期国民政府的最高立法机关，是国民政府的一部分。④10月8日，第173次常务会议议决胡汉民为第一届立法院院长。⑤11月3日，经国务会议议决，国民政府公布《立法院议事规则》六十九条，11月7日，国民政府又公布了立法委员名单。12月5日，立法委员们宣誓就职，8日立法院成立大会召开。自此，国民政府的大规模立法活动拉开了序幕。

(一) 胡汉民与立法的总体指导原则

中央政治会议是"训政"时期的最高指导机关，所以立法的总体指导原则须由政治会议决定。当时的情形，蒋介石、汪精卫、胡汉民等人是政治会议的核心人物，因派系争斗之故，胡汉民成为蒋介石重点拉拢的对

---

①　章锡琛：《社会连带说》，《东方杂志》1913年第10卷第2期。
②　荣孟源主编：《中国国民党历次代表大会及中央全会资料》（上册），光明日报出版社1985年版，第535页。
③　中国第二历史档案馆编：《中国国民党中央执行委员会常务委员会会议录》（第六册），广西师范大学出版社2000年版，第88页。
④　同上书，第216页。
⑤　同上书，第228页。

象，所以，胡汉民关于立法指导原则的相关提议在政治会议通过自无悬念。1928年12月5日，胡汉民在立法院院长就职典礼上作了题为《三民主义之立法精义与立法方针》的报告；① 1930年8月，胡又在《中华法学杂志》创刊号上登载了《社会生活之进化与三民主义的立法》一文。从该两文中可以看到国民政府立法的总体指导原则。

1. 立法以三民主义为最高原则。胡汉民称一切建国工作都应该以三民主义为最高原则，立法也应该从事"整个三民主义的实际建设……本着总理整个三民主义的遗教来创造国家的新规模"，否则中国就会落到"帝国主义、虚伪的民主主义或个人的资本主义的错路上去"。因此，他提出三民主义立法的精义是"不能离开整个三民主义"。② 这实际上提出了立法要以三民主义为指导并为了实现三民主义的政治要求。

根据金以林的研究，胡汉民一贯主张"党权"高于一切，就算与蒋介石合作，其用意也是借蒋的"军权"以加强"党权"。③ 按胡汉民的设想，训政时期由国民党握得政权，以治权交诸国府，立法院的权力又是"治权一大部分"，所以必须坚持党治下的法制，强调制定各种法规"必遵守党之意旨与总理之遗训"。④ 由此不难理解胡氏要将三民主义作为立法的最高指导原则。

2. 立法要适应中国社会的情形。胡氏强调"不是为别的国家来立法，而是为中国来立法"。他认为"时间、空间、事实是法律所赖以存在的条件"。论时间，"革命到了训政的时代"，所以"一方面要把旧时不适用的法律革除，一方面要把适于新时代的法律订出来"；论空间，"要在这个制度崩坏的旧社会中造成新国家新社会"，所以立法便要以"建造新国家新社会的图案——三民主义"来立法；论事实，"我们现在迫切的需要是要谋人民生命财产之保障，然后社会才能安定，要确定国家和人民责任义务之分际，然后民族才算有组织，要使社会的经济利益能在平衡的保护和鼓

---

① 该文曾刊于《中央周报》1929年新年特刊。
② 谢徵孚编：《胡汉民先生文集》（第四册），台北中央文物供应社1978年版，第774—777页。
③ 金以林：《国民党高层的派系政治》，社会科学文献出版社2009年版，第74—75页。
④ 《胡院长报告立法方针》，《民国日报》1928年12月10日。

励下得以发达,然后民生才算有解决"。在他看来,对于"世界一切新学理"当然要迎头赶上,但立法必须准据三民主义以进行。① 显然,胡汉民说"为中国来立法"不仅提出了立法的社会适应性问题,还提出了改造性问题。

3. 立法要具有民族性和社会性。他提出立法的精神要注重"整个民族的社会生活和社会力量的规范",既不能采取中国过去的家族主义,也不能采取欧美国家的个人主义。在他看来,中国过去的家族主义完全立于家族制度之上,旨在维护君主专制,注重农业社会的家族经济关系,而且把公法私法相混,私法完全纳于公法之中。而肩负改造国家社会使命的三民主义需要"立于民族利益之上",不但拥护人民利益而且要保障以民族精神、民权思想、民生幸福为中心的一切新组织和新事业,注重农业工业并进的民族经济关系,把法的基础置于全民族之上。至于欧美国家的立法,尽管他也承认在19世纪末20世纪初欧美的立法有所改善,"和此前相比,不再那么刻薄寡恩了",但他坚持认为欧美各国近代立法的根本基础"都是个人的","现在的欧美法律还多半是因袭从前认个人为社会单位的旧观念,未曾大变",所以他认为欧美法律"同我们中国历史上家族主义的法律制度比较,在原则上实在还比我们中国家族的制度落后一步"。②

胡汉民认为三民主义的立法应该是"社会的"。胡氏所言之"社会",与"民族"、"国家"具有相似的含义,都意在强调"团体"和"整体",而非"团体"中的"个体"。所谓团体是指"全社会或全民族的范围而言",立法强调的也是"全社会全民族的公共福利",民与民权"都是因为社会的生活、民族的生存与国家的存在而确立的"。③ 三民主义立法的本位,既非个人,也非家族,而是社会本位,这种社会本位又是社会—民族—国家本位,亦即立法强调社会、民族、国家的"整体"利益。

当然,胡汉民所主张的社会本位与社会法学之社会本位还是有一些差别。首先,对个人的态度。虽然二者都对个人本位表示反对,但是社会法

---

① 谢徵孚编:《胡汉民先生文集》(第四册),台北中央文物供应社1978年版,第778页。
② 同上书,第782—783页。
③ 同上书,第783—785页。

学反对个人本位的语境在于个人主义趋向极端，并非一味否定个人的价值，而胡汉民所说的社会本位则端在注重全民族范围内的整体或团体，个人未被重视。其次，关于社会与国家的关系。社会法学所指的社会，暗含与国家相对的意味。社会法学的提倡者多次提出，国家只是团体的一种；按狄骥之意，社会的地位是高于国家的。由此，社会本位实际上暗藏着对国家本位的某种遏制。而胡汉民所说的"社会"，与"国家"、"民族"具有较大的重合性，它们之间不存在所谓对抗与遏制的意味；其谓社会本位，与国家本位、民族本位在"整体"或"团体"的意义上是趋于同一的。

4. 立法的具体方针、具体原则和具体内容。胡汉民认为，立法既然以"社会的共同福利或民族的共同福利"为法律目标，便应着力于保护"社会群体利益"或"社会公共利益"。在他看来，社会公共利益分很多种类，各种社会利益的价值都会因时因地而变化，他提出的具体立法方针便以此为基础。他认为，根据国家社会的实际急切需要，立法应以"社会之安定为第一方针，经济事业之保养发展为第二方针，社会各现实利益的调节平衡为第三方针"。[①]

立法的具体原则有三：其一，政治力量平衡原则，即维持"自由的力量"和"维持秩序的力量"之平衡。要达到这种平衡，需要个人"无自由"，个人要贡献于国家和社会，即"人人当以服务为目的而不当于夺取为目的"。其二，权能区分之原则。政权通过以县为单位自治，训练人民的能力和知识；治权则交国民政府行使。其三，权利义务的观念。他认为个人的权利和义务是由社会来定的，个人应该向社会尽义务，"人人当以服务为目的而不当以夺取为目的"。他还认为现在立法的趋势是"由权利本位转为义务本位"。[②]

立法的具体内容包括自治法、土地法、劳工法、民法、商法等。[③]

（二）立法的总体指导原则与社会法学的关系

胡汉民虽然一再强调立法总体指导原则以三民主义为基础，但是仍然可

[①] 谢徵孚编：《胡汉民先生文集》（第四册），台北中央文物供应社1978年版，第791页。
[②] 同上书，第799页。
[③] 同上书，第802—804页。

以发现立法原则有受社会法学影响的地方，或与社会法学不谋而合之处。

其一，他在阐述立法原则时以法律三度论为法理基础。

他说：

> 法律的哲学家，通常也知道，法律是有三面的：第一，它必须是为一定的时代而立的，时代需要某种法律，它便能成立，时代不需要它了，它便要改变，或且要废弃；第二，它必须是为一定的领土范围而设的，在某个领土内，它是生效力的，出了这领土的范围，它就失了效能了；第三，它必须是为一定的事实而设的，世间没有支配一切事实的法，也没只可适应于一个普遍法律的事实，所以只有某种同类的事实，才生出某种的法律。将这三点总括地说，时间，空间，事实，是法律所赖以存在的条件。①

胡汉民所说法律的"三面"，和吴经熊1927年初提出的"法律三度论"如出一辙。吴经熊承认，法律三度论是在霍姆斯法律预测论的基础上发展而来。② 由此可见，胡汉民提出的立法原则实际上受到了美国社会法学的主要代表人物之一霍姆斯的影响。

其二，胡汉民所说的"世界的新学理"与社会法学思想大体相似。

胡汉民称对于世界一切新学理也是要"迎头赶上"的。他认识到在19世纪末20世纪初世界立法趋向"由个人移到了社会的单位"。这种趋向从何而来呢？他以"社会协动论"来解决近代以来法律趋向的变迁。他认为"晚近以来社会情形激变，社会现象日趋复杂，个人关系日益密切，往往牵一发而动全身，法律也舍弃旧有个人自由观念而为社会连带观念"；在社会连带的事实下，富人必须"为社会共同利益尽其利用财产的义务"，劳动者也必须"为社会共同利益尽其发现人格的义务"，只有富人或劳动者尽了义务之后"社会始承认其权利之主张"。基于这种理解，他把"由

---

① 谢徵孚编：《胡汉民先生文集》（第四册），台北中央文物供应社1978年版，第778页。
② 吴经熊：《法律三度论》（The Three Dimensions of Law），《法学季刊》1927年第3卷第3期。亦见于氏著《法律三度论》，上海《商报》1927年元旦特刊。

个人移到了社会单位"的立法趋向理解为三点："（一）权利本位转化为义务本位；（二）所有权因共同利益而加以限制；（三）契约自由原则因社会的福利而严其范围。"① 在他看来，个人权利、"自由的力量"等观念都是与这种趋势相违背的，所以对其不遗余力地加以否认和排斥；主张团体化、社会化的思想就符合这种趋势，所以他甚至认为连家族主义都优于个人主义。

自法国大革命以来，《人权宣言》和《拿破仑法典》确立了个人主义法律思想，法律特别注重保护个人的权利和自由，表现在民法上便是所有权绝对、契约自由和过失责任等原则。19世纪后半叶，鉴于个人主义法律造成了许多问题，已经不符合社会经济发展的需要，欧洲兴起一种反对个人主义的法律思潮，社会法学思想渐趋发达。在新思潮下，过度发展的个人权利观念得到修正，社会目的（社会利益）成为法律关注的重点。在民法上，所有权保护、契约自由和过失责任因对社会利益的强调而受到限制。这种观念在《德国民法典》、《瑞士民法典》等法典中得到了体现。胡汉民对立法趋势中所有权限制和契约自由限制的理解与社会法学的看法是一致的，唯对法律本位的理解与社会法学相左。欧美法界对过度发展的个人权利的修正，在表面上呈现为19世纪末20世纪初法学思想和现实法律对个人所负社会义务的强调，所以胡汉民错误地以为"权利本位转化为义务本位"是一种趋势，而且颇有一种越强调社会利益、团体利益就越好的意味。而实际上，欧洲法界反对的是过度的个人权利，对个人之社会义务的规定是为了避免个人在行使权利时妨碍社会利益，其基点仍是个人权利。

正是因为这种误解，胡汉民才认为欧美现在的法律"多半是因袭从前认个人为社会单位的旧观念，未曾大变"。对于欧美法律已经做出的改变，胡氏认为不过是"今稍有变更，亦不过于社会共同福利最低限度内抵制个人自由，仍偏重于个人自由，忽略社会全体的利益"。言下之意，欧美的法律对立法趋势的跟进还远远不够，故而称这些国家为"妥协性思想占优势的国家"。胡氏认为还有一种"改造性思想战优势"的国家，其意当指

---

① 谢徵孚编：《胡汉民先生文集》（第四册），台北中央文物供应社1978年版，第796页。

苏俄,"虽已将社会为单位的观念代替个人为单位之思想,惟误认为社会生存关系为阶级对立关系,而不知社会生存关系为协动关系,为连带关系,须以整个社会为单位,绝不能分化社会成各阶级为单位。"在他看来,上述两种法律观念"都不能适应现代社会的生存关系",只有中国注重社会、民族、国家之"整体"的三民主义立法,才真正顺应了立法的趋势。①

由此可见,胡汉民所理解的世界的新学理新趋势,其实与社会法学思想大体相似,只是他的理解有所偏差。在他的解读中,社会法学思想对个人的关照被忽略了,只剩下对社会的关注。对他试图创立的三民主义立法,也是在社会法学对社会利益的强调之上进一步强化。

其三,胡汉民关于社会利益的理论,源自庞德的社会利益学说。

胡汉民认为社会公共利益分为六种:

(一)社会之安全:人民生命的安全、公众身体的健康、秩序的维持、经济生活的安全和保障;

(二)社会之团体和制度:家庭、学术、宗教、政治、经济;

(三)公共道德;

(四)社会材力之保育:天然财源之使用和保存、残疾废病和鳏寡孤独之保护教养;

(五)社会经济之进步发展;

(六)文化之进步。②

胡汉民还认为各种社会利益有轻重缓急之分。他说:"我们也应晓得,法律对于各种社会的利益之内含价值是随时随地而变的。譬如出版自由,在社会的基础未巩固时,法律必须认社会秩序重于出版自由,而加之以约束。即此亦可知各种社会利益并不是有等量的价值,要因时因地而比较各种社会利益之需要程度如何,才能知道其中之差异。所以立法,总须观察

---

① 谢徵孚编:《胡汉民先生文集》(第四册),台北中央文物供应社1978年版,第794、797—798页。

② 同上书,第789页。

时间和空间的实际情形。个人或有重视某种社会利益的,或有轻视某种公共的秩序的,然而立法则须站在全社会各种公共利益之比较的需要上,而定某种法律应该先立,某种应该后立,或某种社会利益应该看重,某种应该放轻。这种立法上之考量,足以说明社会的利益之标准,实因时因地而决定。所以,三民主义的立法不是唯心主义的立场,而是科学的立场,其故即在此。"①

早在1924年,吴经熊和张志让就对庞德的社会利益理论作过介绍,吴经熊论之稍详,以之为例。吴经熊在《罗斯科·庞德的法律哲学》一文中对庞德的社会利益观的介绍如下:

(一)一般安全:平安、健康、和平与秩序、交换财产的安全;
(二)社会制度安全:家庭、政治、宗教;
(三)基本道德;
(四)社会资源的保护:自然资源的使用与保护、受赡养者与残疾人的保护与教育、对罪犯的改造、经济上需要帮助者的保护;
(五)一般进步:经济进步、政治进步、文化进步;
(六)个人生活。②

庞德认为各项社会利益的价值会随着时因和地域而变化,每一项的价值升降都与此时此地的需要直接成正比。③

若将二者进行比较可知,胡汉民基本上全部接受了庞德的社会利益学说。当然,除了改变表述方式以外,他还是进行了一些"三民主义式"的处理,与三民主义不合拍的项目被摒弃在外。在庞德的社会利益观当中,个体利益是社会利益不可缺少的组成部分。三民主义则强调国家和社会至上,个人应该理所当然地贡献给国家,所以不会将"个人生活"也归入社

---

① 谢徵孚编:《胡汉民先生文集》(第四册),台北中央文物供应社1978年版,第790页。
② 吴经熊:《罗斯科·庞德的法律哲学》(Juristic Philosophy of Roscoe Pound),《法学季刊》1924年第1卷第8期。
③ 同上。

会利益之中，庞德所言社会利益的第六项"个人生活"隐去无踪。

（三）原因初探

立法总体指导原则带上浓厚的社会法学兴味，即如上述。个中原因，除了三民主义与社会法学思想在源头上的共通之处以外，便要从胡汉民本身去找。

据胡汉民自述，"父治刑名，就幕州郡"，[①] 可以想象幼年时的胡汉民对法律是不陌生的。1904年，胡汉民赴日本留学，入法政大学速成科学习，1906年从速成科毕业后，又入专门部肄业，直至1907年3月随孙中山离日。胡汉民在日本时读过不少日译西书，其中包括"《天演论》、《群己权界论》、《群学肄言》、《社会通诠》及《法意》诸书"。[②] 根据当时法政大学速成科所开设的科目，可知胡汉民至少学习过《法学通论》、《民法》、《刑法》等法学课程。[③] 可见，胡汉民接受过系统的法学教育，对于西方法学的一般知识以及社会学的知识，当有相当了解。

胡汉民追随孙中山以后，一直为革命奔波。1928年10月，他被任命为立法院院长，其中虽然难免政治权力之分配的因素，也必有到任者能否胜任该工作的考虑，胡汉民应该具有相当程度的法学知识。当时，五院院长之中，除了胡汉民之外尚有司法院院长王宠惠和考试院院长戴传贤是法界中人，其中王宠惠还是颇具影响力的法学家。在这样的环境中，胡汉民不可能对法学界的动向一无所知。

另外，当时中国法学的学术格局来看，在胡汉民宣讲立法原则时期，国内影响最大的法学刊物仍然是朝阳《法律评论》和东吴《法学季刊》，胡汉民及其团队若要了解法学研究动态，势必不会忽略这两份法学刊物。单从《法律三度论》一文来说，除了载于东吴《法学季刊》，还登载于陈布雷主持的上海《商报》。《商报》与国民党关系十分密切，孙中山在世时

[①] 胡汉民：《胡汉民自传》，台北传记文学出版社1982年版，第1页。
[②] 同上书，第12—13页。
[③] 日本法政大学速成科开设的科目有法学通论、民法、商法、国法学、行政法、刑法、国际公法、国际私法、裁判所构成法、民刑诉讼法、经济学、财政学、监狱学，其中法学通论和民法由梅谦次郎等讲授，刑法由冈田朝太郎等讲授，宪法由美浓部达吉等讲授。《日本法政速成科规则》，《东方杂志》1904年第5期。

曾赞誉它"可称为忠实的党报",胡汉民也有可能会通过《商报》知晓法律三度论。

再者,由于工作的需要,胡汉民也不会独自一人闭门思考"三民主义的立法原则",必会与法界人士接触。胡汉民能够得知法律三度论、社会利益学说和世界立法的趋势,除了自身的阅读之外,可能还与其周围的某些法学家有关。据《胡汉民往来未刊函电稿》记载,他与法学家何世桢过往甚密,胡与何之间往来函电共有35件,在胡氏的庞大人际圈中居第7位。① 根据陈红民的研究,如果把胡汉民的人际圈按亲疏分类,何世桢属于第三层。② 虽然往来之间多聊政治事务和日常事宜,未涉及法律学说方面,但这可能是胡汉民吸收法界思想的一条渠道。何世桢1921年毕业于东吴法学院,与吴经熊相交甚熟。③ 何氏对吴经熊的法律三度论主张十分推崇,曾称"世界上无论哪一个国家的法律,哪一个时代的法律,总是有三个面积或容量,一时间,二范围,三法律点"。④ 由此看来,胡汉民接触到法律三度论乃至其他社会法学派的学说,都是有可能的。

三 社会法学思想与各部门法的制定

具体各法的指导原则虽由政治会议决定,但事实上经政治会议决定的立法原则,常由立法院提交。⑤ 立法院第一届院长胡汉民,副院长林森,立法委员有49人,分别是:吕志伊、宋美龄、焦易堂、陈肇英、林彬、马寅初、戴修骏、黄昌谷、郭泰祺、邵元冲、恩克巴图、钮永键、孙镜亚、周览、楼桐孙、吴尚鹰、张志韩、郑毓秀、蔡瑄、刘训、赵士北、庄崧甫、罗鼎、邓召荫、曾杰、卫挺生、张凤九、傅秉常、陈长蘅、方觉慧、

---

① 陈红民辑注:《胡汉民未刊往来函电稿》,广西师范大学出版社2005年版。分载第2,4—9,12—14册。
② 陈红民:《函电里的人际关系与政治》,生活·读书·新知三联书店2003年版,第69页。
③ 《1926年东吴大学法律科章程》,孙京、张研主编:《民国史料丛刊》(第1087册),大象出版社2009年版,第159页。吴经熊1920年毕业于该校。1929年,何世桢在一篇文章中说起他与吴经熊的交情。见何世桢《近代法律哲学之派别和趋势》,《东方杂志》1929年第26卷第1期。
④ 何世桢:《近代法律哲学之派别和趋势》,《东方杂志》1929年第26卷第1期。
⑤ 关于国民政府立法院的沿革发展,可参见刘曙光《国民政府立法院述论》,首都师范大学2000年未刊硕士论文。

刘克隽、王葆真、王世杰、吴铁城、刘景新、缪斌、史尚宽、陶玄、曹受坤、周震鳞、黄居素、王用宾、卢仲琳、刘积学、田桐、朱和中、郑忾辰。① 立法委员多数具有法学教育背景，其中不乏知名法学家，如周览（周鲠生）、林彬等，尚有一部分经济学家和国民党资深人士。1928年8月国民党二届五中全会选定的政治会议委员有汪精卫、谭延闿、蒋中正、胡汉民、戴传贤、伍朝枢等46人，② 就其知识背景来说，除胡汉民以外，尚有戴传贤、伍朝枢等一批人接受过正规法学教育。

根据胡汉民关于立法内容的计划，1929年2月立法院第10次会议议决组织民法、商法、土地法、自治法和劳工法各个起草委员会，率先起草民法、商法、土地法、自治法和劳工法，人员安排如下："民法由委员傅秉常、史尚宽、焦易堂、林彬、郑毓秀起草，并由傅委员秉常召集会议；商法由委员马寅初、王世杰、戴修骏、卫挺生、楼桐孙起草，并由马委员寅初召集会议；土地法由委员吴尚鹰、邓召荫、陈肇英、王用宾、黄昌谷起草，并由吴委员尚鹰召集会议；自治法由委员吕志伊、焦易堂、钮永建、缪斌、刘积学、孙镜亚、曾杰起草，并由吕委员志伊召集会议；劳工法由委员邵元冲、王葆真、史尚宽、罗鼎、卢奕农起草，并由邵委员元冲召集会议。以上各法典，特聘王宠惠、戴传贤为顾问。"③ 除了立法委员以外，尚有少数编纂人员在法律起草过程中发挥了不小的作用，如民法起草委员会的编纂胡长清，④ 胡长清也是一位社会法学的提倡者。立法相关人员既已明了，便可观察具体立法的详情。

（一）社会法学思想与民法的制定

从1928年12月开始，民法分总则、债篇、物权篇以及亲属篇继承篇四次起草，经立法程序后相继公布施行，民法最后一篇《民法继承编施行法》公布的时间是1931年1月。⑤ 指导各篇编纂的立法原则及其立法理由说明书，最能体现民法的倾向。

---

① 《立法院第一次会议议事录》，《立法院公报》1929年第1期。
② 谢振民：《中华民国立法史》，正中书局1937年版，附录，第57页。
③ 《立法院第十次会议议事录》，《立法院公报》1929年第2期。
④ 胡长清：《民法之基础观念》，《法律评论》1929年第7卷第1期。
⑤ 谢振民：《中华民国立法史》，正中书局1937年版，第266页。

第四章 社会法学对法律教育及立法的影响

总则编立法原则共有19条，并附有4条立法理由说明书。① 立法原则第一条指出"民法所未规定者依习惯，无习惯或虽有习惯而法官认为不良者依法理"，其意在于注重法律与中国社会的适应性问题。不过，立法理由说明书第一条中又认为中国的习惯"不合党义违背潮流"之处非常多，适用习惯时如不严格取舍，将会"不独阻碍新事业之发展，亦将摧残新社会之生机，失国民革命之本旨"。这表明立法者希望民法的编纂能达到适应性与革新性的平衡。立法原则第二条"以侵害他人为主要目的而行使权利者，其权利之行使为不法"，第十七条"契约上自由之限制，不得违背公共秩序或善良风化"，则是对权利行使和契约自由的社会限制，与社会法学关于限制个人权利和契约自由的主张相一致。立法理由说明书第二条更明确强调"社会公益之注重"，对个人主义则极力避免，该条认为"自个人主义之说兴，自由解放之潮流奔腾澎湃，一日千里，立法政策自不能不受其影响，驯至放任过甚，人自为谋，置社会利益于不顾，其为弊害，日益显著，且我国人民，本以自由过度，散漫不堪，尤须及早防范，藉障狂澜"，所以为了"社会公益"和"社会之安全"，民法总则要通过"对于法人取干涉主义，对于禁治产之宣告，限制其范围，对于消灭时效，缩短其期间"等办法来保障"社会公益"和"社会之安全"。该规定与社会法学强调社会利益的主张一致，自无可疑。立法理由书第三条，认为男女平等原则是"吾党对内政策所规定"，按方孝岳的理解，男女平等是19世纪后半叶以来民治主义在法律上的影响。②

债编立法原则共有15条，其中第五条"除因故意或重大过失所加之伤害外，如所应负之损害赔偿对于加害人之生计有重大影响时，法院得减轻其赔偿金额"，③ 体现立法者对实际公道的理解，其精神与施塔姆勒所谓"法律的要求以那个负义务的人不丧失为他自己邻人的地位为限"之公道法律的原则（正法的原则）相同。④ 其立法理由说则明确表明贯通全编的

---

① 谢振民：《中华民国立法史》，正中书局1937年版，第911—914页。
② 方孝岳编译，陶履恭校：《大陆近代法律思想小史》（上册），商务印书馆1921年版，第113页。
③ 谢振民：《中华民国立法史》，正中书局1937年版，第921页。
④ 丘汉平：《舒丹木拉法律哲学述要》，《法学季刊》1926年第3卷第2期。

精神有"社会公益之注重"和"斟酌情形分别为保护债务人之规定",其理由是"良以个人本位之立法,害多利少,已极显然,故特置重社会公益,以资救济,至若债务人固非皆为弱者,然与债权人相较,其经济地位恒非优越,故于可能范围内对于债务人之利益,特加保护"。① 另外,该编一直被称为"债权编",到1929年11月该编完成时"债权编"的名字更改为"债编",以示"对于债权人债务人同等保护之意",② 并非专门保护债权人。

物权编有立法原则15条,其中限制所有权的精神表露无遗。第一条规定"物权除于本法或其他法律有规定外不得创设",在对本条的"说明"中明示凡是"有害公益"的物权,都"不得创设";第三条规定"所有人于法令所限制之范围内得自由使用收益处分其所有物并排除他人之干涉",即所有权人在使用、收益、处分其所有物时必须顾及"社会公益"和"吾党土地使用政策",若与该二者冲突便"不得不加以限制";第四条规定取得所有权的时限,本条的"说明"解释为"为注重社会公益起见,动产所有权及不动产所有权之状态不宜久不确定,故规定其取得时效。至时效期限,亦不宜过长,故分别规定动产取得时效为5年,不动产取得时效为20年或10年";第五条规定土地所有权应在"法令之限制"以外行使,如果"漫无限制,有害公益",即被认为"权利之滥用,应在禁止之列";第九条视佃权人"多属经济上之弱者",要求在出现"天灾地变等不可抗力致其收益减少或全无收益"时佃权人可以请求"减少佃租名免除佃租,以保护佃权人之利益";第十条至第十四条是关于中国固有典权之立法的详细规定。③ 通过以上梳理可以发现,物权立法的原则多处强调因社会公益而限制个人的所有权,并对中国社会的实际情形有所注意,这与社会法学关于个人所有权的限制和法律的社会适应性的主张相符合。

亲属继承两编立法原则各有9条。亲属编第七条规定新民法不容承

---

① 谢振民:《中华民国立法史》,正中书局1937年版,第925页。
② 同上书,第922页。
③ 同上书,第933—937页。

第四章 社会法学对法律教育及立法的影响

认妾之存在；第九条要求"不应以家长权为本位"，"置重于家长的义务，并明定家长不论性别"。[1] 继承编第一条要求"宗祧继承无庸规定"，认为宗祧继承"与现代潮流不能相容"，并与"男女平等"原则相背。[2] 按亲属继承两编的立法理由，其最重要的是"男女平等之确立"、"种族健康之增进"。[3]

若仔细考察新民法的各条文，不难发现社会法学思想的具体影响。基于对社会利益或所谓公共利益的考虑，所有权、契约自由和过失责任都受到相当程度的限制。在所有权方面，新民法条文表现出对所有权较多的限制，所有权呈现明显的相对性。《中华民国民法》第148条规定："权利之行使不得以损害他人为主要目的"，第765条规定："所有人于法令限制之范围内，得自由使用、收益、处分其所有物，并排除他人之干涉"，[4] 其意皆在要求所有权人不能滥用权利。第773条规定："土地所有权，除法令有限制外，于其行使有利益之范围内及于土地之上下，如他人之干涉无碍其所有权之行使者，不得排除"，第794条规定："土地所有人开掘土地或为建筑时，不得因此使邻地之地基动摇或发生危险，或使邻地之工作物受其损害"，[5] 这类规定使所有权被赋予了对于他人或社会公共利益的某些义务。若与清末民律和"民律二草"相比较，可以发现存在较大的差别。《大清民律草案》基本上完全吸取了所有权神圣的原则。《大清民律草案》第983条规定："所有人于法令之限制内，得自由使用、收益、处分其所有物"；第984条规定："所有人于其所有物，得排除他人之干涉"。[6] 用学者朱勇的话说，就是"《大清民律草案》吸收所有权绝对的原则，从法律上否定了国家公权对国民私权的非法干涉，也排除了对于地主、官吏在私权方面的特殊保护"。[7] 20世纪20年代初，在准备修订"民律二草"时，

---

[1] 谢振民：《中华民国立法史》，正中书局1937年版，第956页。
[2] 同上书，第957页。
[3] 同上书，第967—968页。
[4] 中国第二历史档案馆编：《中华民国史档案资料汇编》第五辑第一篇政治（一），江苏古籍出版社1991年版，第332、407页。
[5] 同上书，第408、411页。
[6] 杨立新点校：《大清民律草案·民国民律草案》，吉林人民出版社2002年版，第130页。
[7] 朱勇：《中国民法近代化研究》，中国政法大学出版社2006年版，第14页。

江庸等人已经意识到《大清民律草案》"偏重个人利益","非更进一步以社会为本位不足以应时势之需求"。① 不过,当时学界对于民法是否需要集合化社会化尚未取得一致意见,所以,这个并未出台的"民律二草"在条文上对所有权并没有多少限制。全篇未见有类于《中华民国民法》关于限制所有权的规定。其"所有权·通则"条文中明确规定,"所有人于不违反法令或第三人权利之限度内,得任意处置其物,并排除他人之干涉",所有人对于无权占有或侵夺所有物者"得回复之","得请求除去之"。②

在契约自由方面,新民法出现了不少限制契约自由的条文。如第71条规定"法律行为违反强制或禁止之规定者无效,但其规定并不以之为无效者不在此限",第72条规定"法律行为有悖于公共秩序或善良风俗者无效",第74条规定"法律行为系乘他人之急迫轻率或无经验,使其为财产上之给付或为给付之约定,依当时情形显失公平者,法院得因利害关系人之声请,撤销其法律行为或减轻其给付",③ 可见,契约绝对自由时代的意思自治原则已经受到重大修订。第203条又规定"应付利息之债务,其利率未经亦无法律可据者,周年利率为5%",第205条规定"约定利率超过周年20%者,债权人对于超过部分之利息无请求权",第252条规定"约定之违约金额过高者,法院得减至相当之数额",④ 这种对利率、违约金额等契约内容的限制,意在保证经济来往的公正性,重在维护弱者的利益。《大清民律草案》全面接受了契约自由的制度,其专设一节来规定意思自治原则,对契约自由较少限制。⑤ 北洋政府时期,"民律二草"和大理院的具有先例性质的相关判决,对契约自由已有所限制。⑥

在侵权责任方面,新民法虽然承认了过错责任原则,但同时规定

---

① 江庸:《五十年来中国之法制》,载申报馆编《最近之五十年》(第二编第十一章),1932年,第1—10页。
② 杨立新点校:《大清民律草案·民国民律草案》,吉林人民出版社2002年版,第307页。
③ 中国第二历史档案馆编:《中华民国史档案资料汇编》第五辑第一篇政治(一),江苏古籍出版社1991年版,第324页。
④ 同上书,第340、346页。
⑤ 杨立新点校:《大清民律草案·民国民律草案》,吉林人民出版社2002年版,第22—26页。
⑥ 朱勇:《中国民法近代化研究》,中国政法大学出版社2006年版,第20页。

第四章 社会法学对法律教育及立法的影响

了在特定情况下的无过错责任原则。例如，新民法第188条规定："受雇人因执行职务不法侵害他人之权利者，由雇用人与行为人连带负损害赔偿责任。但选任受雇人及监督其职务之执行已尽相当之注意，或纵加相当之注意而仍不免发生损害者，雇用人不负赔偿责任。如被害人依前项但书之规定不能受损害赔偿时，法院因其声请得斟酌雇用人与被害人之经济状况，令雇用人为全部或一部之损害赔偿。雇用人赔偿损害时，对于为侵权行为之受雇人有求偿权。"[①] 即雇用人即使没有过错，仍然要向受害人承担赔偿责任。《大清民律草案》则纯采用过错责任原则，其第945条规定："因故意或过失侵害他人之权利而不法者，于因加侵害而生之损害，负赔偿之义务。"[②]"民律二草"则未对侵权责任做出明确的规定。

民法各编公布之后，胡汉民称新民法的最大特点是"以全国社会的公共利益为本位，处处以谋公共的幸福为前提"，"处处表示它保护弱者的精神"。[③] 立法委员傅秉常曾对民法中对社会公益的注意之点一一梳理，写成《新民法与社会本位》一文，发表于《中华法学杂志》。他认为，随着"社会联带说"兴起，个人主义逐渐"颠溃"，各国民法"未有不限制个人主义而侧重社会之利益者"，并称世界民法的趋势"遂由个人主义之时期进于社会主义之时期"。在他看来，新民法完全合于世界民法的趋势，并结合新民法的条文将其注重社会利益的地方归纳为"权利滥用之禁止"、"所有权之限制"等23处。[④] 吴经熊也认为"新民法之内容已追踪于法律之社会化"。[⑤] 丘汉平亦认为新民法完全符合法律社会化时期的特点，即"（一）限制财产的使用及所谓'反社会之行使权利'，（二）限制契约自由，（三）限制处分权，（四）限制债权人或被害人的请求权之绝对满足，（五）无过失责任之规定，（六）公共所有权之确认，（七）注重社会对于

---

① 中国第二历史档案馆编：《中华民国史档案资料汇编》第五辑第一篇政治（一），江苏古籍出版社1991年版，第338页。
② 杨立新点校：《大清民律草案·民国民律草案》，吉林人民出版社2002年版，第123页。
③ 胡汉民：《胡汉民先生文集》（第四册），台北中央文物供应社1978年版，第854页。
④ 傅秉常：《新民法与社会本位》，《中华法学杂志》1930年第1卷第2期。
⑤ 吴经熊：《十来年之中国法律》，《大厦》1934年第1卷第5期。

子女之利益"。① 其他类似评论还有很多。②

(二) 社会法学思想与刑法、宪法、劳动法和土地法的制定

国民政府本在1928年已经修订刑法，从当时的立法意见书来看，注重之处有四：一为采用最新法例，有如原则从新法，若新法重于旧法，则以刑轻者为准；二为"审酌国内民情"；三是注重"本党政纲"；四是"参照犯罪事实……特设专条以应时势之需要"。③ 其中，未见对刑法的社会防卫作用有特别注意。因1928年刑法"成立仓猝，条文繁复"且"时移势易"，1931年12月立法院着手起草《刑法修正案》，至1933年4月完成初稿，负责初稿起草的是刘克俊、郗朝俊、罗鼎、史尚宽、蔡瑄、徐元诰、赵琛、盛振为、瞿曾泽9人。

社会法学在刑法方面主张抛弃"客观主义"、"报复主义"、"绝对主义"而采"主观主义"、"社会防卫主义"、"相对主义"，视刑罚为"防止未来犯罪并保护社会之手段"。④ 从刑法起草委员会呈报的起草报告中，已可见《刑法修正案》对新思想的采用。

> 年来刑事法理，阐发益精，国际刑法会议，复年年举行，因之各国刑事立法政策，自不能不受其影响。变动较大者，为由客观主义而侧重于主观主义，由报应主义而侧重于防卫社会主义。……本会一方参酌最近外国立法例，如1932年波兰《刑法》，1931年之日本《刑法修正案》，1930年之意大利《刑法》，1928年之西班牙《刑法》，1927年之德国《刑法草案》，1926年之《苏俄刑法》，以资借镜。一方复依据考察所得，按照我国现在法官程度、监狱设备、人民教育及社会

---

① 丘汉平：《法治进化论》，《东方杂志》1937年第34卷第9期。
② 如郑保华：《法律之社会化》，《法学季刊》1931年第4卷第7期；刘承汉：《现行法与民生主义》，《现代法学》1931年第1卷第7—9期；苏哲：《社会化之法律》，《光华月刊》1932年第5期；萧邦承：《社会法律学派之形成及其发展》，《法轨》1935年第2卷第1期；李祖荫：《中华民国民法总则评论》，《国立北京大学社会科学季刊》1935年第5卷第3期，等等。
③ 谢振民：《中华民国立法史》，正中书局1937年版，第1108页。
④ 谢镜蓉：《累犯之本质》，《法律评论》1927年第215—217期。亦见于李炘《社会法学派（续）》，《法政学报》1922年第3卷第2期等多文。

354

第四章 社会法学对法律教育及立法的影响

环境等实在情形,就现行法原有条文斟酌损益,以期尽善"。①

对此,谢振民亦谓《刑法修正案》初稿的立法精神"已由客观事实主义倾向于主观人格主义,注意社会化之一般预防,尤着重于个别化之特别预防"。新刑法和1928年《刑法》相比较,一大改变是增设了"保安处分"一章,其主要规定有:

> 第十二章　保安处分
>
> 第八十六条　因未满十四岁而不罚者,得令入感化教育处所施以感化教育。因未满十八岁而减轻其刑者,得于刑之执行完毕或赦免后,令入感化教育处所施以感化教育……第八十七条　因心神丧失而不罚者,得令入相当处所施以监护。因精神耗弱或喑哑而减轻其刑者,得于刑之执行完毕或赦免后,令入相当处所施以监护……第八十八条　犯吸食鸦片或施打吗啡或使用高根海洛因或其化合质料之罪者,得令相当处所施以禁戒……第八十九条　因酗酒而犯罪者,得于刑之执行完毕或赦免后,令入相当处所施以禁戒……第九十条　有犯罪之习惯或以犯罪为常业或因游荡或懒惰成习而犯罪者,得于刑之执行完毕或赦免后,令入劳动场所强制工作……②

早在1927年,胡长清就对保安处分的概念、保安处分与刑罚的异同以及瑞士、德国、奥地利刑法关于保安处分的规定作了介绍。按胡长清的理解,保安处分是指根据实际情况拘禁不当行为人于劳役场或收容于疗养所等方法,以达到防卫社会、消除犯罪危险的目的,是基于犯罪的原因既在于个人也在于社会的观点而提出,其本质与刑罚无别。③刑法起草委员会在其起草报告中表明:"最近刑事政策注重社会之防卫,各国新订刑法,

---

① 谢振民:《中华民国立法史》,正中书局1937年版,第1131页。
② 中国第二历史档案馆编:《中华民国史档案资料汇编》第五辑第一篇政治(一),江苏古籍出版社1991年版,第470—471页。
③ 胡长清:《何谓保安处分》,《法律评论》1927年第5卷第17期;胡长清:《保安处分与刑罚》,《法律评论》1927年第5卷第18—20期。

355

关于保安处分一章规定颇详。旧刑法对于少年犯及精神病人，虽有感化教育，监督品行及监禁处分之规定，然嫌范围太狭，新刑法特增设保安处分一章。……共分为：（1）感化教育处分，（2）监护处分，（3）禁戒处分，（4）强制工作处分。"谢振民称增设保安处分是世界最近刑事政策"注重社会之防卫"的需要。① 梅汝璈表示"这些增置（增设保安处分）大都采自各国最新颖最进步的法例，极能符合于现代刑法之主观主义和社会防卫主义的精神，在理论上我们除了表示赞同之处，别无可说。"② 胡毓寅也认为"初稿能了解犯罪是一种社会上的病态，想尽方法疗治它……立法的用心，实大可注意"。③

1928 年 7 月，随着北伐的成功，中国进入了国民党的所谓"训政"时期。1931 年 2 月，因与蒋介石的矛盾，胡汉民被囚于汤山，立法院工作相继由邵元冲、覃振主持。"训政"时期的根本大法是 1931 年 5 月制定的《中华民国训政时期约法》，其本意欲在若干年间逐渐完成训政，为进入宪政时代做好准备。"九·一八"事变爆发，蒋介石被迫辞去本兼各职，胡汉民、汪精卫二人又因历史宿怨难平，双方缺乏至诚合作的基础，于是只好共推孙科主政。孙科内阁只运行月余便垮台，1932 年 1 月底，孙转任立法院院长，但立法院实际工作由副院长覃振主持。④"九·一八"事变使民族危机立即凸显出来，各方呼吁召开国难会议。国民党遂在各方的呼吁下于 1932 年 4 月在洛阳召开了国难会议，会议通过了要求国民党结束训政、进入宪政的决议。⑤ 1932 年 12 月，第二届立法委员任期届满，孙科以立法院院长身份主持立法院工作，第三届立法委员多数由孙科提名。同月，国民党第四届中央执行委员会第三次会议通过《集中国力挽救危亡案》，其中规定立法院从速起草宪法，并拟定在 1935 年 3 月召开国民大会议决宪

---

① 谢振民：《中华民国立法史》，正中书局 1937 年版，第 1130 页。
② 梅汝璈：《刑法修正案的八大要点述评》，《法令周刊》1935 年第 235 期。
③ 胡毓寅：《论中华民国刑法修正案初稿之得失》，《中华法学杂志》1933 年第 4 卷第 9—10 期。
④ 金以林：《国民党高层的派系政治》，社会科学文献出版社 2009 年版，第 441、443 页。
⑤ 张北根：《国难会议综述》，《历史档案》1999 年第 4 期。

第四章 社会法学对法律教育及立法的影响

法,并决定宪法的颁布日期。① 1933 年 1 月,新任立法院长孙科组织宪法起草委员会,自任委员长,副委员长则由吴经熊、张知本二人担任,吴经熊为初稿主稿人。吴经熊和张知本都是社会法学在中国的有力提倡者。6 月,吴经熊完成初稿,经孙科同意后公开发表,供各方批评讨论。② 后来"吴氏宪草"被几经修改、审查,最后完成立法程序于 1936 年 5 月 5 日公布,是为《中华民国宪法草案》("五五宪草")。

按张知本的说法,社会法学对宪法的影响主要表现在"选举权扩张"和"共同生活之维持"两方面。选举权的扩张应该表现在让无产者也能够参与立法,"合组政府"。从表面上看,"五五宪草"确实规定"人民有依法律选举罢免创制复决之权"(第 19 条),但是这种泛泛的规定与 1923 年宪法关于"中华民国人民依法律有选举权及被选举权"(1923 年宪法第 17 条)的规定,并没有什么区别。

共同生活的维持应该表现在宪法注重经济上的自由平等,限制极端自由的个人权利,保护劳动阶级,增进贫民教育。"五五宪草"和中国此前的宪草最大的不同点便在于对社会利益的强调和保障。该宪草专设"国民经济"和"教育"各一章,对所有权的限制、劳工的保护、弱者的救济、劳资协调互助等与社会法学相一致的主张进入了宪草条文。例如,"五五宪草"第六章"国民经济"部分规定,"土地所有权人对于其所有土地负充分使用之义务"(第 117 条),"国家为改良劳工生活,增进其生产技能及救济劳工失业,应实施保护劳工政策,妇女儿童从事劳动者,应按其年龄及身体状态,施以特别之保护"(第 124 条),"劳资双方应本协调互助原则,发展生产事业"(第 125 条),"老弱残废,无力生活者,国家应予以适当之救济"(第 128 条);第七章"教育"部分则对教育经费的保障,规定"教育经费之最低限度,在中央为其预算总额百分之十五,在省区及县、市为其预算总额百分之三十,其依法律独立之教育基金并予以保障,

---

① 刘曙光:《国民政府立法院述论》,首都师范大学 2000 年未刊硕士论文,第 14 页。
② 最早刊载《东方杂志》(第 30 卷第 7 期),而后《力行》(第 2 卷第 6—7 期)、《每周评论》(第 70 期)、《时事月报》(第 9 卷第 2 期)、《法令周刊》(第 163 期)、《法学杂志》(第 6 卷第 5 期)等刊物转载。

贫瘠省区之教育经费由国库补助之"（第137条），并对其他教育相关规定作了规定。①

从"吴氏宪草"公布到"五五宪草"通过，各界对宪草的批评和评论可谓汗牛充栋。许多知名学者，如章渊若、胡适、燕树棠、周鲠生、吴昆吾、丘汉平、梅汝璈、萨孟武、胡长清、陈振鹭等，都积极参与宪草的批评或评论。国内知名的报刊几乎都登载了大量关于宪草的评论意见。评论宪草一时形成一股巨大的潮流。总体说来，对宪草的批评最多的集中在三民主义的国家性质、人民自由和权利的保障、国民大会、总统制等方面，在宪草的结构安排、文字表述等方面批评亦复不少。然而，各界对国民经济和教育的规定却少有批评，最多有一些技术层面上细枝末节的意见。②个中原因，除了该规定与民生主义之意识形态相连以外，还应与该宪草符合宪法之趋势有关。1924年，有人就认为，现代宪法的立法精神是"注重社会之一般利益"，"如女子之解放、阶级之破坏、所有权之限制、劳动者之保护、重要企业之公营、不动财产之共有，皆为各国新宪法所规定"。③吴经熊后来解释说，宪草中对民生主义经济制度和教育保障的规定，旨在维持全体国民维持相当程度的生存，维护教育公平，促使社会整体利益的发展。"生存权"和机会均等的"受教育权"为人民的"受益权"，是为了实现孙中山先生"机会平等"的理想而设，认为这种制度安排可以避免中国走向残酷竞争和阶级战争，从而最大限度地增进社会公共利益。④

社会法学要求制定社会法，以谋社会问题的解决，社会问题是指劳动

---

① 中国第二历史档案馆编：《中华民国史档案资料汇编》第五辑第一篇政治（一），江苏古籍出版社1991年版，第285—287页。

② 相关评论主要有陈振鹭：《评宪草中之"劳动"规定》，《法律评论》1934年第547期；程绍德：《宪法初草中之国民生计章》，《时代公论》1933年第65—66期；徐镇南：《宪法草案与国民经济问题》，《政治评论》1933年第46期；张静愚：《宪法草案民生编国民生计之我见》，《河南政治月刊》1933年第3卷第8期；沈鹏飞：《宪法初稿中国民教育章意见之商榷》，《时事月报》1933年第9卷第2期；陈剑修：《由宪法到"国民教育"的讨论》，《时事月报》1933年第9卷第2期；周宪初：《宪法草案中之国民教育》，《前途杂志》1934年第2卷第4期；罗廷光：《宪法中关于国民教育应具的要素》，《时代公论》1933年第65—66期。

③ 陈昌蓴：《现代宪法之趋势》，《法政学报》1924年第3卷第5期。

④ 吴经熊：《宪法中人民之权利及义务》，《法令周刊》1934年第235期。

第四章　社会法学对法律教育及立法的影响

问题以及其他与社会安宁、社会福利有关的问题。① 国民政府制定的劳工法和土地法等一系列法律，皆与社会法学的要求相合。制定劳工法和土地法本是国民党的对内政策。早在1926年国民党第二次全国代表大会时期既已形成劳工立法的相关原则，其旨在于保护劳工，改良劳工待遇。② 1928年又具体化为"博采德意志、奥地利……诸国之成法草案及国际联盟劳动会议之议决，并远绍学者之理论，参照我国特有之习惯，准诸党义，考诸统计，折衷于劳动中心主义和资本中心主义之间，于不妨碍产业之发展或存在之限度以内，予劳动者以相当之保障，即以促进劳资之协调"。③ 土地法的立法要旨在于"使地尽其用，并使人民有平均享受使用土地之权利……防止私人垄断土地以谋不当利得之企图，并设法使土地本身非因施以资本或劳力改良结果所得之增益归为公有"，"对不劳而获的土地增益行累进税……土地私有权之限制"。④ 事实上，当时有部分社会学者对于制定社会法也非常热心。1928年12月18日，立法院刚刚成立不久，孙本文便向立法委员邵元冲推荐中央大学社会学教授马达从事社会法制工作。⑤

自立法院成立至1932年底，国民政府制定的劳工法主要有《工会法》、《工会施行法》、《工厂法》、《修正工厂法》、《工厂检查法》、《劳资争议处理法》、《修正劳资争议处理法》、《团体协约法》、《职业介绍法》。《土地法》和《土地施行法》分别于1930年6月和1935年4月制定。⑥

第三节　社会法学与创建三民主义法学的努力

胡汉民在论述立法的总体指导原则时，已经显露出对"社会本位"的

---

① 陈俊三：《新理想主义与社会连带主义在法律上之新表现》，《法律评论》1924年第59期。
② 荣孟源主编：《中国国民党历次代表大会及中央全会资料》（上册），光明日报出版社1985年版，第127页。
③ 谢振民：《中华民国立法史》，正中书局1937年版，第1310页。
④ 同上书，第1429页。
⑤ 王仰清、许映湖标注：《邵元冲日记》，上海人民出版社1990年版，第485页。马达，字质夫，1900年出生，江苏如皋人，巴黎大学法学硕士及政治经济学博士。曾任中央大学法律系及经济学系副教授。时任中央大学社会学系教授。
⑥ 谢振民：《中华民国立法史》，正中书局1937年版，第270—271页。

某种误解。延续这种思路而成形的三民主义法学,在三民主义的意识形态中模糊了社会、民族和国家三者的区别。三民主义法学与社会法学在表面上一致,却在个人的意义、社会与国家的关系等方面产生了分歧,出现了"经纬同度,海拔异高"的现象。在三民主义所主导的语境下,社会法学不免偏离原来的轨迹。

一 中国本位法系论的兴起

按胡汉民的理解,三民主义的立法既能体现三民主义意识形态的诉求,又能符合世界最新的社会法学思想,还能与中国固有的"王道精神"相切合。如此一来,源于西方的社会法学思想、中国固有的"王道精神"和三民主义意识形态,便有了某种交集。这种交集,便是胡汉民在多次强调的"整体"。也就是说,在胡汉民看来,世界的最新法理和中国的固有精神是具有相通性的。这种看法得到了吴经熊的认同,他在1933年也说:"俗言说的好,无巧不成事,刚好泰西最新法律思想和立法趋势,和中国原有的民族心理适相吻合,简直天衣无缝!"[①] 按武树臣的说法,胡汉民的主张可称为"国家社会本位"法律思想。[②] 胡汉民身居要津,其论中国固有之物与西方最新法理相通,使中国固有法系的重要性凸显出来。于是,不少学人开始重视中华法系的探索,学界出现了关于中华法系与西方法学思想、三民主义立法之关系的探讨。

1929年,中山大学薛祀光指出,中国法系最明显的特征是道德和法律非常接近,认为这种特征与19世纪以来新康德派、新赫呆尔派(新黑格尔派)、自由法学派、社会连带主义、社会法学派的主张十分相似,由此证明中国法系的生命之所在及其时代适应性。在他看来,道德比法律更富有适应性,此后的中国法系没有必要沿着晚近以来的道路照搬"欧大陆的成熟法",对于其技巧"我们是要输入的",但对于维持法律公平性的道德

[①] 吴经熊:《新民法和民族主义》,载氏著《法律哲学研究》,上海会文堂1933年版,第27页。
[②] 武树臣:《法原:中国法观念的萌动、萎缩与觉醒》和《移植与枯萎:个人本位法律观在中国的命运》,两文均载李楯主编《法律社会学》,中国政法大学出版社1998年版,第231—241页。

第四章 社会法学对法律教育及立法的影响

方法"中国法系是原来有的,不要抛弃,或许还可以贡献于世界"。① 1930年,《法律评论》刊载马存坤的《建树新中华法系》,认为大陆和英美两种法系都是"个人主义的法系",苏俄的法系又是"共产主义的法系",二者的共同点都在于保护支配阶级的势力,个人主义国家以资产阶级为支配阶级,共产主义国家以无产阶级为支配阶级。在他看来,个人主义的法系和共产主义的法系都没有注意各自被支配阶级的利益,"按之法治之精神,是岂徒无法之价值也哉,直人类社会之敌耳"。他希冀建成的三民主义法系是一种"无阶级、不偏激,而具有世界性之公平正直之法系",认为这种法系能够"合中庸之大道,适进化之潮流,绝动乱之源,息人类之争,造福群伦"。② 1930年12月,立法委员焦易堂在南京《法学季刊》上发表《新中国法系与世界大同》,认为过去英美法系和大陆法系因为"受过近世科学的洗礼",所以做了"世界法系的宗主",现在则不然,新的中国法系"以三民主义五权宪法为原理原则","一方面依据固有的文化精神,民族的共同理想,一方面采撷大陆英美两法系的特长,取精用宏……后来居上,俨然成为世界最新的一大法系"。③ 焦氏对新的中国法系之评价,不免自夸之嫌,然对于中国固有文化和民族精神的重视,则与胡汉民相同。1931年,丁元普在《现代法学》杂志发表《中华法系成立之经过及其将来》,探讨中华法系的起源和发展。在丁元普看来,中华法系的起源"实由自然法及理性法之递嬗而成",其传统的精神是"礼刑合一之观念",而其进行之途径是"由宗法而扩大为国法",称中华法系"东亚首屈一指,且为世界之先导"。在他看来,1929年以来国民政府的立法是"新中华法系之改造",谓其进步"殆未可限量"。④

1934年3月,程树德在《法律评论》发表《论中国法系》,将中国法系与"泰西立法"进行了比较,认为中国法律根据道德礼仪而生,西方法律则根据权利而生;西方法律保护权利,中国法律不但不保护资本反而抑

---

① 薛祀光:《中国法系的特征及其将来》,《社会科学论丛》1929年第1卷第4期。
② 马存坤:《建树新中华法系》,《法律评论》1930年第7卷第39期。
③ 焦易堂:《新中国法系与世界大同》,南京《法学季刊》1930年第1卷第1期。
④ 丁元普:《中华法系成立之经过及其将来》,《现代法学》1931年第1卷第4—5期。

361

强扶弱；西律以个人为本位，中国法律以家族为本位。① 1935 年，蒋澧泉在《中华法学杂志》上发表《中华法系立法之演进》，认为中华法系是一种"农业生活法系"、"家族单位之法系"、"民本主义之法系"、"非宗教法系"和"富有社会主义色彩之法系"，其立法之核心是礼教和家族。在他看来，中华法系在近代以来发生了两次转变，第一次是在清末，"自海通以后，欧风东渐，保障人权之说日张，权利义务之界大明"，我国旧日法制"因缺乏科学之研究，不足以应世变，乃思藉他国法系以补充之，而法律思想一变"；第二次是欧战以后，"世界经济变迁剧烈，社会现状偏倚日甚，平民生活之困难，阶级斗争之防止，昔日以个人主义为根据之法律，至今日乃不能不趋向于社会本位，各国新订法制多趋于社会化，契约多趋于集合化，我国亦不能自外斯例，法律思想又一变"。蒋氏认为，中华法系变化的理论基础在于法律的时间性、空间性、社会性和民族性。在他看来，国民政府的新立法紧跟"时代之轨迹"，又"以国情民习为准则，公平正义为依归"，注重社会之共同利益，且符合中国固有的"仁义"精神和"济弱扶倾"的人伦大纲，将立法立于民族利益之止，因此，新的中华法系能够优于欧美的法律制度，也胜于中国历来的立法，他相信中华法系现时立法能够"为现时整个社会问题谋解决"。② 刘陆民则认为，要建设中国本位新法系，"当依现代中国国家理念，用科学的方法，对中国固有及现有法律，施新的选择，产生新的生命"，"在新理念、新技术之下发扬旧的民族精神，形成新的法律体系"。③ 陈顾远亦认为，儒家思想之合于时代者包含于三民主义之中，建设中国本位新法系"既可应乎现代中国社会之需要，并可使中国固有法系之精神发扬而光大之"。④ 而在孙晓楼看来，欲建立一个足以同大陆法系和英美法系并立的中华新法系，需要提倡法律民族化。法律民族化一方面要"谋民族性本位的发展"，按其理解，所谓民族性是指一国至高无上的伦理观念，是"千年一体地深印在整个民族心

---

① 程树德：《论中国法系》，《法律评论》1934 年第 11 卷第 19 期。
② 蒋澧泉：《中华法系立法之演进》，《中华法学杂志》1935 年第 6 卷第 7 期。
③ 刘陆民：《建立中国本位新法系的两个根本问题》，《中华法学杂志》1936 年新第 1 卷第 1 期。
④ 陈顾远：《儒家法学与中国固有法系之关系》，《中华法学杂志》1936 年新第 1 卷第 3 期。

底"的东西,即"不忍之心"、"和平性"、"大公允观念"和"信义"。另一方面要"谋社会性的发展",即采取种种办法,使中国法律适应中国社会,如不强求法律的统一以适应中国的广大幅员;注意法律文义通俗以适应中国一般人民的知识水平;适当减少法令以缓解法律的"硬性",以便适应各地的现实情形;注意法律的稳定以改变中国过去法律多变的情形;简化诉讼手续,提高司法效率,以避免失去司法公正的原义;简化司法机关以避免"虚糜国帑"、"蹂躏人权"。依孙氏之意,中国法律民族化,并不是说要复古化,而是"要拿中国固有的民族性与夫现实的社会性做材料、做基础,用西洋科学的方法来整理、来改善,一方面涵育滋养、任其本性之发展,以永天年;一方面修剪耕耘,将民族性社会性中有害于国家之生存者除之去之,有益于国家之生存者珍之藏之,发扬而光大之"。[①]

通过以上分析可以发现,中国本位法系的提倡者一般认为中国固有法系与西方社会法学思想的原理相通,三民主义的立法被视为对中华法系的接续和改造。他们希望三民主义的立法能使中华法系发扬光大,既能适应中国现代社会的需要,又能超越并贡献于大陆法系和英美法系。由三民主义立法而衍生出来的三民主义法学,便由此独具中西结合的特色。

二 社会法学与三民主义的法理学

虽然早在1928年胡汉民就主张进行三民主义的立法,但真正对三民主义法学有重大推进的,则是中华民国法学会的成立。1935年9月,中华民国法学会在南京成立,次年9月,《中华法学杂志》成为中华民国法学会的会刊。关于成立的情形,《中华法学杂志》新编第1卷第1期记载如下:"中华民国法学会是去年九月间组织的,当时正在全国司法会议闭幕之后。司法会议本来是一种临时集合,时间方面受有限制,所以有许多广泛而琐碎的问题,在会议席上没有讨论的机会,于是大家就觉得有于会议后组织一正式团体,以继续研究各项法制的必要。这样,才有本学会的产生。"[②]《中华民国法学会宣言》也称该会成立是为了"赓续此次会议(司法会议)

[①] 孙晓楼:《法律民族化之检讨》,《东方杂志》1937年第34卷第7期。
[②] 张知本:《中华民国法学会之使命》,《中华法学杂志》1936年新第1卷第1期。

之工作,以完成伟大之职责与使命"①。也就是说,成立中华民国法学会最初并无详细的规划,而是为了解决实际问题的需要,其目的是建立一个研究法学、建立中国本位新法系的平台,从而有利于改良司法,改善法律。

中华民国法学会成立以后,时任司法行政部部长的居正被推为理事长,司法院副院长覃振和考试院院长戴传贤被推为副理事长,叶楚伧、孙科、王用宾、陈立夫、茅祖权、焦易堂、张知本等人被推为常务理事,洪澜友为书记长。后孔祥熙、谢冠生也被推为常务理事。根据中华民国法学会常务理事会的会议记录,主要负责法学会工作的是居正、覃振、焦易堂、王用宾、谢冠生、茅祖权等人。②从中华民国法学会的核心人物来看,其成员多为政界要员,表明中华民国法学会是一个具有明显官方色彩的法学团体。

1936年5月,中华民国法学会第四次常务理事会议通过了《中华民国法学会纲领》,从其纲领中可见其致力于三民主义法学的用意。其六条纲领分别是:"一、确认三民主义为法学最高原理,研究吾国固有法系之制度及思想,以建立中国本位新法系;二、以民生史观为中心,研究现行立法之得失及改进方法,求与人民生活及民族文化相适应,并谋其进步;三、根据中国社会实际情形,指陈现行司法制度之得失,并研求最有效之改革方案;四、吸收现代法学思想,介绍他国法律制度,均以适合现代中国需要为依归;五、阐扬三民主义之立法精神,参证其他学派之优劣,以增进法界人员对于革命意义及责任之认识;六、普及法律知识,养成国民守法习惯,以转移社会风气,树立法治国家之基础。"③ 该纲领明确提出要以三民主义为法学的最高原理,于是三民主义法学之说法浮出水面。从中亦可知,中华民国法学会所追求的三民主义法学,一方面意欲发掘中国固有思想,注重中国民族性;另一方面打算对域外的现代法学思想予以利

---

① 《中华民国法学会宣言》,《中华法学杂志》1936年新第1卷第1期。
② 关于中华民国法学会的资料散见于《中华法学杂志》部分卷期的"会务消息"。关于中华民国法学会的主要人物、常务理事会会议记录的信息,见《中华法学杂志》新编第1—9期。
③ 《中华民国法学会纲领》,《中华法学杂志》1936年新第1卷第1期。

用，以期建立一个融合传统与现代的新法学。三民主义法学意欲吸收的现代法学思想为何物，从当时的情形看，自然是指正当兴盛于中外法界的社会法学思想。

欲建立一种三民主义法学，自然离不开对孙中山法律思想的解读。1936年10月，马维琪、高丙生、倪继文、陈思谦、徐日彰五人在《中华法学杂志》上刊载《中山先生法律思想体系之探讨》，试图将孙中山的法律思想安置于世界各派法律思想之中。对世界法律思想的认识，马氏等人接受了胡汉民的观点，认为西方法律思想自19世纪以来已有"从个人单位移到社会单位之趋势"，除苏俄的法律思想和制度已经转为社会单位以外，其他欧美国家的法律精神仍为个人主义思想所支配，都是"资本主义时代法律思想之特征"。马氏等人认为，从法律的时间、空间、事实三个根本条件言之，中国的法律思想既不能沿袭中国过往的法律系统，也不能照抄西洋现代的立法精神，而须开创一个法律的新趋势，即"中山先生之三民主义法律思想"。按马氏等人的理解，在孙中山的法律思想体系中，法律的本质在于民意；法律的目的在于"国家之利益与幸福"，国家的利益与幸福即是国民的利益与幸福；研究法律的方法，一要"注重互助，消弥斗争"，二要"重视王道，反对霸道"，三要"以民心力为法律后盾，而不专以权势为唯一之强制力"。马氏等人归纳的孙中山法律思想之特征有三：一是"注重社会系动态之事实"，二是"注重法律之实效"，三是"注重辩证之方法"。马氏等人承认孙中山的法律思想与社会学派的法律思想颇多共同之处，认为"总理法律哲学方诸自然法派、经济史观派等固属大相径庭，但与社会学派相较，则极类似。盖同一时代之产物，背景既无显著歧异，所见自亦略同也。"[1] 不过，他们认为孙中山的法律思想"不止于此，方诸社会法学派实较进步"。在三民主义意识形态之下，孙中山的法律思想被赋予了一种超越古今中外一切法学派别的性质，自然也会"超越"社会法学派。

另一位法学家丘汉平还提出了"三民主义的法理学"之概念。1935

---

[1] 马维琪、高丙生、倪继文、陈思谦、徐日彰：《中山先生法律思想体系之探讨》，《中华法学杂志》1936年新第1卷第2期。

年，丘汉平试图梳理所谓"三民主义的法理学"与欧美法学说的关系。他认为，社会法理学派已经优于哲学、历史、分析各派，而三民主义的法理学派又"赶过社会法理学的主张"。在丘氏看来，三民主义法理学派的特征有十二方面：

> （一）注重民族精神，民权思想，民生幸福为中心立法；（二）注重社会中的全数分子；（三）侧重现在和未来；（四）并重法律的理论公平与实际公平；（五）注重责任、义务及法律关系；（六）研究治安的方法；（七）研究由经济政治及教育所生的法律效果；（八）注意法律所产生的特别效果；（九）注重法律的执行方法；（十）视法律的确定性为主要条件，以法律的适应性为补充条件；（十一）着重国家的效能；（十二）三民主义派的理论基础是共同生活。①

在丘汉平看来，三民主义法理学派是与建设"三民主义的社会"相适应的，又与"三民主义的立法"相连。丘氏认为中国经历了数千年的农业社会，农业社会的法律是"农村法律"，其特点是私权不明显，以家族为法律上的权利单位。虽然这种农业社会"在革命之后汲汲于追欧美之文明"，但是若要达到西洋的水平"非一二百年的时间不可"，三民主义便要以"最敏捷且最效力的方法"使中国由农业社会一跃而到"最进步的社会"。这种"缩时空术"在立法上的表现便是强调革命的立法之"进取性"和"改造性"，即既要迎头赶上世界一切新学理，又不能因袭古代法规或继承外国法系。在丘氏看来，三民主义的立法以社会为单位，其所言"社会"是"无阶级的"，"不以多数为标准的"，"互助的"。丘氏认为三民主义社会视为最进步的社会，三民主义的立法是"旷古今而无有期例"的"最进步的最彻底的"立法，三民主义法理学又"赶过社会法理学的主张"。在他看来，三民主义法理学派研究法学的方法是要"把古今的方法铸于一炉"。丘汉平试图将这种三民主义的法理学建设成中国"民族意识

---

① 丘汉平：《从西半球的法学说到三民主义的法理学》，《东方杂志》1935年第32卷第1期。

第四章 社会法学对法律教育及立法的影响

的表示"。[①]

从胡汉民开始，居正、马维琪、丘汉平等人继其后，试图建设一种三民主义法学。他们希望，三民主义法学不但能超过已是明日黄花的哲学、历史、分析法学派，还能超过风头正盛的社会法理学派。二者孰优孰劣暂置不论。事实上，三民主义法学与社会法学在研究方法和具体主张方面实有千丝万缕的联系。其大要者有三。其一，三民主义法理学派的立法与社会法学派的立法，都以社会为单位。三民主义法理学派所谓社会单位是无阶级的和互助的，而社会法学派的主要理论基础社会连带主义同样强调社会的互助性，主张劳资阶级利益的调和，进而实现全体人民的利益。其二，三民主义法理学派声称要把古今各法学派的方法"铸于一炉"，而社会法学派也主张将分析、历史、哲理等过去一切法学方法加以融合。其三，三民主义法理学的特征与社会法学有诸多相似之处。三民主义法理学侧重于现在和未来，并重法律的理论公平与实际公平，研究由经济、政治及教育所生的法律效果，注意法律所产生的特点效果，注重法律的执行方法以及以共同生活为理论基础，莫不与社会法学相契合。

按丘汉平等人的意愿，三民主义法理学应该在两方面超越社会法学。其一，在研究方法上欲将社会法理学派的方法也作为三民主义法理学派的方法之一。其二，在基本主张方面，三民主义法理学注重与国民党的意识形态保持一致，偏重于"全数分子"，个人的权利隐去无踪，又特别强调责任和义务以及国家的效能。

通过分析三民主义法理学的特征可以发现，社会法学的主要观点已被三民主义法理学所吸收。只是，社会法学未曾否认的"个人"，在三民主义法理学中被"全数分子"和"整体"代替，"权利"被"责任"和"义务"盖过。

社会法学思想的广泛传播影响了法律教育和立法实践。在北洋政府时期，社会法学已显露出对教育和立法的些许影响。到了南京国民政府时期，这种影响已经非常明显。

[①] 丘汉平：《从西半球的法学说到三民主义的法理学》，《东方杂志》1935年第32卷第1期。

在法律教育方面，社会法学产生了不小的影响。教育管理部门关于法律课程的规定，以及各法律院校关于法律课程的设置，都可见到"社会学"等非法学课程在法律教育中的重要地位。法律学系"法理学"或"法律哲学"课程也大多包含关于法律思想发达史和社会法学派的知识。更有"劳动法"、"社会法"之类的课程出现。不但如此，其他部门法学的教学过程中也常常包含社会法学知识的讲授，标榜社会法学派已经成为法学教员的一种风尚。法律教育者也渐形成一种共识，即加强非法学科目的教学，培养具有"法律头脑"的人才。

在立法实践中，社会法学的最大影响是使立法采社会本位。北洋时期的部分立法多少已受社会法学思想的一些影响，而南京国民政府立法的总体指导思想、民、刑、宪、劳动、土地诸法都受到社会法学思想的影响。因为特殊的政治特点，南京国民政府的立法实际上是国民党的立法。国民党的党义与社会法学思想在社会观、权利观、知识渊源等方面都有若干共通之处，立法院长胡汉民又受庞德社会利益说、社会本位论和法律三度论等学说的影响，所以立法的总体指导原则对立法的社会性和民族性、法律的社会适应性、社会立法等方面十分强调。新制定的民法注重社会公共利益，社会法学关于限制所有权、限制契约自由、规定无过失侵权责任、限制亲权等主张在新民法中得到了充分体现。新制定的刑法抛弃了报复主义，以社会防卫主义为基本原则，增加了保安处分的条文，以上各点皆与社会法学思想相符。宪法草案与过去的宪草相比，注重社会利益的保障，专设"国民经济"和"教育"章节，将限制所有权、保护劳工、救济弱者、劳资协调等主张写进了根本大法。各种劳动法规以及《土地法》亦相继问世。这一切都表明，社会法学思想已经影响到南京政府立法的方方面面。

胡汉民等人阐述三民主义法律思想，多少将社会法学思想与国民党的意识形态和中华法系的固有精神相附会。在他们看来，社会法学思想、三民主义和中华法系固有精神三者在"整体"的意义上是一致的。他们认为他们所要建设的三民主义法学，既符合西方社会法学的精神，又能超越它，同时，又能延续中华法系固有精神。胡汉民等人的设想，得到了吴经熊、丘汉平等一些有威望的法学家的支持，他们附和三民主义与社会法学思想相通的观点。孙中山的法律思想也被系统地解读，解读者认为孙中山的法律思想与社会法学思想都是同一时代的产物，所以二者的见解很接近。中华民国法学的成立，使建设三民主义法学的声势更为壮大。

不过，社会法学和三民主义法学还是有着很大的不同。虽然二者都强调社会本位，但二者对个人的态度以及社会与国家的关系，是有差别的。三民主义法学对个人本位的反对，与社会法学对个人本位的反对，语境殊不相同。三民主义法学认为社会、民族、国家，三者趋于同一，而社会法学所言社会暗含与国家相对之意。社会法学思想对社会利益的强调，在三民主义法学的解读中，便悄然转向个人对国家和民族的义务与服从，个人的重要性未受到充分重视。社会法学关于法律要采取"社会本位"的核心主张，逐渐偏离了它原来的轨迹。

结　语

一

晚清以降，西学东渐，社会法学在中国的萌芽，与学界对近代法学的引介相伴而生。1898年，梁启超在《湘报》发表《论中国宜讲求法律之学》，倡导国人研习法学，探讨"法"之于"群"的作用。其言"法"，并非指向刑名之学，而是西方近代法学；其言"群"，并非"明分使群"之说，而与欧式"社会"相近。梁氏之论，实为近代中国探讨法律与社会关系的开始，亦可视为社会法学在中国的初始。

甲午战败，有识之士渐知"西艺非要，西政为要"，留洋学习法政渐成趋势。法科留学生有留欧、留美和留日三种选择，清末民初以留日为主。随着赴日法政运动大兴，大量法学书刊经留日法科生传入中国，社会法学相关知识随之进入中国学界。就法学期刊而言，最有功于社会法学相关知识之传播者，有戢翼翚等人创办的《译书汇编》、张一鹏等人创办的《法政杂志》（东京）、吴兴让等人创办的《北洋法政学报》、林长民等创办的《法政杂志》（上海）等刊物。留日学生所办的法学刊物紧紧跟随日本法学界的动向，从《法学志林》、《京都法学会杂志》、《法学协会杂志》、《法律新闻》、《新日本》等日本法学期刊中译介了不少社会法学知识，其中包含了社会法学在法国倡导者孟德斯鸠、狄骥、惹尼，在德国的倡导者耶林、柯勒、施塔姆勒、埃利希等人的学说，以及较早研究社会法学的日本学者穗积陈重、牧野英一、石坂音四郎、冈村司等人的学说。就法学著作而言，社会法学思想往往蕴含于留日学生译介的《法学通论》等法学基础理论类的书籍之中。这类法学书籍共有 40 余种，其内容多有雷同，大多意在简介整个近代法学体系。其知识来源相对简单，基本上来自日本法学家的著述和授课讲义，涉及的日本法学家主要有矶谷幸次郎、奥田义人、铃木喜三郎、熊谷直太、梅谦次郎、织田万、户水宽人等人。法学与经济学、政治学、社会学、心理学等其他学科以及法律与道德、政治、经济等其他社会因素关系的系列知识，常常就在书中。

清末民初，近代法学在中国刚刚起步不久。在从"交涉之学"到"富强之学"的转变过程中，晚近学者并没有经历西方法学那种从自然法学派到分析、哲学、历史三派再到社会法学派的转变，各派法学都以"西学"、"新学"为名进入中国，所以学界对各派学说之优劣长短很难有清醒的认识。中国学界对社会法学的了解，多以日本为中介，而此时日本学界对社会法学的研究尚在起步阶段，所以中国学界的认识也难深入。以自由法学说为例，自由法学说本是社会法学派的分支，20 世纪初传入日本后该派观点得到不少人赞同，但亦有上杉慎吉等人对自由法学说持否定态度，认为该说过于强调社会，是要走向"无法之说"，意在借社会以推翻国家。日本学界对自由法学说的质疑，一并经由留日法科生的译介传到中国。所以，在清末民初，中国学界对社会法学的认识，并不稳定，更不用说形成某种共识和潮流。

1917 年，蔡元培开始对北大进行改革，几年间北大法科焕然一新，其间朝阳大学、东吴大学和北京法政大学等校也进行了相应革新。《国立北京大学社会科学季刊》、《法学季刊》（*The China Law Review*）、《法律评论》、《法政学报》等刊物的出现，使法学研究与学术交流有了几个重要平台。中国现代法学的一批学术中心基本成形，社会法学在中国取得了几个稳固的支点。社会法学在中国的早期发展，也多由北大、东吴法学院、朝阳大学和北京法政大学等校人学者推动。在北大主要有周鲠生、陈启修、王世杰、方孝岳、张志让、燕树棠、梁仁杰等，在东吴法学院主要有吴经熊、王凤瀛、陈霆锐、丘汉平、陆鼎揆、王传璧等，朝阳大学、北京法政大学和修订法律馆主要有李炘、胡长清、徐恭典、许藻镕、潘大道、谢光第等。这些人当中有留学欧美经历的至少有周鲠生、王世杰、张志让、燕树棠、梁仁杰、吴经熊、王凤瀛、陈霆锐、丘汉平、陆鼎揆、徐恭典和潘大道。

自 1917 年周鲠生直接从欧洲译介狄骥的社会连带法学说以来，中国学界对西方社会法学的了解初步摆脱了完全依赖日本的模式。随着留学欧美法科生日渐崛起，留日法科生在近代法学中的绝对优势地位受到挑战。尽管日本仍是中国学界了解西方法学趋势的重要渠道，日本法学家穗积重远、牧野英一等人的社会法学主张也受到中国学界重视，但是留学欧美法科生直接引介西方社会法学变得越来越重要。狄骥的社会连带法学说、耶林的社会功利说、施塔姆勒的正法论、柯勒的法律文化说、埃利希和惹尼等人倡导的自由法说、庞德的社会工程说和社会利益说、霍姆斯和卡多佐等人倡导的现实主义法学说等欧美法学家的学说渐渐占据主导地位，其中又以狄骥的社会连带法学说和庞德的社会法学说最受中国学界欢迎。

1926—1928 年，因为政局的变化，北京不少法界名流相继南下，进入中央大学、武汉大学、东吴法学院等校，如王世杰、周鲠生、燕树棠、张志让、梁仁杰、夏勤、吴昆吾、胡长清、刘镇中、潘大道等。后出法学新秀如薛祀光、阮毅成、章渊若、梅汝璈、孙晓楼等人，亦选择南方诸校。各地法学院数量有所增加，后在国民政府教育部的干涉下调整，至 1936 年全国共有法学院（或法律系）32 个，其中地处南方的中央大学、中山大学、武汉大学各法学院实力日益增强。与此同时，法学刊物大为增加，至 1937 年已有 30 多种，其中影响较大者，除了原有的《法律评论》、《法学季刊》（1931 年更名为《法学杂志》），还有新兴的《中华法学杂志》、《法轨》、《社会科学论丛》等。虽然 20 世纪 30 年代初在北方略为安定以后，燕树棠等一批法界精英返回北平，亦有一批新人进入北京各校，但是南方在法学院、法律学人、法学刊物等方面都已达到较高程度，不弱于北方，中国法学研究的格局呈南北并立的态势发展。社会法学便在新的格局下向全国范围广泛传播。1928—1937 年，学界一方面大量翻译欧美和日本的社会法学著作，另一方面对社会法学说进行大量介绍和宣传。此间翻译的域外社会法学著作主要有狄骥的《公法的变迁》、《私法变迁论》、《拿破仑法典以来私法的普通变迁》，庞德的《法学肄言》、《法学史》、《法律之目的》、《英美普通法之精神》、《法律哲学之功用》、《经济之法律史观》、《法律不灭论》,霍姆斯的《法律之途径》,卡多佐的《裁判论》,穗积重远的《法理学大纲》、牧野英一的《法律上之进化与进步》、《法律之矛盾与调和》等等。此时期学界对社会法学的介绍与20世纪20年代前期相比较,数量大大增加,分布于各种刊物,且多有重复之处,这表明社会法学的影响已经扩展到全国范围,并且学界对社会法学的认识已经趋于稳定。到1935年,已经有人试图将社会法学安放在社会学的学科体系之中,[①] 社会法学呈现出学科化的某些迹象。

二

清末民初,中国学界虽然已经有关于社会法学的零星知识,但几乎没有"社会法学"的意识,社会法学在中国处于一种朦胧的萌芽状态。1920年前后,北大法科陈启修和朝阳大学李炘先后提出"社会目的法说"和"社会法学"的概念。社会法学的基本框架逐渐建立。按李炘的理解,社会法学是"反对局限于法律解释学而标榜法律学为研究社会生活与法规关系之学"[②]。又按张知本的理解,社会法律学是"以形成社会现象之法律为对象,用社会学之方法,探讨法律之实在价值,以冀调和人类利害冲突,增进多数人利益之学问"[③]。事实上,自陈启修和李炘提出"社会目的法说"和"社会法学"的说法以来,先后还出现过"社会法理学"、"社会学法学"、"社会法律学"、"法理社会学",甚至"法律社会学"的指称。不过,从使用频率上说,"社会法学"高于其他指称;从派别的名称上说,"社会法学派"更是成为学界约定俗成的一个称呼,其使用频率远高于"社会学法学派"、"社会法律学派"和"社会法理学派"等称谓。

20世纪20年代以来,中国学界在社会法学方面主要探讨的问题,大要如下:注重法律的社会目的、社会利益和社会作用;法律的公道既要考虑形式方面也要考虑内容方面的标准;法律须与社会相适应,既需要稳定

---

① 孙本文:《社会学原理》,商务印书馆1935年版,第98页。
② 李炘:《社会法学派》,朝阳大学出版部1925年版,第11页。
③ 张知本:《社会法律学》,上海法学编译社1931年版,第3页。

又需要进步；研究法律不能仅以法律方法为满足，还必须与其他社会科学的方法相配合，尤其是社会学方法；注意法律与道德、经济、政治等因素的相互关系；法律必须社会化，以社会为本位；民、刑、宪诸法须适应法律社会化的要求，社会法的部门法必须创设；对法律的解释和运用不能囿于法条，而要综合考虑各种因素"自由地"解释和运用法律，等等。社会法学之派别较为松散，且不同学者对该派的认识不尽相同。按中国学界的一般认识，社会法学可分为社会学派和社会哲学派，社会学派自孔德始之，埃利希、庞德、惹尼、狄骥、萨莱耶、贡普洛维奇等人皆属之；社会哲学派包括社会功利派，以耶林为代表，新康德派，以施塔姆勒为代表，新黑格尔派，以柯勒为代表。霍姆斯、卡多佐、牧野英一、穗积重远等人亦在社会法学派之中。中国学界对社会法学的上述认识，大多来自对域外社会法学知识的译介。

中国学界并非仅知介绍域外社会法学说，有少数学者仍试图进行一些理论创新。东吴法学院吴经熊在心理法学、法律多元化和法律三度论等方面有所创见。关于心理法学，吴经熊欲建立的心理法学不同于心理学时期社会法学所主张的"团体说"、"心理力说"和"模仿说"，他试图建立一种不同于庞德社会法学的学说。他主张根据人性来解释法律现象，根据人自己的感觉去判断采用何种心理学理论，主要研究法律与习惯、法律与公共精神、法律与心理学理论、法律与变动的人性、法律与无意识之间的关系，进而将法学建立在心理学之上。关于法律多元论，他将霍姆斯、庞德、卡多佐等人所主张的关于法律本源多元论的主张命名为"法律多元论"。关于法律三度论，他在霍姆斯"法律经验论"和"法律预测论"的基础上提出了法律三度论。法律三度论，主张所有的法律都存在于一定的时间之中，具有时间的属性；所有的法律均在一定的领域或对一定的人民发生效力，没有毫无限制的法律；所有的法律都与一定的事实有关，法律的运用必须考虑到每一件事件的具体情况，法官应该充分发挥能动作用，把握法律事实，考虑各种因素并做出实质公平的判决。法律三度论影响深远，该理论不但为许多后出法学者所接受，还对国民政府立法院院长胡汉民造成影响进而间接影响了国民政府的立法。而吴氏弟子陈振旸则在法律三度论基础上进一步探索，提出了法律四度论，法律三度之外强调法律的"因人性"。东吴法学院部分学生沿着吴经熊的法学理论向前发展，甚至有意自立为"中国新分析法学派"，欲与西方法学诸派并驾齐驱。不过，从论者孙渠的观点来看，既将新分析法学派视为"舶来之新说"，又视为"古学之复兴"，足见其探索仍不免中国固有思想的影响。

三

社会法学说在中国能够较快传播，与社会主义思潮的兴起有密切的关系，尤其是法的社会主义学说。法的社会主义学说强调正义的理想和观念，提倡保护广大劳动者利益和社会公共利益的新法律精神，主张以法律为手段实现整个社会的全面改造，以合法的手段实现社会主义。在社会主义思潮兴起的时代背景下，社会利益成为法学研究必须考虑的因素。有此基础，社会法学派的主张在20世纪20年代传入中国后便能得到广泛的认同。

20世纪20年代以来，中国学界对个人主义法律思想常不以为然，多认社会化为法律发展的趋势。关于法律的修订，许多学者主张中国法律不可不社会化，一方面认为法律社会化是法律的潮流和趋势，另一方面担心若中国法律仍稗贩陈篇，偏重个人，会贻外人以口实，有害于法权的收回。自清末以来，收回法权便是法界人士的夙愿，这个宏大的愿望使法律的社会化显得更加必要。吴昆吾、郁嶷等少数学者认为中国经济远逊于欧美，社会情形亦大不相同，因此法律不必盲从集合主义，不必急于强调保护劳工，但他们的主张很快遭到驳斥，淹没于法律社会化的呼声中。

与自然法学派、分析法学派、哲学法学派、历史法学派相比较，社会法学派在中国占据了主导地位。在中国最有影响力的法学家群体看来，其他各派的主张多为不合时宜，近于明日黄花，认社会法学派为法学发展的趋势。占据优势地位的社会法学对法律教育和立法活动都有不小的影响。

在法律系的课程设置中，社会学、政治学、经济学等非法学课程占有重要地位，法理学、法律哲学等课程中包括对社会法学的讲授，社会法成为法律学系的必修课。另有一些学校开设了独具社会法学特色的课程，如北京大学和北京民国大学开设"社会立法论"，中山大学法律学系在1930

年开设"责任之社会学的研究",中央大学法学院开设"近代立法问题",等等。到20世纪30年代,标榜社会法学派已经成为法学教师的一种风尚,社会法学已贯穿至各部门法的教学之中。法律教育家们亦主张开放法律学系的课程,使法律系学生涉猎相当程度的经济学、心理学、伦理学、历史学、生物学、人类学、政治学、社会学等非法学知识,以培养具有"法律头脑"的法律人才。

在立法方面,社会法学思想影响了立法总体指导原则和民、刑、宪、劳动、土地诸法的制定。因为南京国民政府的政治特点,政府的立法实际上成了国民党的立法。而国民党的党义与社会法学思想在社会观、权利观、知识渊源等方面有若干共通之处,立法院院长胡汉民复受社会利益说、社会本位论、法律三论等学说影响,故而立法总体指导原则对立法的社会性和民族性、法律的社会适应性、权利义务观以及社会立法的重要性十分强调。新民法注重社会公共利益,所有权限制、契约自由限制、无过失侵权责任、亲权限制在法条中有充分的体现。新刑法抛弃报复主义而采社会防卫主义,视刑罚为防止未来犯罪并保护社会的手段,在法条上表现为保安处分条文的增加。宪法草案("五五宪草")与过去的宪草相比,注重社会利益的强调和保障,专设"国民经济"和"教育"各一章,将所有权限制、劳工保护、弱者救济、劳资协调互助、教育经费保障等项写进了根本大法。各种劳工法和《土地法》亦相继问世。

在胡汉民等人看来,三民主义的法律观既与中国固有的法律观相通,又与西方的最新法理相通。这种看法得到了吴经熊、丘汉平等知名法学家的认同,薛祀光、马存坤、焦易堂、丁元普、程树德、蒋澧泉、刘陆民、孙晓楼等人亦将三民主义的立法视为对中华法系的改造。所以,胡汉民及其追随者意欲建立一种三民主义法学,使其既能适应中国现代社会的需要,又能超越并贡献于欧美法学。1935年9月,中华民国法学会成立,正式提出以三民主义为法学的最高原理,一方面试图发掘中国固有思想,另一方面打算吸收域外的现代法学思想,大有将社会法学思想吸收利用之意。三民主义法学的倡导者还对孙中山的法律思想进行解读,通过将孙中山的法律本质观、法律目的观、法律方法观与其他各派法学相比较,认为

结　语

孙中山的法律思想与社会学派的法律思想颇形相同，"总理法律哲学方诸自然法派、经济史观派等固属大相径庭，但与社会学派相比较，则极类似"。① 虽然论者最后得出孙中山法律思想比社会法学派更为进步的结论，但还是承认了孙中山法律思想与社会法学说的共通性。

三民主义法学的倡导者试图摆脱紧跟西方最新思潮的惯性，提倡一种超越中西的法学。而实际上三民主义法学既受社会法学说的强烈影响，又受缚于意识形态，还与中国固有的思想纠缠不清。社会法学对社会本位的强调，并非全然否定个人的价值。它与三民主义意识形态和中国固有集体思想相融合，于是形成一种国家、社会、民族合一的法律本位。个人的重要性隐去无踪，社会法学关于社会本位的主张，逐渐偏离了原来的轨迹。

社会法学在近代中国的发展过程也表现出一些问题。首先，学界对社会法学多因袭域外学者的观点，独立思考和学术创新为数不多。自清末以来，中国学界先是借由日本，而后又兼从欧美直接汲取社会法学知识。除吴经熊等少数人之外，中国学界对社会法学的理解，多来自欧美和日本社会法学倡导者的译述，而且留学不同国度的法科生往往青睐该国法学家的观点。由此，中国学界的认识不免人云亦云，各说各话，难脱翻译文化的流弊，带有"次殖民地"② 的特点。其次，不同时代的中国学者对社会法学的认识，有陈陈相因的迹象。社会法学的主张、派别，早在20世纪20年代既已形成某种共识。到20世纪30年代，虽然社会法学已经全面扩散，赞成其主张者遍布全国各地，以社会法学派相标榜者数不胜数，但是后出学人对社会法学的认识仍重在"介绍"并重复前人的观点，不见得有多少高明之处。偶有试图自立派别者，也未见形成气候。最后，学术与政治的关系不可谓得当。三民主义法学的提倡者预设三民主义意识形态为法学的最高原则，事实上已将政治凌驾于学术之上。他们虽然宣称要迎头赶上世界最新的法理，但不免借西方社会法学说来注解国民党意识形态之嫌。三民主义法学的提倡者将社会法学思想与中国固有的民族心理相比附，认为

---

① 马维琪、高丙生、倪继文、陈思谦、徐日彰：《中山先生法律思想体系之探讨》，《中华法学杂志》1936年新第1卷第2期。

② 蔡枢衡语。见蔡枢衡《中国法理自觉的发展》，自刊1947年，第109页。

二者"无巧不成书",实际上,二者皆在无形中被划定在三民主义意识形态的范围之内。三民主义法学的提倡者将社会法学对社会本位社会利益的强调与中国固有的集体思想以及三民主义的"整体"观念加以融合,以国家—民族—社会本位取代社会本位,强大的整体掩盖了个人的重要性,中国社会法学的精神实质渐渐发生变化。这种变化是否有利于学术的发展,以及从中体现的个人与整体、政治与知识之间的相互关系,值得今人认真思考。

征引文献

一　档案

中国第二历史档案馆编:《中华民国史档案资料汇编》第三辑教育,江苏古籍出版社1991年版。

中国第二历史档案馆编:《中华民国史档案资料汇编》第五辑第一篇教育(一),江苏古籍出版社1991年版。

中国第二历史档案馆编:《中华民国史档案资料汇编》第五辑第一篇政治(一),江苏古籍出版社1991年版。

《东吴法学院法律系历届教职员名录》,上海档案馆藏东吴大学法学院档案,档案号:Q245-1-322。

《国立北京大学职员录》,北京大学档案馆档案,档案号:MC192503。

二　报刊

《法学季刊》(东吴法学院,The China Law Review)、《法学杂志》(东吴法学院)、《法律评论》、《法政学报》、《法律周刊》、《中华法学杂志》、《法学会杂志》、《法政杂志》(东京)、《法政杂志》(上海)、《北洋法政学报》、《译书汇编》、《政法学报》、《湘报》、《清议报》、《东亚报》、《翻译世界》、《新民丛报》、《民报》、《国民报》、《大陆报》、《东方杂志》、《学部官报》、《政艺通报》、《独立周报》、《福建法政杂志》、《法律周报》、《法政学交通社杂志》、《法政介闻》、《北京大学月刊》、《国立北京大学社会科学季刊》、《北京大学日刊》、《国立武汉大学社会科学季刊》、《国立中央大学社会科学丛刊》、《朝阳大学旬刊》、《社会科学论丛》、《国立北平大学学报》、《法学新报》、《中央大学半月刊》、《法轨》、《现代法学》、《法学季刊》（南京）、《政法与经济》、《立法院公报》、《行政院公报》、《法令周刊》、《上海法科大学月刊》、《新青年》、《教育杂志》、《宇宙风》、《晨报副刊》、《京报副刊》、《复旦周刊》、《评论之评论》、《学林》、《太平洋》、《改造》、《商报》（上海）、《江苏省公报》、《无锡旅刊》、《国闻周报》、《现代评论》、《时代公论》、《东北大学周刊》、《广播周报》、《经世》、《社会学杂志》、《明耻》、《民钟季刊》、《北平大学新闻周刊》、《大厦》、《光华半月刊》、《传记文学》（台北）、《申报》、《大公报》、《晨报》、《民国日报》

三　论著资料

［美］安守廉（William P. Alford）、沈远远：《"法律是我的神明"：吴经熊及法律与信仰在中国现代化的作用》，载《湘江法律评论》（第2卷），湖南人民出版社1998年版。

［美］安守廉（William P. Alford）、沈远远：《吴经熊与霍姆斯通信选——沟通两种文化和四代人的通信》，载《湘江法律评论》（第2卷），湖南人民出版社1998年版。

［意］艾儒略著，谢方校释：《职方外纪校释》，载《中外交通史籍丛刊》，中华书局1996年版。

［日］奥田义人：《法学通论》，卢弼、黄炳言译，政治经济社1907年版。

［法］毕利干口译，时雨化笔述：《法国律例》，同文馆聚珍版光绪六年（1880年版）。

北京大学编：《国立北京大学廿周年纪念册》，北京大学出版社1917年版。

北京图书馆编：《民国时期总书目·法律》，书目文献出版社1990年版。

蔡枢衡：《中国法理自觉的发展》，自刊1947年。

蔡鸿源编：《民国法规集成》（第27册），黄山书社1999年版。

蔡元培：《蔡子民先生言行录》，广西师范大学出版社2005年版。

蔡尚思：《蔡元培学术思想传记》，上海棠棣出版社1950年版。

《朝阳大学概览》，朝阳大学出版部1929年版。

《朝阳学院概览》，朝阳大学出版部1933年版。

陈以爱：《中国现代学术研究机构的兴起：以北大研究所国学门为中心的探讨》，江西教育出版社2002年版。

陈信勇：《法律社会学》，中国社会科学出版社1991年版。

陈信勇：《法律社会学在中国的发展》，《浙江大学学报》（人文社会科学版）2000年第6期。

陈夏红：《百年中国法律人剪影》，中国法制出版社2006年版。

陈夏红：《法意阑珊处：二十世纪中国法律人自述》，清华大学出版社2009年版。

陈夏红：《政法往事》，北京大学出版社2011年版。

陈平原、夏晓虹编：《北大旧事》，生活·读书·新知三联书店1998年版。

陈铮编：《黄遵宪全集》，中华书局2005年版。

陈学恂主编：《中国近代教育史教学参考资料》（上册），人民教育出版社1986年版。

陈学恂、田正平编：《中国近代教育史资料汇编——留学教育》，上海教育出版社1991年版。

陈旭麓主编：《中国近代史词典》，上海辞书出版社1982年版。

陈友良：《留英学生与五四新文化运动》，《安徽史学》2006年第2期。

陈红民辑注：《胡汉民未刊往来函电稿》，广西师范大学出版社2005年版。

陈红民：《函电里的人际关系与政治》，生活·读书·新知三联书店2003年版。

程燎原：《清末法政人的世界》，法律出版社2003年版。

《东吴年刊》，东吴大学自编1920年版。

戴季陶：《孙文主义之哲学的基础》，民智书局1925年版。

邓正来：《中国法学向何处去——建构"中国法律理想图景"时代的论纲》，商务印书馆2006年版。

［法］狄骥：《法国宪政通诠》，唐树森译，上海神州编译社1913年版。

丁文江、赵丰田编：《梁启超年谱长编》，上海人民出版社1983年版。

丁贤俊、喻作凤编：《伍廷芳集》（上册），中华书局1993年版。

丁守和主编：《辛亥革命时期期刊介绍》，人民出版社1987年版。

杜正胜：《编户齐民：传统政治社会结构之形成》，台北：联经出版事业股份有限公司1990年版。

方孝岳编译，陶履恭校：《大陆近代法律思想小史》（上册），商务印书馆1921年版。

方孝岳编译，陶履恭校：《大陆近代法律思想小史》（下册），商务印书馆1923年版。

冯自由：《革命逸史》（初集），中华书局1981年版。

傅斯年：《刘复〈四声实验录〉序》，欧阳哲生编：《傅斯年全集》（第1卷），湖南教育出版社2003年版。

高时良：《中国教会学校史》，湖南教育出版社1994年版。

谷春德：《二十世纪中国的法学：中国法学发展的历史、现状与前瞻》，党建读物出版社2001年版。

故宫博物院明清档案部编：《清末筹备立宪档案史料》（下册），中华书局1979年版。

顾颉刚：《蔡元培先生与五四运动》，载中国人民政治协商会议北京市委员会文史资料委员会编《文史资料选辑》（第三辑），北京出版社1979年版。

顾颉刚：《古史辨》（第一册），上海古籍出版社1982年版。

国民政府教育部编：《第一次中国教育年鉴》（丙编），开明书店1934年版。

《国立北京大学一览》，北京大学编1935年版。

《国立北平大学一览》，北平大学编1935年版。

《国立北平大学法学院一览》，北平大学编1929年版。

《国立中央大学一览》，中央大学编1931年版。

《国立中央大学法学院概况》，中央大学编1931年版。

《国立武汉大学一览》，武汉大学编1930年版。

《国立武汉大学一览》，武汉大学编1931年版。

《国立中山大学现状》，中山大学编 1935 年版。

《国立复旦大学一览》，复旦大学编 1936 年版。

《国立四川大学一览》，四川大学编 1937 年版。

国家图书馆典藏阅览部编：《民国时期发行书目汇编》，国家图书馆出版社 2010 年版。

韩亚峰：《法社会学在中国早期发展史略》，载郑永流主编《法哲学与法社会学论丛（七）》，中国政法大学出版社 2004 年版。

侯猛：《中国法律社会学的知识建构和学术转型》，《云南大学学报》（法学版）2004 年第 3 期。

胡艳琪：《法学通论》，政法学社 1906 年版。

胡汉民：《胡汉民自传》，台北传记文学出版社 1982 年版。

胡汉民：《三民主义的连环性》，民智书局 1928 年版。

胡汉民：《革命理论与革命工作》，民智书局 1932 年版。

胡平仁：《法社会学的百年历程》，《山东大学学报》（哲学社会科学版）2007 年第 2 期。

胡适：《杜威在中国》，台北《哲学研究》1964 年第 3 期。

[美] 华勒斯坦（I. Wallerstein）等：《学科·知识·权力》，刘健芝等译，生活·读书·新知三联书店 1999 年版。

华友根：《庞德的社会法学派思想在中国的影响》，《政治与法律》1993 年第 5 期。

黄福庆：《清末留日学生》，台北"中央研究院"近代史研究所 1975 年版。

何勤华：《法律文化史谭》，商务印书馆 2004 年版。

何勤华：《20 世纪日本法学》，商务印书馆 2003 年版。

何勤华：《西方法学史》，中国政法大学出版社 1996 年版。

何勤华：《法学形态考——"中国古代无法学论"质疑》，《法学研究》1997 年第 2 期。

何勤华：《传教士与中国近代法学》，《法制与社会发展》2004 年第 5 期。

何勤华、何佳馨、孟红编：《〈法学通论〉与〈法之本质〉》，中国政法大学出版社 2006 年版。

何勤华：《西方法学流派撮要》，中国政法大学出版社2003年版。

［美］霍金：《法律哲学现状》，费青译，上海法学编译社1935年版。

［日］矶谷幸次郎：《法学通论》，王国维译，金粟斋1902年版。

［日］加藤弘之：《道德法律进化之理》，金寿康、杨殿玉译，上海广智书局1903年版。

贾逸君：《中华民国名人传》，北平文化学社1937年版。

蒋洪义：《法律社会学》，《中外法学》1991年第5期。

江庸：《五十年来中国之法制》，载申报馆编《最近之五十年》（第二编第十一章），1932年。

焦宝乾：《"中国法律理想图景"评议》，载《分析与批判：学术传承的方式——评邓正来〈中国法学向何处去〉》，北京大学出版社2006年版。

教育部参事处编：《教育法令汇编》（第1册），商务印书馆1936年版。

金观涛、刘青峰：《从"群"到"社会"、"社会主义"——中国近代公共领域变迁的思想史研究》，台北《"中央研究院"近代史研究所集刊》2001年第6期。

金雄白：《汪政权的开场与收场》，台北李敖出版社1984年版。

金以林：《国民党高层的派系政治》，社会科学文献出版社2009年版。

［美］康雅信（Alison W. Conner）：《培养中国的近代法律家：东吴大学法学院》，王健译，载贺卫方编《中国法律教育之路》，中国政法大学出版社1997年版。

［美］康雅信（Alison W. Conner）：《中国比较法学院》，张岚译，载高道蕴、高鸿钧、贺卫方编《美国学者论中国法律传统》，清华大学出版社2004年版。

康有为：《康南海自编年谱》，中华书局1992年版。

劳乃宣：《新刑律修正案汇录》，京华印书局1910年版。

林志钧编：《饮冰室合集》，中华书局1936年版。

李炘：《思达木蘖法律学说大纲》，朝阳大学出版部1923年版。

李炘：《社会法学派》，朝阳大学出版部1925年版。

李步云：《中国法学：过去、现在与未来》，南京大学出版社1988年版。

李贵连：《二十世纪的中国法学》，北京大学出版社1998年版。

李贵连：《社会的变化，观念的转换——〈法国民法典〉汉译本比较研究》，《比较法研究》1993年第1期。

李贵连：《20世纪初期的中国法学》，《中外法学》1997年第2期。

李贵连：《百年法学——北京大学法学院院史（1904—2004）》，北京大学出版社2004年版。

李冬松：《吴经熊对霍姆斯法律哲学之继承与超越》，湘潭大学2007年未刊硕士论文。

李喜所：《近代中国的留学生》，人民出版社1987年版。

李喜所：《清末留日学生人数小考》，《文史哲》1982年第3期。

李平龙：《中国近代法理学学科史》，中山大学2010年未刊博士论文。

李中道：《回忆东吴大学及东吴法学院》，收录于中国人民政治协商会议上海市委员会文史资料工作委员会编《上海文史资料选辑》（第49辑），上海人民出版社1985年版。

梁启超：《新大陆游记》，商务印书馆1916年版。

梁治平：《法学盛衰说》，《比较法研究》1993年第7卷第1期。

廖名春、邹新明点校：《荀子》，辽宁教育出版社1997年版。

刘焯：《法社会学》，北京大学出版社2008年版。

刘曙光：《国民政府立法院述论》，首都师范大学2000年未刊硕士论文。

刘真主编：《留学教育——中国留学教育史料》，台北：国立编译馆1980年版。

刘俊科：《"个人主义"、"集体主义"：孙中山人权观的本位选择》，《孙中山宋庆龄研究动态》2005年第3期。

柳诒徵：《中国文化史》（下），上海古籍出版社2001年版。

马新福：《法社会学原理》，吉林大学出版社1998年版。

马汉宝：《法律、道德与中国社会的变迁》，《国立台湾大学法学论丛》1971年第1卷第1期。

［德］马克斯·舍勒：《知识社会学问题》，艾彦译，华夏出版社1999年版。

［日］牧野英一：《法律上之进化与进步》，朱广文译，商务印书馆1929

年版。

［日］牧野英一：《法律之矛盾与调和》，张蔚然译，春秋书店1932年版。

梅汝璈：《现代法学》，上海新月书店1932年版。

民进中央宣传部编：《严景耀论文集》，开明出版社1995年版。

南京国民政府司法行政部编：《民商事习惯调查报告录》，司法行政部印行1930年版。

裴艳：《留学生与中国法学》，南开大学出版社2009年版。

［美］罗斯科·庞德：《社会法理学论略》，陆鼎揆译，商务印书馆1926年版。

［美］庞德：《法学肄言》，雷沛鸿译，商务印书馆1928年版。

［美］庞德：《法学史》，雷宾南（沛鸿）译，商务印书馆1931年版。

《清光绪朝中日交涉史料选辑》（第51卷），台湾大通书局1984年版。

全国图书馆文献缩微复制中心编：《中国近代教育史料汇编·晚清卷·第1册》，全国图书馆文献缩微复制中心2006年版。

荣孟源主编：《中国国民党历次代表大会及中央全会资料》（上册），光明日报出版社1985年版。

桑兵：《分科的学史与分科的历史》，《中山大学学报》（社会科学版）2010年第4期。

上海图书馆编：《中国近代期刊篇目汇录》，上海人民出版社1984年版。

《上海法学院一览》，上海法学院编1935年版。

沈宗灵：《法律社会学的几个基本理论问题》，载北京大学法律系法学理论教研室编《法律社会学》，山西人民出版社1988年版。

沈宗灵：《现代西方法理学》，北京大学出版社1992年版。

沈国明、王立民：《二十世纪中国社会科学（法学卷）》，上海人民出版社2005年版。

沈国威：《康有为及其〈日本书目志〉》，日本《或问》2003年第5号。

沈国锋编：《中国法律图书总目》，中国政法大学出版社1991年版。

沈尹默：《我和北大》，载全国政协全国文史资料研究委员会编《文史资料选辑》（第61辑），中国文史资料出版社1979年版。

《私立东吴大学法学院一览》，东吴大学编 1936 年版。

《私立北平民国大学一览》，民国大学编 1933 年版。

《私立中国学院概览》，中国学院编 1934 年版。

［日］实藤惠秀：《中国人留学日本史》，谭汝谦、林启彦译，生活·读书·新知三联书店 1983 年版。

舒新城：《近代中国留学史》，上海文化出版社 1989 年版。

苏力、贺卫方主编：《20 世纪的中国：学术与社会（法学卷）》，山东人民出版社 2001 年版。

苏力：《也许正在发生——转型中国的法学》，法律出版社 2004 年版。

［日］穗积重远：《法理学大纲》，李鹤鸣译，商务印书馆 1928 年版。

［日］穗积重远：《法理学大纲》，欧阳谿译，上海法学编译社 1930 年版。

孙伟：《吴经熊与近代中国法制》，中国法制出版社 2010 年版。

孙伟：《吴经熊裁判集与霍姆斯通信集》，中国法制出版社 2010 年版。

孙燕京、张研编：《民国史料丛刊》（第 1061 册、1064 册、1082 册、1087 册、1097 册），大象出版社 2009 年版。

孙本文：《社会学原理》，商务印书馆 1935 年版。

孙晓楼：《法律教育》，商务印书馆 1935 年版。

施沛生、鲍荫轩编：《中国民事习惯大全》，上海广益书局 1924 年版。

汤志钧编：《康有为政论集》（上），中华书局 1981 年版。

汤唯：《法社会学在中国——西方文化与本土资源》，科学出版社 2007 年版。

汤黎虹：《社会法学》，中国人民公安大学出版社 2008 年版。

田成有：《法律社会学的学理与运用》，中国检察出版社 2002 年版。

［奥］田默迪（Matthias Christian）：《东西方之间的法律哲学——吴经熊早期法律哲学思想之比较研究》，王健译，中国政法大学出版社 2004 年版。

苑书义、孙华峰、李秉新主编：《张之洞全集》，河北人民出版社 1998 年版。

王威：《法律社会学：学科辨析与理论源流》，群众出版社 2004 年版。

王健：《超越东西方：法学家吴经熊》，《比较法研究》1998 年第 2 期。

王健：《沟通两个世界的法律意义——晚清西方法的输入与法律新词初探》，中国政法大学出版社 2001 年版。

王健：《中国近代的法律教育》，中国政法大学出版社2001年版。

王伯琦：《近代法律思潮与中国固有文化》，台北：法务通讯社1956年版。

王振东：《现代西方法学流派》，中国人民大学出版社2006年版。

王学珍、郭建荣编：《北京大学史料》（第2卷·上册），北京大学出版社2000年版。

王国平：《东吴大学简史》，苏州大学出版社2009年版。

王伟：《中国近代留洋法学博士考（1905—1950）》，上海人民出版社2011年版。

王世杰：《比较宪法》（上册），商务印书馆1927年版。

王世杰、钱端升：《比较宪法》，商务印书馆1936年版。

王仰清、许映湖标注：《邵元冲日记》，上海人民出版社1990年版。

汪向荣：《日本教习》，生活·读书·新知三联书店1988年版。

[美] 文乃史：《东吴大学》，王国平、杨木武译，珠海出版社1999年版。

武树臣：《法原：中国法观念的萌动、萎缩与觉醒》，载李楯主编《法律社会学》，中国政法大学出版社1998年版。

武树臣：《移植与枯萎：个人本位法律观在中国的命运》，载李楯主编《法律社会学》，中国政法大学出版社1998年版。

吴经熊：《法学论丛》（*Juridical Essays and Studies*），商务印书馆1928年版。

吴经熊：《法律哲学研究》，上海会文堂1933年版。

吴经熊：《超越东西方》，周伟弛译，社会科学文献出版社2002年版。

吴泽林：《社会约制》，世界书局1930年版。

《厦门大学一览（1933—1934）》，厦门大学编1934年版。

萧超然编：《北京大学校史（1898—1949）》，上海教育出版社1981年版。

谢振民：《中华民国立法史》，正中书局1937年版。

谢颂三：《回忆东吴法学院》，载上海市政协文史资料委员会编《上海文史资料存稿汇编》（9），上海古籍出版社2001年版。

谢徵孚编：《胡汉民先生文集》，台北：中国国民党中央委员会党史委员会1978年版。

熊先觉、徐葵：《法学摇篮：朝阳大学》，北京燕山出版社1997年版。

许藻镕：《法学论文集》，朝阳学院出版部 1931 年版。

许章润：《当法律不足以慰藉心灵时——从吴经熊的信仰皈依论及法律、法学的品格》，《月旦民商法》2004 年第 1 期。

徐步衡、余振龙主编：《法学流派与法学家》，知识出版社 1981 年版。

徐世虹主编：《沈家本全集（第四卷）·寄簃文存（卷六）》，中国政法大学出版社 2010 年版。

严复：《严复集》（第五册），中华书局 1986 年版。

严景耀：《中国的犯罪问题与社会变迁的关系》，北京大学出版社 1986 年版。

阎明：《一门学科与一个时代：社会学在中国》，清华大学出版社 2004 年版。

姚纯安：《社会学在近代中国的进程（1895—1919）》，生活·读书·新知三联书店 2006 年版。

杨昂：《学风、世变与民国法学：朝阳大学研究（1912—1946）》，中国人民大学 2005 年未刊博士论文。

杨大春：《中国英美法学的摇篮：东吴法学院院史研究》，载杨海坤、周永坤主编《东吴法学》，苏州大学出版社 2003 年版。

杨立新点校：《大清民律草案·民国民律草案》，吉林人民出版社 2002 年版。

杨瑞：《通向学术之路：蔡元培与北大法科的学术化进程（1916—1927）》，四川大学 2006 年未刊硕士学位论文。

杨士林、张兴堂：《社会法理论探索》，中国人民公安大学出版社 2010 年版。

杨幼炯：《近代中国立法史》，商务印书馆 1936 年版。

杨雅彬：《近代中国社会学》，中国社会科学出版社 2001 年版。

[德] 伊耶陵：《权利竞争论》，张肇桐译，上海文明书局 1902 年版。

俞江：《近代中国的法律与学术》，北京大学出版社 2008 年版。

俞荣根：《法社会学在中国社会变革中的兴起与发展》，《中外法学》1996 年第 1 期。

[日] 远藤隆吉：《社会学》，欧阳钧译，上海商务印书馆 1911 年版。

袁刚、孙家祥、任丙强编：《民治主义与现代社会：杜威在华讲演集》，北京大学出版社 2004 年版。

廖一中、罗真容整理：《袁世凯奏议》（上册），天津古籍出版社 1987 年版。

章宗祥：《日本游学指南》，自刊于东京，1901年。

张知本：《社会法律学》，商务印书馆1931年版。

张晋藩：《中国法律的传统与近代转型》，法律出版社2005年版。

张丽清：《20世纪西方社会法学在中国本土的变革》，《华东师范大学学报》（哲学社会科学版）2005年7月。

张文显：《二十世纪西方法哲学思潮研究》，法律出版社1996年版。

张志让：《张志让自传》，载《文史资料选辑》（第八十五辑），文史资料出版社1983年版。

张中秋：《中西法律文化比较研究》，南京大学出版社1991年版。

张北根：《国难会议综述》，《历史档案》1999年第4期。

赵捷民：《北大教授剪影》，载全国政协文史和学习委员会编《文史资料选辑》（第108辑），中国文史资料出版社1986年版。

曾建元：《跨越东与西：吴经熊的人与法律思想素描》，载《清华法学》（第四辑），清华大学出版社2004年版。

郑志华：《超越东西方的法哲学家——吴经熊研究》，浙江大学出版社2012年版。

中国人民政治协商会议广东省委员会文史资料研究委员会编：《广东文史资料》（第48辑），广东人民出版社1986年版。

中国蔡元培研究会编：《蔡元培全集》（第10卷），浙江教育出版社1997年版。

中国社会科学院近代史研究所编：《胡适来往书信选》（上册），中华书局1979年版。

中国第二历史档案馆编：《中国国民党中央执行委员会常务委员会会议录》（第六册），广西师范大学出版社2000年版。

中国法学会编：《中国法学图书目录》，群众出版社1986年版。

中山大学历史学系编：《孙中山全集》（第一卷）（第九卷），中华书局1986年版。

周鲠生：《法律》，商务印书馆1923年版。

周棉主编：《中国留学生大辞典》，南京大学出版社1999年版。

周锡山编:《王国维集》(第二册),中国社会科学出版社2008年版。

周谷城主编:《民国丛书》(第一编第一百册第三编第一百册),上海书店1996年版。

朱景文:《现代西方法社会学》,法律出版社1994年版。

朱寿朋编:《光绪朝东华录》(第四册),中华书局1958年版。

朱有瓛编:《中国近代学制史料》(第3辑·下册),华东师范大学出版社1992年版。

朱勇:《中国民法近代化研究》,中国政法大学出版社2006年版。

后　记

如今而立之年，生活平稳，在本书付梓之际不免忆苦思甜。回望来时的路，一切恍如梦境。

生于川渝之交，家境贫寒，坐井观天，盼望能够走出穷乡僻壤，见识更广的世界。感谢父母教给我的勤奋与自强，他们让我及早地明白了男儿当自强的道理。家庭情况特殊，无依无靠。他们以身示范，告诉了我什么叫善良、诚信和知恩图报。这些品质是我一生享用不尽的宝贵财富。感谢隆昌县楼丰小学启蒙恩师杨国芬的敬业和爱心。她对学生的爱不因贫富美丑而有所差别，所以我这只丑小鸭也感受到了和煦春光的温暖。她是温柔和蔼、爱岗敬业和文明开化的代名词。在她的感召和教导下，我考进了城里的初中上学，这为后来发生的一切带来了可能。感谢隆昌县金鹅镇中杨英、庞祥林等老师对我的特殊关心和照顾。自初中开始，接触了历史学知识，很感兴趣，这为后来的专业选择种下了远因。

当年，可以包分配工作的中专和中师对农家子弟很有吸引力，所以我初中毕业之后便考入资阳师范学校就读中师。当时不知道的是，我竟然成为了这个时代最后一批统招的中师生。中师的学习和高中不同，更加注重教师职业技能的训练，文化课程则远少于高中。因此，在写作、演讲、教育、心理、艺术等方面练就了比较扎实的"童子功"，而在数学、物理、化学、生物等自然科学方面则比较欠缺。幸遇恩师曹林黎，远见卓识，认定我有学习天赋，遂力排众议，支持我去参加全国高等教育自学考试。由于老师的精心护航和自己察觉到的恐慌，一直马不停蹄、兵不卸甲，终于

后　记

在七年之后圆了大学梦。

中师毕业后，进入一所乡村小学任教，为期四年。清苦而充实的乡村生活，让我感受到投身基础教育的伟大光荣，也让我明白了乡村一线教师的种种无奈。多少个孤独日夜的百无聊赖，唯有书卷伴我消磨岁月。慢慢地，读书学习悄然由一种责任变成了一种乐趣。以学校图书室和县城图书馆为基地，先从文学入手，继而对历史、经济、社会、心理、哲学等各学科知识有所涉猎，尤对历史着迷。从《中国大学生》和《中国研究生》两种期刊上了解到了大学校园的魅力，遂决定考研。历经种种失败后，终于在2003年成为了四川大学历史文化学院的研究生，主攻中国近现代史专业。好不容易有机会接受系统正规的高等教育，倍加珍惜，不敢虚掷光阴，研究生三年，尚称努力。导师陈廷湘教授不嫌弃我基础较差且天资愚钝，耐心指点，因材施教，使我顺利完成研究生阶段的学习。陈老师对我学业和生活上的双重关爱，让我铭记于心。

研究生毕业后，本欲直接读博，进窥学术堂奥，然而生活窘境迫使我不得不先参加工作，日后再作打算。遂入内江师范学院任教，为期五年。其间教学相长，有所进步，2011年考入中山大学历史学系攻读博士学位。我爱中大的美景美食和学术氛围，更爱中大老师的真诚善良和博学多识。师从孙宏云教授是我一生中最幸运的事情之一。孙老师人品学识，皆属极佳。我在他身上看到了一名真正的知识分子的风范，看到了人性的真善美。他是我一辈子学习的榜样。我本是个有些愚笨的学生，孙老师总是极其耐心地再三教我，直到我明白那些做学问的理论和方法。我很享受与他的每一次谈话、每一次聚会，因为我从中既能受到学术的洗礼，又能感受到家人般的温暖和关心。

博士毕业后，因机缘巧合，遂入乐山师范学院任教，又四年矣。感谢领导同事的关心照顾。人生行至此时，万里长征才迈出第一步，新的征程还在召唤。在此，有一感言不吐不快：读书通向文明开化，学习实现自我解放，知识可以改变命运，奋斗方才不负青春。

本书得以顺利完成，还要感谢中山大学桑兵、关晓红、吴义雄、曹天忠等诸教授给予的帮助，同时还要感谢中国社会科学出版社张湉老师的辛勤付出。感谢家人的无私奉献和鼎力支持。另外还有许多帮助过我的人们，在此一并谨致谢忱。

赖 伟

2018 年 1 月，写于岷江之畔